Lj⁹ 671

à Cauterets

ANTIQUITÉS
DE LA
VILLE DE VIENNE.

LYON,
IMPRIMERIE DE D. L. AYNÉ, RUE DE L'ARCHEVÊCHÉ, n° 3.

CÉNOTAPHE

RECHERCHES SUR LES ANTIQUITÉS DE LA VILLE DE VIENNE

MÉTROPOLE DES ALLOBROGES

Capitale de l'Empire Romain dans les Gaules et des deux Royaumes de Bourgogne

PAR N.las CHORIER

Nouvelle Édition

Conforme a celle de 1659 Revue corrigée et considerablement augmentée des Inscriptions et Antiques trouvés jusqu'à ce jour

à Lyon

CHEZ MILLON JEUNE LIBRAIRE
Quai Villeroi, N.° 6.
1828.

AVERTISSEMENT.

> Je veux aussi m'asseoir sur tes ruines religieuses, VIENNE LA SAINTE! Tu n'es plus la reine des Gaules, le Rhône qui baigne tes murailles ne leur apporte plus des flots tributaires; les empereurs ni les rois n'habitent plus sous ton ciel enchanté; mais le vieux sang Dauphinois coule encore avec orgueil dans ton sein maternel. Puisse donc la harpe délaissée des ménestrels produire encore sous mes doigts quelques sons harmonieux!
>
> BARGINET, *les Montagnardes.*

Les recherches sur les *Antiquités de la ville de Vienne*, par Chorier, étaient devenues extrêmement rares. Cet ouvrage, qui jouit d'un certain degré d'estime parmi les archéologues, ne se trouvait plus dans le commerce; on ne pouvait se le procurer que dans les ventes de quelques bibliothèques particulières, et alors son prix devenait arbitraire, parce qu'il dépendait du plus ou moins grand nombre de concurrens qui s'en disputaient la possession. Nous avons donc cru faire une chose utile d'en entreprendre une nouvelle édition, plus exacte et plus ample que l'ancienne. M. Cochard a bien voulu se charger d'en être l'éditeur, et il n'a rien négligé de ce qui pouvait répandre de

AVERTISSEMENT.

l'intérêt sur ce travail. D'abord il a rectifié autant qu'il l'a pu les erreurs commises par l'auteur, soit dans le texte des inscriptions, soit dans les explications qu'il avait données; ensuite il a signalé dans des notes succinctes, et dans un chapitre d'additions, tous les changemens, toutes les découvertes qui se sont opérées sur cette terre classique, depuis l'époque où Chorier écrivait, jusqu'au moment actuel; enfin, il a supprimé quelques réflexions oiseuses qui déparaient l'ouvrage et en gênaient la marche; mais il ne s'est permis ces retranchemens qu'avec une extrême circonspection, dans la crainte d'altérer le sens de l'auteur. MM. Mermet (1), membre du conseil municipal, et Delorme, directeur du Musée de Vienne, se sont fait un plaisir d'aider M. Cochard de leurs observations et de tous les renseignemens que leurs connaissances locales leur fournissaient, en sorte que l'ouvrage est aussi complet qu'il puisse l'être.

Nous avons encore jugé à propos de l'orner de trois dessins, l'un représente le cénotaphe que l'on voit au plan de l'Aiguille, un autre la façade de l'église de St-Maurice et le 3e la figure du Faune. Nous y avons

---

(1) Auteur d'une histoire manuscrite de Vienne, dont le prospectus vient d'être publié.

aussi joint une table des chapitres, afin de faciliter au lecteur les recherches qu'il serait dans le cas de faire.

Ainsi l'amateur et le savant que l'amour des arts conduiront à Vienne, trouveront dans ce livre un guide fidèle destiné à leur en faire parcourir tous les lieux avec fruit. Il leur indiquera positivement les objets curieux que renferme cette cité célèbre et les révolutions qu'ils ont subies. Il pourra juger, par les fragmens qui subsistent encore, de l'éclat et de la magnificence de ses anciens monumens. Ces débris n'offrent plus il est vrai qu'une image imparfaite de sa grandeur passée ; cependant ils conservent, dans leur état de délabrement, un caractère de majesté et des souvenirs tellement imposans, que leur présence excite des regrets et jette l'ame dans de pénibles réflexions. La vue des ruines attriste toujours, parce qu'elle rappelle constamment l'instabilité des choses humaines. Le présent vit du passé et prépare l'avenir.

Notre projet, en réimprimant les *Antiquités de Vienne*, a été d'encourager les habitans de cette ville à continuer de recueillir les morceaux curieux que les fouilles peuvent restituer à la lumière, et de veiller soigneusement à leur conservation. En contribuant de cette manière à la gloire des arts, ils étendront leurs jouissances, et feront naître dans toutes les classes de la société cette émulation du

AVERTISSEMENT.

bien, source de toutes les vertus; car c'est en comparant les chefs-d'œuvre sortis de la main des hommes, que le goût s'épure, que l'imagination s'exalte, et que le désir de surpasser ses modèles développe l'amour du travail, seul et unique fondement de tout ce qui constitue le bonheur. Notre but est louable; heureux si nous l'avons atteint!

NOTICE

SUR

NICOLAS CHORIER.

CHORIER (Nicolas), avocat au parlement de Grenoble, était né à Vienne en Dauphiné vers l'année 1609. Son père, procureur au bailliage de la même ville, ne négligea point son éducation. Il l'envoya de bonne heure fréquenter les classes du collége, dirigées alors avec beaucoup d'éclat par les Jésuites (1). Il eut entre autres professeurs les PP. Laurent Chifflet, Gilles Privé et Charles Dulieu, le premier grammairien habile, le second rhéteur distingué, et le troisième mathématicien et théologien profond ; sous de pareils maîtres, le jeune élève fit des progrès rapides; son ardeur au travail, une mémoire prodigieuse et d'autres heureuses dispositions lui rendirent l'étude facile; mais la poésie latine eut surtout pour lui les plus grands charmes; il

---

(1) On ne peut s'empêcher de rendre justice à ces religieux. Comme corps enseignant, ils ont formé d'excellens élèves, mais leurs maximes politiques les rendaient dangereux.

s'y adonna avec passion, et s'acquit dans ce genre de littérature une célébrité assez étendue.

Au sortir du collége, il alla suivre le cours de l'école de droit à l'université de Valence, et fut ensuite admis au rang des avocats qui composaient le barreau de Grenoble; ses essais annoncèrent du talent, mais son penchant décidé pour les vers latins et pour l'histoire, lui firent négliger les devoirs de sa profession et portèrent obstacle à ses succès et à sa fortune. Quelques protecteurs puissans s'intéressèrent à lui procurer un état qui fût en rapport avec son inclination. Une commission avait été établie en Dauphiné par lettres-patentes du 13 septembre 1666, pour la recherche des usurpateurs des titres de noblesse; Chorier obtint d'être nommé procureur du Roi près de cette commission: l'assiduité et le zèle avec lesquels il remplit sa place, le mirent en mesure de faire des recherches importantes sur l'histoire du Dauphiné et celle des familles nobles qu'elle renfermait. C'est à cette circonstance que l'on doit la majeure partie des ouvrages qu'il publia.

La liste en est assez nombreuse : tous ne jouissent pas du même degré d'estime, mais tous annoncent dans leur auteur des connoissances variées et une érudition très-vaste ; s'il eut eu plus de goût, et moins de crédulité, il aurait occupé parmi les littérateurs de son temps une place honorable ; mais il adoptait volontiers les contes les plus ridicules, et comme l'a fort judicieusement observé Lenglet-Dufrénoy, il ne lui falloit que la plus légère connoissance d'un fait pour bâtir dessus une nouvelle histoire. Son style est lâche, diffus, maniéré, et souvent incorrect. Les réflexions dont il entremêle ses récits, sont quelquefois déplacées, et sans aucune analogie avec les faits auxquels il les applique : cependant, malgré de si graves reproches, le journal des Savans n'a pas laissé de faire l'éloge de plusieurs de ses productions, et son nom eut encore passé à la postérité environné d'un certain lustre, s'il n'eut terni sa réputation dans les dernières années de sa vie par des écrits licencieux ; cet écart lui fit perdre la considération publique, nuisit à ses intérêts et le plongea dans un état misérable. Il mourut à Grenoble, âgé de 83 ans, le 14 août 1692.

Il fut honoré du titre de comte Palatin de l'Église romaine, par lettres du 11 mars 1678 ; et du même titre à Padoue, aussi par lettres du 10 des calendes de janvier 1680 ; ces distinctions accordées à Chorier sont d'autant plus remarquables, qu'il n'eut d'autre recommandation pour les obtenir que son seul mérite.

Voici la notice des ouvrages que notre auteur a mis au jour.

1° Les éloges de trois Archevêques de Vienne en latin, 1640.

2° Le portrait d'un vrai magistrat, aussi en latin, 1648.

3° La philosophie et les sentimens de l'honnête homme, 1654. Sorrel, en sa bibliothèque le cite.

4° Les recherches du sieur Chorier sur les antiquités de la ville de Vienne, métropole des Allobroges. Lyon, 1658; 1 vol. in-12; des exemplaires portent le millésime 1659; c'est la même édition à laquelle on a supprimé l'épître dédicatoire adressée aux Consuls de Vienne: je présume que Chorier ayant eu à se plaindre de ces administrateurs municipaux, voulut, en changeant le titre et omettant la dédicace, effacer la trace de l'hommage qu'il leur avait rendu.

5° Histoire générale de Dauphiné, 2 vol. in-fol. Le 1ᵉʳ Grenoble, Charuys, 1661; et le 2ᵐᵉ Lyon, Thiolly, 1672.

6° Histoire généalogique de la maison de Sassenage: Grenoble, Nicolas, 1669; 1 vol. in-12. Elle a été réimprimée à la fin du 2ᵐᵉ vol. de l'Histoire générale de Dauphiné, in-fol. Lyon, 1672.

7° Histoire de Dauphiné abrégée. Grenoble, Charuys, 1674.

8° Les vies de Pierre de Boissat et de Denis de Salvaing de Boissieu en latin, suivies d'un recueil de poésies latines, 1683; 1 vol. in-12.

9° Histoire de Charles de Créquy duc de Lesdiguières. Grenoble, Provensal, 1684; 2 vol. in-12.

10° On lui attribue encore l'Histoire de la vie d'Artus Prunier de Saint-André, premier président au parlement de Grenoble.

11° Et l'Histoire du règne de Charles-Emmanuel, duc de Savoie, Ier du nom.

12° Aloysiæ Sigeæ Toletanæ Satyra sotodica de arcanis amoris et veneris, 2 vol. in-12;

Réimprimé sous le titre de Joannis Meursii Elegantiæ latini sermonis, in-12;

Traduit en français sous le titre d'Académie des Dames, 2 petits vol. in-12.

Ce livre infâme est sorti de la plume de Chorier; on ne peut en douter d'après les preuves qu'en a fournies l'abbé d'Artigny dans ses Mémoires d'histoire, de critique et de littérature, t. 2. p. 18.

13° L'année même de sa mort 1692, Chorier publia in-4° Lyon, Jurisprudence de Guypape, précédée de la vie de ce savant jurisconsulte; et d'une Notice sur ses annotateurs, au nombre desquels se trouve Pisard de Vienne. Cet ouvrage a été réimprimé à Grenoble, 1769, aussi format in-4°.

DE L'ORIGINE

DE LA

VILLE DE VIENNE,

DE SA DIGNITÉ ET DE SES PRIVILÉGES

JUSQU'A LOUIS XI.

DISSERTATIONS

TIRÉES DU SECOND ET DU QUATRIÈME LIVRE DE L'HISTOIRE GÉNÉRALE DE DAUPHINÉ DE NICOLAS CHORIER.

DISSERTATION I.

.... Cette province n'était pas alors moins abondante en peuples que maintenant ; il est vrai que le nombre des villes était moindre. Ils aimaient mieux vivre dans la liberté de la campagne que dans la contrainte des villes ; et c'est encore une opinion restée à la plupart de la noblesse depuis ce temps-là, que le séjour des villes n'est pas honnête à des gens qui suivent la profession des armes. Néanmoins il faut avouer que les Allobroges sont les auteurs de celles dont le nom n'a rien de commun avec la langue grecque ni avec la latine. Quelle apparence que les Grecs ou les Romains, si elles étaient leurs ouvrages, eussent cherché le nom qu'ils avaient à leur imposer dans une langue qu'ils jugeaient barbare et indigne de leur commerce. Genève, Vienne, Die, Cularo qui a maintenant le nom de Grenoble, Embrun, Gap, Briançon, et plusieurs autres, desquelles nous traiterons ailleurs plus particulièrement, sont des villes bâties par les Gaulois mêmes, quoiqu'il soit vrai que les Romains ont eu depuis le soin de leur décoration. Comme le séjour le plus ordinaire des honnêtes gens était à la campagne, et que les villes ne servaient presque aux Gaulois qu'à loger les artisans et les personnes qui seraient inutiles, si elles étaient éparses en des lieux incertains, ils appliquaient peu de soin à les embellir. C'est sur quoi Cicéron fonde une de ses réflexions, pour faire comprendre au peuple romain que César ne demande d'être continué dans son gouvernement des Gaules que pour en achever la conquête, et pour la gloire de la république, quoique l'âpreté du pays, dit-il, la laideur des villes et la rudesse des peuples dussent lui faire désirer d'en être rappelé pour sa particulière satisfaction.

Je sais bien que j'avance une proposition dont plusieurs savans, et presque tous ceux qui ne le sont pas, seront surpris d'abord, quand je dis que Vienne est l'ouvrage des mêmes Allobroges dont elle a été depuis la ville royale et la cité. Tellement que je ne dois pas différer de me justifier du blâme que l'on pourrait me donner de rechercher à devenir l'auteur de nouvelles opinions, et je ne le puis mieux que par la preuve de cette vérité : outre que les raisons qui l'établissent regardent aussi les autres villes que j'ai nommées, et qu'il sera facile de leur appliquer ce que j'aurai dit de celle-ci.

Adon, qui y a fleuri sous l'empire de Charles le Chauve, écrit qu'elle fut bâtie au temps qu'Amasias régnait dans Jérusalem par Venerius, banni d'Afrique, et qu'elle fut nommée Vienna, parce qu'il n'employa que deux ans à la mettre en état de porter dignement le nom de ville. *Quod Biennio perfecta fuerit.* Mais si cela est, ce n'a pas été l'an du monde 4447, comme le veut Jean Marquis, mais l'an 3197. Amasias commença à régner alors, et mourut l'an 3225, après un règne de vingt-huit ans. Ainsi, l'espace qui sépare la naissance de Vienne de celle de Jésus-Christ, dans cette opinion, est d'environ 856 ans ; de sorte qu'elle est plus ancienne que Rome de 108 ans. Toutefois, si Adon est l'auteur de la vie de l'abbé S. Theudère, il ne s'y est pas bien souvenu de ce qu'il avait écrit ailleurs ; il remarque dans la vie de ce Saint, que Vienne fut construite lorsque le prophète Élie révélait au peuple d'Israël les mystérieux ordres de Dieu, sous le règne de Josaphat. Si cela était, Rome n'est née que deux cents ans après elle. Mais, selon le dominicain Lavinius, le roi des Celtes, Allobrox, en est le père, et en jeta les fondemens au temps qu'Ascatade régnait en Assyrie. Si Allobrox, Ascatade, et ce que l'on dit d'eux, n'étaient des choses fabuleuses, elle serait une des plus anciennes villes du monde : le déluge ne l'aurait précédée que d'environ 700 ans, et elle aurait devancé de plus de 500 ans la naissance de Rome, et environ 1300 ans celle de Jésus-Christ. Le Grec Étienne, qui vivait sous l'empire de Justinien le Grand environ 500 ans avant Adon, est bien éloigné de ces opinions : il écrit que des Crétois l'ont construite ayant été contraints d'abandonner leur île, à cause d'une longue et extraordinaire sécheresse. Mais ils ne quittèrent pas leur patrie, dit-il, quoique devenue marâtre à ses enfans, sans en avoir reçu l'ordre d'un oracle qu'ils consultèrent, et qui leur répondit de ne s'arrêter qu'où ils rencontreraient un lieu très marécageux ὁ πῶ ἱλοδίςατον τόπον θιάσεται. Quelques-uns d'eux ayant pris la route d'Italie, y peuplèrent la ville de Trente. Les autres abordèrent les côtes de France auprès de l'embouchure du Rhône. C'est là où ils prirent terre, et la résolution de mettre fin à leur navigation. Ils remontèrent le long de cette rivière vers le septentrion, jusqu'à ce qu'ils eurent rencontré le lieu que l'oracle leur avait promis. Ils s'y établirent d'abord, et l'une de leurs filles étant tombée dans un précipice, comme elle dansait, ils donnèrent son nom à la ville qu'ils avaient commencée. Cette ville fut appelée *Bianne,* comme cette fille. Voilà le récit de ce Grec, qui ne marque point le temps de la navigation de ces Candiots. Examinons maintenant s'il y a de la vérité, ou certes de la vraisemblance que les Africains ou les Candiots aient pu pénétrer si avant dans les Gaules pour y bâtir une ville, et pour s'y établir. Premièrement les colonies des Grecs et des autres peuples, signalés par leurs navigations, ont presque toujours été établies sur les bords mêmes de la mer, bien loin qu'on les ait avancées dans la terre ferme, si avant que l'est cette ville. C'est pourquoi Diodore met au rang des fables l'origine de la ville d'Alise, où César donna le dernier coup mortel à la liberté des Gaules. Et certes quand un peuple étranger vient s'établir dans un pays où il faut qu'il entre l'épée à la main, n'est-il pas sans jugement s'il s'y engage jusqu'à ne pouvoir être facilement secouru? A quels périls ne se seraient exposés ces Africains et ces Candiots, s'ils eussent pénétré si avant dans la Gaule, peuplée alors d'une nation orgueilleuse et guerrière, qui n'a jamais souffert de semblables invasions sans une résistance héroïque? Qui aurait pu endormir la générosité des Gaulois, persuadés, comme ils l'ont toujours été, que ce n'est pas une moindre infamie de voir sans murmure un étranger dans le sein de sa patrie, qu'un adultère dans celui de sa femme?

D'ailleurs, s'étaient-ils rendus les maîtres de tout ce qui est depuis l'embouchure du Rhône jusqu'à Vienne? Avaient-ils désarmé les Liguriens, les Voconces, les Cavares et les Allobroges? Cette conquête était-elle un ouvrage de peu de jours, et possible à des fugitifs? Et néanmoins sans cela, n'y aurait-il pas eu plus de désespoir que de hardiesse en leur entreprise? Quoique les Phocéens n'eussent point eu d'empêchement à vaincre, et qu'au contraire tout leur eût été favorable quand ils entrèrent dans le pays des Saliens, combien de fois auraient-ils été accablés, si la mer ne leur eût fourni des forces inépuisables? Cet avantage manquant aux Africains et aux Candiots, quand chacun d'eux aurait été un héros, auraient-ils pu éviter la punition de leur témérité?

Davantage, se peut-il rien imaginer de plus ridicule que cette supposition, que Venerius ayant donné à cette ville le nom de *Bienna*, il a été depuis changé en celui de *Vienna*? Donc les Africains parlaient latin avant même que cette langue fût née, ou certes avant qu'elle eût passé les étroites bornes du Latium. Les auteurs de ces fables ont eu trop peu de bonne opinion de la postérité, quand ils se sont imaginés qu'elle serait assez crédule pour leur ajouter foi.

Stephanus accompagne le récit qu'il fait de ces Candiots, de deux circonstances qui en découvrent le mensonge; il parle du lieu où Vienne est assise comme d'un territoire fort marécageux, et néanmoins il ne l'a jamais pu être. Mais quel moyen de croire qu'une de leurs filles étant morte, son nom fût imposé à la ville qu'ils faisaient, que des païens superstitieux aient accepté un augure si funeste?

Cela étant, ne voit-on pas que ce sont les Allobroges mêmes qui ont bâti Vienne, et non des peuples avec lesquels ils ne pouvaient alors avoir ni alliance ni commerce. Strabon assure qu'elle a toujours été leur métropole, même avant qu'elle fût parvenue à la grandeur où ils la portèrent depuis, afin qu'elle le fût avec plus d'honneur et d'éclat. Les anciens écrivains, lorsqu'ils ont parlé des villes célèbres, n'ont pas négligé de joindre à leurs noms le nom de leurs fondateurs, pour satisfaire à la curiosité publique et pour montrer qu'ils n'ignoraient pas l'histoire des peuples dont ils traitaient. Ainsi lit-on dans Pline, *Massilia Græcorum*, parce que ce sont des Grecs qui ont construit Marseille, et *Agathopolis Massiliensium*, parce que ce sont les Marseillais qui ont bâti Agde. Par la même raison, on lit aussi dans le même auteur, et encore dans Pomponius Mela, *Vienna Allobrogum*, assurément parce que Vienne doit son origine aux Allobroges. En effet, lorsqu'Adon écrit le contraire, il a été trop judicieux pour se rendre le garant d'une opinion que peut-être il n'approuvait pas; il en fait l'auteur un certain Livius ou Libius, qui, étant inconnu, ne doit pas avoir plus d'autorité qu'il n'a de réputation.

Toutefois il y a peu de fables qui ne soient conçues dans la vérité même, et peu de vérités que la fable ne tâche de corrompre. Il se peut faire que des Africains et des Candiots ont été les bienfaiteurs de cette ville, et que c'est ce qui a donné aux Grecs matière de mentir si hardiment qu'ils ont fait, comme de tout temps ils n'y ont été que trop enclins.

Les Gaulois, dont les Allobroges étaient une illustre partie, ont paru souvent avec honneur dans les armées de Carthaginois toujours composées d'étrangers. Annibal et son frère Asdrubal ayant pris leur route par l'Allobrogie pour passer en Italie (1), y firent de nouvelles levées; ils y grossirent

---

(1) M. Deluc, *Histoire du passage des Alpes par Annibal*, Genève, 1818. pag. 80, dit que ce fut à Vienne, nommée par Ptolémée *Caput Allobrogum*, que ce général quitta les bords du Rhône pour se rendre en Italie, passa à Bourgoin, aux Abrets, à St-Genis-d'Aoste, etc. Le nom

leurs armées, et peut-être laissèrent dans Vienne, qui était la métropole de ce peuple, quelques-uns de leurs capitaines, pour maintenir par leur présence la bonne intelligence de cette nation avec la leur. Peut-être que l'un d'eux s'y rendit recommandable par de nouveaux ouvrages et des réparations publiques, et que s'appelant Venerius, il s'y éternisa par ses bienfaits. Du moins, ce pays était si connu des Carthaginois du temps même d'Alexandre, que le nom de Rhône fut imposé par eux à Amilcar pour gratifier notre nation.

Les Candiots n'ont été non plus inconnus aux Gaulois : ils ont eu autrefois une haute réputation, s'étant assujetti toute la Grèce sous leur roi Minos. Aristote n'en a pas désapprouvé le gouvernement et la politique. Il est assuré qu'ils n'ont pas toujours été si lâches qu'ils l'étaient du temps de S. Paul qui les nomme menteurs, mauvaises bêtes et ventres paresseux. César eut des soldats de cette nation dans ses troupes, et ils ne lui furent pas inutiles contre les Gaulois. Vienne était alors une ville de retraite aux Romains, et peut-être quelqu'un de ces

---

de *Passage* que porte un village sur cette route, le bouclier votif en argent que l'on y découvrit en 1714, et qui fut reconnu pour être carthaginois, confirment l'opinion de ce savant. Voy. les *Mémoires de l'académie des inscriptions*, tom. IX, édit. in-4°, pag. 155.

Crétois y étant en quartier, y perdit sa maîtresse; peut-être que pour en éterniser la mémoire, il lui érigea de superbes monumens, qui depuis ont été l'origine et la cause de ces contes si fabuleux.

Au reste, les Grecs ont nommé Vienne βιεν'νη, βιεννω et βιεννη et les Latins *Vienna*. C'est un nom que la capitale d'Autriche lui usurpe injustement par l'ignorance des derniers siècles. Ils l'ont de même corrompu aisément en celui de Vigenna; et l'auteur d'un misérable écrit que Jean Marquis a tiré des ténèbres qu'il méritait, s'est formé là dessus d'étranges imaginations. Il s'est imaginé que Vienne a été appelée Vigenne, *quasi via gehenna*, à cause, dit-il, qu'elle était la prison des chrétiens qui y étaient envoyés par l'empereur Trajan et par ses successeurs, pour y être appliqués à divers tourmens. Il y a de l'imposture et de l'ignorance en ce récit; Vienne n'a pas toujours été aux chrétiens un théâtre sanglant; l'Église y a joui pendant plusieurs siècles d'un calme profond, et a répandu les fruits de sa fécondité par toutes les Gaules, qui lui sont redevables des lumières du christianisme. D'ailleurs, l'Église n'a pas souffert sous Trajans une persécution si violente, qu'elle ait pu donner à Vienne cet infame nom de Gehenne; et si elle l'avait dès sa construction, comme cet auteur semble le supposer, ne lui a-t-il été jusqu'au christianisme qu'un augure de ce qu'elle devait un jour être? Enfin, il est peu de villes dont le nom soit composé de deux langues différentes; mais il n'en est point que la langue hébraïque et la langue latine aient nommée ensemble. Outre que *Gehenna* est un mot créé par la parole incréée, comme remarque S. Jérôme, et néanmoins la naissance de Vienne a précédé de plusieurs siècles celle de Jésus-Christ.

Il faut donc conclure que Vigenna est en cela la matière d'une allusion extravagante; mais si l'anagramme, si ce jeu d'esprit pouvait avoir place dans une histoire sérieuse, il y aurait plus de raison de croire que l'excellent vin que produit le territoire de Vienne lui a imposé ce nom de *Vienna*. *Vienna*, en *Vina*; c'est comme un excellent esprit (1) s'est joué sur ce nom, et il y a autant de vérité et de grace en sa pensée, que de mensonge et de barbarie en *Vigenna*................

DISSERTATION II.

...Le droit des colonies fut inviolable durant tout le temps que l'État romain demeura en république; les derniers empereurs qui régnèrent après Marc-Antonin commencèrent seulement à le blesser.

---

(1) M. de Boissat.

Cet empereur ayant donné le droit de cité romaine à tous les peuples qui lui obéissaient, il cessa premièrement d'être cher à ceux à qui il avait été particulier, et peu à peu les priviléges en furent abolis par la tyrannie de ses successeurs. On aurait sujet de croire qu'il eut la pensée de détruire ce droit en le rendant commun, si sa probité, que son siècle a admirée, et qui peut servir d'exemple au nôtre, permettait ce sentiment. Vienne jouit de tous les avantages dont les premiers empereurs l'avaient favorisée jusqu'à la tyrannie de Néron. Nous en étalerons les circonstances en un lieu plus convenable : regardons maintenant les colonies, les municipes et les préfectures de cette province, puisque cette connaissance est nécessaire pour en avoir une entière de son ancien état.

Les Romains ne pouvaient jamais inventer de meilleur moyen d'étendre leur réputation et d'affermir leur empire, que de partager à leurs citoyens et à leurs soldats les terres qu'ils avaient conquises. Denis d'Halicarnasse écrit que Romulus en fut l'auteur, ayant peuplé quelques villes de cette partie des habitans de la sienne qu'il y envoya. Mais il y avait deux sortes de colonies : les unes furent de citoyens romains tirés de cette multitude qui, étant pauvre et fainéante, se portait facilement aux troubles et aux séditions ; et les autres de soldats qui, ayant servi long-temps dans les armées de la république, trouvaient ici la fin et la récompense de leurs travaux. Par les premières, on purgeait la ville de Rome d'une multitude inutile, et par cette saignée on assurait sa force et sa vigueur; comme par les secondes, on évitait les maux qui suivent toujours le désespoir et la rage des troupes licenciées. D'ailleurs, autant de colonies étaient autant de remparts contre les soulèvemens des peuples vaincus, et de fermes fondemens de l'autorité et de la puissance des vainqueurs. Les Romains, sans elles, n'auraient jamais été paisibles dans la possession des Gaules.

Il est vrai que l'usage des colonies du premier genre a été aussi rare que de peu de durée dans les provinces. La première a été Carthage en Afrique, et la dernière Narbonne dans les Gaules. Après le sixième consulat de Marius, il n'y en eut plus que de militaires. Toutes néanmoins étaient capables de jouir des mêmes priviléges, et les militaires souvent n'en avaient pas moins que les patriciennes et les équestres. Les unes étaient du droit romain, comme parlent les jurisconsultes, et les autres du droit italique. Je m'éloignerais trop de mon sujet, si j'en voulais remarquer toutes les différences que Sigonius a soigneusement recueillies. Asconius fait particulièrement consister la latinité en la faculté qu'avaient les Latins de pouvoir nommer et être nommés aux magistratures et aux charges de la république. Les autres peuples d'Italie n'y pouvaient aspirer, et leur droit ne s'étendait presque pas au-delà de l'exemption du cens, selon le sentiment de Cujas. Une partie du droit public leur était commune avec les Latins, comme elle l'était à ceux-ci avec les Romains. Néanmoins ni l'Italie, ni même Rome, n'ayant toujours été exemptes de la rigueur du cens et des tributs, ce droit ne regardait point au commencement cette franchise. Mais Auguste ayant révoqué tous les subsides qui se levaient avant lui sur les provinces, les assujettit à un tribut ordinaire, réglé et certain. En quelques-unes, il voulait qu'il fût personnel, et en d'autres il le rendit réel et l'attacha au fonds. Pour l'Italie, il l'exempta de l'un et de l'autre, et ne crut pas que ce fût de la bienséance que celle qui avait assujetti tous les peuples, le fût-elle même à aucune servitude. Cette immunité fut dès lors appelée, comme le fait voir Sigonius, le droit italique. C'est aussi ce qu'enseigne assez clairement le jurisconsulte Paulus, quoi que dise le grand Cujas qui ne peut se persuader que ce droit ait acquis une immunité si étendue. *Les Lyonnais et les Viennois, dans la province Narbonnaise, sont du droit italique*, dit le jurisconsulte Paulus (1). *Laodicée*,

---

(1) L. 8, ff. *de Censib*. Ce jurisconsulte vivait sous le règne

dans la Syrie, et Barut, dans la Phénicie, sont du droit italique, et leur terroir aussi. Quel peut être ce droit en faveur du fonds, si ce n'est celui de l'immunité? *Le même droit a été donné à la cité de Tyr par les empereurs Sévère et Antonin. L'empereur Antonin a fait une colonie de la ville d'Antioche, à la réserve des tributs.* Donc les villes qui acquéraient le nom de colonies du droit italique, étaient dès lors affranchies de ces deux genres de tributs, si le contraire n'était réservé par le prince qui leur accordait cet honneur. Et je ne vois point comme quoi l'on pourrait se figurer que Paulus n'entende pas, qu'Antioche devînt, par le bienfait d'Antonin, une colonie du droit italique, à moins que l'on ne veuille qu'il se soit égaré de son sujet, et qu'en cet endroit où il ne traite que de semblables colonies, il ait fait mention d'une de différente condition. *Antonin notre empereur a fait de la cité des Émiséniens* (les Turcs nomment cette ville Coma, et les Arabes Hamsa) *une colonie du droit italique,* pour dire qu'elle est exempte de tribut, ce que n'était pas celle d'Antioche; il ajoute qu'elle l'est, parce que le droit italique lui a été donné sans condition et

---

d'Alexandre Sévère, de 222 à 235. La loi prouve que la Gaule n'était pas encore à cette époque divisée en sept provinces.

sans réserve. *Vespasien fit une colonie de la ville de Césarée, sans avoir toutefois ajouté qu'elle fut du droit italique; mais il leur remit le tribut qui se paye par tête, et depuis Titus déclara encore leur territoire franc et exempt.* Pouvait-il dire avec plus de clarté, que si Vespasien eût ajouté que cette colonie jouirait du droit italique, elle aurait dès lors été estimée exempte également, et des tributs personnels et des réels? D'ailleurs, si l'on était relevé et déchargé du cens par la force du droit italique, n'est-ce pas une conséquence qu'on l'était aussi nécessairement de tout tribut? Le cens, chez les Romains, n'était autre chose que la déclaration authentique que faisaient les sujets de l'empire de tous leurs biens meubles et immeubles devant le magistrat commis pour cela. Ils étaient appelés les censeurs dans la ville de Rome, et les censiteurs dans les provinces. Elle était accompagnée d'un dénombrement par écrit des fonds qu'ils possédaient, de leur qualité et de leur quantité, avec les tenans et les aboutissans. *Forma censuali cavetur, ut agri sic in censum referantur,* dit Ulpien, *nomen fundi cujusque, et in qua civitate et quo duos vicinos proximos habeat, et id arvum quod in decem annos proximos satum erit, quot jugerûm sit.* Sur l'estime qui en était faite, le pied de l'impôt, tant sur la personne que sur les fonds, était pris; et si le possesseur avait en son âge, ou en sa qualité, quelque privilége qui l'exemptât de la capitation, il n'y était point compris; mais il ne laissait pas de l'être pour ses fonds, s'ils n'étaient aussi exempts par quelque faveur particulière, ou par la qualité du territoire dont ils étaient une partie. Cela étant, puisque l'imposition du tribut dépendait si absolument du cens, n'est-il pas hors de doute que qui n'était point obligé à comparaître devant le censiteur, comme Cujas avoue, que ne l'étaient pas ceux qui jouissaient du droit italique, ni de représenter devant lui le dénombrement et l'état de ses biens, n'était par conséquent sujet à aucun tribut? Et ce serait une faible objection de dire que la capitation était incertaine, qu'elle arrivait dans une même province, tantôt à une somme plus grande, tantôt à une moindre; et qu'au contraire le tribut sur le fonds y était fixe, et n'augmentait non plus qu'il ne diminuait jamais: car encore que cela ne puisse être nié, il suffit que cette somme certaine que les provinces tributaires payaient annuellement, étant réglée sur les fonds contribuables, le même fonds, selon les changemens qui lui arrivaient, en supportait ou plus ou moins. *Illam æquitatem debet admittere censitor,* dit Ulpien, *ut officio ejus congruat relevari eum, qui in publicis, de lato modo frui certis ex causis non possit, quare etsi agri portio chasmate perierit debebit per censitorem rele-*

vari, si vites mortuæ sint, vel arbores aruerint, iniquum eum numerum inseri censui.

Ce discours ne tend qu'à faire voir quel a été autrefois le bonheur de la meilleure partie de cette province. Vienne ayant été peuplée d'une colonie romaine, s'acquit d'abord une si grande réputation, qu'elle surpassa dans peu de temps celle de la plupart, et égala celle de toutes. Paulus la met au nombre des colonies du droit italique, c'est-à-dire, de celles qui avaient le privilége d'une générale exemption des impôts et des tributs. Elle ne fut pas seule; Valence, Die, Aoste auprès de Crest, et même Grenoble, furent faites aussi colonies, et en eurent les priviléges. Mais pour ne rien dissimuler, je ne crois pas qu'ils fussent si étendus. Aoste, auprès de Saint-Genis, qui est sur la frontière de l'état de Savoie au-deçà du Guier, fut une préfecture, et, si je ne me trompe, l'une des plus considérables de cette province.

Vienne était une colonie avant le règne d'Auguste, mais elle n'eut pas sitôt tous les droits de la cité romaine. J'apprends l'un du témoignage de Dion, et l'autre de celui de l'empereur Claude; celui-là dit que les Allobroges s'étant servis de l'occasion que les guerres civiles des Romains présentaient au désir qu'ils avaient de recouvrer leur liberté, surprirent Vienne l'an 2 de l'empire de César, et en chassèrent les Romains qui, ayant passé le Rhône, s'arrêtèrent à Lyon. C'est l'origine de cette illustre ville, qui fut faite une colonie par L. Munatius Plancus, suivant les ordres du sénat. Les Allobroges firent leur accommodement; et ce qui le leur facilita, comme ils le voulaient, fut l'état misérable où était alors l'empire romain.

In sua conversum victrici viscera dextra.

Vienne ne perdit point ses priviléges avec ses premiers habitans; tous ceux d'une vraie colonie lui furent conservés; quoique les Gaulois en fussent les nouveaux citoyens, elle ne laissa pas d'avoir part aux droits des citoyens romains. Aussi les Lyonnais incitant à sa ruine Fabius Valens et ses soldats, n'oublient pas de leur représenter, dans Tacite, qu'ils n'y verront rien que d'étranger et d'ennemi. Et certes le savant Barnabé Brisson a remarqué qu'encore que la colonie semble supposer un envoi d'habitans, *colonorum deductionem*, néanmoins les empereurs en donnaient souvent le droit à des villes auxquelles ils ne donnaient point de nouveaux citoyens. Cette colonie était déjà considérée comme ancienne sous l'empire de Vitellius, et même sous celui de l'empereur Claude; ce qui est plus digne de remarque. Ce prince ayant résolu d'ouvrir la porte du sénat aux trois parties de la Gaule, à qui elle avait été ferinée depuis que Jules César les avait ajoutées à l'empire romain, fit voir que ce ne lui était guère moins d'avantage de recevoir des sénateurs de cette colonie, qu'à elle de lui en donner. *Ornatissima ecce colonia, dit-il, valentissimaque Viennensium, quam longo jam tempore senatores huic curiæ confert?* Si est-ce qu'elle ne jouit pas sitôt de tous les priviléges de la cité romaine, ils ne lui furent entièrement accordés que sous l'empire de Tibère, après le premier consulat de Valerius Asiaticus. C'est de lui que Claude parle encore dans ce même discours, *dirum nomen latronis taceam et odi illud Palæstricum prodigium, quod ante in domum consulatum intulit, quam colonia sua solidum civitatis romanæ beneficium consecuta est.* Tellement que c'est à Tibère qu'elle fut redevable de ce bienfait : car c'est sous cet empereur que Valerius Asiaticus reçut premièrement l'honneur du consulat, qu'il mérita une seconde fois sous l'empereur Claude. Tibère, qui avait calmé les séditions et les mouvemens du peuple de Vienne, qui avait jeté d'étranges terreurs dans l'esprit d'Auguste, lui en ôta la matière pour l'avenir, en le déclarant exempt du cens et du tribut, dont la rigueur l'avait fait soulever. Un prince qui cède aux désirs de son peuple, et qui s'accommode aux conjonctures de ses affaires, est toujours digne de louange : aussi Tibère, quoiqu'il eût les armes et la force dans la main pour se faire obéir, se vante néanmoins, dans Tacite, d'avoir plus achevé de choses par le conseil que par la force. Je crois donc que c'est lui qui le premier donna à la colonie de Vienne une entière franchise et une exemption absolue de toute sorte de tributs et d'impôts, en lui communiquant les priviléges du droit italique.....

DISSERTATION III.

.... Si est-ce qu'il faut avouer que si quelque ville a eu l'avantage de se conserver celui de sa franchise et de son immunité, celle de Vienne l'a eu alors par l'estime qu'en ont faite toujours ceux dont elle a reconnu la souveraineté, soit Romains, soit Barbares. Comme colonie du droit italique, elle ne fut déshonorée d'aucune marque de servitude qui pût offenser en elle la liberté romaine, tant que les empereurs eurent assez de force et de courage pour défendre la liberté publique contre les efforts de leurs ennemis. Plusieurs d'entre eux l'honorèrent même de leur demeure: le palais impérial, qui occupait cette éminence que nous avons décrite ailleurs, est un témoignage qu'ils y faisaient leur séjour ordinaire depuis que les entreprises continuelles des peuples du Septentrion les eurent appelés au-deçà des Alpes. Mais l'inscription trouvée dans les ruines du temple de Mars n'en est pas un moins convaincant (1); elle est le monument d'un vœu rendu par le peuple viennois pour le salut et pour le retour des empereurs qui régnaient alors, et pour l'heureux état de la cité de Vienne. Comment aurait-on fait des vœux et des prières publiques pour le retour de ces princes en cette ville, si elle n'avait été celle qu'ils avaient choisie pour y établir leur demeure ordinaire? Mais après que l'empire romain eut été exposé en proie par leur lâcheté aux Goths, aux Vandales, aux Bourguignons, et, pour tout dire, à tous les peuples du Septentrion, Vienne, par le consentement même d'Honorius, fut abandonnée aux Bourguignons, et trouva son salut dans sa perte : ils en firent la capitale de leur état, et leurs rois par conséquent imitant l'exemple de tous les rois de la terre, eurent pour elle les bontés qu'ils ne pouvaient lui refuser sans intéresser leur trône dans ce refus. L'Italie fut rendue exempte de toutes sortes de charges ordinaires, après la victoire de Paul Emile contre Persée, roi de Macédoine; et ce privilége lui fut si bien confirmé par Auguste, du moins pour les charges qui regardaient les fonds et les personnes, qu'il lui demeura long-temps inviolable. La Perside avait les mêmes avantages sous les rois de Perse; et enfin il est vrai

---

(1) Voy. ci-après, liv. IV, ch. VII.

que dans les grandes monarchies, il a toujours été le droit de la principale province, ou s'il n'a pas eu tant d'étendue en quelques états, il n'y a pas du moins été contesté aux villes de la résidence du prince. Les intelligences sont plus éclairées que les hommes, dit Aristote, parce qu'elles sont plus proches de Dieu qui est la souveraine intelligence et la source des lumières; les peuples qui habitent comme dans la maison du prince, pour parler ainsi, qui le voient plus familièrement et qui l'ont toujours devant leurs yeux, doivent être aussi plus heureux que les autres. Si le prince juste n'est qu'une source de biens et de grâces, ces grâces et ces biens ne se doivent-ils pas répandre plus abondamment sur les peuples qui sont à ses pieds, que sur ceux jusqu'où son action ne peut porter ses effets, ni avec tant de promptitude, ni avec tant de vigueur? L'ordre politique a suivi celui de la nature; et, si je l'ose dire, c'est du droit naturel, de même que du civil, et de celui-ci parce que ce l'est de l'autre, que les lieux honorés du séjour et de la demeure ordinaire du souverain ne soient pas exposés à la honte des tributs et des tailles. Vienne étant donc devenue la capitale de l'état des Bourguignons, ne devint ni infame ni malheureuse dans cette nouvelle subjection : elle ne perdit rien de ses anciens priviléges; aussi entre les articles du traité en vertu duquel cette province fut remise à ce peuple, c'en fut un des principaux que le Romain, c'est-à-dire, l'habitant naturel du pays, ne recevrait point de trouble dans ses droits; et que le Bourguignon et lui, sans innovation et sans changement, vivraient comme frères dans la possession des fonds qui leur échoiraient par le partage général qui en serait fait entre eux. Les fonds changèrent de maîtres, mais ils ne changèrent pas de condition; et ceux qui étaient libres et francs avant l'entrée de cette nation dans la Gaule, ne cessèrent point de l'être.

Cet état ayant été ébranlé par les victoires de Clovis, fut renversé, quelques années après, par celles de ses enfans: mais il se releva sous ceux de Louis le Bègue par les intelligences de Boson; et en faveur de ce prince, beau-frère de Charles le Chauve, Vienne fut sa ville royale, comme elle l'avait été des premiers Bourguignons, car ce nouveau royaume reprit leur nom, et fut appelé le royaume de Bourgogne et de Vienne (1). C'est par cette raison que cette ville a, dans l'épitaphe de saint Burcard, ce titre qui lui est si glorieux et si avantageux de *præclarorum nutrix*

---

(1) M. Cochard possède une pièce d'argent qui rappelle le règne de Boson. On voit une croix, et autour la légende *Vienna civis* au revers, le mot *Rex* dans le champ; légende *Boso gracia Dei*. Il en a une autre qu'il croit remonter à la même époque. Elle porte aussi d'un côté une croix et la légende *Urbs Vienna*; au revers les lettres initiales S. M. (Sanctus Mauritius) dans le champ: légende *Caput Galliæ*.

fortissima regum, d'excellente nourricière de grands rois, qui, pompeuse et magnifique, a le sceptre dans la main, *fastu compta manens Regia sceptra ferens*. Ce royaume finit en Rodolphe le Fainéant, qui déclara Conrad, roi d'Allemagne, son héritier et son successeur en ses états. Frédéric Ier, qui avait recueilli le droit de Conrad, n'eut, non plus que ses prédécesseurs, la liberté de venir prendre la réelle possession de ce royaume, ni les forces pour l'arracher des mains de quantité d'usurpateurs qui l'avaient déchiré. Quoiqu'il fût assez occupé au-delà du Rhin, il ne laissa pas d'envoyer quelques-unes de ses pensées jusqu'ici; ce qu'il témoigna par l'ordre qu'il adressa, l'an 1153, pour la garde de cette ville, à l'archevêque Etienne, au doyen et au chapitre de St-Maurice. Ce prince leur en commit le gouvernement et la garde, et voulut qu'en son absence et en celle de ses successeurs, ils jouissent de tous les droits royaux, et ne reconnussent aucune puissance laïque ni temporelle. S'il ne leur céda pas absolument cette ville, et ne leur en transféra point l'entière propriété, c'est parce qu'excellant sur toutes les autres par sa dignité, comme étant le siége des rois, elle ne devait avoir, dit-il, de possesseur que l'empereur même. *Præfata enim civitas*, ce sont les paroles de la bulle impériale, *regiæ cathedræ excellentia, nullum præter nos debet habere possessorem*. C'est une vérité dans le droit, que la simple déclaration du souverain tient lieu d'une parfaite preuve; et cela étant, on ne peut nier que Vienne n'ait été la ville capitale de ce second royaume de Bourgogne, ni par conséquent (pour ne pas entasser ici les raisons que nous destinons à un autre lieu) qu'elle n'ait alors joui de tous les avantages et de tous les priviléges des villes royales. Depuis, ses archevêques ne touchèrent point à sa liberté, quoiqu'il semble que celle qu'ils avaient de disposer des droits royaux, leur en donnât assez de prétexte: ils n'osèrent pas se porter à une entreprise que tout le monde aurait blâmée; et seulement ils obtinrent que comme ils seraient obligés de faire des voyages à la cour, ou pour rendre compte de leur administration, ou pour accompagner l'empereur quand il l'ordonnerait, les habitans de Vienne eussent à contribuer à cette dépense extraordinaire. C'est ce qui fut ajouté à la bulle de Frédéric par celle du pape Adrien de l'an 1157; ce pape ayant jugé à propos d'y insérer cette clause, afin que le dépositaire n'eût pas sujet de se plaindre des charges auxquelles l'aurait assujetti ce dépôt, en ce cas-là fâcheux et incommode sans ce secours, comme en tout autre il était glorieux et illustre par sa qualité. Aussi étaient-ils obligés de jurer solennellement d'abord après leur sacre, qu'ils ne contreviendraient point aux anciens priviléges des habitans de cette ville, et qu'au contraire ils les observeraient et procureraient toujours qu'ils le fussent selon leur forme et leur teneur. Or, c'en était un des premiers et des plus importans, qu'ils étaient exempts non seulement de toute sorte de tributs, de tailles et de fouages, mais encore de tout genre de gabelles, de péages et d'impositions tant par terre que par eau. Il est vrai qu'il leur était permis, ce qui était refusé à toutes les puissances, d'imposer sur eux-mêmes les sommes que bon leur semblerait, sans autorité ni permission expresse, toutes les fois que la nécessité ou l'utilité de leurs affaires le demandait ; nul d'eux ne pouvant alors se dispenser de ce devoir et de cette obligation. Les empereurs successeurs de Conrad, ne voulant pas que Vienne fût de pire condition sous eux qu'elle n'avait été sous ses premiers rois, ordonnèrent que ses priviléges fussent rédigés par écrit en forme authentique ; les ayant toujours maintenus eux-mêmes, il fut bien juste que ceux qui les représentaient dans le gouvernement politique, jurassent d'en faire autant, et que la crainte du parjure leur rendît plus inviolable et plus sacré l'exemple de ces princes. Voici les articles qui parlent de cette exemption, afin que l'on ne m'accuse pas de rien ajouter à la vérité par une complaisance dont je ne suis pas capable : *Item habitatores Viennæ non solvant pedagium. Declaramus ex speciali gratia, quod sub imperium, à quocumque pedagio, angariis, parangariis, et præstatione denarii, seu tributi, sint quieti et immunes dicti cives et habitatores dictæ civitatis, ac etiam ab omnibus, tam ipsi cives, quàm mercaturæ et denariatæ ipsorum, et etiam per terras feudatoriorum et subditorum imperialium quorumcumque sive per terram, sive per aquam ubicumque, nec non ab omnibus gabellis et impositionibus, ubicumque exigantur seu recipiantur. Item volumus et in perpetuum concedimus quod prædictis civibus Viennæ, Clericis vel Laicis, non possit, vel valeat per nos, seu quoscumque successores nostros, seu alium quemcumque fieri Rota, tallia, focagium, angaria, paranguria, aut alia impositio indici, vel imponi, sub quacumque forma verborum concepta, aut alio quocumque colore quæsito.* Ces deux articles sont le second et le troisième de nos priviléges, et celui-ci en est le quarante-neuvième : *Item quod cives et habitatores Viennæ prædicti si facere voluerint collectam seu impositionem, ut eisdem videbitur faciendum ad opus villæ, et pro clausuris et necessitatibus ejusdem, hoc facere possint et valeant, et domum illius qui solvere noluerit compellere teneantur.*

Les rois de France ayant acquis le Dauphiné par le traité de Philippe de Valois avec Humbert, et tenant ainsi Vienne comme bloquée de tous côtés, ne laissèrent pas de voir ses priviléges sans haine et sans chagrin : ils n'entreprirent contre elle rien qui fût indigne de cette estime universelle que la monarchie française s'est conservée si long-temps chez tous les peuples, par la justice de ses projets et par la probité de ses ministres. Ils pouvaient l'accabler d'abord, quelque résistance qu'elle eût pu leur rendre; mais cette pensée qui ne pouvait être que criminelle, céda à de plus justes et de plus politiques. Charles V, qui, entre tous nos rois, a paru si sage dans sa conduite, qu'il s'en est acquis le titre comme la récompense de sa vertu, ayant contracté une étroite amitié avec l'empereur Charles IV, obtint facilement de lui tout ce qu'il en voulut obtenir. Il avait formé le dessein de s'acquérir Vienne, et il ne le désirait pas moins ardemment que Philippe de Valois, qui s'en était assez expliqué en faisant créer Jean, son fils aîné, roi de Vienne par l'empereur Louis de Bavière, et en se rendant le maître de Sainte-Colombe, l'un de ses faubourgs au-delà du Rhône : mais Charles V, pour y réussir, procéda sans violence et fit moins d'éclat. L'empereur Charles IV déclara à sa prière le dauphin Charles, qui fut depuis Charles VI, son vicaire-général et perpétuel dans le royaume de Vienne et d'Arles; et ce vicariat fut jugé dans le conseil de France une révocation de tous ceux que d'autres princes avaient eus auparavant, et surtout de la commission de Frédéric Ier à l'archevêque et à l'église de Vienne touchant le gouvernement de cette ville, et le maniement absolu des droits royaux en l'absence des empereurs. En effet, Charles de Boville, gouverneur de Dauphiné, fut commandé quelque temps après de se rendre maître de Vienne; ce qu'il fit le jour de Noël de l'an 1378. Le petit nombre de ceux qui eurent la hardiesse de s'opposer à lui pour les intérêts de l'archevêque, inséparables de ceux de la ville même, n'ayant servi qu'à l'irriter, et à porter le feu dans quelques maisons qui furent réduites en cendre, ce procédé jeta Vienne dans une telle consternation, que ses habitans irrésolus de ce qu'ils avaient à faire dans cette conjoncture, en abandonnèrent entièrement la conduite au hasard, comme s'ils n'y eussent plus été intéressés. Ils demeurèrent durant cinq ans sans consuls et sans échevins, n'ayant osé procéder à leur nomination de l'autorité de ce nouveau vicaire de l'empire, que la peur qu'ils avaient d'offenser leurs premiers maîtres et même leur conscience, comme parlent nos registres, ne leur permettait pas de reconnaître sitôt ni si facilement. Néanmoins ils ne laissèrent pas de députer Jocerand Laurens au roi, pour se plaindre par sa bouche de l'injure qu'ils croyaient leur avoir été faite; mais ce député n'eut d'autre satisfaction que d'apporter au gouverneur de Dauphiné un commandement du roi d'aller à Paris rendre compte de cette action. Cet ordre, comme l'événement l'apprit, ne fut qu'une défaite, car il ne fut suivi d'aucune exécution. C'est ainsi que la plupart des ministres, pour s'ôter de devant les yeux un objet qui leur est désagréable, mettent en jeu l'adresse et le double sens, incapables de répondre aux plaintes qui leur sont portées, ou par la faiblesse de leur esprit, ou par l'injustice visible des maux qu'ils causent. Tellement que Vienne demeura en cet état jusqu'en 1401, qu'elle fut rendue, avec tout ce qui dépendait de la régale, à l'archevêque Thibaud de Rougemont, qui fut rétabli et réintégré, par un célèbre arrêt du parlement de Paris, en la possession en laquelle ses prédécesseurs avaient été sans trouble durant quatre cents ans.

Durant cet intervalle, cette ville fut obligée à beaucoup de choses qui détruisaient son ancienne politique, et que néanmoins elle ne pouvait refuser sans se détruire elle-même : elle fut contrainte de jurer fidélité chaque année au dauphin, en cette qualité de vicaire de l'empire, par la bouche de ses échevins. L'entrée dans le Dauphiné de certaines troupes du duc d'Anjou ayant été divertie ailleurs pour de l'argent, elle contribua comme les autres villes à cette dépense ; le gouverneur de cette province n'ayant pas voulu prêter l'oreille à ses raisons. C'est la maxime de quelques politiques, de vouloir que tout cède aveuglément à la volonté de celui qui domine, et qu'elle soit une raison générale à tout l'état, à laquelle les sujets ou conforment ou soumettent leurs raisonnemens. Le roi Charles VI fut persuadé, l'an 1389, de descendre jusqu'à Vienne, tant pour y accommoder tous les mécontentemens que l'on avait de ses gouverneurs généraux, que pour d'autres affaires importantes à son état. Ses officiers, pour instruire chacun du droit de leur maître sur cette ville, la capitale du royaume de Bourgogne, avaient fait planter des étendards à ses portes; et ces enseignes déployées apprenaient qu'il n'y prétendait de droit que comme vicaire de l'empire. On y voyait en broderie un aigle à vol éployé, et dans le cœur de l'aigle l'écu des armes de France : n'était-ce pas dire, par ce muet langage, que si l'autorité souveraine des lis était portée dans Vienne, elle ne l'était que par l'aigle même? Les habitans de Vienne imitèrent l'exemple que les domestiques du roi leur avaient donné; et ayant à lui faire un présent de vaisselle d'argent doré, ils y firent graver la même chose, après avoir consulté le cardinal d'Amiens qui était un des principaux ministres. Ils usèrent de cette précaution pour éviter en cette occasion d'en donner aucune à leurs ennemis de les blâmer. Il fut conclu dans l'assemblée des états du pays de Dauphiné, tenue à Romans le 26 novembre 1400, que l'on imposerait sur tous les contribuables une taille de quatre gros par feu; et l'imposition en ayant été faite quelque temps après, il en fut rejeté une partie sur la ville de Vienne qui n'avait point eu de part à cette délibération. Le trésorier général des états l'en avertit, et lui demanda le paiement de ce qu'il était chargé de retirer d'elle : mais ses habitans s'étant assemblés, résolurent de ne rien payer d'une dette si peu légitime à leur égard, puisque leur communauté n'était point sujette à de semblables charges. Ils députèrent exprès au gouverneur de la province, qui avait alors, comme il a encore maintenant, son établissement dans Grenoble; et leur déchargement fut l'effet de cette députation.

Mais enfin l'archevêque Thibaud de Rougemont eut le bonheur d'obtenir du parlement de Paris, à qui le différend de la spoliation dont il se plaignait, avait été renvoyé (1), un arrêt favorable; il fut rétabli, et avec lui le chapitre de l'Eglise de Vienne, dans la possession de la temporalité dont ses prédécesseurs avaient joui paisiblement durant tant de siècles. Cet arrêt ayant été exécuté le 25 juillet de la même année, les affaires publiques reprirent leur premier visage, et la liberté de Vienne sa première force : il n'y fut plus parlé de tailles, ou du moins il n'y fut parlé que des volontaires, et de celles qui avaient pour cause les affaires particulières des habitans, et non les générales de l'état de France. Celles-ci ne sortirent plus des limites du Dauphiné, pour s'approcher de cette ville et pour en interrompre la tranquillité, comme elles avaient fait deux fois dans l'espace de vingt-trois ans; et Vienne n'eut plus de matière de plainte jusqu'au traité de l'archevêque Jean de Poi-

---

(1) L'arrêt fut rendu par le roi lui-même, dans son conseil, à Paris, le 14 octobre 1400.

tiers avec le dauphin Louis, fils de Charles VII. Ce prince, de qui l'on dit qu'il a mis le premier les rois de France hors de page, s'étant retiré de la cour, où il ne croyait pas d'avoir toute l'autorité que sa naissance méritait, porta ce prélat à reconnaître de lui, comme dauphin, tout le temporel de son Eglise, et à lui en faire serment de fidélité. Nous en examinerons en leur lieu les raisons et les motifs, et nous ferons voir que l'usurpation de Boson étant un vice essentiel à son titre, ses successeurs n'avaient pu prescrire après lui contre les rois de France, auxquels ses intelligences et sa révolte avaient volé cette province. Les rois d'Allemagne qui n'avaient pas plus de droit que lui, puisqu'ils n'en avaient pour établir leur domination dans Vienne que ce que Rodolphe leur en avait donné, auraient été aveugles, s'ils ne se fussent aperçus de la faiblesse de leur cause contre nos rois: succédant à des usurpateurs et, pour tout dire, à des tyrans, qu'avaient-ils à opposer au légitime propriétaire qui voulait rentrer dans la possession de son héritage? Louis, prince éclairé et impérieux, par l'un vit d'abord l'injustice que ces usurpations avaient faites aux rois ses auteurs; et par l'autre, il ne laissa pas seulement à ce prélat la liberté de délibérer s'il devait consentir à ce qu'il lui proposait. Le nombre des années n'est pas le maître de la propriété des biens d'une couronne, comme il l'est de celle des biens des particuliers: les injustices qui lui sont permises pour ceux-ci, ne le sont pas pour les autres. Je ne doute point que ces raisons ne fussent alors fortement exagérées, et qu'elles ne disposassent l'esprit de ce prélat à donner à Louis une si juste satisfaction : donc, il lui communiqua la juridiction qu'il avait dans Vienne, et l'appela à une égale société. Voici une chose digne de remarque et qui sert à prouver combien de respect nos princes ont toujours eu pour l'Eglise : bien que Louis, du chef des anciens rois de France, eût pu s'attribuer absolument toute cette juridiction et l'autorité entière, dont l'Eglise de Vienne n'était redevable qu'à des usurpateurs, néanmoins il est porté par le traité (1) fait entre lui et ce prélat, que celui-ci lui a communiqué et l'une et l'autre. On lui fait libéralité de son bien propre, et il ne refuse pas au successeur des tyrans, d'avoir obligé en cédant une partie au successeur des princes légitimes, qui pouvait le dépouiller du tout sans blâme et sans injustice.

Le peuple viennois suivit l'exemple de son pasteur; il fit un hommage solennel à Louis, qu'il reconnut pour son véritable souverain : toutefois ce ne fut pas inconsidérément et sans avoir assuré ses privilèges,

---

(1) Le traité connu sous le nom de paréage, fut arrêté le 31 octobre 1449, et approuvé par le dauphin le 2 mars 1450.

et surtout sa franchise. Mais de quelles précautions peut-on se servir envers les monarques, que les nécessités de l'état, ou les prétextes que les ministres peu favorables en tirent, quand il leur plaît, ne rendent souvent ridicules et toujours inutiles? Louis contracta authentiquement avec les Viennois le 31 octobre 1448; et par ce contrat synallagmatique, pour parler le langage des jurisconsultes, si d'une part les Viennois lui rendirent hommage comme à celui qu'ils avouaient leur souverain, il promit aussi d'autre part que leurs anciens priviléges leur seraient conservés; qu'ils ne paieraient à l'avenir, non plus qu'ils ne l'avaient fait auparavant, ni tailles ni subsides; que l'on n'exigerait rien d'eux, quelque prétexte que l'on en pût avoir, à moins que ce ne fût pour la défense de leurs murailles et de leur territoire; qu'ils ne seraient point tenus d'assister aux assemblées des trois états du Dauphiné, ni de contribuer aux dons, aux tributs et aux subsides qui y seraient résolus; et enfin qu'ils demeureraient libres, comme ils l'étaient par leurs priviléges et par la dignité de leur ville, sans que l'on pût tirer contre eux à conséquence cet hommage volontaire. La monarchie légitime n'est qu'un pacte secret entre celui qui commande et celui qui obéit : celui-là s'oblige à maintenir son sujet dans la félicité, qui, étant l'objet de la politique, est l'effet des lois particulières de chaque état; et les sujets, à fournir au prince, et les mains par lesquelles il doit agir, et le sang au prix duquel il faut qu'il achète les biens qu'il est obligé de procurer à son peuple. Mais il est certain que la foi du prince intéressé à tenir sa parole par cette loi générale du droit des gens, l'est bien encore plus étroitement quand il s'est lié à ce devoir par un contrat exprès, stipulé avec lui, et qui ne peut passer dans ses sentimens pour une chose profane, qu'il ne perde aussi pour lui dans ceux des sages et des judicieux la qualité de sacré.

Les trois états assemblés, l'an 1451, pour témoigner la joie qu'ils avaient de l'arrivée de la femme de Louis en ce pays, conclurent de lui présenter une somme considérable: elle fut imposée sur le général de cette province; et quoique Vienne n'eût point paru par ses députés à cette assemblée, on ne laissa pas de la comprendre en cet impôt. Elle fut chargée de deux mille florins, du paiement desquels il lui était facile de se garantir, si quelques-uns de ses consuls trop zélés pour ce prince, et trop peu pour leur patrie, y ayant consenti inconsidérément eux-mêmes, n'eussent persuadé à la populace ce qu'ils auraient été obligés de lui dissuader : elle consentit comme eux à ce tribut, quelques efforts que fissent pour l'en divertir trois généreux citoyens, Barthélemi du Nyèvre, Jean Combe et Janin de la Porte, pour lui faire comprendre les misères que sa facilité allait attirer sur elle. Ce n'est pas qu'ils désapprouvassent cet acte de reconnaissance envers une si grande princesse, mais ils en condamnaient la forme : ils tombaient bien d'accord qu'ils ne pouvaient s'excuser de lui faire un présent, mais ils avaient raison de soutenir qu'ils n'en devaient prendre la résolution que d'eux-mêmes, sans en recevoir le commandement du corps de ces états, dont ils n'étaient point un membre et avec lequel ils n'avaient rien de commun. Leur opinion, quoique la plus saine, ne fut pas suivie; et celle des plus faibles et des moins éclairés emporta par le nombre ce qu'elle ne pouvait gagner par la raison.

Néanmoins la chose ayant été depuis considérée plus mûrement, et cette première chaleur des esprits s'étant passée, on s'aperçut combien on avait en cela péché contre la prudence. C'est pourquoi on tâcha de faire comprendre à ce prince qu'il y allait de l'intérêt de sa gloire, qu'un peuple qu'il avait assez estimé pour désirer qu'il augmentât le nombre de ses sujets, ne fût pas un exemple du peu d'estime que la plupart des princes font de leur foi, qui néanmoins ne leur doit pas être moins inviolable que leur personne à leurs sujets. Il les déclara, par des lettres-patentes du 11 janvier 1452, exempts pour sept années de toutes les tailles qui seraient imposées durant ce temps-là sur le pays de Dauphiné. Sans doute il reconnut ainsi que Vienne étant une ville franche, comme elle l'avait été durant tant de siècles sans interruption, devait en tout cas jouir du privilége des villes abonnées, qui ne sont obligées qu'à un don gratuit qu'elles ont coutume de faire au souverain chaque septième année, plutôt comme un tribut de leur amour que d'une rigoureuse obligation.

Mais cette prérogative était, au jugement des autres villes, une injure qu'on leur faisait : il fallait lui ôter cet honneur pour étouffer cette jalousie, qui néanmoins ne l'a pu être encore entièrement : il fallait l'abaisser pour les égaler. La révision des feux taillables ayant été ordonnée l'an 1461, fut enfin un écueil où brisa ce noble vaisseau, que tant d'orages et de tourmentes avaient déjà agité si long-temps et si cruellement. Etienne Bertal, dont le nom est encore vivant avec honneur dans cette ville, fut député commissaire par le parlement de Grenoble, pour procéder à la révision des feux de cette partie du Viennois, où il exerçait la charge de juge des appellations dans la ville de Bourgoin : il ne négligea rien de ce qu'il se figura être de son devoir pour s'acquitter dignement de sa commission : et sachant bien que la franchise dont Vienne jouissait, donnait en certain cas des bornes à l'autorité souveraine qui n'en doit pas avoir pour être parfaitement souveraine, il se persuada qu'il ne pouvait la détruire sans s'acquérir la bienveillance du prince, et sans jeter ainsi sur ses ruines les fondemens d'une fortune avantageuse. D'ailleurs, les secrètes pensées du parlement ne lui étaient pas cachées ; et tout conspirant en cette conjoncture à dépouiller Vienne de ce rayon quoique languissant qui lui restait de son ancienne gloire, il ordonna aux consuls et aux magistrats qui en avaient le gouvernement, de lui envoyer les rôles de leurs tailles négociales et particulières, pour apprendre le nombre de leurs feux et pour les jeter ensuite avec les autres des communautés circonvoisines dans sa procédure. On s'opposa à l'exécution de cette ordonnance ; on appela même du commissaire au commettant : mais parce que l'on reconnut assez qu'on ne devait point attendre de faveur en cette province, à cause que l'on refusait d'en devenir une partie, on se flatta de l'espérance de trouver plus de protection aux pieds de Charles VII, qui régnait alors. Jacques Costaing fut député pour lui porter les plaintes de ce peuple, et les raisons qui restaient à ce que l'on prétendait de lui : mais ou ces raisons furent mal expliquées, ou le roi et son conseil prévenus des impressions qu'on leur avait données, ne furent pas dans la disposition de les écouter, ni dans la volonté de se laisser vaincre. Vienne n'eut pour fruit de tant de soins et de dépenses, que le déplaisir de voir seulement diminuer de la pesanteur de ses fers, qu'elle avait inutilement espéré de pouvoir rompre : ses feux furent réduits à un moindre nombre que celui dont le parlement et ses commissaires l'avaient chargée, et il fallut qu'être moins misérable que l'on n'avait résolu de la rendre, lui fut une consolation, et lui tint lieu de bonheur. Depuis ce temps-là, si funeste à sa liberté, le Dauphiné n'a point eu de maux qui ne l'aient exercée, et les misères publiques n'ont jamais été plus visibles que dans les siennes, ni plus manifestes que par ses souffrances : mais si nous ne pouvions mériter dignement la gloire d'appartenir à la plus auguste monarchie du monde, à moins que de l'acheter au prix de notre sang et par nos misères, arrêtons nos cris et nos plaintes ; nos maux et nos infortunes *hac mercede placent*. Nous avons été autrefois jugés dignes d'envie par nos voisins seulement, parce que nous n'étions pas si dignes de pitié qu'ils se jugeaient l'être : maintenant que leur haine est assouvie et n'offusque point leur raison, ne leur doit-ce pas être une juste matière de douleur que tant de villes dont cette province est environnée, se soient conservé, par la commune conspiration de leurs voisines, un avantage qu'elles n'usurpaient que depuis peu de siècles, et que celle-ci l'ait perdu par la leur, quoique la politique romaine, celle des Bourguignons, des premiers Français, des successeurs de Boson, des rois d'Allemagne, ses traités avec les dauphins de la maison de France, et, pour tout dire, une possession immémorée fussent le titre qui l'appuyait. Mais c'est trop s'arrêter sur cette matière, si néanmoins je me pouvais dispenser d'en moins dire, sans être accusé de ne lui avoir pas répondu assez fidèlement. Achevons d'accompagner les Romains dans les soins et dans les ouvrages de leur politique, puisque nous l'avons commencé.....

TÉMOIGNAGES

DES

ANCIENS AUTEURS,

TOUCHANT LA VILLE DE VIENNE.

Jul. Cæsar, *de Bello gallico, lib.* 7, *sect.* 11. « His constitutis rebus suis inopinantibus, quàm maximis potest itineribus Viennam pervenit, ibi nactus recentem equitatum, etc. »

Plancus apud Ciceron., *Epistol. famil. lib.* 10, *Epistola* 9. « Exercitum ad sextum Kalen. maias Rhodanum trajeci, magnis itineribus Viennam equites mille via breviore præmisi. »

Claud. Ptolomæus, *Geograph. lib.* 2, *cap.* 10. « A meridiana plaga similiter à montibus Alpium, versùs Viennam civitatem, fluunt Tisara et Druentia. » Et plus bas : « Posteà à parte orientali Rhodani fluvii maximè septentrionales sunt Allobroges sub medullis, quorum civitas mediterranea Vienna. »

Strabo, *Geograph. lib.* 4. « Ab Isare verò ad Allobrogum metropolim Viennam situm suprà est

» Lugdunum. » Plus bas : « Reliqui sanè (Allo-
» broges) vicatim ætatem agunt, clarissimi verò
» Viennam priùs quidem vicum habitantes, gentis
» tamen metropolim appellatam, in civitatis for-
» mam appararunt. Sita est ad Rhodanum qui super
» Alpes, etc. » Plus bas : « Rursus autem superans
» Rhodanus Viennam defertur. »

C. Velleius Paterculus, *lib.* 2. « Eadem et virtus
» et fortuna subsequenti tempore ingressa animam
» imper. Tiberii fuit, quæ initio fuerat, qui con-
» cussis hostium viribus, classicis peditumque ex-
» peditionibus, cùm res Galliarum maximæ molis,
» accensasque plebis Viennensium dissentiones
» coercitione magis quàm poena mollisset, et sena-
» tus populusque romanus, etc. »

Pomponius Mela, *Cosmograph. lib.* 2, *cap.* 5.
« Urbium quas habet (Gallia Narbonensis) opu-
» lentissimæ sunt Vasio Vocontiorum, Vienna Allo-
» brogum, Avenio Cavarum, Arecomicorum Ne-
» mausus, Tolosa Tectosagum, Secundanorum
» Arausio, Sextanorum Arelate, Septumanorum-
» que Blitera. »

C. Plinius secundus, *lib.* 2, *cap.* 47. « Item in
» Narbonensi provincia clarissimus ventorum est
» Circius nec ulli violentia inferior. Ostiam ple-
» rumque recta ligustico mari perferens : idem non
» modo in reliquis partibus coeli ignotus sed ne
» Viennam quidem ejusdem provinciæ urbem attin-

» gens paucis ante millibus jugi modici occursu
» tantus ille ventorum coercitus. » Idem, *lib.* 3,
cap. 4. « In agro Cavarum Valentia Vienna Allo-
» brogum. »

C. Cornelius Tacitus, *Histor. lib.* 1, *sect.* 16.
« Veterem inter Lugdunenses, Viennensesque dis-
» cordiam proximùm bellum accenderat, multæ
» invicem clades crebriùs infestiùsque quàm ut
» tantum propter Neronem, Galbamque pugnare-
» tur, et Galba reditus Lugdunensium occasione
» iræ in fiscum verterat multus contra in Viennen-
» ses honor. Unde æmulatio, et invidia, et uno
» amne discretis connexum odium, etc. » Et plus
bas : « Tum vetustas dignitasque coloniæ valuit. »
Idem, *eodem lib. sect.* 19. « Consul cum Titiano
» fratre (Otho) in kalend. martias ipse, proximos
» menses Verginio destinat ut aliquod exercitui
» germanico delinimentum. Jungitur Verginio Pop-
» pæus Vopiscus prætextu veteris amicitiæ, pleri-
» que Viennensium honori datum interpreta-
» bantur. »

L'empereur Claude, dans les tables d'airain conservées en la maison de ville de Lyon : « Ornatis-
» sima ecce colonia valentissimaque Viennensium
» quàm longo jam tempore senatores huic curiæ
» confert (il parle du sénat romain) ex qua colo-
» nia inter paucos, equestris ordinis ornamenta,
» L. Vestinum familiarissimè diligo et hodieque

« in rebus meis detineo, cujus liberi fruantur quæ-
« so primò sacerdotiorum gradu, post modò cum
« annis promoturi dignitatis suæ incrementia. Et
« dirum nomen latronis taceam (c'est Valère asia-
« tique, consul sous Tibère et sous Claude) et odi
« illud palæstricum prodigium quod ante in domum
« consulatum intulit quàm colonia sua solidum
« romanæ civitatis beneficium consecuta est; idem
« de fratre ejus possum dicere. Miserabili quidem,
« indignissimoque hoc casu ut vobis utilis senator
« esse non possit. » Tacite décrit la mort de Va-
lère asiatique, *Annal. lib.* 11; et nous dans le Ve livre
de l'Histoire générale du Dauphiné. Le principal
motif qu'eut cet empereur pour le faire mourir,
fut que « Viennæ genitus (dit Tacite) multisque et
« validis propinquitatibus subnixus, turbare gen-
« tiles nationes promptum haberet. »

Flav. Josephe, *Antiquit. judaic. lib.* 18, *cap.* 19,
et *de Bello judaico, lib.* 2, *cap.* 6, de Archelao :
« Archelaus in exilium retrudi præcipitur, in
« Vienna civitate Galliæ habitaculo contributo. »

C. Suetonius Tranquillus, *in A. Vitellio, sect.* 9 :
« Mox Viennæ pro tribunali jura reddenti Gallina-
« ceus supra humerum ac deinde in capite adstitit.
« Quibus ostentis par respondit exitus nam con-
« firmatum per legatos imperium per se retinere
« non potuit. »

C. Plinius Cæcil. secund., *lib.* 4, *Epistol.* 22 :

» Gymnicus agon apud Viennenses ex cujusdam
» testamento celebrabatur hunc Trebonius Ruffinus
» vir egregius, nobisque amicus, in duumviratu
» suo tollendum abolendumque curavi, etc. »

VALER. MARTIAL, LIB. 7, EPIGRAMM. 87.

Fertur habere meos si vera est fama libellos
    Inter delicias pulcra Vienna suas
Me legit omnis ibi senior, juvenisque puerque
    Et coram tetrico casta puella viro.
Hoc ego maluerim quam si mea carmina cantent,
    Qui Nilum ex ipso protinus ore bibunt.
Quam meus Hispano si me Tagus impleat auro,
    Pascat et Hybla meas, pascat Hymettus apes.
Non nihil ergo sumus, nec blandæ murmure linguæ
    Decipimur, credam jam puto, Lause tibi.

« In hoc epigrammate gloriatur (dit Domitius
» Calderinus, commentateur de ce poète) cùm au-
» dierit libros suos lectitari Viennæ in Gallia.
» Vienna autem oppidum Galliæ ad Rhodanum si-
» tum erat cujus nomen exstat licet moenia sint col-
» lapsa. » Le bon homme Calderin n'a pas eu de
fidèles avis quand il a cru que Vienne fût une
ville absolument perdue, et de laquelle il ne restât
plus que le nom. Rob. Coenalis, évêque d'Avran-
ches, *De re Gallica*, *lib.* 3, *perioche* 3, fait cette
réflexion sur cette épigramme de Martial : « Ex qui-

» bus liquet quanti æstimaverit poeta Viennensium
» de suo poemate placitum. »

Idem Martial., *lib.* 13, *Epigramm.* 107 : « Hæc
» de vitifera venisse picata Vienna, ne dubites misit
» Romulus ipse mihi. »

Nous avons traité du vin de Vienne et du vin empoissé dans le Ier livre de l'Histoire du Dauphiné.

Pius I, en une Lettre à Vère, évêque de Vienne :
« De te autem super beate postquàm ad senatoriam
» urbem Viennam perrexisti, etc. » En une autre
Lettre à Juste, successeur de Vère : « Te verò apud
» senatoriam urbem Viennam ejus loco à fratribus
» *episcopum constitutum et Colobio episcoporum*
» *vestitum*, etc. »

Ce pape vivait sous l'empire de Trajan, et ces deux Lettres sont rapportées par plusieurs auteurs, et même par le cardinal Baronius, *Annal. Eccles.* tom. 2 ; outre qu'on les lit encore manuscrites en plusieurs anciens chartulaires.

Dio, *Historia*, liber 46 : διγὰρ βυλευταὶ, etc.
« Senatores autem postquàm per Silanum quæ ab
» Antonio facta erant acceperunt, timuerunt et Le-
» pidum et Plancum et Lucium ne et ipsi illi con-
» jungerentur, mittentes ad eos dixerunt se illis ni-
» hil opus habere ; sed ne quid suspicarentur, et
» ideò aliquid mali consilii susciperent. Jusserunt
» illis qui Vienna, ex ὁνόματος, Narbonensis pro-
» vinciæ ejecti fuerant ab Allobrogibus et intra Rho-

» danum et Ararim constiterant, collectis urbem
» condere. Sic igitur illi consistentes construxerunt
» Lugudunum quidem tunc nominatum, nunc
» autem Lugdunum vocatum. »

Paulus, *lib. 2, de Censib.*, c'est la loi *in Lusitania. D. de Censibus.* « Lugdunenses Galli, item
» Viennenses in Narbonensi juris italici sunt. »

Euseb. Pamphil. episc. Cæsareæ, Eccles., *lib. 5,
cap.* 1 : « In Gallia stadium ad hæc obeunda cer-
» tamina (martyria scilicet) quæ suprà explana-
» vimus constititum fuit. Cujus urbes sunt facilè
» principes, et quæ præter cæteras, omnium ser-
» mone præstare dicuntur Lugdunum et Vienna per
» quas utrasque Rhodanum flumen pertransire, ac
» præcipiti cursu per universam Galliam præter
» labi constat. »

Notitia Imperii occidentis, cap. Notitia vicarii septem provinciarum. « Consulares viginti duo provin-
» cia in occidente Pannoniæ, etc. per Gallias sex
» Viennensis Lugdunensis prima, etc. sub disposi-
» tione viri illustris præfecti prætorio Galliarum, etc.
» provinciæ Galliarum decem septem Viennensis,
» Lugdunensis prima, etc. Sub dispositione viri co-
» mitis sacrarum largitionum, etc. procurator ! ini-
» ficii Viennensis Galliarum, et supr. procurator
» Gynecii Arelatensis, provinciæ Viennensis. Sub
» dispositione viri spectabilis vicarii septem pro-
» vinciarum. Consulares Viennensis, Lugdunen-

» sis, etc. Notitia idem præpositura magistri mi-
» litum præsentalium à parte peditum in Italia, etc.
» In provincia Gallia Ripensi præfectus classis flu-
» minis Rhodani Viennæ sive Arelati. »

Itinerarium provinciarum Antonini à Mediolano, per Alpes Cottias, Viennam 509, *Ticinum* 1122, etc. *Ursolim.* 1122, *Viennam* 1126. *A Mediolano per Alpes Graias, Viennam* 1408, *Novarium*, etc. *Bergusium* 1116, *Viennam* 1120. Nous avons décrit ces grands chemins dans le IV° Livre de l'Histoire de Dauphiné, où nous rapportons ce que la table de Peutinger en remarque; et dans cette table, Vienne est nommée Vigenna, comme par la même corruption dans la Notice, tantôt Bienna, et tantôt Vienna.

D. MAGNUS AUSONIUS IN PARENTALIBUS, EPIGR. 4.

Qua Lugdunensis provincia, quaque potentes
Ædues, Alpino quaque Vienna jugo.

Idem, *Epist.* 24.

Utque duplex Arelas Alpinæ tecta Viennæ
Narbonemque pari spatio sibi conserit.

Idem, *de Urbibus, Epigram.* 7.

Gallula Roma Arelas quam Narbo Martius, et quam accolit Alpinis opulenta Vienna colonis.

Stephanus, *de Urbibus*, βίεννος πόλις Κρήτης.
« Biennus urbs Cretæ, etc. est et alia urbs in Gal-

» lia. Astu enim quondam incedente omnem Cre-
» tem insulam in alia loca abierunt. Alii incolue-
» runt Hydruntem Italiæ urbem nondum condi-
» tam. Alii autem oraculo accepto, ut demùm ibi
» consisterent ubi locum maximè palustrem nacti
» essent, venientes sursum versus Rhodanum Gal-
» liæ fluvium ad locum palustrem hunc incolue-
» runt et urbem condiderunt, quam sic vocavere
» postquàm una ex eorum virginibus saltans in
» quandam voraginem incidisset et absorpta esset
» Bianna nomine. Ejus meminit frequenter Euse-
» bius in Ecclesiastica Historia gentile similiter est
» Biennius nisi quoad generalem locum Viennensis
» ut Lugdunensis ex Bienna autem Biennæus (1).

---

(1) L'inscription suivante, gravée sur un rocher près de Sisteron, est une nouvelle preuve de l'importance de la ville de Vienne sous les Romains :

```
CL° POSTVMVS DARDANVS V IN LET PA
TRICIAE DIGNITATIS EX CONSVLARI PRO
VINCIAE VIENNENSIS EX MAGISTRO SCRI
NII LIB° EX QVAEST° EX PRAEF° PRAET GALL°
ET NEVIA GALLA CLAR° ET IN L° FEM° MATER FAM
EIVS LOCO CVI NOMEN THEOPOLI EST
VIARVM VSVM CAESIS VTRIMQVE MON
TIVM LATERIB° PRAESTITERVNT MVROS
ET PORTAS DEDERVNT QVOD IN AGRO
PROPRIO CONSTITVTVM TVETIONI OM
NIVM VOLVERVNT ESSE COMMVNE AD NI
TESTE ETIAM V° IN L° COM° AC FRATRE ME
```

MORATI VIRI CL° LEPIDO EX CONSVLA
GERMANIAE PRIMAE EX MAG° MEMOR
EX COM° RERVM PRIVAT° VT ERGA OMNI
    VM SALVTEM EORV
      M STVDIVM ET
        DEVOTIONIS PV
         TITVLVS POSS... OSTENDI.

Ce signe ∾ en forme de cœur, semble indiquer les abréviations.

Papan, *Histoire de Provence*; M. de Villeneuve, *Voyage dans les Basses-Alpes*; M. Millin, *Voyage dans les départemens méridionaux*, l'ont traduite de cette manière :

Claudius Postumus Dardanus, homme illustre, revêtu de la dignité de patrice, ex-consulaire de la province Viennoise, ex-maître des requêtes, ex-questeur, ex-préfet du prétoire des Gaules, et Néria Galla, noble et illustre dame, mère de famille, ont procuré à la ville de *Théopolis* un chemin praticable pour y arriver, en faisant tailler les deux côtés de la montagne. Ils l'ont entouré de murs, et ont placé des portes. Ces ouvrages destinés à la défense commune, ont été construits sur leur propre terrain. Cette inscription a été placée par les soins de Clodius Lépidus, personnage illustre, comte et frère de celui ci-dessus mentionné, ex-consulaire de la première Germanie, ex-maître des mémoires, ex-comte des revenus particuliers de l'empereur, afin de pouvoir montrer leur sollicitude pour le salut de tous, et d'être un témoignage écrit de la reconnaissance publique.

M. Mermet, dans une dissertation très-bien faite, insérée dans les *Archives historiques et statistiques du département du Rhône*, tome 5, page 213, prouve, contre le sentiment de Chorier, que Postumus Dardanus dont il s'agit, n'a rien de commun avec Postumus élevé à l'empire. Le premier vivait au commencement du cinquième siècle, tandis que Marius Cassius Latienus Postumus avait régné de l'an 260 à 267.

ANTIQUITÉS

DE LA

VILLE DE VIENNE,

MÉTROPOLE DES ALLOBROGES,

PAR NICOLAS CHORIER,

AVOCAT AU PARLEMENT DE GRENOBLE.

LIVRE PREMIER.

CHAPITRE PREMIER.

Figure et grandeur ancienne et moderne de la ville de Vienne. Erreur de ceux qui croient qu'elle était située au-delà du Rhône.

Vienne est ensevelie dans ses ruines, et renaît avec peine de ses cendres. Les Germains, les Bourguignons, les Français n'ont pas assez respecté ses beautés qui les avaient appelés à sa conquête. Barbares politiques, ils se sont persuadés que ce leur était une nécessité de la détruire pour s'en assurer la possession, et de la perdre pour se la conserver.

Leur férocité stupide a imité la jalousie de ces amans insensés qui voient périr sans regret les beautés de leurs maîtresses, se consolant de cette perte par l'espérance d'en jouir sans inquiétude et sans rival. Étant regardée du côté de Sainte-Colombe, au-delà du Rhône, trois montagnes, qui composent un demi-cercle pour l'embrasser, lui donnent la face d'un théâtre. Du côté du nord, sont les rochers de la Bâtie, le mont Arnaud et le mont Salomon. D'autres, du côté du sud, s'étendent le long du Rhône qu'ils semblent vouloir suivre. Elle est appuyée et comme soutenue de ceux de Pipet, de Saint-Just et de Sainte-Blandine vers le levant. Le terrain qu'elle occupe dans cet espace, n'est ni égal ni uni. Ses ruines et ses masures lui donnent trois différens degrés d'élévation depuis le Rhône jusqu'à la porte Pipet. La plus haute et la moyenne, où est tout ce que Vienne a de plain, finissent à la rue des Clercs, au-dessous de laquelle il n'y a qu'une pente précipitée qui descend à ce fleuve. Sa forme et sa grandeur ancienne ne sont pas malaisées à comprendre. Elle était apparemment presque carrée, ayant du rapport avec la figure que les géomètres appellent trapèze. En effet, les anciennes villes en ont eu rarement d'autre, Rome l'ayant communiquée à celles où elle a envoyé ses lois et ses colonies. Donc sa grandeur était assez médiocre, si nous considérons seulement ce que ses murailles environnaient ; mais elle était extraordinaire, si on la doit mesurer par ses dehors. Toutes les collines qui la regardaient au-dessous d'elles, étaient couvertes de maisons sans nombre. La plaine même, qui s'ouvre du côté de Lyon vers le nord, et celle qui se présente du côté d'Avignon vers le midi, étaient riches des plus nobles miracles de l'architecture, qui nous étonnent encore dans leurs masures et dans leurs fondemens à moitié arrachés(1). Il est vrai que les anciennes villes cédaient aux modernes l'avantage de la grandeur. Ce que nos pères fermaient de murailles, tenait lieu de forteresse, plutôt que de véritable ville (2). Le peuple des

---

(1) L'on a découvert en 1772, près de la pyramide du plan de l'Aiguille, un grand et riche pavé en mosaïque de vingt-cinq pieds carrés. Ce qui reste du tableau du milieu indique un sujet marin. La bordure est un coquillage, et l'on voit des poissons nageant dans la mer. M. Rey a dessiné un fragment de cette riche mosaïque conservé dans le musée de Vienne. C'est, dit-il, la mieux soignée de toutes celles trouvées dans cette ville. (*Monumens romains et gothiques de Vienne.*)

Près de là, le nommé Charlin en a déterré une dans sa vigne en 1822, représentant un labyrinthe; elle a été achetée pour le musée de Lyon.

(2) Derrière la Bâtie, Mont-Salomon, Pipet et St-Just, l'on remarque des enceintes fortifiées qui communiquaient ensemble. C'était sans doute des camps où les soldats habitaient sous des tentes ou des barraques en bois. La discipline était alors plus facile à maintenir, tandis que nos casernes au milieu des villes deviennent pour les militaires une source de corruption.

Il paraît que Vienne était établie sur une colline dont la pente était divisée en trois gradins ou terrasses, chacune défendue par des murailles et des tours, et qu'entre la der-

faubourgs et des maisons répandues aux environs, y trouvait de la sureté pendant les orages d'une guerre ; et c'était le sein et le cœur de la patrie, où les lois étaient conçues et animées, les citoyens protégés, et leur gloire plus noblement éclatante. Rome même, qui a été la plus grande ville de l'Europe durant qu'elle a régné, semblait s'étendre jusqu'à la mer vers le port d'Ostie. C'est pourquoi Aristide l'appelle Τὸ κοινὸν ἀνθρώπων ἐμπόριον καὶ ἡ κοινὴ τῶν ἐν γῇ φυομένων διοίκησις. (*) Les Gaulois croyaient de jouir plus parfaitement de leur liberté à la campagne que dans l'enceinte des murailles des villes. Ils s'en éloignaient néanmoins fort peu, parce que les nécessités de la vie civile les obligeaient à un commerce continuel avec elles, qu'ils ne considéraient que comme le domicile des lois et de l'autorité publique. Les restes des anciens palais témoignent cette vérité. C'est en ce sens que doit être expliquée la pensée de ceux qui publient que Vienne a autrefois occupé les deux plaines qui sont à ses côtés, et même celle qu'elle a devant elle au-delà du Rhône ; ils ne peuvent s'imaginer qu'elle ait été enfermée dans ce peu d'espace qu'elle occupe maintenant. S'il leur faut ajouter foi, la pyramide, ce monument illustre érigé dans

---

nière terrasse et le Rhône, il y avait des maisons hors de l'enceinte des murs ; l'emplacement qu'elles occupaient, a formé dans le moyen âge le *val des jardins*.

(*) In orat. in Romam.

la plaine qui regarde le midi, était seulement le milieu et le centre. Ce qu'était la pierre milliaire à la ville de Rome, ils estiment que cette pyramide l'était à celle-ci. J'avoue qu'il y a lieu d'en parler, comme Denis d'Halycarnasse fait de Rome; tous ses dehors étaient remplis d'un nombre infini de temples, de palais et de maisons, et ses faubourgs étaient si grands et si beaux, qu'il était fort difficile de marquer précisément où elle commençait ni où elle finissait, tant la longueur et l'étendue qu'ils lui ajoutaient était remarquable. Ainsi les Viennois avaient de superbes maisons au-delà du Rhône où est aujourd'hui Sainte-Colombe. La beauté et la commodité du lieu me portent à le croire; mais les masures qu'on y découvre tous les jours, me le persuadent. Ce n'est pas que j'approuve le sentiment de ceux qui se figurent que c'est là où Vienne a été premièrement bâtie pour mériter le nom de *Belle*. N'ont-ils pas dû apprendre qu'elle est la capitale des Allobroges, et que les géographes et les historiens anciens la placent tous dans l'Allobrogie, et non dans un autre pays? Mais les Allobroges habitent sans controverse au-deçà du Rhône sur son rivage oriental, comme parle Ptolomée. Les Ségusiens, que Strabon nomme Ergosiaves, sont au-delà vers le couchant, et reconnaissent Lyon, jusqu'où ils s'étendaient, pour leur cité et pour leur ville capitale. Supposer après cela que Vienne a été placée dans la terre des Ségusiens, c'est la ravir aux Allobroges, et tomber dans une ignorance inexcusable. D'ailleurs, les témoignages de Strabon, de

Tacite et d'Ausone réfutent cette opinion. C'est dans la bouche de deux ou de trois que demeure la vérité, comme parle l'Ecriture sainte; et il est certain que ces trois auteurs ne peuvent être sujets à de légitimes reproches. Le premier, qui a obligé tous les peuples par sa docte et curieuse géographie, décrivant cette partie de la terre celtique qui est en-deçà du Rhône, remarque Vienne sur un des bords de ce fleuve; *ab Isare verò*, dit-il, *ad Allobrogum metropolim Viennam Rhodano adjacentem studia sunt ccc. viginti*. Il ne pouvait mieux exprimer sa vraie situation. Pour Tacite, qui a vécu longtemps après lui, lorsqu'il décrit l'entrée de l'armée de Fabius 1) dans les Gaules, les voleries et les insolences qu'elle y commit, il n'oublie pas le péril que coururent les Viennois en cette funeste conjoncture. Cette armée, qui marchait sans discipline, résista à peine aux persuasions des Lyonnais qui la portaient à la ruine de cette ville. La haine du peuple de Lyon contre elle, procédait de plusieurs causes, mais particulièrement des bienfaits qu'elle avait reçus de l'empereur Galba. *Unde amulatio*, dit-il, *et invidia et uno amne discretis connexum odium*. Sa pensée est, que ces deux peuples, divisés par le Rhône, étaient attachés par leur haine. Cette manière de parler ne serait-elle pas extravagante, si Vienne et Lyon avaient occupé le même

---

(1) L'auteur parle ici de Fabius Valens, général de Vitellius.

rivage? Ils n'auraient point été séparés par le Rhône, et l'antithèse de cet excellent historien n'aurait point de grâce, n'ayant point de vérité. Ausone, qui a vécu sous l'empire de Valentinien le Grand, apprend encore que de son temps Vienne n'avait pas changé de lieu. Il ne lui donne pas seulement le nom d'Alpine, c'est-à-dire de ville bâtie dans les Alpes; mais il la place sur une de leurs éminences.

> Utque duplex Arelas Alpina tecta Viennæ
> Narbonemque pari spatio sibi conscrit.

C'est comme il en parle dans une Lettre qu'il écrit à Paulin, qui fut depuis évêque de la ville de Nôle.

Et ailleurs :

> Qua Lugdunensis provincia, quaque potentes
> Ædues, Alpino quaque Vienna jugo.

C'est dans l'éloge de son aïeul Cœcilius Argicius Arborius. Après cela, quel moyen de ne pas avouer qu'au temps d'Auguste, de Néron, de Vitellius et des Valentiniens, Vienne était l'ornement de ce rivage du Rhône qu'elle n'a point quitté! Adon, l'un de ses plus fameux prélats, autorise cette vérité; car ayant écrit dans son Martyrologe que S. Mamert fit bâtir une église à l'honneur de S. Ferréol et de S. Julien au-delà du Rhône, *in ripam ulteriorem Rhodani* (1), il dit dans sa Chronique que les Sarrasins l'ayant brûlée, l'archevêque Vuillicaire transporta les reliques de ces deux saints dans Vienne, où il leur en consacra une autre (1). *Cùm esset domus praeclarissima martyrum citra Rhodanum*, dit-il, *ab eis incensa, ossa beati Ferreoli cum capite Juliani intra urbem transtulit, eisque accelerato opere non magno pretio ecclesiam construxit, ubi eorundem martyrum reliquias reverenter composuit.* Cette église est celle de St-Ferréol (2), et une preuve que Vienne n'était pas au-delà du Rhône au temps de ce saint archevêque.

Elle est aujourd'hui recueillie entre les bras des mêmes collines qui l'ont vue naître. Sa longueur est fort étendue, et suit le rivage de ce fleuve depuis la porte de Lyon jusqu'à celle d'Avignon. Sa largeur ne lui répond pas, commençant à la porte de Pipet, et finissant à celle du pont du Rhône, qui lui est opposée en ligne droite.

Sa figure est fort confuse et représente à peu près un parallélogramme chargé d'un demi-cercle. Si les murailles qui l'enferment n'avaient été conduites sur la cime de quelques montagnes qui lui commandent, par les soins que l'on a eus de la fortifier,

---

(1) A Saint-Romain on voit encore, sur les bords du Rhône, les ruines d'une église autrefois sous le vocable de Saint-Jean et de Saint-Ferréol.

(2) Vendue à la révolution. Elle est sur la place des Pénitens noirs.

on verrait comme effectivement il n'y en a point qui lui soit plus convenable, si néanmoins il est possible de lui en donner une qui lui convienne, tant nos pères qui l'ont relevée de ses ruines, ont observé dans leurs dessins peu d'ordre et de symétrie. L'enceinte de ses murailles est de mille sept cent quatre vingts toises; son circuit est ainsi de trois mille cinq cent soixante pas, qui font environ une lieue et demie. Ses portes principales sont celle de Lyon, nommée de Mauconseil, et celles du Pont-du-Rhône, d'Avignon, de Pipet et de Saint-Martin. Entre celles d'Avignon et de Pipet, il y en a trois moindres; la première est la porte de Saint-Gervais, la seconde celle de l'Hôpital-de-Saint-Paul, et la dernière celle de Saint-Marcel. La porte de Lyon regarde le septentrion, celle du Pont-du-Rhône le couchant, celle d'Avignon le midi, et les deux autres de Pipet et de Saint-Martin l'orient. Le nombre de ses habitans est encore aujourd'hui de plus de vingt mille (1), desquels plus de six mille sont capables de défendre avec les armes leur patrie et les intérêts de leur prince.

---

(1) Aujourd'hui elle compte à peine 15,000 âmes; avant la révolution elle n'en avait pas au-delà de 9 à 10,000. La chute du pont qui communiquait avec Vienne, la suppression de la cour des aides, des maladies épidémiques à la fin du dix-septième siècle, firent déchoir la population de telle manière, qu'au commencement du dix-huitième siècle elle était à peine de 6,000 individus.

CHAPITRE II.

Description plus particulière de la ville de Vienne. Ses dehors du côté de Lyon. Commanderie de Saint-Antoine. Hôpital et église. Inscriptions romaines.

Mais cette idée générale ne suffit pas; imitons les philosophes et les médecins qui, pour faire comprendre l'excellence du corps humain, font la dissection de toutes ses parties. Contemplons exactement toutes celles de cette ville, en les détachant les unes des autres, pour y remarquer ce qu'il y a de rare et de curieux. L'entrée de Vienne, du côté de Lyon, pourrait être disputée en trois différentes portes, qui sont celles de Mauconseil, de la Tuilerie et de Lyon (1). Elles sont l'une à l'autre des dehors qui se fortifieraient facilement.

L'hôpital de Saint-Antoine est entre les deux portes de Mauconseil et de Lyon. Je ne doute pas qu'il ne soit d'une très-ancienne institution. La rue est entre les ruines de cet hôpital et la commanderie de laquelle il dépendait (2). L'église qui

---

(1) Ces portes n'existent plus. Un quai a été établi le long du Rhône, vers le milieu du dix-huitième siècle, depuis la Mule-Blanche jusqu'à l'entrée de la Grande-Rue. Ce quai, qui porte le nom de *Pajot*, de l'intendant Pajot de Marcheval, sous l'administration duquel il fut construit, donne à l'entrée de Vienne un aspect plus agréable.

(2) Le Rhône baignait les murs de l'hôpital de Saint-Antoine avant l'érection du quai, et la route passait entre cet

la joint est consacrée à l'apôtre S. Barthélemi et non à S. Antoine, comme le peuple se l'est persuadé depuis quelque temps. A l'entrée est le tombeau de celui qui, par ses charités, avait dédié cette église au culte divin, cet hôpital au soulagement des misérables, et l'un et l'autre à la gloire de Dieu. Son épitaphe était gravée sur les bords d'une voûte jetée sur ce tombeau, qui s'est abattue depuis; et il en faut bien autant blâmer l'injustice des hommes que l'injure des temps. L'église est petite, mais voûtée; et ces inscriptions romaines qui s'y voient encore, me font croire que non guère loin de là il y a eu des monumens que le zèle de nos pères a renversés pour élever sur leurs ruines celui-ci de leur piété.

1.

D.   M.
AG.... FL. GRATIAE.
SANCTISSIMAE

---

hôpital et l'église. Aujourd'hui ces bâtimens sont occupés par des fabriques de draps.

On croit qu'il y a eu un temple ou un autel dédié à Janus, tout près de Saint-Antoine. En reconstruisant les murs de terrasse qui soutiennent l'ancienne grande route, on découvrit des fragmens de statues, des bas-reliefs, des entablemens, etc. La crainte d'éboulemens des terres supérieures ne permit pas d'extraire ces morceaux; on ne conserva de toutes ces sculptures qu'une tête de Janus en marbre qui est au musée.

...D... LIRO....... RO..
GRATIVS GRATVS
... DINAE, ... D....
GRATIA GRATA
GRATTIAE GRATIAE
FILIAE.
PATRI PIISSIMO

Entre les anciennes familles de Vienne, celle des Gratiens n'a pas été des plus obscures. Elle était divisée en deux branches, c'étaient les Grattiens et les Décidiens. Grattus, collègue de l'empereur Decius en son premier consulat l'an de notre salut 251, était de cette famille.

2.

D.   M
POMPEIAE COC
CAE AND ƎBRO
CIRIGIS SE
QVANAE.

Cette épitaphe n'est pas plus ancienne que le règne de l'empereur Claude qui, le premier, après avoir ajouté trois lettres nouvelles aux anciennes, autorisa l'usage d'écrire la lettre E de cette façon extravagante Ǝ. Elle est au reste digne d'être considérée, en ce que, au nom d'Andebrociris, elle

nous conserve une idée des noms anciens des vrais
Gaulois.

3.

DIS MANIBVS
DECIDIO
CRESCENTI DECI
....DIA FILIO
PIISSIMO, ET SIBI
VIVA.

C'est encore une épitaphe qui, comme toutes les autres, est consacrée aux dieux Mânes (1). On croyait dans le paganisme que l'homme est composé de trois parties bien différentes ; de l'esprit, qui participe, à cause de son extrême pureté, de la nature divine ; de l'ombre, qui en est comme l'image visible, mais impalpable ; et du corps, qu'ils estimaient être l'image non-seulement visible, mais aussi sensible et palpable de l'un et de l'autre. Ils croyaient que l'esprit, *divinæ particula auræ*, comme parle Horace, était ravi en haut par sa subtilité essentielle, et que l'ombre composée d'une substance moins noble et plus matérielle, avait aussi plus de peine à se dégager de ses liens, et ne le faisait que par l'anéantissement du corps. Elle s'en

---

(1) Elle est citée par M. Champollion Figeac, *Antiquités de Grenoble*, p. 130, comme étant dans cette dernière ville.

élevait alors comme une vapeur; et n'étant pas sans connaissance, elle paraissait quelquefois aux yeux des hommes. Ils s'imaginaient que souvent les ombres apprenaient aux bons des secrets inconnus aux autres hommes, et que lorsqu'elles prenaient le soin de leur conduite, elles leur inspiraient les nobles pensées qui les portaient à des générosités héroïques. Ils les nommaient alors Lares et Lemures. Mais quand elles s'appliquaient à inquiéter les mauvais, et à troubler leur repos par des songes funestes, par des bruits extraordinaires et par des visions et des spectres épouvantables, ils leur donnaient le nom de Larves. Les enfers et les champs élysées étaient le lieu de leur repos et de leur béatitude. N'ayant pas assez de pureté, ni par conséquent de légèreté pour suivre l'esprit qui les avait quittées, elles étaient poussées en bas par leur propre poids, jusqu'à ce qu'enfin elles y avaient rencontré le lieu qui leur était destiné. Là elles étaient sous le gouvernement des dieux Mânes, c'est-à-dire des dieux infernaux, nommés ainsi parce qu'ils attendent tous les hommes qui ne peuvent éviter leur juridiction et leur empire. J'aime mieux tirer leur nom de cette origine et du verbe latin *maneo*, que de *manum*, comme Nonius Marcellus, ni de *manare*, comme Festus. Donc les anciens ayant à conserver la mémoire des morts et à la perpétuer parmi les hommes, en leur érigeant des mausolées et des monumens, les vouaient principalement aux dieux Mânes, afin qu'ils souffrissent sans regret que l'on ravît à la mort, par ces soins religieux, la plus belle moitié de sa proie.

Cette inscription nous apprend aussi que le sépulcre auquel elle a servi, n'avait pas été dressé seulement pour Decidius Crescent, mais encore pour être commun à Decidia sa mère. Rarement ensevelissait-on deux corps ensemble dans un même tombeau. C'est interrompre, ce semble, le repos des morts d'ouvrir leurs sépulcres; et confondre leurs os avec d'autres, c'est une confusion qui fait horreur à la nature.

4.

AR
OIS
AEF
CELII
NAFP

On ne saurait tirer aucun sens complet de cette inscription, encore qu'il y ait de l'apparence que le mot unique de la première ligne duquel il ne reste plus que Ar, a été *Cæsar*, et celui de la troisième où il ne paraît plus que ces trois lettres A E F, *Præfectus*.

L'ordre de S. Antoine, à qui appartient ce bénéfice, l'a tenu jusqu'à nos jours sous le titre et dans le rang de commanderie (1). Celui des religieux qui

---

(1) Lors de la suppression de l'ordre de Saint-Antoine, le couvent fut vendu aux religieuses bernardines. Elles

en était pourvu, avait la qualité de commandeur et de recteur de l'église ou de la chapelle de Saint-Barthélemi. Il était obligé d'accompagner en personne, avec la croix et l'eau bénite, les collégiés de Saint-Sévère à la procession qu'ils faisaient chaque année la fête du sacré Corps de Dieu. Frère Antoine d'Utezieu ayant négligé ce devoir, fut contraint de faire toutes les déclarations qu'on exigea alors de lui pour se rédimer du procès qu'on lui avait intenté. La transaction faite entre eux est du 21 du mois de juin 1514, elle nous apprend les solennités de cette procession, belle par sa cause et illustre par sa durée.

CHAPITRE III.

Rivière et territoire d'Arpot. Église de Saint-Symphorien ruinée. Tressins. Bèche-Vienne. Macabrey. Recluserie ruinée. Inscriptions romaines. Reclus insignes dans Vienne. Autres recluseries. Mont-Rosier. Fourches. Puits Saint-Didier. Territoire de Saint-Maxime. Indulgences. Ergastule.

Au-dehors des deux premières portes, coule, sous un pont de pierre, la rivière d'Arpot. Le territoire qu'elle et celle de Jère enferment, n'avait d'autre nom que d'Arpot, il n'y a guère plus de deux cents ans. L'église de Saint-Sévère est, par

---

l'ont habité jusqu'à la révolution : alors cette propriété nationale a été aliénée. Les inscriptions ont disparu.

cette raison, nommée Saint-Sévère-d'Arpot en divers titres de l'an 1415.

A la main droite du grand chemin, au-devant des moulins de Macabrey qui sont sur cette même rivière, était autrefois une église dédiée à Saint-Symphorien. Les masures mêmes n'en paraissent presque plus. Elle était, avant sa ruine, une des paroisses de Vienne, qui s'étendait au-delà de Tressin. Ce territoire est sur le rivage du Rhône, et tire son nom de ce qu'il est plus étroit et plus pressé que les autres qui lui sont voisins, entre le Rhône et une montagne qui le borne vers le levant.

Il y a un rideau de montagnes continuelles du même côté; celle qui s'avance le plus vers Vienne, a été fortifiée autrefois par quelques ennemis de cette ville. Le nom qu'on lui a donné de Bêche-Vienne, et quelques murailles qui y paraissent, le témoignent. Des prés sont au-dessous; ils ont servi, il n'y a pas long-temps, à l'usage d'une blancherie, et dépendent d'un domaine qui, ayant été donné au chapitre de Saint-Maurice par un citoyen de Vienne nommé Marc Apvril, en conserve encore le nom en celui qu'il a de Macabrey. Je n'ignore pas néanmoins que ce mot a été appliqué à d'autres sens, et entre autres au branle de Macabrey dont nos pères ont fait des livres.

Il y avait auprès une recluserie; et une petite croix de bois est plantée au lieu qu'elle a autrefois occupé (1). On y lisait ces inscriptions sur

---

(1) Le 2 novembre 1562, les protestans qui occupaient

des pierres qui ont depuis été portées ailleurs.

1.

```
    D.         M
 ET MMRIAE. ET
    VIVAE. SABI
    NAE. KIA
  ASIA. FI. CA
     MATER
```

Cette épitaphe est consacrée aux dieux Mânes, et à l'éternelle mémoire de Viva Sabina par Christine Asie sa mère.

2.

```
    D.         M
 ...I.............I
     ...........
   OR..........OR
```

Celle-ci est entièrement effacée, à la réserve de

---

la ville de Lyon, s'avancèrent jusqu'auprès de Vienne. Les troupes du duc de Nemours qui étaient campées près de la Reclusière, les repoussèrent. L'affaire fut chaude, les catholiques perdirent le comte de la Marche, et les protestans M. de Saint-Paul. Ils furent inhumés l'un et l'autre le lendemain à St-Maurice. Cet échec fut appelé *l'escarmouche de la Reclusière*. En 1567 on démolit l'église de la Reclusière.

ces lettres, qui pourtant n'en donnent aucune lumière, quoique le célestin Dubois et Gruterus l'aient publiée comme entière et parfaite. Je l'apprends du manuscrit des inscriptions viennoises, recueillies, il y a près de quatre-vingts ans, par Pierre Rostaing, qui est aujourd'hui conservé dans la bibliothèque du savant médecin Jean Marquis.

5.

DIS MANIBVS
DECIDI.....
RISCINII DECIDI
DIA
KISSINA ET SIBI
VIVA

La famille des Risciniens était une branche de celle des Décidies, qui en avait deux autres, le nom de l'une desquelles nous avons déjà vu dans une épitaphe. Elle était ainsi divisée en trois branches, dont l'une était des Risciniens, l'autre des Crescent, et la dernière des Grates.

Il n'y a pas fort long-temps que l'autel de la chapelle de cette recluserie était debout ; mais aujourd'hui il n'en reste plus de marque. Ce monument de la dévotion des anciens Viennois, en est un, par sa ruine, de la négligence des derniers siècles. Ceux qui, pour gagner la victoire à leur parti, se dévouaient à la mort le jour d'une bataille, méritaient une louange infinie parmi les nations qui ignoraient le culte de la vraie Divinité. Quel honneur n'est pas dû à ces héros du christianisme qui, s'ensevelissant eux-mêmes, entraient vivans dans leur sépulcre! Ils sacrifiaient leur liberté : sans sortir de la vie, ils cessaient de vivre parmi les hommes, pour vivre parfaitement avec Dieu. C'étaient des esprits zélés qui ne s'appliquaient qu'à la contemplation. Plus les merveilles du Créateur leur étaient devenues visibles, moins l'étaient-ils eux-mêmes aux yeux des créatures. Leur exercice était une prière et une mortification continuelle. On les logeait hors des villes, comme des soldats généreux, en des postes avancés, pour soutenir les premiers efforts des ennemis invisibles, et pour veiller à la garde du peuple qui faisait sa force de leurs vertus.

Vienne ayant été si abondante en monastères et en moines dont la sainteté a servi d'exemple à tout le christianisme, a aussi produit de ces anachorètes qui n'ont pas cédé à la piété des Hospices et des Paternes. Mais le nom en est effacé de la mémoire des hommes, et ne se lit plus que par l'église triomphante dans le livre de vie. S. Léonien, qui vivait au temps du fameux archevêque Avitus, a été ou leur auteur dans Vienne, ou certes une de leurs plus grandes lumières. S. Theudère, que l'abbaye de Saint-Chef reconnaît pour son patriarche, comme celle de Saint-André S. Léonien, se condamna quelques siècles après à une semblable solitude. Ce sont deux illustres et insignes reclus dans cette ville, qui ne lui permettent pas d'envier aux autres ceux qu'elles ont produits. Ce sont, comme parle Sidonius, des montagnes qu'elle a poussées et envoyées jusqu'au ciel.

Cette recluserie n'était pas seule auprès de Vienne. Il y en avait une plus éloignée du bruit et du monde. Elle était auprès de la Terre de Seissuel, dont le nom est *Saxeolum* dans les titres latins. Elle s'appelait la recluserie de Cuez, nom qui reste encore aujourd'hui à un territoire considérable, contigu à Seissuel, et qui lui est propre depuis plus de six cents ans. Guichard, de Lyon, donnant une vigne à l'aumône générale de Vienne, il est dit dans l'acte de cette donation, qu'elle est située au lieu qui est appelé Coüez. Guy Ier était alors archevêque de Vienne.

Ces deux recluseries étaient en une extrême vénération : elles sont nommées dans un testament du mois de juillet de l'an 1293, où il y a des legs en faveur du reclus d'Arpot, de celui de Cuez, et encore de celui de Saint-Germain.

Cette troisième recluserie était au-dessus des ruines et des masures du temple de Mars, dans le chemin de Beaumur. L'archevêque Jérôme de Villars y fit redresser, l'an 1625, une croix que les ennemis de notre créance avaient abattue dès l'an 1567 ; et l'image de l'évêque S. Germain, signalé en ce pays par l'amitié qu'il avait contractée avec S. Sévère, y est représentée en relief (1).

---

(1) Un testament de Jeanne, veuve d'Humbert de la

Au-dessus de celle d'Arpot, le chemin qui mène à Lyon se partage en deux ; celui qui se présente à la main gauche passe sur le mont Risier, qui présentement a le nom de mont Rosier. On y voit une petite tour solide, sur laquelle autrefois étaient exposés les corps de ceux qui avaient fini une méchante vie par un juste supplice. Les dernières peines n'étant pas établies pour corriger les méchans, puisqu'elles leur ôtent la vie, le sont pour intimider les autres par cet effroyable exemple, et pour leur persuader l'amour du bien et de la vertu, par l'appréhension de l'infamie et de la peine. L'empereur Maximilien ne passait jamais devant ces lieux, qu'il ne levât son bonnet en proférant ces paroles : *Je te salue, Justice,* comme si elle eût été présente à ses yeux dans ces spectacles d'horreur. Certes, on peut dire que sa vengeance y triomphe des crimes qui tremblent à cet abord, et qu'elle y est comme régnante sur ses propres autels ; puisque les crimes abattus sont les plus agréables victimes qui lui puissent être sacrifiées.

Presque vis-à-vis de la recluserie, est le puy Saint-Didier. Le martyre de S. Didier, archevêque de Vienne, est si illustre, que peu de chrétiens

---

Porte, du 4 des ides d'août 1513, contient un legs au reclus d'Arpôt, et d'autres legs aux lépreux des maladreries de mont Rozier, de la Vallée des Jardins, et de derrière Pipet. Ces maladreries avaient sans doute remplacé les recluseries.

peuvent l'ignorer. Les Viennois firent rapporter dans leur ville ses sacrées reliques, comme nous apprenons du Martyrologe d'Adon, que le chartreux Mosander a mis en lumière. Ce fut en ce lieu que lui fut érigé le mausolée où elles furent déposées. Je n'en vois point ailleurs qui conserve si noblement la mémoire de ce saint prélat; outre que les masures, les pavés à la mosaïque, et les aqueducs souterrains qui aboutissent ici de divers endroits, sont une preuve infaillible de la grandeur et de la magnificence du bâtiment qui l'a jadis occupé (1). Il a emprunté ce nom d'un petit rocher sur lequel était élevé une partie de cet édifice. Le mot de *puy*, ayant succédé au *dun* du pur langage gaulois, signifie une montagne et toute sorte d'éminence; en effet, son nom latin, dans un ancien chartulaire, est celui de *Podium sancti Desiderii*. Une partie des anciens théâtres avait le nom de *Podium;* c'en était un lieu élevé et avancé hors d'œuvre, comme une espèce de balcon. Il n'est pas hors d'usage maintenant parmi nous, quoiqu'il soit étrangement corrompu. C'est ce qu'en quelques provinces on nomme encore *puys*, *poet*, et *peu*, et en d'autres *puech, pi, pis, poch*. Ainsi le Dauphiné voit au nombre de ses paroisses celles du Puy-Saint-Eusèbe, du Puy-Saint-Martin, du Poet-Sigillat, et plusieurs autres, au nom des-

---

(1) On a découvert en cet endroit, ces années dernières, des pavés en mosaïque, et diverses médailles romaines.

quelles est entré ce mot pour s'aider à le composer.

Saint Maxime ayant eu la gloire de succéder à S. Honorat en l'abbaye de Lérins, a eu celle d'avoir Fauste pour son successeur en l'évêché de Fréjus. Il a donné son nom à un territoire, éloigné d'ici d'environ un quart de lieue seulement. L'abbaye de Saint-André-le-Bas y a le droit de la dîme, et étant consacrée à S. Maxime, de même qu'à S. André, elle y a érigé une chapelle à l'honneur de ce saint prélat (1). Elle est aujourd'hui une des marques de son zèle et de sa ferveur ancienne. Du temps du pape Sixte IV, six cardinaux concédèrent à perpétuité cent ans d'indulgence à ceux qui la visiteraient le jour des Rameaux, le lendemain de Pâques, et la fête de Pentecôte. Elles furent accordées à la prière de l'abbé André de Martel le 19 novembre 1461. Cette concession mérite une réflexion particulière, ne procédant pas absolument de l'autorité du pape qui semble avoir seul les clefs du trésor de l'église.

Un ancien ergastule, qui reste encore presque entier sur les bords de la petite rivière d'Arpot, appelle *les pas des curieux* de ce côté; il est du tout souterrain, et composé de diverses grottes qui ré-

---

(1) Cette chapelle subsiste encore, et continue d'être fréquentée, les lundi de Pâques et de Pentecôte, par une foule d'âmes pieuses, surtout par les personnes atteintes de douleurs, qui croient, dans cet acte de dévotion, obtenir un spécifique certain pour leur guérison.

pondent les unes aux autres, et toutes à une principale. Nous parlerons ailleurs de l'origine et de l'usage de ces ergastules qui, ayant été premièrement inventés pour enfermer les esclaves, devinrent depuis la prison des premiers martyrs du christianisme.

CHAPITRE IV.

Description du mont Salomon fortifié par les Romains. Recherches curieuses sur l'origine de son nom. Mont Arnaud. Campemens des Romains durant les quartiers d'hiver. Château de la Bâtie ruiné.

Le mont Salomon se présente auprès, et mérite d'être visité par ceux qui ont quelque connaissance des fortifications. Le grand-connétable de Lesdiguières, après l'avoir considéré curieusement, avoua qu'il s'y pourrait faire une des meilleures forteresses de l'Europe : aussi les Romains l'avaient fortifié. Des masures qui conservent encore les marques de la grandeur romaine, des urnes qu'on y a trouvées, et tant d'autres preuves de cette vérité me portent à le croire. Le nom qu'il a, est venu d'eux et de l'estime qu'ils en ont faite; du moins, je ne vois pas à quel propos ni par quelle raison on lui aurait donné celui du roi Salomon. L'ayant fortifié, ils y établirent si bien l'espérance de leur salut contre les fréquens mouvemens des Allobroges et des autres Gaulois, qu'ils lui donnèrent le nom de *mont de Salut*. De *Salutis mons*, ou de *Salus mons* en leur langue, la nôtre, en le corrompant, a fait celui de *Salomon* : il a sans doute été cette forteresse qui, entre les cinq que les Romains bâtirent autour de Vienne, fut honorée par eux d'un nom grec qui signifie la même chose. Ils l'appelèrent *Sospolum* du grec Σώσπολις, que tous les anciens Gaulois lui avaient déjà donné, pour dire qu'il était le conservateur et le salut de la ville.

Il est d'une médiocre étendue; son circuit n'est que de sept cent sept toises; et tout ce qui est dans cet espace, est environné des restes merveilleux d'une muraille, dont toutes les pierres sont taillées avec beaucoup d'art, comme le pratiquait l'architecture romaine. Il est du tout inaccessible en plusieurs endroits : peu d'hommes le défendraient facilement; et ce qu'il a de commode, est qu'il y a assez de terre labourable pour produire ce qui serait nécessaire à l'entretien de sa garnison; plusieurs fontaines l'arrosent; l'air y est pur et sain, et ces trois élémens lui sont également favorables. Il regarde le Rhône, et lui commanderait s'il était fortifié : ainsi il serait le maître de cette grande rivière, et par sa même situation, s'avançant vers le midi, il pourrait imposer la même servitude au chemin qui conduit aux Alpes. Régnant par ce moyen sur ces deux passages qui sont les plus importans de la France, que l'on juge de là combien ce fort rendrait redoutable qui le posséderait. Louis XI, n'étant encore que dauphin, eut la même pensée qu'avait eue avant lui le dauphin Jean, qu'il n'exécuta pas néanmoins : il entreprit de relever cette forteresse, mais il laissa ce grand ouvrage imparfait; quelques murailles ruinées et un portail sont ce qui en reste maintenant. On y voit les armes de ce prince écartelées de France et de Dauphiné, gravées en une pierre : l'écu en est penchant, et il n'y a qu'un casque de front posé dessus avec ses lambrequins. Un fils de France doit faire rougir la vanité de ceux qui n'en veulent plus qu'aux couronnes, et qui, n'ayant jamais eu le casque sur la tête, ne le peuvent même souffrir sur l'écu de leurs armes.

Le mont Arnaud est contigu au mont Salomon; il n'y a pas moyen de douter qu'il n'ait été fortifié autrefois; les masures qui l'environnent, en sont une marque indubitable. Il avait déjà ce nom sous l'archevêque Léger, et ainsi il lui est propre depuis plus de six cents ans; il est appelé *mons Arnaldi*, dans l'acte d'une donation faite à l'aumône générale de cette ville par Richard, archidiacre de St-Maurice.

Vienne a été aux Romains un lieu de retraite et de quartier d'hiver pour la plupart de leurs troupes, au temps de leurs premières conquêtes dans les Gaules. Leurs soldats logeaient rarement chez le bourgeois, et dans les villes : leur discipline était trop sévère pour le permettre; ils campaient seulement auprès, de peur de contracter trop d'amitié avec les plaisirs dans la conversation des peuples.

Ces deux monts, et les autres qui sont comme eux couverts de tant de masures, ont été premièrement destinés à cet usage. Quel moyen de s'imaginer que les Romains, et ceux qui leur ont succédé en la domination de cette province, eu aient fait autant de forts réguliers pour se conserver une seule ville? un seul le pouvait autant que plusieurs; et d'ailleurs, étant si voisins les uns des autres, et attachés par des travaux qui sont encore assez visibles, ils ne pouvaient avoir qu'une même fortune. Les légions romaines les ont premièrement occupés; ils ont été fortifiés pour leur sûreté; mais il faut avouer que c'est au mont Salomon que les Romains attachèrent plus particulièrement leurs soins, après l'avoir jugé plus digne de leurs dépenses et de leurs travaux.

Le château de la Bâtie, qui occupe la pointe du mont Salomon et regarde la ville de Vienne, mérite que nous le regardions aussi un moment; il a été un ouvrage de l'archevêque Jean de Burnin, et il n'est plus qu'un monceau de pierres : il fut démoli sous le règne de Louis XIII, qui, pour s'assurer de nos cœurs, crut qu'il ne lui était besoin d'autre forteresse que de nos cœurs mêmes. Ce château était inaccessible du côté qu'il est opposé à Vienne, et vers le septentrion par où il y avait plus de facilité à l'aborder, la muraille en était flanquée d'une tour assez forte, et beaucoup plus ancienne que lui. On dit que les Romains lui avaient donné le nom de *Luniaria;* le fossé y était profond et traversé d'une redoute, et à quelques pas de là, il était couvert d'un boulevart qui subsiste encore, et est la force de Vienne de ce côté.

CHAPITRE V.

Faubourg d'Arpot. Fragment d'inscription romaine. Porte de la Tuilerie. Porte de Mauconseil. Tour de Pilate. Vide entre cette tour et le pont de Jère. Port sur le Rhône. Port des Môles. Origine de son nom.

C'est se promener trop long-temps hors de Vienne, il y faut rentrer.

Le premier faubourg qui se présente dès l'entrée, a le nom d'*Arpot;* outre les inscriptions que l'on voit dans l'église de St-Antoine, celle-ci est engagée sur la porte d'une maison. (*Ne paraît plus.*)

```
    D.   M
  C   LVC......
   RESTIT......
     LVCR......
    RESTI......
    SOROR......
    TE.... LST....
```

Ce monument en est un de l'affection d'une sœur envers son frère mort. Une païenne apprend en ceci aux chrétiens les devoirs du sang et de la proximité, et doit faire rougir ces frères dénaturés qui, n'ayant pu se persuader d'aimer leurs frères vivans, les laissent sans honneur après leur mort, parricides en l'un et sacrilèges en l'autre.

La porte de *la Tuilerie* se présente après, et est

un ouvrage assez ancien : la croix qui y est soutenue par le portail, qui n est honoré d'autres armes que de celle du christianisme, le montre assez.

Celle qui suit, est la vraie porte de la ville; elle est flanquée d'une tour à laquelle, depuis quelques siècles, le peuple ignorant a donné le nom de la *tour de Pilate* (1); mais elle est tombée à moitié dans le Rhône, par le peu de soin qu'on a eu d'y faire de temps en temps les réparations nécessaires. Gervais de Tillisbery, maréchal du royaume d'Arles pour l'empereur Othon IV, parle sans doute d'elle, quand il dit qu'une certaine tour a été portée dans Vienne par les diables : à quel propos ce transport si étrange? Ceux qui ont inventé la fable du bannissement et de la mort de Pilate dans Vienne, racontent qu'après qu'il se fut tué lui-même dans cette tour qui avait été sa prison, on jeta son corps par les fenêtres dans le Rhône : ils ajoutent que ce fleuve devint dès lors si dangereux en cet endroit qui lui servait de tombeau, que l'on fut contraint de l'en tirer, qu'il fut porté au-delà du Rhône, et jeté dans un abîme qui est à la cime d'une montagne qui garde encore aujourd'hui le nom de *Pilat*, à cause de Pilate. Othon, évêque de Frisinghen et oncle de l'empereur Frédéric Ier Barberousse, parle de cette indignation du Rhône, dont les marques étaient visibles et fréquentes en son temps, comme on le publiait. *Sunt etiam nonnulli*, dit-il, *qui cum*, il parle de Pilate,

---

(1) La tour de Pilate a été détruite pour asseoir le nouveau quai.

apud Viennam urbem Galliæ in exilium trusum, ac post in Rhodanum mersum dicant. Unde hodie naves ibi periclitari ab incolis affirmantur. Il n'y a rien là qui ne choque la vérité de l'histoire ancienne, aussi bien que l'état des choses présentes. Le témoignage d'aucun historien ne fortifie ces contes; tous avouent que Pilate se donna la mort pour se garantir de la cruauté de Caligula; mais nul d'eux ne marque qu'elle ait été précédée d'un bannissement, bien loin qu'ils disent que Vienne en ait été le lieu. Et certes cette tour n'a le nom de la *tour de Pilate* que depuis environ quatre cents ans : elle est appelée la *tour vieille* dans les anciens documens, et dans une donation faite par l'archevêque Robert, l'an 1186, à Martin, abbé de Saint-André-le-Bas, de l'eau du Rhône depuis cette tour jusqu'à son monastère. Certaines réparations y furent faites l'an 1387, et nos registres ne la nomment que la tour de la porte de Mauconseil, *mali consilii*, lorsqu'ils en font mention. L'eau bouillonne quelquefois auprès ; mais c'est parce qu'elle s'y brise contre des masures qu'elle rencontre, et qui s'opposent à sa rapidité : elles sont des restes d'un ancien pont qu'il y avait là au temps des Romains. J'ai des mémoires qui m'apprennent qu'il n'y a pas cent ans que les épaulemens en paraissaient encore du côté de Ste-Colombe. Pour le mont Pilat, célèbre dans toute la France par le nombre et par la rareté des simples qu'il produit si abondamment, il n'a pas emprunté son nom de celui de Pilate; il est composé de deux mots différens : de *pi* qui signifie une montagne, et de *lat* qui signifie large; et en effet celle-ci ne l'est pas si peu, que sa circonférence ne soit d'une étendue de six lieues (1). Toutefois, on passe bien plus outre; on donne encore à un certain domaine auprès de la ville de St-Vallier le nom de Pilate, et ce mauvais juge pour son ancien maître : on appuie ainsi une imposture par une autre, car cette maison a appartenu à Humbert Pilati, secrétaire du dernier dauphin Humbert. Son nom a été confondu facilement avec celui de Pilate, qui, n'étant inconnu à personne, l'a emporté d'abord sur celui de Pilati, inconnu presque à tous indifféremment.

L'espace qui est entre cette tour et le pont de Jère, était vide il n'y a guère plus de cinq cents ans, et avait le nom général d'Arpot et de rivage du Rhône. Il se recueille des anciens documens et d'un, entre autres, qui est du règne de Rodolphe, dernier roi de Bourgogne et de Vienne, qu'il y avait des vignes qui s'étendaient jusqu'au Rhône, et des terres qui appartenaient à trois différentes églises : à celle de Saint-André-le Bas, à celle de Saint-Ferréol, et à celle de Saint-Étienne qui est la même que celle de Saint-Sévère.

Les deux ports les plus fréquentés auxquels abordent d'ordinaire les bateaux qui remontent, et ceux qui descendent, sont en même endroit. L'un d'eux a le nom de port des Môles ; ceux qui se piquent de parler plus poliment, disent des Meules.

---

(1) Ce nom lui vient plutôt de *mons pileatus*, à cause des nuages continuels qui ceignent sa tête.

Ce nom lui vient de son ancienne construction superbe et magnifique. Qui ignore avec combien de soin les empereurs et les républiques se sont autrefois appliqués aux réparations des ports en ce temps bienheureux, où ceux qui étaient appelés au gouvernement des peuples donnaient leurs plus sérieuses pensées seulement aux intérêts publics, et non à leur propre gloire? Ils opposaient des masses et des montagnes de maçonnerie à la violence des mers et des fleuves les plus impétueux, pour l'usage du commerce et pour la commodité de ceux qui l'exerçaient. Ils les appelaient *Môles,* comme nos jurisconsultes nous l'apprennent en divers lieux; et le nom de Môle s'est encore conservé jusqu'à nous, pour plusieurs ports de mer des plus célèbres de la France. Le préfet de l'armée navale du Rhône, ayant son établissement dans Vienne, n'y devait-il pas avoir un port célèbre pour être une retraite assurée et commode aux barques de voiture employées au trafic et aux frégates de guerre qui étaient sous la juridiction de ce magistrat (1).

---

(1) Vienne avait non-seulement un préfet de la navigation du Rhône, mais encore un entrepôt de lin et de chanvre; ce qui donnait une grande activité à son commerce.

En décembre 1818, les eaux du Rhône étaient tellement basses, que l'on distinguait sans peine, à l'endroit des ports, des massifs de maçonnerie considérables, des fragmens de colonnes, d'entablemens, de chapiteaux, et une quantité prodigieuse de pierres taillées; ce sont là des preuves non équivoques de la somptuosité de ces anciennes constructions.

CHAPITRE VI.

Église de Saint-Sévère. Son ancienneté. Épitaphe de saint Sévère, archevêque, enterré en cette église. Inscriptions. Recherches curieuses. Familles grecques dans Vienne.

Non guère loin est l'ancienne église de St-Sévère, que l'on croit être un ouvrage de la piété des premiers chrétiens. Durant le paganisme, il y avait ici un temple consacré à tous les dieux : ainsi cette ville était de ce côté sous la protection de tous les dieux, comme vers le midi, sous celle de Mars et de la Victoire. Mais S. Sévère étant entré dans Vienne, s'y acquit d'abord tant d'autorité, qu'il ruina celle des fausses divinités (1). Il renversa ce panthéon viennois, et l'on bâtit en même temps sur ses ruines cette église qu'il dédia à l'honneur de St-Étienne, le premier martyr de l'Église. Elle est un noble trophée du christianisme, que la piété de nos pères a élevé sur le champ même du combat de la vertu de S. Sévère avec tous les démons. Le temps a voulu respecter en lui un monument si visible de la défaite de l'idolâtrie dans cette ville royale. Les masures qu'on découvre de temps en temps, témoignent assez que cet ancien temple

---

(1) Per ambulans totius civitatis spatia, ad eum ponte transmisso pervenit illicò locum ubi templum erat, cui præ multitudine idolorum centum deorûm nomen conditor vetustis imposuit, quod Jayræ supereminet flumini, eminusque vicinum ponitur civitati. *Légende de S. Sévère.*

était fort spacieux et fort magnifique. On trouva ces dernières années les restes d'une de ses chapelles, dans un jardin voisin de la rivière de la Jère, qu'il regarde au-dessous de lui. L'ordre et la disposition de trois murailles ne permettent pas de douter qu'elles n'eussent autrefois servi à cet usage. Elles avaient été encroustées, pour me servir de la manière de s'exprimer des Latins, et couvertes d'un marbre vert d'une façon assez extraordinaire. En d'autres bâtimens, les plaques de marbre étaient seulement collées à la muraille avec du ciment, qui les y attachait si bien, que rien ne les en pouvait détacher. Mais ici, les murailles avaient été premièrement revêtues de grands carreaux, qui ne les touchaient que par leurs bords repliés en dedans; de sorte qu'entre deux il y avait un vide d'environ trois doigts. Des clous, dont la tête étendue exprès mordait sur deux à la fois, les liaient les uns aux autres. Étant ainsi arrêtés, ils avaient été enduits d'un fort ciment qui retenait encore ces plaques de marbre, taillées fort artistement. De ces masures fut tiré ce fragment d'une inscription romaine, d'où il ne se peut recueillir aucun sens :

EOV.......
INI........
VIV....... (1).

---

(1) L'église de Saint-Sévère a été totalement détruite. En 1820 on trouva, en creusant des fondations au pied du

Cette église étant tournée vers l'orient, de sorte que le prêtre qui est à l'autel regarde cette partie du monde, penche plutôt vers le solstice d'hiver que vers celui d'été, et a en cela une preuve de son antiquité. La raison en est que nos pères ont cru en l'Église primitive, que Jésus-Christ, le vrai Orient des chrétiens, est né le soleil roulant encore sur le tropique d'hiver.

L'épitaphe de S. Sévère, gravée dans une pierre assez étroite, était auparavant attachée à un pilier, qui soutient l'arcade droite du chœur; mais depuis

---

rocher du Panthéon, au-dessus du quai de Jère, une salle à peu près semblable à celle décrite par Chorier; elle était revêtue de brèche et de porphyre vert qui formaient des compartimens divisés par des pilastres de marbre blanc. Sur le pavé, parmi des cendres et des décombres, l'on découvrit une partie considérable de la statue d'un faune jouant avec le jeune Bacchus. La tête en est admirable; deux autres figures étaient auprès. M. Cochard se hâta d'annoncer, dans le journal de Lyon, cette précieuse découverte. M. le maire de Vienne fit l'acquisition du faune; mais bientôt après, sur la demande de M. le comte de Forbin, directeur des musées du roi, ce chef-d'œuvre de l'art est allé grossir la collection nationale, et Vienne a été privée d'un morceau rare qui eût ajouté un grand prix à son musée. M. Cochard pense que la salle du faune était le laraire de quelque riche citoyen, et M. Vietty est venu confirmer de son suffrage cette opinion. Le dessin de cette jolie tête est entré dans la collection de M. Rey, planche XV de la 1re partie des *Monumens romains et gothiques de la ville de Vienne*.

environ cinquante ans, elle a été appliqué au pavé au-devant du grand-autel.

> OCCVBAT HOC TVMVLO
> SPECIOSVS MENTE SEVERVS
> QVI QVONDAM HOC TEMPLVM
> FVNDITVS INSTITVIT
> NON SOLVM HANC AEDEM
> SED CAETERA TEMPLA SACRAVIT
> PLVRIMA CONSTITVIT
> VINCTVS AMORE DEI
> DIVINA SIC FRETVS OPE
> QVOD SEMPER VBIQVE
> QVO POTVIT DEXTRA AVRI
> METALLA TULIT
> SED QVID PLVRA LOQVAR
> LAVDETVR GRATIA XPI
> QVAE SIC IN CVNCTIS
> VEGIT VBIQVE BONIS
> EXILIBVS QVI DONA SVIS
> LARGITVR OPERTA
> ET PEREGRINIS OLIM
> CONDITA DISTRIBVIT
>
> OBIIT VIII. ID. AVGVSTI ANNO
> CHRISTI CCCCXXX.

Ces vers ne sont pas une des productions du

siècle où est mort cet apôtre de Vienne; ils auraient plus de pureté et de latinité. Avitus et Claudien, frères de l'archevêque S. Mamert, qui vivaient presque en même temps, me le persuadent. Et en effet, il y est parlé de la construction de cette église comme d'une chose ancienne; leur auteur ayant eu égard à son siècle plutôt qu'à celui de S. Sévère, comme il aurait fait s'il lui avait été contemporain.

Ours et (1) Vultraie, archevêque de Vienne, qui tous deux ont vécu sous le règne de Pepin et de Charlemagne, ont été ensevelis en cette église. Leurs tombeaux étaient de marbre; mais ils n'ont pu résister au temps ni à la brutalité des hommes, ils ne paraissent plus.

Au devant, est un tombeau avec cette inscription en fort beaux caractères : -

1.

AVRELIAE PRIMAE L
VIBRIVS EVTHYCHES
D. Inul VIR AVGVSTAL. M
CONIVGI SANCTISSIMAE

Le corps d'Aurélia Prima, femme de Vibrius Eutyche, c'est-à-dire le Fortuné, y fut premièrement enseveli. Il était l'un des six hommes, ou des six prêtres consacrés à l'honneur de l'empereur

---

(1) Vulfère ou

Auguste dans cette ville. On rendit des honneurs
divins à ce prince après sa mort, non seulement
à Rome, mais aussi dans toutes les villes les plus
célèbres de l'empire romain. On lui érigea des autels, on lui dressa des statues couronnées de rayons
comme celles des dieux, et on institua des prêtres
et des sacrifices à son honneur. Ces prêtres furent
nommés dans les villes, où ils furent établis, selon
leur nombre, ou *sextumviri*, ou *quintumviri*, ou
duumviri Augustales. Mais dans Rome, ils n'em-
pruntèrent point leur nom d'aucun nombre déter-
miné; ils y furent seulement appelés *sodales Augustales*. Ainsi, aujourd'hui des ordres religieux
n'ont parmi nous d'autre titre que de compagnie.
Sur ce tombeau était autrefois élevé un fanal, soutenu de quatre piliers en pierre qui appuyaient une
petite voûte. Au dessus était posée une lanterne de
pierre, et l'étendart de notre religion, c'est-à-dire
une croix, à la pointe de tout l'ouvrage. Sous la
voûte, entre ces piliers, était encore peint, dans
un cercle, ce signe adorable au milieu d'un A et
d'un Ω, chacune de ces lettres ayant à son côté une
étoile à plusieurs rayons. Ce cercle était surmonté
d'une petite croix, et comme appuyé sur un croissant qu'on y voyait au bas. Le sens de ces caractères vraiment hiéroglyfiques, était sans doute que
la foi de Jésus-Christ, qui tire son origine d'en
haut, régnera toujours dans le monde; qu'elle est
au-dessus de toutes les révolutions; qu'elle écla-
tera tant que les étoiles brilleront dans le ciel,
parce que Jésus-Christ est le commencement et la

fin de toute choses, l'A et l'Ω, et lui fait part des avantages de son éternité. Ce tombeau avait le nom de chapelle au temps de nos pères, à cause de cette structure, l'usage de laquelle était de favoriser la piété des chrétiens. Le feu que l'on mettait dans ce fanal élevé, ne servait qu'à éclairer la nuit ceux que leur dévotion portait à veiller, dans cette église, les nuits qui précédaient les fêtes des martyrs, et les autres les plus célèbres, comme c'était la coutume des premiers siècles.

Auprès de ce sépulcre, est couchée sur le pavé l'épitaphe de Vettius Gemellus ; elle est déjà presque effacée, et la postérité curieuse la cherchera un jour en vain, après les outrages que le temps lui a déjà faits. (*Elle a disparu.*)

2.

P. VETTII GEMELLI
SAGARI. ROMANENS
VIXIT. ANN. XXI.
MENSIBVS. VIII. D. X
P. VETTIVS
PROFVTVRVS FILIO
PIENTISSIMO
SIT TIBI TERRA. F.
LEVIS

Ce Gemellus avait la ville de Romans (1) pour

---

(1) Le célestin Dubois avait lu cette inscription diffé-

sa patrie, et voilà pourquoi il a le titre de *Romanensis*, d'où j'apprends qu'elle est bien plus ancienne que ne croient ceux qui attribuent la cause et l'origine de sa grandeur à l'abbaye de Saint-Barnard. Le souhait que faisaient les anciens pour le repos des morts, est exprimé en celui de Vettius Profuturus pour son fils, *sit tibi terra levis fili*, « que la terre te soit légère, mon fils. » Ils s'imaginaient que l'ombre avait de la peine à se dégager d'un pesant fardeau, qui accablait le corps, et que moins il était pesant, plus tôt elle s'en délivrait. Sénèque produit sur ce sentiment l'opinion extravagante des stoïciens.

Deux inscriptions sont enchâssées dans la muraille qui soutient, à la main gauche de ceux qui entrent dans cette église, les degrés par où l'on va

---

remment. Il mettait en tête le D. M., *diis manibus*, et ajoutait un point à la deuxième ligne, après *Ro*, de manière qu'au lieu de *Romanens* on devait lire, *Romæ manens*, par abréviation de *manentis*. Ce qui indiquerait que Publius Vettius Gemellus, issu d'une famille romaine, était venu à Vienne où il était décédé à la fleur de son âge, et que Publius Vettius Profuturus avait élevé ce monument à son fils très-pieux, en souhaitant que la terre lui fût légère. Tous les auteurs qui ont écrit sur l'histoire de Romans, ont pensé que Chorier avait commis une erreur, puisque cette ville ne remonte qu'au moyen âge. La famille *Vettius* était illustre à Rome. Marcus Vettius Bolanus en était consul avec Calpurnius Pison, l'an 111 de J. C. Un marbre rapporté par d'Orbessan, nous apprend que ce Vettius Bolanus fit rétablir la statue de Maïa ou de la bonne déesse.

au lieu où l'on a établi l'exercice ou le jeu de l'arquebuse.

3.

DIS
MANIBVS
AVINNIVS GALLVS
VIVOS SIBI   (1)

Il y a apparence que le tombeau de cet Avinnius Gallus, ayant eu deux faces, il voulut que son nom parût en chacune. C'est peut-être de ce Gallus, Viennois, qu'est venue la race des Gallus si connue dans Rome, et à laquelle le poète Gallus, ami de Virgile, a donné tant d'éclat par ses emplois, et bien mieux par son esprit.

Cette autre est appliquée à une muraille voisine. Ses caractères sont de ceux que les Latins appellent *lettres onciales*.

4.

VIR II
D   B

J'en laisse l'interprétation à de plus éclairés que moi.

---

(1) Ces deux inscriptions sont au musée : « Aux dieux Mânes. Avinnius Gallus l'a fait élever de son vivant. »

On remarque une ancienne montre solaire sur la muraille du clocher, avec cette inscription :

5.

⸪✠⸪ R, OL... G... M

C'est *Horologium* ou *Rologium*, car souvent ce dernier mot corrompu a tenu la place de l'autre. Les douze lignes tirées entre les deux colonnes qui sont au-dessous de cette inscription, pour marquer les heures, étaient autrefois remplies de quelque métal de prix qui, en ayant été arraché, a emporté les discernemens des heures et les marques des intervalles du temps. (*Tout a disparu.*)

S. Sévère est peint au-dessus du grand portail ; et à cause qu'il agit tous les jours merveilleusement contre les démons, il en est représenté un enchaîné à ses pieds (1). En l'un des jambages de cette porte, est ce fragment en grosses lettres :

6.

ALCE

---

(1) Il existe, dans les cabinets des curieux, des meraux en cuivre jaune représentant S. Sévère debout, le démon enchaîné à ses pieds ; cinq besans sont posés en pointe, et quatre étoiles en orle au côté droit. Légende : *S. Severus Vienno.* Revers une croix cantonnée d'étoiles. Légende : *Ejus libra Ecclesie* 1574.

OLT
EDONI
VENT
FRANA
COICATO

Olt est ici le reste de *Voltinio*, et *edoni* de *Macedoni* : c'est le nom d'un homme de mérite de cette famille, que d'autres inscriptions ont conservé entier.

Dans le chœur de l'église, on lit cette épitaphe d'un chrétien nommé *Simplicius* (1) :

7.

IN HOC TOMOLVM
REQVIESCIT IN PA
CE BONE MEMORIAE
SIMPLICIVS QVI VI
XIT ANNOS PLVS MI
NVS XC OBIIT IN PACE
V. K. NOVEMBRIS
FELICE V. C. C.

Félix était consul de la ville de Rome avec Taurus, l'an 450 de notre salut, sous l'empire de Théodose le jeune et de Valentinien second. La

---

(1) Maffei, *Ant. Galliæ*, la donne comme étant à Lyon.

langue latine avait déjà perdu beaucoup de sa pureté en ce temps-là, comme ce grand empire avait beaucoup perdu de sa puissance et de son éclat ; de manière que cet *in hoc tomolum*, est une preuve de la corruption de l'un et de l'abaissement de l'autre. Il est certain que la langue d'un peuple croît en beauté à mesure qu'il croît en puissance, et qu'elle déchoit à mesure qu'il s'affaiblit.

Cette inscription, qui n'est pas d'un meilleur style que celle-là, en est aussi assez proche au côté droit du grand-autel.

8.

TVMOLVM REQVIES
OLIBI PRIB QVI PRIMO
CONSIENSIA FEDE PVRV
PROVEDVS BENEG
ANS AMATVS
VSP ME

Olibius est loué de la pureté de sa conscience et de sa foi, de sa prévoyance, de sa bonté, de sa constance ; car *ans* est le reste de *constans*, et enfin de l'amour que tous avaient généralement pour lui.

La chapelle de St-Théodore, qui est au-dessous du grand-autel à la main gauche, représente aux curieux cette épitaphe qui a assez de latinité, pour me figurer qu'elle est d'un meilleur siècle que les précédentes.

9.

D. :(:): M.
SEPTENIS DECIES CVM EVS-
TACIA VIXERIT ANNIS
HOC ELECTA DEO CONDI-
TVR IN TVMVLO.
DEPONENS SENIO TERRIS
MORTALIA MEMBRA
SED REVEHENS COELO PRO
MERITIS ANIMAM.

Cette Eustacia était une femme chrétienne qui mourut à l'âge de soixante-dix ans, ayant laissé à la terre ce qu'elle avait de mortel, comme disent ces vers, et son âme étant allée au ciel. Entre ces deux lettres D M, il y avait un O qui est effacé, tellement qu'elles n'y signifient pas le *dis manibus* des idolâtres, mais *Deo optimo maximo*, ce qui n'a rien de commun avec le paganisme.

On creusa assez avant l'an 1609 dans cette chapelle; on y trouva quantité de tombeaux pareils à celui qui est à l'entrée de l'église : quelques-uns en furent tirés, qui depuis ont été tellement dispersés, que je n'ai pu savoir où ils sont, pour en avoir les inscriptions. Il y en reste encore trois rangs tellement ordonnés, qu'ils sont les uns sur les autres. Un pavé de marqueterie est au-dessus dans une profondeur digne de merveille. Sans doute le zèle des premiers chrétiens les y a cachés ainsi, dans la pensée d'exterminer entièrement dans Vienne, devenue sainte, le souvenir de ses premières impiétés. Les sépulcres des païens étaient d'ordinaire rangés le long des grands chemins ; aussi leurs épitaphes s'adressaient aux passans, pour les entretenir du nom, du mérite et des qualités des morts, dont ils conservaient les os. Donc ceux-ci ont été autrefois disposés sur le grand chemin de Lyon, comme ceux que l'on voit encore dans l'église de Saint-Pierre, l'étaient sur celui d'Avignon (1).

Vienne a été peuplée de plusieurs familles grecques sous les Romains : Eutyche, Onésime et quelques autres, dont les noms paraissent encore en diverses inscriptions, le témoignent assez ; mais celle-ci étant grecque comme elle est, en est une preuve entière. Du Verdier, Scaliger et Gruterus l'ont ignorée, quoiqu'elle fût dans la même chapelle de Saint-Théodore, d'où elle a été tirée à ma prière.

10.

ΟΙΡΗΝΗΣ ΕΤΗ

---

(1) Une loi portée par Arcade, le 1er novembre 397, ordonnait que les matériaux tirés des temples païens seraient employés aux réparations des ponts, des grands chemins, des aqueducs, des murs de ville. C'est à cette imposition que l'on doit la mutilation d'un grand nombre de statues et d'inscriptions, ainsi que la ruine de plusieurs monumens. Le fanatisme ne respecte rien.

ΤΕϹϹΕΡΑΚΟΝ
ΤΑ ΚΑΙ , Ιερως ΤΕ
ΛΕΥΤΑ ϹΕΤΑΤΗΝ
ΥΠΑΤΙΑΝ ΤΩΝ
ΔΕϹΠΟΤΩΝ
ΗΜΩΝ ΒΑΛΕΝ-
ΤΙΝΙΑΝΟΥ. ΤΟ
ΠΕΜΤΟΝ ΚΑΙΑΝΑ-
ΤΑ ΛΙΟΥΤ ΟΥ ΛΑΜ-
ΠΡΟΤΑΤΟΥ ΕΝΙΟ-
ΝΙ ΠΕΡΙΤΙΟΥ ΕΚΤΗ
ΚΑΠΗΕΡΑ ΟΜΗΕΤΟ
ΦΗ ΗΜΕΡΑ ΠΑΡΑΣ
ΚΕΥ ΚΑΙΑΝΑϹΤΑ·.·.
ΕΝΤΗΗΜΕΡΑ ΧΡΙϹ-
ΤΟΥ ΕϹΧΑΜΕΝΟΥ

Le milieu de la troisième ligne n'est plus bien lisible; néanmoins un ω qui y reste me fait croire qu'il y a eu Ιερως C'est l'épitaphe d'Irène, femme chrétienne, qui mourut âgée seulement de quarante ans sous le consulat de Valentinien et d'Anatalius, que les Latins appellent Anatolius, l'an 440 selon la supputation de Prosper, ou 442 selon celle du jurisconsulte Haloander. Elle mourut saintement le 6 du mois de février, que les Grecs nomment Péritie. C'est ce que disent ces mots Ιερως τελευσασι Plutarque se sert de ce même mot Ιερως dans la vie de Lycurgue, pour exprimer une mort sainte et vertueuse; et cette façon de parler, ordinaire aux païens, ne l'a pas moins été aux premiers chrétiens. Voici cette épitaphe en latin :

Irene, annos quadraginta
Sancte obiit, sub
consulatu dominorum
nostrorum Valentini-
ani quintûm, et Ana-
talii clarissimi, plena
februarii sexta, et ter-
ræ consepulta est die
Parasceves, resurget
die Christi egredientis.

L'épitaphe de cet Onésime, du nom duquel nous avons déjà fait mention, est encore assez lisible sur une pierre qui sert au pavé de la chapelle de Saint-Clément, qui joint celle de Saint-Théodore.

11.

D. M
L TAI ONESIMI
CONIVGIS ET L
TAI ONESIPHORI FIL.
ANTVLLA EPAGATHO
CARISSIMO POSTERIS
QVE SVIS FECERVNT ET L
TAIO EPAGATHO
DEF. ANN. XXXIII. FIL
PIISSI

Suidas parle du rhétoricien Onésime, qui se rendit illustre sous Constantin le Grand par ses ouvrages et par son éloquence. Mais je n'assurerai pas que ce soit le même : pour le nom d'Épagathe, il était célèbre dans Vienne dès l'empire d'Antonin le Philosophe. Épagathe mérita le titre de l'avocat des chrétiens, en prenant la parole pour eux, et la couronne de martyr, en perdant la vie avec eux pour les intérêts de la foi. La race n'en était pas encore éteinte au temps de S. Grégoire, archevêque de Tours ; mais nous en parlerons en un lieu plus propre.

L'église de Saint-Sévère a eu autrefois deux cimetières : l'un était derrière le chœur, et on l'appelait le *Frioulier*; mais il est aujourd'hui converti à un usage profane. L'autre, qui lui reste seul aujourd'hui, avait le nom du *Plâtre de St-Sévère* (1). Une partie en est suspendue par une grotte assez spacieuse, dont la voûte est soutenue de quatre piliers (2) ; et il est vrai que sa fabrique diffère peu de celle d'une chapelle ; elle a été le charnier de cette paroisse. Les os et les corps des pauvres y

---

(1) A la porte de l'église, l'on remarquait une table de pierre sur laquelle les archevêques de Vienne faisaient serment, le jour de leur première entrée dans la ville, de maintenir les habitans dans leurs priviléges et libertés.

(2) C'est une de ces cryptes où les premiers chrétiens se retiraient pour célébrer les saints mystères dans les temps de persécution. Elle est en face de la rue qui descend sur le quai.

étaient jetés par une ouverture ronde qui y paraît comme un soupirail : ils y étaient promptement consumés par l'extrême humidité qui y règne en tout temps.

On lisait, il n'y a pas encore fort long-temps, cette inscription sur une pierre appliquée à une muraille d'une maison voisine :

12.

D.   M
ET MEMO
RIAE AETERNÆ
VETERIÆ MERCERI
Æ QUÆ VIXIT AN
XXVIII. M. IIII. D. XXI
VETERIA CATIOLA
POMPEIA. V. FIL.
A ET HON........
VS SIBI ET. F. O....
TA PL.... TAE.....
T..................
....
EN PONEND
CVRAVERVNT......
SCIA DEDI........

Ce n'est autre chose que l'épitaphe de Veteria

Merceria, qui mourut à l'âge de vingt-huit ans quatre mois et vingt-un jours. Le nom de quelques-uns de ses proches, qui avaient pris part aux soins de lui rendre ces derniers devoirs, occupaient les dernières lignes, comme l'apprennent ces paroles *ponendum curaverunt et sub ascia dedicaverunt*, quoique de ces dernières il ne reste de lisible que *cia dedi*. *Ascia* est une scie en notre langue ; et les anciens se servaient de cet outil pour couper du marbre et toutes sortes de pierres. Ce n'est pas néanmoins ce que signifie cet *ascia* des épitaphes romaines ; car que pourrait-ce être *dedicare sub ascia*, et dédier un tombeau sous une scie ? Cette façon de parler a tenu lieu, dans le déclin de l'empire romain et de la langue latine, de *sub dio dedicare*. Les lieux qui sont sans ombre, sont nommés chez les Grecs *Ascia*; car σκία signifie l'ombre en leur langue. Ces tombeaux étaient exposés à ciel découvert, et consacrés en une campagne libre, comme les autels dédiés aux héros et aux demi-dieux, avec lesquels ils avaient aussi de la ressemblance ; et nous verrons en d'autres épitaphes qu'ils ont même le nom d'autels (1).

---

(1) Il ne reste plus aucune de ces inscriptions. Dédier *sub ascia*, était, selon M. Artaud, une cérémonie religieuse, une sorte de consécration qui devait rendre le monument inviolable. M. de Tersan pensait que *l'ascia* était un signe caché des premiers chrétiens; et il trouve, dans la figure de cet instrument, une ressemblance avec la forme de la croix. M. Grivaud assure que l'on trouve communément

CHAPITRE VII.

Couvent des pères jacobins. Epitaphes anciennes. Etablissemens des pères jacobins dans Vienne.

Le monastère des religieux de Saint-Dominique n'est séparé de l'église de Saint-Sévère que par la rue qui tend du pont de Jère à la porte de Lyon. Quoiqu'il ait été maltraité par les guerres civiles excitées en France pour la religion, il s'est remis peu à peu, et il lui reste une salle qui peut avoir rang parmi les plus belles et les plus spacieuses. Son église a toujours eu le nom de Notre-Dame-d'Outre-Jère, qu'elle garde encore. Je l'apprends de plusieurs titres fort anciens, et entre autres d'un accord fait l'an 1263, dans le palais du dauphin, entre le chapitre de Saint-Maurice et Chambert, abbé de Saint-Pierre, sur le différend qui était entre eux pour es moulins de Gemens. Elle dépendait du patronage de l'abbé de St-André, sous le gouvernement d'un recteur qu'il tirait du nombre de ses religieux, et il lui en donnait quelques-uns,

---

dans les catacombes de Rome de petits poissons de diverses matières et de différentes formes, d'où il conjecture que les premiers chrétiens, surtout dans le temps des persécutions, adoptèrent des signes pour distinguer leurs sépultures de celles des païens; tels que le poisson, l'ancre, la colombe, la palme, etc. A Arles, *l'ascia* est quelquefois accompagné du niveau.

de l'entretien desquels il le chargeait. Martin du Mas ou de Manso fait un legs au couvent de Notre-Dame par son testament du 20 février de l'an 1302: ce qui ne peut être entendu que de cette église; et il est certain qu'un recteur ou un chapelain ne peut donner le nom de couvent à son bénéfice, s'il n'y est accompagné. Cette église fut ruinée l'an 1567, de manière qu'à peine a-t-elle aujourd'hui la moitié de sa première grandeur. Elle est coupée presque par le milieu, et un parterre en occupe une partie (1). Ceux qui croient qu'elle est très-ancienne, peuvent trouver de quoi confirmer leur pensée en ces deux inscriptions que l'on y voit présentement. Elles sont toutes deux au-devant du

---

(1) Le couvent des jacobins a été vendu au commencement de la révolution, et l'église convertie en un hangar. Lors de sa démolition, on mit en évidence plusieurs colonnes de marbre de six mètres de hauteur, engagées dans la maçonnerie; elles étaient couronnées de chapiteaux symboliques ayant appartenu à des colonnes de plus forte dimension. Ces chapiteaux pythiens, dont le style annonce l'époque de la décadence, étaient remarquables par leur composition. Le vase est flanqué de quatre trépieds, et entouré de huit serpens adroitement enlacés; leurs queues forment les volutes, et les roses sont des masques d'Apollon. Il existe un fragment d'un de ces chapiteaux au musée, un autre à Grenoble, et un troisième à Valence. Tout porte à croire qu'ils décoraient un temple d'Apollon. On peut d'autant moins en douter, que l'on trouve à Vienne nombre d'inscriptions qui rappellent des vœux rendus à ce dieu des arts.

grand-autel, où elles servent au pavé sur lequel elles n'ont point d'élévation.

1.

IN HOC TOMOLO QVIESCIT IN PACE
BONAE MEMORIAE FAMOLA DEI
DVLCITIA SANC MOREBVS OPTIMIS
VOLONTATE DIFF∴SA CHARITATE
LARGISSIMA QVAE VIXIT PLVS
MENVS ANN XXXV. OBIIT
IN PACE NON. KAL. MAIAS
X.......P. C BASILI. V. C. CONS.
INDICTIONE QVARTA DECIMA

2.

IN HOC TOMOLO REQVI
ESCIT BONAE MEMORIAE
SCVRPILLOSA RELIGIOSA
QVAE VIXIT PLVS MINVS
ANNOS XXXXVIII. OBIIT IN PACE
PRID. KAL. SEPT. OPILIONE.

La première est l'éloge funèbre de Dulcitia, femme chrétienne, qui mourut l'an 452 sous le consulat de Basile, Zénon étant alors empereur. L'autre est du siècle suivant; car Opilion fut consul sous l'empereur Justin l'an 526. Derrière l'autel, on lit sur du marbre cette épitaphe de Guillaume Blanc, qui mourut l'an 1386, après avoir fondé dans cette église une chapelle à l'honneur de S. Thomas d'Aquin ; mais les désolations de cette église ont fait perdre jusqu'à la mémoire du lieu où elle était.

ANNO DOMINI MCCCLXXXVI DIE OCTAVA MENS. SEPT. OBIIT GVILLELMVS ALBI CIVIS SANCTAE CIVITATIS VIENNENSIS QVI DE BONIS SVIS AD HONOREM BEATI THOMAE DE AQVINO FVNDAVIT ISTAM CAPELLAM.............

Les frères prêcheurs furent établis dans cette ville l'an 1383, par une bulle que le pape Clément VII, qui siégeait à Avignon, octroya à la prière du peuple de Vienne ; car ils n'ont point de fondateur particulier. Cette église fut unie au couvent qu'il fut permis à cette ville de leur faire bâtir pour les loger. Leur nombre y est ordonné à treize religieux, le prieur y étant compris ; et c'est ce qui n'est pas sans quelque sorte de mystère, les uns et les autres ayant sans doute fait réflexion à celui des apôtres avec Jésus-Christ, leur chef et leur Dieu. L'abbé de St-Pierre fut commis par le pape pour l'exécution de cette bulle, à laquelle tant l'abbé de St-André que le recteur et les collégiés de St-Sévère s'opposèrent pour la conservation de leurs droits. Mais ce différend fut terminé peu après ; premièrement, par une transaction faite avec l'abbé et le monastère de Saint-André le 13 du mois de juin; et en second lieu, par une autre avec le recteur de Saint-Sévère le 21 du mois d'octobre de l'année 1385 Les frères prêcheurs s'obligèrent par la première à donner chaque année, le jour de la fête de Saint-André, une obole d'or à cet abbé, pour une marque de sa supériorité sur l'église qu'il leur cédait, à fournir un prédicateur quatre fois l'année à l'église de Saint-André, à recevoir dans leur église cet abbé et ses religieux, le jour des Rameaux, au temps des Rogations, et la fête de l'Assomption, jours auxquels ils avaient accoutumé d'y aller en procession, et encore à leur fournir ensuite tout ce qui leur serait nécessaire pour célébrer l'office divin. Depuis, en reconnaissance de ce que cet abbé s'était porté si facilement à ce traité, le même pape unit, par une bulle de l'an 1387, le prieuré du Pont-de-Beauvoisin au monastère de Saint-Pierre.

Pour le recteur de Saint-Sévère, il fut satisfait de ce qu'on lui promit, de faire unir à perpétuité à sa rectorerie l'archiprêtrise de Saint-Valier, qui avait alors une juridiction fort étendue, et qui donnait beaucoup de dignité à celui qui en était pourvu. Son intérêt particulier se tut ainsi, et celui du reste du corps de ce collége se tut de même par la promesse authentique que lui firent ces religieux, de lui donner de bonne foi la quatrième partie de tous les droits de sépulture qu'ils retireraient des héritiers de ceux de la paroisse de Saint-Sévère, qui voudraient être enterrés dans leurs cloîtres, dans leur église, ou dans leur cimetière. Ils avaient promis le tiers des mêmes droits de sépulture au monastère de Saint-André, concernant les paroissiens de Saint-Pierre-entre-Juifs, et renoncé pour cela à ce qui avait été ordonné en leur faveur dans le concile de Vienne. L'opposition des collégiés de Saint-Sévère était fondée sur ce qu'ils avaient coutume de faire chaque année une procession célèbre le jour du sacré Corps de Dieu, et de passer à travers cette église, le recteur de laquelle se joignait à eux et assistait après cela à une grand'messe dans celle de Saint-Sévère. Les frères prêcheurs refusèrent de s'assujettir à cette ancienne coutume, qui les mettait dans quelque sorte de dépendance envers ce chapitre, et voulurent ainsi éviter cette servitude, qui néanmoins ne regardait que l'honneur du Maître souverain de toutes choses. Cette procession se faisait avec beaucoup de pompe et de cérémonie. Avant que de l'église de Saint-Sévère on entrât en celle de Notre-Dame, on s'arrêtait au-devant d'une maison voisine. On dressait là un théâtre, et le Saint-Sacrement y étant exposé, recevait les adorations du peuple qui l'accompagnait. C'est en cet endroit, que l'on voit encore une ancienne peinture sur une muraille qui soutenait ce reposoir d'un côté. On pratique la même chose dans les meilleures villes de France avec une auguste solennité.

CHAPITRE VIII.

Pont sur la Jère nommé de Saint-Sévère. Ses chutes. Quai le long de cette rivière. Inscriptions romaines.

Ce couvent regarde le pont de Jère, qui lui est opposé du côté du midi. Il est appelé le *Pont de Saint-Sévère* dans une donation de l'archevêque Robert à Martin, abbé de Saint-André, de l'an 1194; et l'archevêque Jean le donne pour limite aux paroisses de Saint-André et de Saint-Sévère sous ce même nom, dans un règlement de l'an 1200. Il a été ruiné souvent, et je crois qu'il le fut environ l'an 1280, puisque Mariette Gardapère lègue, par son testament de cette année, trois sols viennois à l'œuvre et à la fabrique du pont de Jère. Sa dernière chute lui arriva l'an 1544, le 12 octobre, à sept heures du matin, par une crue extraordinaire de cette rivière. Quelques maisons furent abattues avec lui, et dix-neuf personnes se trouvèrent enveloppées dans sa ruine. Il n'était pas ouvert de tout côté comme il est maintenant; une porte, semblable à celle que nous avons vue à celui de Saint-Martin, le fermait vers le midi, et était de ce côté la vraie porte de cette haute ville, à laquelle ce qui est au-delà de ce pont vers le nord n'a été ajouté que depuis quelques siècles. Il a changé de forme en sa nouvelle construction, qui lui a donné celle que nous lui voyons. Le quai, que l'on appelle le *Chemin-Neuf*, fut commencé avec ce nouveau pont, et achevé l'an 1559 (1). C'est une honte publique qu'étant si commode au particulier, et contribuant comme il fait à la décoration publique, on ait eu si peu de soin de sa conservation, que l'on a sujet de craindre que cette négligence ne soit bientôt suivie d'un effet funeste à cet ouvrage de nos pères, et honteux à notre indifférence ; il est appelé le Chemin-Neuf, parce que l'ancien chemin qui descendait jusqu'où est aujourd'hui le couvent des religieuses de Sainte-Claire, était au bas des rochers de La Bastie, et que les maisons qui bordaient cette rivière ont été depuis reculées vers ces mêmes rochers, pour en présenter un nouveau plus commode et plus agréable.

En abordant ce pont, on rencontre cette inscription romaine gravée, sur un pilier planté au coin qui regarde le septentrion :

ANNO
C CALPVRN PISONIS
M. VETTII BOLANI
COS
PONTIF. EX STIPE

Gruterus l'a jugée être un monument de quelque ancienne réparation faite à ce pont : néanmoins il est

---

(1) La première pierre avait été posée le 29 août 1559. La journée des maçons était alors payée cinq sous, celle des manœuvres trois sous, et le muid de chaux treize liards.

vrai qu'elle n'a pas toujours occupé la place où elle est. Hugues de Salles, alors juge archiépiscopal de cette ville, l'y fit mettre après qu'elle eut été trouvée dans la cour de la royale maison des Canaux (1). Elle

---

(1) Cette inscription a été déposée au musée, en même temps qu'on y plaçait la suivante, tirée des fouilles de l'archevêché :

ANNO

IMP . CAES . NERVAE

TRAIANI AVG.

GERMANICI IIII

Q . ARTICVLEI PAETI

COS.

PONTIF EX STIPE

Il est assez remarquable que ces deux cippes aient été trouvés presque au même endroit. Ce dernier nous apprend que sous le quatrième consulat de Trajan, surnommé le Germanique, et celui de Quintus Articuléus Pætus (dans les fastes consulaires, on l'appelle Sextus Articuléus Pætus, au lieu de Quintus) ce qui se rapporte à l'année 101 de J. C. (854 de Rome), le monument dans lequel cette inscription existait, avait été restauré ou fondé par la munificence des pontifes. Et le premier parle d'une semblable restauration, faite sous le consulat de Caïus Calpurnius Pison et de Marcus Vettius Bolanus, ce qui se rapporte à l'année 111 de J. C. (864 de Rome.) Vienne, colonie romaine, avait, comme la métropole de l'empire, des magistrats civils et religieux, pour les différentes parties de son administration et de son culte, ayant les mêmes qualifications. Elle eut donc aussi son pontife ou prêtre supérieur, dont la fonction égalait celle des premiers magistrats des provinces, et quelquefois les sur-

nous enseigne que l'an de notre salut 112° et le 15° de l'empire de Trajan, sous le consulat de Calpurnius Pison et de M. Vettius Bolanus, le souverain prêtre du paganisme dans Vienne fit quelque ouvrage important, soit en une construction nouvelle, soit en une réparation célèbre, chacun y ayant contribué par une libéralité volontaire. Le lieu où elle a été trouvée, étant voisin et contigu à celui que le temple de Mars et de la Victoire rendait si illustre dans ce temps-là, je ne pense pas qu'il faille chercher ailleurs l'emploi de cette libéralité publique. Les Grecs faisaient ainsi des quêtes générales pour leurs amis affligés, et les nommaient Epανις; mais les Romains ne les autorisaient que pour un intérêt public. Ce qui était fait ou réparé des deniers assemblés de cette façon, ils disaient qu'il l'avait été *ex stipe*. Quand Trajan eut commencé le pont d'Alcantara dans le Portugal, les peuples voisins l'achevèrent par de semblables contributions. On pratiquait la même

---

passait en autorité. Il y a lieu de croire que l'emplacement de la maison des Canaux (théâtre), de l'hôpital et de l'archevêché était occupé par des thermes, et surtout par un *forum* entouré de portiques. Ce fut sans doute pour indiquer les époques où l'on commença de bâtir l'édifice et où on l'acheva, que les deux inscriptions dont il s'agit furent placées. Les nombreux débris de sculpture trouvés à l'archevêché, dont quelques-uns ont évidemment appartenu à un portique, ne laissent pas de doute que sur ce local il n'y ait eu un grand monument, qui se rattachait par d'autres constructions à des temples et à l'amphithéâtre.

chose pour subvenir aux dépenses des jeux publics, des sacrifices solennels, et des réparations des temples : les plus avares n'osaient pas le paraître en ces occasions, ni refuser à la bienséance ou à la coutume ce qu'ils n'auraient pas accordé à leurs propres plaisirs.

On trouva sur deux pierres de la pile de ce pont, renversé par la violence de l'eau, ces deux inscriptions, que le soin de quelques curieux nous a conservées (1) :

1

TERENTIAE
MARTIAE
ATTIVS FLA
VIVS AMICAE
ET ANIMAE
INCOMPARABILI
. . . . .
SIBI VIVVS
A. S.

2.

DIS
MANIBVS
IVLIAE

---

(1) Ces inscriptions ne paraissent plus.

```
NISCOBOLID
AE PRI DARD
VS P
```

La politique romaine permettait le concubinage, et aucune des lois qui nous en restent ne le blâme, bien loin qu'elles le condamnent. Cette première inscription est un témoignage de l'amour d'Attius Flavius pour Terentia Martia, sa concubine; car pour peu de lecture que l'on ait des anciens auteurs, et particulièrement des poètes, on ne peut ignorer que ce nom d'amie n'était bien propre qu'à celles que l'on aimait pour le seul divertissement. L'autre est l'épitaphe de Julia Niscobolida, et le dernier devoir que lui rend Priscus Dardus.

Celle-ci, qui est l'accomplissement d'un vœu fait à Mercure, est gravée sur une pierre faite en forme d'autel; elle couvre l'angle d'une maison qui est un peu au-dessus de ce pont (1).

```
MERCVRIO
AVG. SAC
VOTO SVSCEP
T. LAETORIVS. D∴
VS ANTESILANVS ET
LAETORIVS NVMIDA
ANTESILANVS
P. D. S.
```

---

(1) Elle est maintenant au musée.

CHAPITRE IX.

Eglise de Saint-Pierre-entre-Juifs ruinée. Place du Platre. Marché public. Fontaine publique. Délibération pour la décoration de cette place. Fragment d'inscription. Coin de l'Éperon. Maisons des Juifs. Bourg des Hébreux.

L'église de St-Pierre-entre-Juifs, qui était autrefois une des paroisses de Vienne, occupait, avant qu'elle fût détruite, la plus grande partie de la place qui se présente sur la même rue, et qui a le nom de *Platre* (1). Ce nom barbare est usité dans Vienne depuis plus de six cents ans, car il est fait mention d'Etienne du Plastre dans l'acte d'une donation faite par Guichard, de Lyon, à l'aumône générale de Vienne, sous le pontificat de l'archevêque Guy, qui fut depuis créé pape. Cette place n'avait point d'autre nom déjà dès 1440, comme je l'apprends de divers actes : elle était aussi destinée aux marchés publics, étant alors assez spacieuse pour cet usage, quoique cette église fût encore debout. Elle appartenait au

---

(1) Vient du latin *platea*, place. Les inscriptions qui décoraient la fontaine, ne subsistent plus. L'église de St-Pierre-entre-Juifs ayant été ravagée par les protestans, fut démolie en 1587, ainsi que deux maisons contiguës que l'on acheta, et l'emplacement converti en place. On l'agrandit en 1720 par la démolition d'une autre maison, à cause de l'entrée de madame la duchesse de Modène, et on lui imposa le nom de *place Modène*.

monastère de Saint-André, et s'étendait jusqu'à la rivière de Jère ; chaque marchand était obligé de payer trois sous à ce monastère, chaque fête de Toussaint, en reconnaissance de cette gratitude. Elle n'a aujourd'hui d'autre ornement que ce qu'elle en reçoit d'une fontaine publique, qui y fut commencée et achevée l'an 1619 ; on y lit ces trois inscriptions sur autant de tables, mais celle qui est la plus élevée est de marbre noir :

1.

VOLCANO. ARCENDO BACCHO
CASTIGANDO PECORI AQVAN
DO PVRGANDÆ ET ORNANDÆ
VRBI IVGES AQVAS INTVBOS
FIGLINOS COACTAS OCCVLTO
MEATV MANIFESTO FRVCTV
DE VIVO SAXO EVRI
PVM AMANTISS. PATRIÆ CO
SS. PERDVXERVNT
ANNO SAL. MDCXIX

2.

HIC SACRO CIVES LVSTRA
BAT FONTE SACERDOS
NVNC ARAS CONSVL FONTIS HONO-
RAT AQVIS
ANNO MDCXIX.

5.

**HIC MEMORES ANIMOS
ÆTERNÆ AD MVNERA LYMPHÆ
CONSVLIBVS VOVIT GRATA
VIENNA SVIS
ANNO MDCXIX**

Il fut proposé en une assemblée générale, tenue le 12 avril 1563, d'abattre deux maisons qui composent une île, et qui semblent appuyer cette fontaine (1). Certes cela, en agrandissant cette place, ajouterait une nouvelle beauté à cette ville; et on a sujet d'être surpris de l'indifférence de ses habitans en une occasion où ils devraient tous être jaloux de témoigner combien ils le sont de la décoration publique. Mais peu se piquent d'acquérir l'estime de personnes judicieuses, et encore moins celle d'intéressées en ce qui regarde l'avantage public, plutôt que le profit particulier.

Le célestin Dubois fait mention d'un fragment d'inscription qui ne paraît plus; comme il n'était

---

(1) Le roi Louis XIII ayant établi en 1618 une cour des aides à Vienne, ce tribunal tint d'abord ses audiences aux Carmes, ensuite à l'Hôtel-de-Ville, et enfin dans la maison de Givrat, qu'on avait achetée en 1630. La cour des aides ayant été supprimée, la ville vendit la maison de Givrat servant de palais, à M. de Trivis, en 1677; c'est celle contre laquelle la fontaine est adossée.

pas toujours assez exact, il l'a si mal lue et décrite si peu fidèlement dans sa Bibliothèque, qu'elle y est inexplicable. Je ne puis néanmoins la représenter autrement.

OS TIS
TO. CAE. GER
RO NAV SO
RE ∴ EDIT
R TVTE
SECVNDVS
STI IORRI
R BATTO CÆSIS
R.F. ENS PATER
ODE
CAE BENIS

C'est l'éloge de quelqu'un des Césars; le *to* de la seconde ligne est la dernière syllabe d'*Augusto*, de manière qu'il faut lire : *Augusto Cæsari Germanico*.

Une de ces deux maisons qui ferment cette place d'un côté, forme un angle qui a le titre du *coin de l'Éperon :* il est nommé, dans une transaction faite l'an 1565 entre le chapitre de St-André et Lancelot Girardon, *Trivium Peroni*. On y voit sur une pierre l'image en relief d'un homme qui a les bras croisés, et un éperon sur sa tête : de la main droite il montre la rue qui est à sa gauche, de la gauche celle qu'il a à sa droite, et comme par un hochement de tête celle qui est devant lui. Ces mots, *veux-tu passer?* gravés sur la même pierre, expliquent cette énigme.

Les maisons des Juifs, qui étaient en un fort grand nombre, étaient toutes auprès de cette église et aux environs de cette place : étant séparées de celles des Chrétiens, elles méritèrent, par leur multitude, le nom particulier de *bourg des Hébreux.* J'en tire la preuve d'un échange fait entre Aimoin, abbé de St-André, et un Juif nommé Asterius, sous le règne de Conrad, père du dernier Rodolphe. Ce Juif et sa femme remettent une terre qu'ils avaient dans le lieu de Vitrieu, à l'abbé Aimoin, qui leur en donne une autre en récompense, contiguë à ce monastère, au-dessous des murailles de la ville, et dans le bourg des Hébreux. *Est autem ipsa terra*, dit cet acte, *adjacens monasterio sancti Andreæ, infra muros Viennæ, in burgo videlicet Hebræorum, quæ talibus cingitur terminis, à mane terra filiorum Levi, à medio die via veniens ad Hebræos, à circio terra Vuinisii, à sero via publica* (1).

---

(1) La colline de Coupe-Jarret, au midi de Vienne, est appelée dans les anciens titres le mont des Juifs. (Charvet, *Histoire de l'église de Vienne*, pag. 263.)

CHAPITRE X.

Abbaye et monastère de Saint-André-le-Bas. Son église. Épitaphes du duc Ancemond, de Bernon, du roi Conrad, de MM. de Boissac. Nom de l'architecte de cette église. Épitaphes de l'abbé Guillaume de Mirabel, instituteur de la fête du S. Sacrement; de Richard. Chapelle de St-Sauveur. Tombeau de l'abbé François de Martel. Maison de l'abbé. Cimetière.

Adon, archevêque de cette ville, donne au duc Ancemond la gloire de la construction de ce monastère et de son église, et à Emilie Eugénie, sa fille, celle de l'avoir porté à une œuvre si sainte. Il s'étend jusqu'au Rhône vers le couchant, et aujourd'hui il est enfermé de maisons particulières de tous les autres côtés. Son église est d'une excellente architecture : sa voûte pourtant n'a point encore été achevée depuis le siècle des Conrads et des Rodolphes, et reproche aux chrétiens leur peu de zèle et de piété. Deux colonnes de marbre blanc, d'une grosseur et d'une hauteur merveilleuse, soutiennent celle du chœur : elles n'ont rien qui ne témoigne la grandeur et la magnificence des Romains, et je ne doute point qu'elles n'aient été tirées de quelque bâtiment célèbre. Il y avait autrefois une tribune élevée sur d'autres colonnes de marbre entre le chœur et la nef ; mais ayant été abattue durant les guerres civiles du siècle passé, elle n'a pu depuis être relevée. L'épitaphe d'Ancemond est au-devant du grand-autel.

gravée sur du marbre; les caractères en sont bien formés, et n'ont rien de la rudesse des derniers siècles.

HIC IACET DVX ANCEMONDVS
NVLLI VIRTVTE SECVNDVS
QVI REXIT SEDEM
ET EDIDIT ÆDEM

Il y en a quelques autres dans la chapelle de Ste-Magdeleine, qui tient lieu de sacristie; mais ils ne sont pas lisibles.

A l'entrée de celle de St-Jean, qui est auprès, est le tombeau de Bernon, à qui ce monastère est redevable des reliques de saint Maxime : je n'oserais pas assurer qu'il soit le même que Bernon, premier abbé de Cluny, ni le nier aussi.

HIC SITVS EST BERNO VIVAT CVM REGE
   SVPERNO
 FILI CHRISTE DEI PARCE BENIGNVS EI
EIVS NOSTRA BONIS EXORNANTVR LOCA
   DONIS
 MAXIME RELIQVIAS HIC DEDIT ALME
   TVAS
OCTOBRIS LVCE BISDENA TE DVCE CRISTO
 OBTATVM NIMIVM BERNO TVLIT BRAVIVM

L'abbé Aquin et le moine Guichard ont été enterrés dans cette chapelle : celui-ci imposa sept sous de cens annuels sur une maison qu'il avait auprès de la tour de ce monastère ; mais il ne paraît plus de marque de cette tour, et on apprend de cette épitaphe, que ces anciens moines n'étaient pas tellement morts au monde, qu'il ne leur fût permis d'y posséder des fonds en toute propriété :

1.

III. ID. IVN. DEPOSITIO DOMINI
AQVINI ABBATIS MONASTERII
S. ANDRÆÆ VIEN. AN. AB. INCAR
DOMINI CIƆ CLXIIII.

2.

† XIII KAL. APRIL. OBIIT GVICHARDVS
MONACHVS QVI DEDIT NOBIS VII. SOL.
CENSVALES PRO ANNIVERSARIO SVO IN
  DO
MO Q̄ EST IVXTA TVRREM N̄RAM.

De l'autre côté de l'autel, est aussi le tombeau du roi Conrad, avec cette épitaphe :

QVI VESTES GERITIS PRETIOSAS QVI SINE
  FINE

NON PROFVTVRAS ACCVMVLATIS OPES
DISCITE QVAM PAVCIS OPIBVS POST FV-
NERA SITIS
CONTENTI SACCO SVFFICIATQVE LAPIS
CONRADVS IACET HIC QVI TOT CASTELLA
TOT VRBES POSSEDIT, TVMVLO CLAV-
DITVR ISTE BREVI
MENTE DEI FAMVLVS HABITV PRINCEPS
TRABEATVS INTERIVS VESTE.......
QVA IACET ECCLESIAM GEMMIS REPARA-
VIT ET AVRO ANDRÆÆ SANCTI PRO-
MERITVRVS OPES
HIC REX CONRADVS MONACHOS STABI-
LIVIT IBIDEM
CORPORE QVI FERTVR DVDVM TVMVLA-
TVS IBIDEM

Ce dernier vers nous apprend que cette épitaphe a été composée long-temps après la mort de ce prince; ce *fertur* et ce *dudum* le disent assez clairement.

Le clocher de cette église joint ce monument; il poussait sa pointe, il n'y a qu'environ vingt ans, si avant dans les nues, que les yeux avaient de la peine à l'y suivre : le fer blanc qui la couvrait, avait, du côté par où il touchait le bois sur lequel il était appliqué, de grands caractères gothiques; mais diverses feuilles, avant que l'on s'en aperçut, ayant été diverties, il ne fut plus possible d'en tirer de sens parfait.

La chapelle qui suit immédiatement après, est dédiée au Saint-Esprit, à saint Côme et à saint Damien. Pierre de Boissac, qui trouve toujours assez d'éloge en son nom, l'a fait réparer depuis peu tellement, qu'elle doit tout ce qu'elle est à sa libéralité. Les cendres de son aïeul et de son père, celles de Clémence de Senneton son aïeule, de Marie Atheaud sa mère, et de Marie de Boissac sa très-chère sœur, y reposent avec plus d'honneur; il a intéressé Dieu à la perpétuité de leur mémoire, leur faisant de cette chapelle (1) un sacré mausolée qui ne périra jamais. Les tombeaux qu'il leur a dressés, conservent la gloire de ces illustres morts, et seront un témoignage immortel de sa piété; et les épitaphes dont il les a enrichis, en seront toujours un éloquent de son savoir et de son esprit.

1.

AETERNAE MEMORIAE NOBILIS PETRI DE BOISSAC DOMINI D'AVERNAIS VIENNAE PRAETORIS EIVS IN PRÆTVRA SVCCESSORIS ET FILII PETRI DE BOISSAC DOMINI DE LICIEV MEDICEÆ RHODIÆQVE HIS-

---

(1) Cette chapelle a été vendue quelques années avant la révolution, du consentement de la famille de Boissac. Elle sert maintenant de demeure particulière.

TORIÆ SCRIPTORIS EXIMII QVORVM HIC NIHIL MAIVS SIBI PROPOSVIT QVAM TANTVM ÆQVARE PARENTEM ILLE NIHIL GRATIVS HABVIT QVAM TANTO FILIO SVPERARI ÆTERNÆ QVOQVE MEMORIÆ NOBILIS ET PVDICÆ MARIÆ DE MITALLIER PATRIS.

ET

NOBILIS MARIÆ ATHEAVD DE LICIEV FILII SPONSÆ MVLIERIS FORMA PVDICITIA INGENIO ET PERPETVA MORVM SANCTITATE VENERANDÆ POSVIT MŒRENS CHARISS. PARENTIBVS ANDREAS ATHEAVD DE BOISSAC DOM. DE LICIEV REGIORVM CASTRORVM MARESCALLVS ET EQVITVM CHILIARCHVS.

2.

AETERNÆ MEMORIÆ NOBILIS CLEMENTIÆ SENNETON BOISSACIORVM AVIÆ MATERNÆ QVÆ AD MORTEM VSQVE SERVATA PRVDENTIÆ ET SANCTITATIS LAVDE NONAGENARIO MAIOR AC PLVS VIRTVTVM QVAM DIERVM PLENA OBDORMIVIT IN DOMINO

ET

EIVS NEPTIS NOBILIS MARIÆ DE BOISSAC DOMINI DE PONTERREY CONIVGIS ET TVM FORMA INGENIOQVE TVM MAXIME PVDICITIA ET SANCTITATE OMNIQVE ADEO VIRTVTVM GENERE FLORESCENTIS.

ESSENT ET HIC NOBILES CLAVDIVS DE BOISSAC EQVES MELITENSIS ET ABEL DE BOISSAC IN ALLOBROGICA LEGIONE CENTVRIO NI PRÆMATVRA MORTE HIC VALENTIÆ INSVBRVM ILLE MELITÆ FORTISSIME DIMICANTES CECIDISSENT IVVENES GENTI BOISSACIÆ SVISQ; CIVIBVS ÆTERNVM MEMORANDI. POSVIT MOERENS AVIÆ FRATRIBVS SORORI CHARISS. PETRVS DE BOISSAC DOM. D'AVERNAIS GASTONIS LVD. XIII. FRATRIS NOBILIS PALATINVS ET PEDITVM PROCHILIARCHVS.

ANNO DO. 1642. I. AVG. 2. POST SORORIS 3. POST AVIÆ 8. POST ABELIS 12. POST CLAVDII OBITVM AN.

La voûte de la nef est soutenue par des colonnes crénelées, de l'ordre de celles que l'on appelle doriques ; celle qui est proche de la porte la plus fréquentée, a sa plinthe et son stylobate de marbre blanc. Aussi, l'architecte de cette église l'a choisie entre les autres pour y graver des préceptes tirés de l'Evangile, et son propre nom qu'il a tâché d'immortaliser ainsi dans son ouvrage : il s'appelait Guillaume Martin. Vivait en 1152.

Le tombeau de l'abbé Guillaume de Mirabel est entre deux autres, sous un arc qu'ils y forment auprès de la même porte : il fut en 1308 le premier instituteur de la fête du sacré Corps de Dieu, que toute l'Europe chrétienne observe si solennellement (1).

Les cloîtres de ce monastère conservent beaucoup de leur première grâce. Etienne Bermond y fut enterré l'an 1190 ; Aimon d'Ambronay *de Ambronaio*, moine de ce même monastère, l'an 1200, et environ le même temps, si je ne me trompe, Richard de Sallery, moine chamarier, et prieur de Septème : ce sont les qualités que lui donne son épitaphe.

Celle de Richard me semble digne d'être lue ; il a été sans doute un homme de mérite, puisqu'elle lui donne un nom conforme à celui qui était toute la vanité de ce sophiste grec qui se vantait d'être le médecin des esprits.

INSPECTOR CORDIS CVM IVDEX VENERIT ORBIS
REDDERE PRO MERITIS SINGVLA PRÆTERITIS
DE TERRÆ CASTRIS MANSVRVM DVCAT IN ASTRIS

---

(1) Dans la chapelle près de la porte, est un chapiteau antique en marbre blanc qui sert de bénitier.

RICHARDVM MONACHVM GRAMMATE
DOCTI LOQVVM
NAM FVIT HIC BLANDVS SVMMIS ET RE-
BVS AMANDVS
RIXIS PACIFICVS TRISTIBVS ET MEDICVS
FINIS VT OPTAVIT QVEM CHRISTO SANC-
TIFICAVIT
VT SACRA VERBA SONANT MENTIBVS VT
RESONANT

Ce ne lui était pas un médiocre avantage d'avoir le secret de ramener la concorde d'où elle avait été chassée, et l'art de guérir les esprits affligés, comme les médecins l'ont de guérir les corps malades.

De ces cloîtres on va à la chapelle de St-Sauveur, en passant à travers celle où se font les assemblées capitulaires. Il n'y a que deux inscriptions : en l'une, il n'est parlé que de quelques cens acquis d'Etienne de Ste-Foy à ce monastère par un de ses abbés ; et l'autre intéresse la mémoire de François de Martel, qui mourut abbé de ce même monastère le 8 décembre 1461. Ses armes qui sont au bas de cette inscription, prouvent l'erreur de quelques auteurs modernes, qui donnent à sa maison, qui est encore aujourd'hui considérable dans cette province, une bande de sable chargée de trois quintes feuilles d'argent, dans un champ d'or : trois étoiles de gueules paraissent dans cette bande, et deux siècles n'ont pas tellement effacé ni terni les émaux de ces armes qu'ils ne soient assez visibles. Cet abbé, qui doit être mis au nombre des plus célèbres et des plus grands abbés de ce monastère, est enterré au-devant de l'autel sous une grande pierre, aux environs de laquelle on voit quelques caractères que le temps a déjà fort offensés.

Aujourd'hui cette chapelle a une porte, qui répond à une cour libre et découverte de la maison de l'abbé; mais cette cour était autrefois une salle basse, où les pères du concile de Vienne se sont assemblés souvent, et où la fête du sacré Corps de Dieu, de particulière qu'elle était à cette ville, fut rendue universelle; et c'est dans cette chapelle qu'il fut premièrement exposé aux adorations des hommes en suite du décret de ce concile (1).

Le cimetière est auprès. S'il en faut croire à l'histoire fabuleuse, il fut consacré par saint Grégoire le Grand la seconde année de son pontificat. Ce qu'il y a de plus merveilleux, c'est qu'elle ajoute qu'il obtint encore de Dieu cette grâce, que nul de ceux qui y seraient ensevelis n'aurait à craindre le danger d'une éternelle damnation. Il n'y a pas néanmoins de tombeaux, à la réserve d'un seul qui en occupe le milieu, qui témoignent de couvrir les cendres d'aucune personne de haute condition. Il est relevé, mais sans inscription; l'on croit qu'il est le mausolée d'un ancien archevêque; et la croix qui y était dressée, appuie cette créance.

---

(1) Les cloîtres, la chapelle de Saint Sauveur, où se faisait autrefois l'élection des consuls, la maison de l'abbé, tout a été vendu.

CHAPITRE XI.

Le monastère de St-André était hors de la ville et dans une campagne libre. Le Val des Jardins depuis le pont de Jère jusqu'à Faissin, et le ruisseau nommé Buyet. Territoire de Saint-André. Palais royal.

Il est certain que tous les anciens monastères ont été ou éloignés des villes, ou hors de leurs murailles. Dans ce bel âge du monachisme triomphant, ceux que leur profession dévouait à la solitude, n'avaient garde de s'engager dans la conversation civile et dans le commerce des hommes. Il n'est rien de plus étrange que ces ermites qui ont la solitude en horreur, et qui ne la cherchent que dans les villes. Ce monastère était au-dessous des murailles de cette ville. Aussi, le poullier manuscrit de tous les bénéfices du monde, qui est dans la bibliothèque des pères de la compagnie de Jésus du collège de Lyon, le met hors des murs de Vienne. *Andreæ extra muros Viennæ, aliàs monachorum ord. S. Benedicti.* La plupart des donations faites en sa faveur, sous le règne de Conrad et sous celui de Rodolphe, commencent ainsi: *Sacrosanctæ Dei Ecclesiæ, quæ est exstructa infra muros Viennæ in honore S. Andreæ apostoli dicata.* Il était fermé de murailles de tous côtés. C'est pourquoi il est parlé, dans les vieux documens qui le regardent, du clos de Saint-André, comme dans la reconnaissance d'Aymon en faveur de l'abbé Girard qui vivait sous l'archevêque Léger, successeur de S. Burchard : *In nomine Domini*, dit-elle, *ego Aymo et uxor mea Maria accipimus aliquid beneficii in vita tantùm nostra ex hæreditate monasterii S. Andreæ sub præsentia domini Gerardi et monachorum Sancti-Andreæ, hoc est duas partes vineæ, quæ est in valle hortensium, una pars juxta portam de clauso, S. Andreæ supra dicti et altera juxta angulum supra dicti clausi.* L'abbé Viventius, qui vivait l'an 1102, remet à Bornon en emphytéose, par un autre acte, une terre qui y est appelée *Curtilis*, nom qui vit encore parmi le peuple de la campagne, corrompu en celui de Curty (jardin). Elle était auprès de ce monastère, et il charge ce emphytéote d'y planter une vigne. Et encore par deux autres du règne de Conrad et de celui de Rodolphe son fils, on apprend qu'il y avait une saulée et des vignes auprès. Le premier est en ces termes : *In Christi nomine ego Aymoinus abbas, et cuncta congregatio ecclesiæ S. Andreæ Viennensis cedimus cuidam homini, Alliado nomine, aliquid ex terra prædictæ ecclesiæ ad construendam vineam quæ est sita prope monasterium, juxta Jayram fluvium ad medium plantum. Regnante Chunrado rege in Gallia.*

Il n'est pas seulement vrai que ce monastère était hors de la ville et dans une campagne libre ; mais plusieurs autres documens m'enseignent aussi que, du pont de Jère jusqu'au-delà du faubourg de Fuissin, le rivage du Rhône n'était qu'un lieu de divertissement et de plaisir, rempli de vignes, de bois et de jardins, et non de maisons comme il est présentement. Il était, par cette raison, appelé le Jardin et le Val des jardins; le contrat d'abénévis, fait par l'abbé Gérard à Aymon et à sa femme, porte clairement que ce monastère est *in Valle hortensium* : et dans un autre de l'abbé Dotmarus, il est dit qu'il donne *Usannui et filio ejus Martino in censum annuum mansiones quæ sunt infra muros monasterii in horto*. Celui de St-Pierre occupait une partie de ce même territoire ; et une donation qui lui est faite par Gibon et par Anne sa femme, sous l'abbé Adelelme, la 22ᵉ année du règne de Conrad, commence par ces mots : *Sacrosanctæ Dei ecclesiæ, quæ est constructa in honore Sancti Petri sive omnium Apostolorum prope muros Viennæ in loco qui dicitur Hortus*. Et s'il en faut une autre preuve, ce qui se recueille d'un autre abénévis passé par Guitger, abbé de Saint-Pierre, qui vivait il y a plus de six cents ans, en tiendra lieu : *Notum sit omnibus hominibus præsentibus et futuris, quod dominus Guitgerius abbas cænobii Sancti Petri, quod est situm foris murum urbis Viennæ ad australem partem* etc. *Dedit cuidam homini Gautcelno vineam, clausum scilicet quod Vendrannus dives olim tenuit, ipsa autem vinea in loco qui vocatur Vallis hortensis sita est, non longe à supra dicto cænobio*, etc. Ce nom s'étendait bien plus loin, et même il était commun à toute cette campagne qui est entre ce monastère et le ruisseau nommé Bayet. Cet acte, de l'an 2ᵉ du règne de Charles, fils de Lothaire et roi de ce pays, le montre manifestement : *Donatio Erlurphi et Odoris uxoris vineæ in pago Viennensi, seu in villa quæ dicitur Hortus, habet fines vel ter-*

minationes de uno latere terra S. Petri, de alio latere terra S. Albani, in una fronte terra S. Ferreoli, in alia fronte via publica et rivo procurrente qui dicitur Baio. Ego Vulfinus rogatus hanc cartam scripsi, datari die sabatho in mense octobris anno 11 regnante Karulo rege. Outre ce nom général, ce qui appartenait au monastère de St-André dans ce territoire, en avait un qu était plus propre et plus particulier; car il est appelé dans les anciens titres *Ager Sancti Andreæ;* et il etait borné, d'un côté, par le palais royal qui est aujourd'hui celui de la justice. Je me contenterai de produire ces deux titres. L'un est de l'an 43° du règne de Conrad, et l'autre du 15° de celui de Rodolphe son fils : *Ego Vendramnus dono filio meo Maynardo et uxori suæ Adalgud, quam dominus noster rex Chunradus mihi dedit, territorium de murum civitatis Viennæ propter murum quem ego feci in suburgio Viennæ civitatis, juris mei, quod situm habet in pago Viennensi, in agro S Andræ, in ipsa Vienna murum civitatis, et habet fines et terminationes de uno latere via publica, de alio latere Rhodano volvente, et in ambas frontes murum civitatis, etc. anno 43 regnante Chunrado rege.* Cela sert encore à confirmer cette vérité, que Vienne ne descendait point en ce temps-là jusqu'au Rhône. Ce second titre est une donation faite, sans doute, pour cause de noces, par Aldegarde à Bornon son fiancé : *In Dei nomine ego Aldegarda dono Bornoni sponso meo casale unum quod est intus in civitate Vienna juxta Palatium regis in agro Sancti Andreæ, et terminatur à mane terra Sancti Stephani, à media die et à sero via publica, à circio*, etc. *auno* 15 *regnante Radulpho rege* (1).

CHAPITRE XII.

Asile de la Table-Ronde. Place de l'Orme. Paroisse de l'Orme. Origine des armes modernes de Vienne.

LE nom de la Table-Ronde est donné à un ancien asile, qui n'est séparé de ce monastère que par la rue qui de l'Eperon descend au jeu de paume du Mouton. Il était autrefois couvert et fermé. Pierre Chevrier, seigneur de la terre de Mont-Jean, le fit couvrir de plomb il y a près de deux cents ans. Il y avait au milieu une table de pierre qui, à cause de sa forme, lui a donné le nom qu'il a présentement. Mais, comme il fut négligé à ce point, qu'il tomba en ruine; elle en fut ôtée environ l'an 1563, et depuis elle n'a plus été remise. Il est vrai qu'il a été relevé et rétabli en l'état où il est, par les soins de Laurent de Maugiron, lieutenant général au gouvernement de cette province.

---

(1) Le même acte ajoute : *Post tuum verò discessum ad Sanctum Andream perveniat ubi beatus Maximus confessor Christi requiescit et ad ejus rectores.* Aussi trouve-t on dans divers actes que cette église était sous le vocable de saint André et de saint Maxime, et qu'elle a été la chapelle des rois de Bourgogne, desservie par des chanoines.

Aujourd'hui n'étant composé que de quatre piliers élevés sur une espèce de plate-forme, les armes de cette illustre maison paraissent aux girouettes qui y sont plantées (1). Ceux qui appréhendaient la prison, y trouvaient un refuge assuré avant que l'ordonnance d'Orléans eût aboli ces franchises, qui souvent sont plutôt une protection au crime qu'une sureté à l'innocence. Ils étaient obligés, pour jouir de ce privilége, de crier en se jetant dans cet asile, ou en portant la main sur le verrou de sa porte s'il était fermé ; car cela suffisait pour éviter le mal qu'ils fuyaient : *Franchise Monléans*. Les marchandises et les meubles qui y étaient portés, étaient à couvert de toute exécution, de même que la personne de leurs possesseurs. Ce privilége avait été accordé à ce lieu en faveur des anciens seigneurs de Montléans, terre voisine de cette ville. Cette famille finit en Magdeleine de Montléans qui, ayant épousé ce même Pierre Chevrier, eut de lui Louis Chevrier, héritier de tous les biens de la maison de Montléans, parce qu'il le fut de sa mère. Il obtint du roi Charles VII un jugement qui donna beaucoup d'autorité et de dignité à cet asile. Ce prince étant dans cette ville, un marchand qui fuyait la persécution de ses créanciers, y fit porter quelques pièces de drap, et s'y réfugia lui-même. On crut que le roi ne considérerait

---

(1) L'asile de la Table-Ronde a été renversé au commencement de la révolution.

cette franchise que comme un abus, qui n'avait déjà que trop duré, de sorte que les intéressés à le faire abolir, s'adressèrent à lui. Mais il n'écouta leurs plaintes que pour confirmer le privilége de ce lieu, et pour défendre plus étroitement à ses sujets de le violer à l'avenir. Quelques années après, Claude et Antoine Chevrier, fils et héritiers de celui-là, sous l'administration de Claude de Varcy, leur mère, portèrent leur plainte à la cour delphinale à laquelle le parlement a depuis succédé, sur ce que Guillaume Victor en avait été tiré par des sergens, des mains desquelles il s'était échappé comme ils le menaient en prison. Jean de Rabot fut député pour régler ce différend. Il vint donc en cette ville, et s'étant instruit de la vérité, il maintint par son jugement du mois d'août 1467 ces deux frères dans leur possession, et cet asile dans son privilége. La maison de Maugiron a été obligée d'en avoir le soin depuis qu'elle a succédé à celle de Chevrier en la terre de Montléans, érigée aujourd'hui en comté.

Il n'a pas toujours été environné de maisons comme il est; mais il occupait le milieu d'une grande place qui était appelée l'an 1232 la place de l'Orme, à cause des ormes qui l'ombrageaient. C'était là que les magistrats rendaient la justice sous les premiers rois de Bourgogne, et sous les derniers rois de Vienne. De cette coutume de juger sur une place libre et sous des arbres, est venu le proverbe *juger sous l'orme*. La paroisse de Saint-Pierre-entre-Juifs, a eu de là le nom de la paroisse de l'Orme, et son premier penon, celui de penon de l'Orme, qu'il a gardé jusqu'à l'an 1412. C'est ce qui a donné l'occasion à cette ville de choisir cet arbre pour ses armes, après avoir quitté l'aigle, qui lui en était incomparablement de plus nobles (1). Elle n'avait point de paroisse qui ne cédât à celle-ci en grandeur et en étendue, tellement que, par cette raison, elle a le titre dans nos anciens registres de la grande paroisse.

CHAPITRE XIII.

Palais des rois de Bourgogne. Palais des préteurs romains. Église de Notre-Dame de la Vie. Prétoire ancien. Palais de justice. Inscriptions. Éloge de Claude Mitallier, vice-bailli de Vienne.

Le palais des rois de Bourgogne n'était pas éloigné du monastère de St-André : la donation d'Aldegarde à Bornon le dit assez clairement. C'est aujourd'hui le lieu où la justice se rend aux peuples, et qui conserve encore le nom de *palais;* comme il est spacieux, la Conciergerie où sont détenus les prisonniers, y est aussi établie. Ces prisons sont si belles et si agréa-

---

(1) Armes de Vienne. D'argent à l'orme de sinople, chargé d'un calice d'or surmonté de la sainte hostie d'argent. Devise : *Vienna civitas sancta.* Le calice était en souvenir de ce que la fête du sacré Corps de J. C. avait été instituée au concile de Vienne de l'année 1311.

bles, qu'elles sont capables de faire mentir le proverbe, qui dit qu'il n'y eut jamais de belles prisons (1). Les Romains ayant ajouté la province Viennoise à leurs conquêtes et à leur empire, établirent dans Vienne le séjour du préteur, qu'ils envoyaient dans les Gaules de temps en temps, pour en avoir le gouvernement. Ce palais fut premièrement bâti pour lui; et l'église de Notre-Dame-de-la-Vie, qui a le nom de *prétoire* dans les anciens documens, en est une marque : on ne doute point que la justice n'y ait prononcé autrefois ses oracles, et par conséquent il faut avouer que l'hôtel du prétoire n'en était pas éloigné. Ce bâtiment était digne de la majesté de ce grand empire; mais les barbares nations qui inondèrent les Gaules sous les derniers empereurs, l'ayant ruiné, il n'en resta que les principales murailles : l'excellence de leur maçonnerie les ayant alors défendues contre la violence des hommes, les soutient encore aujourd'hui contre celle du temps qu'elles semblent avoir lassé. Les premiers rois de Bourgogne remplirent d'une terre rapportée ce vide profond, que les chambres et les appartemens brûlés y avaient laissé, et bâtirent leur palais dessus cette montagne qu'ils avaient ainsi faite : leurs successeurs conservèrent soigneusement ce grand ouvrage, qui com-

---

(1) Michel Servet, auteur du *Christianismi restitutio*, y fut détenu en 1553; il s'en échappa le 7 avril, mais il ne put éviter son sort. Calvin le fit brûler à Genève, le mois d'octobre suivant, comme hérétique.

mence à périr, à la honte de ceux qui étaient obligés à s'intéresser à sa défense. Un habitant a tiré, d'une partie qu'il a abénévisée, une merveilleuse quantité de cette terre rapportée ; il s'est trouvé, sous une profondeur de plus de quarante pieds, des pavés de ciment, de petits conduits voûtés pour les usages secrets d'une maison, des restes d'un demi-bain de pierre, des portes dans les murailles, des pierres d'une grosseur remarquable, des médailles, des charbons, de la terre, des pierres brûlées, et tant de preuves d'un grand incendie, qu'il n'y a pas moyen d'ignorer ce changement. On y a trouvé entre autres une agate blanche, mais naturellement bordée, et comme couronnée d'une ligne noire avec tant de bonheur, que l'art n'aurait pas mieux réussi en la conduite de l'ovale qu'elle y forme : deux figures d'hommes sont gravées au milieu ; l'un d'eux y est représenté assis sur une chaise à tenailles, comme l'étaient celles des empereurs et des magistrats romains. On a de même percé la terre bien avant en d'autres lieux, et on a rencontré à la fin un pavé de grandes pierres qui occupe, comme l'on croit, un espace considérable : je me souviens encore d'avoir vu un carreau extrêmement épais, qui avait été arraché de ces murailles, et qu'un nom latin qui est échappé à ma mémoire, y était imprimé en lettres de relief. Davantage, la tour qui en est encore debout, est bâtie à la romaine, chaque pierre en étant taillée : tellement que c'est une vérité visible, que c'est ici qu'a été chez les Romains la demeure d'une personne publique, qui n'a pu être que le préteur, c'est-à-dire le gouverneur de la province Viennoise.

L'église de Notre-Dame-de-la-Vie qui en est voisine, appuie cette vérité. La mémoire de ce qu'elle a été premièrement, n'est pas encore effacée, quelques révolutions que cette ville ait souffertes. C'est une tradition venue jusqu'à nous depuis ce temps-là, qu'elle a été le prétoire des Romains où leurs magistrats rendaient la justice aux peuples. C'est sur cette vérité que l'histoire fabuleuse a osé publier que Pilate y a présidé aux jugemens, avant qu'il eût été enfermé dans la prison, et que ceux qui ont peint au plus haut un globe rouge, l'ont accompagné de ces mots : *C'est ici la pomme du sceptre de Pilate.* Homère nomme sceptres les bâtons d'honneur des princes et des magistrats. Mais il est bien plus vrai que l'empereur Vitellius y fut averti, pendant le séjour qu'il fit dans Vienne au commencement de son règne, du succès qu'il aurait, par un augure qui fut d'abord négligé, mais que l'événement fit regarder depuis avec merveille : comme il était assis dans le tribunal et présidait lui-même à une audience publique, un coq lui vola sur les épaules, et lui monta après sur la tête. On expliqua cet accident après sa ruine, comme une marque des victoires d'Antonius Pius contre lui. Ce capitaine gaulois, dont la ville de Tolose était la patrie, avait le nom de Becco, qui, dans la commune façon de parler des Gaulois, était le bec d'un coq. Ce prétoire était ouvert de tous côtés; et pour s'opposer à la foule du peuple, il n'y avait que des barreaux de fer entre ces grandes colonnes qui en soutiennent le toit. Elles sont, et tous ses ornemens, de ce genre que les architectes nomment l'ordre corinthien. Mais nos pères en ont emporté les cannelures, pour les attacher plus étroitement à la muraille dans laquelle, par une stupidité sans exemple, ils se sont efforcés de les cacher (1).

---

(1) L'église de Notre-Dame-de-la-Vie est un temple romain consacré à Auguste et à Livie. Feu M. Schneyder est parvenu à en lire, d'après le procédé de M. Séguier, la dédicace inscrite sur la frise et sur l'architrave, en lettres de bronze, dont il ne reste plus que les trous destinés à recevoir le scellement de ces mêmes lettres :

CON. SEN. DIVO. AVGVSTO. OPTIMO. MAXIMO.
ET DIVAE   AVGVSTAE.

Dans l'intervalle des mots de la seconde ligne était un aigle aussi en bronze, dont les ailes étaient éployées.

Cet édifice sacré, d'une très-belle proportion, mais dont les détails et l'exécution ne répondent point à la beauté de l'ensemble, a de longueur totale 27 mètres, de largeur 15, et de hauteur du pavé au sommet du fronton, 17 mètres 360 millimètres. Son plan tient, selon M. Vietty, du prostyle et du périptère extérieur; il est exastyle corinthien cannellé. Six colonnes soutiennent le fronton de la façade principale, et sept autres, chacune des façades latérales. Le fond occupé par la *cella* était construit en maçonnerie. La pierre blanche, connue sous le nom de molasse de Bourgogne, a été employée à ce monument, à l'exception de la base des colonnes et de la corniche du soubassement qui sont en choin. M. Vietty juge que ce temple, auquel on arrivait par un escalier de douze marches, était situé dans

Jean Faber, archevêque de Tarse, *in partibus infidelium*, et suffragant de l'archevêché de Vienne, sous Jérôme de Villars, qui lui procura cet hon-

---

l'enceinte du *forum*, auprès du *prétoire*, à côté de la basilique. Sa position, sur un plateau qui domine le Rhône, faisait ressortir avec plus d'avantage tout ce que cette composition a d'admirable. Je renvoie à la description que M. Vietty en a donnée, ceux qui veulent avoir sur ce sujet plus de détails.

Des prêtres augustaux, des flaminiques furent attachés à ce temple. Nous en avons la preuve dans quelques inscriptions tumulaires; je me contenterai d'en rapporter deux. La première se voit à Lyon, sous les portiques du Palais-des-Arts :

```
         D.     M.
    SEX. IVL. SEX. FIL.
    PALATIN. HELI
    TITVS CASSIVS
    MYSTYCVS SOCER
    IIIII VIR AVG
    LVG. ET. VIENNAE
        GENERO
    SIBI REVEREN
    TISSIMO ET
    CALLISTVS LIB
    IIIII VIR AVG. LVG
    PATRONO OPTIM. ET
    INDVLGENTISSIMO
```

« Aux dieux Mânes. A Sextus Julius Hélias, fils de Sextus de la tribu Palatina. Titus Cassius Mysticus son beau-père, sévir augustal de Lyon et de Vienne, à son gendre très-respectueux; et Callistus, affranchi sévir augustal de Lyon, à son patron excellent et très-indulgent. »

Ainsi la pluralité des bénéfices avait lieu chez les prêtres

neur à cause de son savoir et de sa probité, est enterré dans le chœur de cette église au-devant de l'autel : son épitaphe (1) marque seulement les qualités de sa fortune ; celles de son âme et de sa vertu sont imprimées dans la mémoire du peuple Viennois, qui en parle encore avec louange et avec des témoignages de beaucoup d'estime. Aussi l'ordre

---

romains comme chez les prêtres du culte catholique. Titus Cassius Mysticus était à la fois sévir augustal de Lyon et de Vienne, comme dans le seizième siècle nous avons vu Pierre Charpin, doyen de l'église de Saint-Maurice de Vienne, être en même temps chanoine de Saint-Paul de Lyon.

La seconde se voit à Béziers. M. Millin l'a rapportée dans son *Voyage dans les départemens méridionaux*, tome 4, page 367 de la première partie :

      CORNELIAE
      TERTVLLAE
      FLAMINICAE CVI

Je pense qu'elle était flaminique du temple de Vienne.

L'on trouvera à la fin de cet ouvrage des inscriptions qui rappellent des sévirs augustaux de Vienne et des flamines du divin Auguste ; ce qui ne laisse pas de doute que ce temple jouissait d'une grande célébrité.

L'église de Notre-Dame a reçu une autre destination en 1822 ; le musée y a été établi ; on ne pouvait choisir un lieu plus propice pour recueillir les monumens des arts que des fouilles restituent à la lumière, qu'un temple qui lui-même nous rappelle le génie des artistes romains.

(1) Charvet la rapporte page 642 de son *Histoire de l'église de Vienne*.

des frères prêcheurs, qui le donna à cette haute dignité, le reconnaît pour une de ses lumières.

Pierre Palmier, qui a son tombeau auprès de lui, mourut dans une extrême vieillesse, et avec lui tout ce qui restait à cette ville du nom et de la race de l'archevêque Pierre Palmier : son épitaphe apprend quel fut son principal emploi (1).

La maison de Costaing est célèbre dans cette ville depuis plus de trois cents ans. Une chapelle qu'elle a fondée dans cette église, est une preuve de sa piété, et une inscription (2) qu'on y lit ap-

---

(1) Ne subsiste plus.
(2) Voici l'inscription qu'on y lisait avant les derniers changemens ; elle a disparu :

Dñe fac ut amore amoris tui moriar qui amore amoris mei dignatus es mori.

Noble Pierre de Coustaing founda ceste chappelle d'une messe journallière et perpétuelle, tant pour l'âme de feu roi Charles IIII son mestre et ses successeurs à la couronne, que pour celles de noble François de Coustaing et damoiselle Juliane de Brion sa mère, décédés en 1396, de nobles Guigo, Mathieu, Jacques et Guichard de Coustaing ses frères, de damoyselle Arthaude Duchesnet sa femme que sienne en 1442. Noble François de Coustaing sieur du palais founda une messe en ladite chappelle pour l'âme de noble Guigo de Coustaing et dame Magdelaine de Chevrières ses père et mère, de noble Jacques de Coustaing pour le remède de leurs ames, conseiller du roi en ses conseils, son oncle, et pour celle de dame Louise de Genas sa femme, et de nobles Hector, Jacques, Aimar et Claude de Cous-

prend les noms de ses fondateurs, quels ont été leurs bienfaits envers elle, et quels ont été leurs motifs.

Les rois de Bourgogne s'étant rendus les maîtres de cette ville, qui fut la capitale de leur état, firent construire sur les ruines de cet ancien palais une maison royale, invités à cela par la dignité et la beauté du lieu et par la force des murailles qui en restaient. Il était en partie dans la ville, et en partie dehors, porté sur des voûtes du côté que la

---

taing ses enfans en 1597. Noble Jacques de Coustaing informé en l'an 1622 des susdites fondations a désiré de restaurer et remettre ladite chappelle en quelque état, tant pour les pies intentions desdits S.rs fondateurs ses devantiers que encore pour les âmes de haut et puissant seigneur messire François de Coustaing, seigneur de palais et de Pusignam, chevalier de l'ordre du roi, son père, et de haute et puissante dame Catherine de Rostaing sa mère, de noble Jacques Coustaing son oncle mort à la bataille de Dreus, de noble Albert de Coustaing son frère mort au siége de Lan, de haute et puissante dame Anne de Coustaing dame de Belvei, que sienne et de ses successeurs, lesquels il charge du service d'une messe journallière et perpétuelle en ladite chappelle comme il est contenu en sa dernière disposition. Priés pour eulx.

Jacques de Coustaing, fils de François et petit-fils de Guigues, fonda par acte du 17 juillet 1482, une messe le lundi de chaque semaine dans l'église de Notre-Dame-de-la-Vie, à l'intention de Pierre son oncle, gardier de Vienne, et d'Arthaude Duchesnet sa femme. Il confia le soin de choisir le desservant à Antoine Coustaing son cousin, chanoine et grand-archidiacre de Vienne.

terre s'abaissait, et cédait à la hauteur du reste. Nous en voyons encore d'entières, et les restes de quelques autres vers le couchant, qui nous apprennent qu'il n'a plus de ce côté l'étendue qu'il y avait. Ainsi, il était extrêmement élevé, et commandait à tous les environs, comme une citadelle redoutable en ce temps-là. Avant que Vienne se fût si fort approchée du Rhône, il était libre de tous côtés, et il n'était environné que de jardins et d'une campagne ouverte. Plusieurs actes qui sont dans l'ancien chartulaire de St-André, m'en ont éclairci ; et certes ce serait offenser le sens commun, que de s'imaginer qu'il fut couvert de maisons comme il est aujourd'hui. Elles le dérobent aux yeux, et le tiennent si bien caché, qu'il ne paraît plus. Le premier qui commença à profaner la majesté de ce palais, par l'approche d'une maison particulière, fut un certain Segnius, les qualités duquel sont ignorées. Les dauphins qui en demeurèrent les possesseurs comme comtes de Vienne, après la dernière ruine du royaume de Bourgogne, n'eurent pas plus de soin de le conserver dans cet état, vraiment royal, où il avait été sous Conrad et sous Rodolphe. Ils permirent de bâtir dans l'espace vide qui était autour, et le dauphin André donna même la liberté, l'an 1200, à Hugues de St-George, de construire une maison au-devant de la grande porte de ce palais, sous le cens annuel d'un denier. Ces princes qui souffraient impatiemment le pouvoir absolu des archevêques qui obscurcissait le leur, voulaient s'acquérir des créatures par ce moyen, et préféraient le profitable à l'agréable et à l'honnête. La maison de France ayant succédé à celle des dauphins, on a cru qu'on ne pouvait mieux détruire les prétentions des héritiers de Rodolphe qu'en détruisant sa royale maison. Mais on l'a dédiée à la justice : pouvait-on se servir d'un prétexte plus spécieux ? Louis XI ayant partagé avec l'archevêque Jean de Poitiers la juridiction et les droits royaux, que ses prédécesseurs avaient possédés sans trouble durant plus de quatre cents ans, consentit que la justice fût rendue à l'avenir dans ce palais, qui avait alors le nom de *Palais Delphinal*. Le siége du juge de la ville y fut établi, comme l'a depuis été celui du vice-bailli.

On lit cette inscription au-dessous des armes de France qui paraissent à l'entrée :

IVSTITIA EST DIVINA LEX
ET VINCVLVM SOCIETATIS HVAE
1508

Elle enseigne la dignité de la justice par celle de son origine, et par celle de ses effets.

La tour qui se présente à la droite, est l'ouvrage des soins de Claude Mitallier, vice-bailli de cette ville, et la peine de quelques crimes, comme l'apprend l'inscription qu'elle présente aux yeux des curieux qui la considèrent. Elle a servi à l'horloge jusqu'à ce qu'on ait confié aux pères de la compagnie de Jésus, avec la conduite de la jeunesse.

celle de ce directeur de nos actions dans la société civile.

MEM. ÆT.

POTENTISS. CHRISTI ANISSIMIQ; HENRICI III. GALLIÆ AC POLONIÆ REGIS CLAVDIVS MITALLERIVS VIENNENSIS DIOCESEOS PRÆSES ITIDEMQ; IVDEX REGIVS EX PECVNIA COLLECTITIA MVLTISQ; EFFECIT AYMARO PELLISSON ET FRANCISCO CHARLES CVRANTIBVS M.D.LXXVIII.

Nous ne saurions refuser à Claude Mitallier (1) la louange d'avoir été parmi les savans l'un des plus universels, et parmi les magistrats l'un des plus justes. La langue sainte et la langue grecque ne lui étaient pas moins familières que la latine, ni celle-ci que la vulgaire. Comme il était l'amant passionné de toutes les sciences, il fut l'ami de tous les savans; mais il le fut plus particulièrement de Cujas que de nul autre. Ses héritiers conservent encore les lettres grecques et latines, que ce grand jurisconsulte lui a écrites en divers temps, pour être en celui-ci des preuves de leur savoir, comme elles le sont de leur amitié mutuelle.

---

(1) Il est l'auteur d'une vie de Valère-Maxime, adressée à Jean de Buffevant, président au parlement de Grenoble, et insérée dans les *Œuvres de Valère-Maxime*, imprimées à Amsterdam en 1625, Janson, in-18.

Les armes de France écartelées de Dauphiné, sont peintes à l'entrée de la salle des audiences publiques, et il n'y a que ce passage des Proverbes de Salomon qui les accompagne.

NE INSIDIERIS ET QVERAS IMPIETATEM IN DOMO HAC PROVERB. XXIII. CAP. (1)

Ce qui avait été le temple de la Justice sous les Romains, devint un temple plus sacré sous les Bourguignons. Le prétoire fut la chapelle de leurs rois, et en même temps reçut aussi les avantages et les qualités d'une paroisse, petite vraiment en étendue, mais qui surpasse encore aujourd'hui les autres en revenu. Sans doute, c'est à cause de son antiquité qu'elle était appelée Vieille déjà sous l'empire de Henri, second fils de Conrad et successeur de Rodolphe. Un abénévisement de divers fonds, fait par l'abbé de Saint-Pierre Guitger à Otmar, dit qu'il y en avait, *in parochia sanctæ Mariæ quæ vocatur vetus*. D'autres croient que son vrai titre est celui de Notre-Dame *Viæ veteris*, à cause, disent-ils, d'un ancien chemin qui est maintenant condamné; mais étant environnée de trois rues, il n'y a point de vraisemblance en cette conjecture.

Le chapiteau d'une ancienne colonne taillé à la

---

(1) Toutes ces inscriptions ne paraissent plus aujourd'hui.

corinthienne, donne de l'honneur à l'angle d'une maison voisine, où il est mis en œuvre, ainsi qu'un morceau de frise sur lequel est sculptée une chouette. Mais je m'engagerais à un travail infini, si je voulais m'arrêter à remarquer exactement ces petites particularités.

CHAPITRE XIV.

Jeu de paume du Mouton. Étuves. Logis de la Coupe-d'Or. Maison de S. Julien. Voûtes souterraines. Église de Saint-Ferréol. Hôpital du Pont-du-Rhône ; son auteur. Chapelle des Vierges ; son fondateur.

Revenons d'où nous sommes partis. La rue qui aboutit de l'Éperon au jeu de paume du Mouton, en passant devant l'église de Saint-André, nous conduit à la grande rue : ce jeu de paume a hérité, pour ainsi dire, du nom qu'il a, d'un célèbre logis qui était en 1407 au même lieu (1).

Il y avait autrefois des étuves assez près ; le port des Étuves, qui lui est voisin, en conserve la mémoire.

Les savans d'Allemagne qui, ayant visité la France, ont publié leurs voyages, ne parlent jamais sans éloge du logis de la Coupe-d'Or, qui paraît à l'entrée de cette grande rue : l'enseigne qui lui donne ce nom, est des plus anciennes, étant de l'an 1433.

---

(1) C'est aujourd'hui la place du jeu de paume.

Le clergé de l'église cathédrale, pendant les prières publiques des Rogations, s'arrête particulièrement devant une maison de cette rue; et celui qui la possède, est obligé de donner trois deniers à chaque ecclésiastique qui se trouve alors en cette procession. On y voit la figure de saint Julien en relief (1) : c'est une tradition parmi nous, que la maison de S. Julien, ce généreux martyr viennois, était en ce même lieu. Il se peut faire que les préteurs romains et les gouverneurs de cette ville ne furent pas si amateurs de leurs plaisirs, que de refuser à la noblesse celui de se loger en un endroit si agréable, à cause du voisinage du Rhône. Ce n'est pas que ces maisons ne nuisissent à la vue de leurs palais; mais souvent certaines raisons ne permettent point à ceux qui commandent, de n'accorder pas en un temps ce qu'ils refuseraient en un autre. Peut-être aussi qu'ils l'avaient déjà abandonné, et qu'ils logeaient dans le palais impérial, sur cette éminence que le couvent des pères capucins et la maison des pères jésuites occupent présentement. Il est vrai, comme nous l'avons observé, que les Romains ayant été chassés des Gaules, ces anciennes maisons qui avaient été renversées par les peuples leurs ennemis, ne furent plus relevées que sous la monarchie des Bourguignons. On voit dans cette maison des voûtes, ou, pour parler comme les Grecs, des cryptes souterraines

---

(1) Le logis de la Coupe-d'Or, non plus que la statue de saint Julien, n'existent plus.

qui sont les unes sur les autres, mais avec tant de symétrie et d'art, qu'il n'y a pas moyen de douter qu'elles ne soient un ouvrage des Romains. On a de la peine à croire qu'elles aient été premièrement destinées à un usage ni vil ni profane; et on s'est figuré que saint Julien y assemblait ses amis et ses domestiques, pour y rendre à Dieu leurs adorations et leurs respects, que les tyrans punissaient comme des sacriléges et des crimes d'état dans leur cruelle politique.

Cette rue est presque toute suspendue de ce côté sur d'autres voûtes que l'on découvre tous les jours. Toutes ces voûtes avaient de la communication entre elles; ce qui était visible avant qu'on les eût coupées et divisées par des murailles qui les séparent maintenant, chaque maison s'en étant rendu propre ce qui s'en est rencontré dans l'espace qu'elle occupe.

La porte du Pont-du-Rhône, qui se présente au bout de cette rue, regarde d'un côté l'abbaye de St-Ferréol, et d'un autre un ancien hôpital qui est maintenant hors d'usage.

Saint Ferréol souffrit le martyre quelque temps après saint Julien; et Castulus, homme de condition, lui érigea une magnifique église au-delà du Rhône. Mais comme elle en était trop voisine, il l'avait si fort ébranlée, qu'elle était menacée d'une prochaine ruine, quand S. Mamert s'en étant aperçu, en fit bâtir une autre qui ne céda pas à la magnificence de celle-là. Saint Grégoire de Tours, qui vint après en cette ville pour y faire ses prières, dit qu'elle était d'une fort belle structure, et que la symétrie et les dimensions de l'autre y avaient été observées soigneusement; il raconte qu'ayant levé les yeux vers la tribune, il y lut ces deux vers :

HEROAS CHRISTI GEMINOS HÆC CONTI-
  NET AVLA
IVLIANVM CAPITE CORPORE FERREOLVM.

Cette église était célèbre sous l'archevêque Cadeolde, qui vivait il y a plus de mille ans, et nous verrons où elle était dans la description de Sainte-Colombe. Les Sarrasins, ou pour mieux dire, les armées des enfans d'Eudes, duc d'Aquitaine, qui inondèrent la France sous le gouvernement de Charles Martel, ayant brûlé et réduit en cendres cette église, l'archevêque Vuillicaire chercha dans ses ruines les reliques de ces deux martyrs, les fit porter dans Vienne, et les déposa dans celle qu'il leur fit bâtir, *accelerato opere, non magno pretio,* comme en parle l'archevêque Adon. Elle conserve encore le nom de St-Ferréol, et témoigne assez que ce bon prélat eut plus de soin de loger ces saints si illustres, que de les bien loger. Leurs cendres et leurs os renfermés dans des reliquaires, y ont été honorés jusqu'au siècle passé.

Jean le Lièvre, chanoine de Saint-Maurice, qui le premier a tâché de tirer des ténèbres Vienne et ses merveilles, a relevé l'autel qui paraît aujourd'hui dans une cave qui est sous le chœur de cette église; et c'est dessus cet autel que reposaient ces sacrés trésors. La tête de saint Julien était exposée chaque année la veille de sa fête, qui est toujours le 28 août, dans l'église cathédrale de St-Maurice, et après cela elle était rapportée avec pompe dans celle-ci. Le corps de saint Ferréol était de même porté solennellement la veille de sa fête, qui est le 18 septembre, à la même église de St-Maurice, à l'heure de vêpres, et le lendemain rendu à celle-ci, pour y être honoré par le peuple qui y accourait de toutes parts.

Ces reliques révérées si religieusement durant tant de siècles, ont été le jouet du calvinisme : il n'en reste plus qu'un petit os, que l'on croit être de S. Ferréol ; ce grand trésor est réduit à cette petite pièce, qui néanmoins en est un infini. Cette église conserve la qualité d'abbaye, comme elle l'avait au-delà du Rhône dès sa première institution (1) : les revenus en ont été dissipés, de sorte qu'il ne lui reste presque plus de ses anciennes richesses que cette seule qualité. Comme les archevêques en étaient les patrons et les nominateurs, l'archevêque Jérôme de Villars l'a unie à la sacristie de Saint-Maurice, et a délivré ainsi ses successeurs du soin et de la dépense du luminaire de cette église cathédrale, qu'ils étaient obligés d'entretenir ; et voilà le motif de cette union :

Peu de villes ont droit de se vanter d'avoir exercé la charité avec tant d'ardeur que celle-ci. Chacune

---

(1) Cette église était devenue paroissiale ; la paroisse ayant été réunie dans la suite à celle de Notre-Dame-de-la-Vie, on y établit quelque temps après une confrérie de pénitens noirs, qui a subsisté jusqu'à la révolution : alors l'église a été vendue, et est devenue une maison particulière.

de ses principales portes était autrefois accompagnée d'un hôpital, pour loger les pauvres qui venaient y chercher du soulagement dans leurs misères; mais plusieurs abus s'étant glissés dans leur conduite par le peu de zèle de ceux à qui elle était commise, la plupart des revenus ont été unis à celui de St-Paul, où la charité et le bon ordre règnent également. C'est pourquoi tous les autres sont abandonnés, quelques-uns d'eux, entièrement ruinés, et les autres qui ne le sont point encore, ont été employés depuis long-temps à des usages profanes. L'église de St-Ferréol n'est séparée que par la rue de l'Hôpital du Pont-du-Rhône, nom que lui donnent nos registres de l'an 1412 et des suivans. Il n'est composé que d'une grande salle, dont le toit, fort élevé, est soutenu de colonnes de pierre. Une muraille assez haute la coupe et la partage par le milieu, et on voit apparemment qu'elle n'avait été faite que pour séparer les deux sexes, et empêcher un commerce dangereux. Le sacrifice de la sainte messe était célébré au milieu, sur un autel qui est encore debout dans une tribune assez élevée. La parole de Dieu y était de même annoncée, et des deux côtés on avait la vue libre sur ce lieu.

Un ancien éloge de l'archevêque Jean de Burnin, qui mourut l'an 1266, lui donne la louange d'avoir fondé cet hôpital et de l'avoir bâti: *Domum Dei Viennæ*, dit-il, *ad pedem pontis Rhodani ædificavit, et unde sex opera misericordiæ fiant ibidem, perpetuo ad honorem Dei, et sustentationem pauperum possessiones terræ et reditus assignavit.*

Claude du Nyèvre, chanoine et chantre de Saint-Maurice, a été le maître de la maison qui joint cet hôpital ; il la lui donna en mourant, avec tous ses biens par son testament de l'an 1522, où Certes a une chapelle qu'il y fonda sous le nom des Vierges. Elle sert d'église aux pères augustins-déchaussés, à qui elle a cette obligation, depuis quelques années, d'avoir repris sa première dignité après avoir servi durant si long-temps, non-seulement à des usages du tout profanes, mais encore très-bas et très-honteux (1). Le chapitre de Saint-Maurice est le possesseur de cette maison et de cette chapelle qui en dépend, et elle est destinée à celui de ses chanoines qui a la dignité de chantre. Les armes de ce bienfaiteur paraissent à la voûte de cette chapelle, et au coin de la maison, qui est sur la rue qui mène au pont du Rhône. On lit auprès ces mots en caractères de même sculpture, c'est-à-dire en relief,

STATVERVNT DII VT MORTALES
IN PERPETVO MOERORE VIVERENT (2)
CLAVDIVS DE NYEVRO CANONICVS
ET CANTOR VIENNENSIS.

---

(1) Tout a été vendu. Les augustins depuis long-temps avaient leur église sur la place Neuve.

(2) Cette seconde ligne doit se lire ainsi :

MISERI IN MERORE PERPETVO VIVERENT.

La suite rapportée par Chorier n'y est plus.

La rue du Temple et celle des Templiers qui sont voisines du pont, annoncent que cet ordre célèbre, supprimé au concile de Vienne en 1311, avait une maison dans ce quartier.

LIVRE SECOND.

CHAPITRE PREMIER.

Sainte-Colombe, ancien faubourg de Vienne. Son union au Lyonnais. Lieux dans le Lyonnais dépendans du comté de Vienne. Pont du Rhône; sa première chute, l'an 1407, accompagnée de plusieurs merveilles.

Ici le Rhône sépare Vienne d'avec Sainte-Colombe, dont le circuit n'est que de trois cent vingt-neuf toises, et un pont qui n'a cédé autrefois à nul autre de France, tâche de les unir. La politique de cet état a retranché ce bourg de la ville de Vienne dont il n'était qu'une partie, et l'a donné au gouvernement du Lyonnais. Le roi Philippe de Valois s'en empara quelque temps avant que le dauphin Humbert lui eût donné ses terres (1). L'ar-

---

(1) Les démêlés qui eurent lieu en l'année 1330, entre les vassaux des églises de Vienne et de Lyon, par rapport aux limites des paroisses de Condrieu et de Saint-Clair, de Givors et de Loire, servirent de prétexte à Philippe de Valois pour solliciter auprès de l'archevêque de Vienne la cession de la juridiction de Sainte-Colombe. Il l'obtint;

chevêque Bertrand de la Chapelle ayant témoigné
par sa négligence et par son peu de soin, que rien
ne s'était fait qui n'eût été concerté avec lui, le
chapitre de Saint-Maurice, et quelques habitans
zélés pour la défense de la liberté publique, se
mirent sous la protection de ce dauphin. Ils lui
donnèrent la garde de leur ville avec toute l'autorité qu'avaient les archevêques, comme vicaires de
l'empire, et seuls dépositaires de tous les droits
royaux. Ce prélat eut recours au pape Benoît XII
qui siégeait dans Avignon, et obtint, par la faveur
du roi de France, tout ce qu'il désirait. La bulle
fulminée contre le dauphin et ses partisans, apprend que le principal motif de ceux qui l'avaient
appelé à leur secours, était l'invasion de Sainte-
Colombe, *quæ est, et erat pars civitatis*, dit-elle,
clavisque et porta imperii. Il est donc certain que
Sainte-Colombe était, avant Philippe de Valois,
une partie de cette ville, et, comme parle cette
bulle, la clef et la porte de l'empire de ce côté.

Elle ne dépendait pas seulement du comté de
Vienne, mais plusieurs autres lieux qui sont aux

---

mais le chapitre y forma opposition, et le dauphin s'y joignit. Le pape Jean XXII, par une bulle du 13 février 1334,
ordonna aux parties de faire la remise de leurs titres. Le
roi, au lieu de suivre cette procédure, incorpora, par ses
lettres-patentes du 19 mars suivant, le bourg de Sainte-
Colombe à son royaume, l'entoura de murailles, y fit bâtir
une tour, et y établit un gouverneur sous le titre de
viguier.

environs en dépendaient aussi. Artaud, seigneur de Bœuf, remettant à Viventius, abbé de Saint-André, sous le dernier Rodolphe, l'église de Saint-Martin, l'acte qui en fut fait et qui s'est conservé jusqu'à nous dans le chartulaire de cette abbaye, porte que cette église, et les autres choses données avec elle, sont dans le Viennois. *Sunt autem ipsæ res sitæ in pago Viennensi in agro vel villa quæ vocatur Bocius.* Il est fait aussi mention de Condrieu, de Maclas et de Pelussin dans le même chartulaire, comme de lieux qui appartiennent au Viennois. Ce qui marque l'étendue de la juridiction au-delà du Rhône. En effet, les reconnaissances anciennes des emphytéotes, en faveur des seigneurs directs, y sont presque toutes accompagnées de cette condition, que les servis reconnus seront payés à la forme du comté de Vienne : ce qui semble assez témoigner que ces lieux en ont été retranchés seulement depuis quelques siècles, et qu'ils en étaient autrefois une partie.

Symphorien Champier donne au pont qui joignait Vienne à Sainte-Colombe, la gloire d'avoir été le plus ancien des Gaules. Tibérius Gracchus, qu'Adon nomme Gracchus Tiberius Sempronius, s'étant arrêté dans Vienne quelque temps, comme il allait en Espagne, le fit premièrement construire l'an du monde 4588, environ 175 ans avant la naissance de Jésus-Christ. Mais Adon qui fait ce récit, ne s'explique point s'il était en pierre ou en bois. Peut-être que l'usage de ceux de pierre n'est pas si tôt passé dans les Gaules, du moins pour le

7

Rhône qui est appelé *Impatiens Pontis*, dans les anciens poètes. Celui d'Arles, dont Ausone parle comme d'une merveille, n'était néanmoins que de bois. Cassiodore l'apprend, et le chanoine Saxi l'avoue dans son Histoire des archevêques d'Arles. Quoi qu'il en soit, il est certain que s'il n'était de pierre en ce temps-là, il a commencé de l'être peu après. Il y en avait un autre vers la porte de Lyon, et nous en avons déjà fait la remarque; je ne sais pas si c'est de lui qu'Adon entend parler, ou de celui qui est encore debout. Si est-ce que celui-ci est fort ancien et a toujours passé pour un des plus beaux de l'Europe. Il n'est composé que de cinq arcs, qui par conséquent ont une largeur et une hauteur extraordinaire. Le Rhône n'est pas si large en cet endroit comme il est ailleurs; mais aussi il y est plus profond et plus rapide.

Avant que ses fréquentes chutes l'eussent réduit au malheureux état où il est, il y avait une chapelle sur la pile du milieu, que le clergé et le peuple de Vienne allaient visiter le jour de la fête des Merveilles, qui se célébrait en cette ville, au temps de nos pères, avec une magnificence et des réjouissances non communes (1). Une grande croix de pierre était aussi érigée sur le milieu du troisième arc, du côté de Sainte-Colombe, pour y être un *témoignage* de

---

(1) Jean de Bournin, archevêque de Vienne, avait fait bâtir cette chapelle, et rétablir le pont qui déjà avait éprouvé des dommages.

la piété des anciens directeurs de ce grand ouvrage. Sa première chute arriva le onzième du mois de février de l'an 1407 (1). Nos registres disent que sa durée jusqu'alors avait été de 1582 ans, et que la construction de Vienne n'avait précédé la sienne que de 594 ans.

Le Rhône s'étant débordé outre mesure par des pluies continuelles, ce pont ne pût résister à la violence de ses eaux. Mais sa chute commença par celle de l'arc qui soutenait cette croix de laquelle nous avons parlé, elle fut suivie de celle des deux autres qui lui étaient contigus du côté du royaume, c'est-à-dire de Sainte-Colombe, nos vieux documens parlent ainsi, et cette façon de parler est encore en usage parmi nous. Ce qui est en-deçà du Rhône vers l'orient, est appelé l'empire; et ce qui est au-delà vers le couchant, est appelée le royaume. Cet accident, vraiment funeste à cette ville, arriva vers les dix à onze heures du matin, y ayant eu quelque intervalle entre la chute de l'arc qui tomba le premier, et celle des autres qui le suivirent. Il fut précédé et accompa-

---

(1) Le pont avait subi auparavant quelques ruines, puisque le 26 novembre 1387 un prix-fait avait été donné pour le réparer. Le 2 janvier 1402, le Rhône avait causé de grands dommages. Guigues Milliereux, recteur de la fabrique du pont, achète une pension en juillet pour l'appliquer à cette œuvre, et il achète encore une maison sur la place de Sainte-Colombe, pour y entreposer les matériaux nécessaires à l'entreprise dont il était chargé.

gné de quelques prodiges, qui d'abord causèrent beaucoup d'étonnement et après beaucoup d'admiration. On entendit courir et hennir des chevaux sur ce pont la nuit, avant qu'il fut renversé. On ouït sur la minuit des murmures, des voix et des gémissemens étranges. On vit un taureau d'une grosseur merveilleuse, qui fit quelques tours à travers la place de Sainte-Colombe, et disparut incontinent, quelques cloches sonnèrent d'elles-mêmes. On remarqua encore que la croix de pierre ayant suivi la chute de l'arc sur lequel elle était dressée, demeura quelque temps sur l'eau et presque suspendue dans l'air, comme si elle eût refusé de souffrir le destin de ce pont et de se noyer avec lui. Si est ce qu'environ cent ans auparavant il avait déjà souffert quelque notable ruine, de laquelle les particularités nous sont aujourd'hui inconnues. Le testament de Martin du Mas, du 5 de février de l'année 1302, me le fait croire, parce que l'un des legs qu'il y fait, est de vingt sols à l'œuvre du pont du Rhône : *Item operi pontis Rhodani lego viginti solidos* (1).

---

(1) Geoffroy Baudoin, mort le 18 avril 1239, avait légué cent francs pour le même objet, et Jeanne de Commeney, veuve de Humbert de la Porte, 10 livres en 1513.

CHAPITRE II.

Soins du peuple de Vienne pour la réparation du pont du Rhône après sa chute. Quête générale et contributions volontaires à ce sujet.

Quoique Vienne ne fût pas seule intéressée en la chute de ce pont, si nécessaire au commerce public, si est-ce que le désir de le voir bientôt relevé s'enflamma plus fortement dans l'esprit de ses habitans que de ses voisins. Ils se crurent d'abord obligés à témoigner plus d'empressement que les autres, parce que Sainte-Colombe étant alors une partie de leur ville, semblait leur être du tout étrangère tant qu'elle ne lui serait pas jointe par ce pont, comme elle l'était avant sa ruine. Ils choisirent quatre d'entre eux pour avoir le soin de sa réparation, et les nommèrent directeurs de cet ouvrage. Ce furent Pierre Berger, Jacques Isimbard, Guillaume de Chamscaux et Jean de Bourbon, qui furent les premiers appelés à cet emploi, sous le titre de *Maîtres et Recteurs généraux de l'œuvre et de la fabrique du pont du Rhône.* Leurs ordres furent exactement suivis en toutes choses, aussi la réparation réussit-elle heureusement.

D'abord ils commirent quelques-uns des principaux citoyens, pour faire une quête générale dans les lieux circonvoisins les plus riches, tant en-deçà qu'au-delà du Rhône. En effet, Vienne n'aurait pu, sans leur secours, fournir à une telle dépense, ni soutenir seule un fardeau si pesant. Les moins libéraux eurent honte de paraître avares en cette occasion : les plus pauvres ne regardèrent pas leurs intérêts en cet intérêt public ; et les riches ouvrirent, sans chagrin, leurs coffres et leurs mains. Dans Vienne, Laureton Barletonis, doyen de l'église cathédrale de Saint-Maurice, donna soixante florins d'or commun ; Pierre de Salluces, précenteur, cent florins d'or pur ; et Étienne Auris, maître du chœur, vingt-deux florins ; et enfin les libéralités de cet illustre chapitre, firent la somme de sept cent deux florins. Celui de Saint-Pierre en donna jusqu'à trois cent seize. L'abbé Guy de Rossillon fit un présent de cent florins, et ses religieux tâchèrent d'imiter son exemple, autant que leurs moyens le leur permirent. Les religieuses du monastère de St-André-le-Haut suivirent de même en ceci celui de leur abbesse, sœur Jeanne de Torchefelon, qui donna dix florins ; et ce qu'on retira de ce monastère, arriva à trente-deux florins. Le commandeur de Saint-Antoine, qui était alors frère Ibaud de Chassemoille, en donna quinze ; et universellement tous les habitans de cette ville témoignèrent de savoir qu'ils ne pouvaient plus efficacement inspirer la libéralité à leurs voisins, que par les preuves de la leur propre. Celle de noble Gerenton de Sallemard, fut de cinquante florins ; celle de Jean Alby ou Le Blanc, de quinze ; celle de Pierre de Montluel, de six ; de Cécile, femme de Guillermet Guinson, de deux francs ; de Pierre Pellerin, de dix florins ; et enfin, nul d'eux ne négligea le soin d'une réparation si nécessaire, pour n'être blâmé d'avoir négligé celui de sa réputation.

Le désir de voir bientôt ce pont remis en son premier état, n'agit pas moins fortement hors de Vienne; et les députés des directeurs ne s'en revinrent pas les mains vides d'Annonay, d'Ampuis, de Crémieu, de Chatonnay, de St-Jean de Villeneuve, de la Côte-St-André, de Roche, de Four, de Maubec, de la Tour-du-Pin, de Saint-George, de Torchefelon, de Montrevel, de Roussillon, de Gyret, de Saint-Prin, de Revel. Ces lieux témoignèrent plus d'ardeur à contribuer à cet ouvrage que les autres, et de là ils méritent mieux que leurs bienfaits soient recommandés à la mémoire.

Dans Annonay, noble Gasconnet Gascon, bailli du Vivarais, donna dix francs; et noble Guichard de Grolée, quatre A Ampuis, noble Henri de Maugiron, seigneur de cette terre, donna cinq florins, A Crémieu, noble Guichard de la Poipe donna deux florins, et noble Girin Lavre encore deux. A Chatonnay, noble Pierre de Chasarge (on prononce aujourd'hui Cesarge) donna dix florins d'or; Pierre et Christophe Gabet huit gros; Eynard Putod, quatre gros, et Pierre Expilly huit gros. A St-Jean-de-Bournay, noble Godemar de Fay, seigneur de cette terre, fit un présent de vingt florins; noble Guillaume de Montquin, de quatre florins; noble Guillaume de Garcin, d'un florin; Gautier Vellein, de trois gros, et Guillaume de Vienne, de six gros. A Villeneuve, noble Aymard de Beauvoir, seigneur de la Palu et de Villeneuve-de-Marc, donna vingt-sept florins; noble Guichard Morel, un florin; nobles Antoine et Girard de la Chapelle un florin six gros; et nobles Antoine et Guillaume des Crosses, autant que ces deux-là. A la Côte-St-André, ceux-ci furent des plus libéraux : messire François, seigneur de Château-Neuf et d'Ornacieu, donna dix écus d'or; Marguerite de Murbell, dame d'Anjou et de Faraman, dix francs d'or; noble Jean de Claveson, trois florins d'or; noble Antoine de Cheys, deux florins; noble Jean de Bocsozel, un florin; noble Jean Magistri, un florin, et Jean Charpilliat six gros; mais noble Boniface, faisant son testament en même temps, n'y oublia pas notre pont

A Maubec et à Four, qui est appelé *Forum* en latin, il n'y eut pas moins de charité; noble Henri de Pollod, seigneur de Saint-Agnin, donna quatre florins d'or; noble François de Maubec, un écu; noble Guichard Brunel de Saint-Alban, deux florins; noble Aymard de Vaux, un florin; noble Jean de Montfalcon, de la paroisse de Domarin, deux francs; noble Bermond de Bressieu, trois fr. d'or; Pierre Pelisson de Beauvoir-de-Marc, trois florins d'or; et ce qui est remarquable, Pierre Regis de Saint-Agnin un bichet de froment. A Roche, François, seigneur de Maubec, vingt francs; et noble Jean de Solier, *de Solerio*, dix-huit gros. A la Tour-du-Pin, noble André de Vallins donna quatre écus d'or; noble Jean de Virieu, seigneur du fief de Cuirieu, qui appartient aujourd'hui à une branche de la maison de Boissac, en donna autant; noble Aymard de Bellegarde n'en donna que deux; noble Antoine Gariny ou Guerin donna un florin, et frère Guillaume de Varnavan, commandeur de la maison du Temple de la Tour-du-Pin, six gros. En la paroisse de la Chapelle, et en celle de Sessin, noble Henri de Fabricis (c'est de Faverges) fit présent d'un florin, et noble Artaud Turelly, de deux. En celle de Biol, noble Louis de Bocsozel, seigneur de Montmartin et d'Éclose, pour lui et pour dame Catherine de Morges sa femme, donna trois florins. En celle de Saint-Victor, noble Aymard de Vallins et dame Guicharde de Torchefelon sa femme, un florin. A Montrevel, noble Pierre Rigaudy ou de Rigaud, châtelain de ce lieu, un écu. A Roussillon, noble Philippe de Romestagny ou de Romestang, un écu; Briançone Girin sa femme, deux florins; Philippe Baron mesura son présent à celui-là. A Givret, noble Hugonet de Givret, trois florins. A Reventin, Guigue et Pierre Sambein, un florin neuf gros. A Saint-Prin, noble Guillaume d'Auberive, dix florins. A Revel, noble Joseph de Barbarin, trois florins d'or, et noble Antoine de Buffevan, *Buffavanti*, deux florins d'or. A Viricu, qui est au-delà de la Tour-du-Pin, auprès de la chartreuse de la Silve-Bénite, noble Pierre Eschallier, *Eschallerii*, un florin; et à Chillieu qui le joint, noble Antoine de Saint-Germain, deux florins.

Je me suis contenté de marquer les noms de quelques-uns de ceux qui contribuèrent alors à cette réparation, pour apprendre qu'en ce temps-là l'amour du bien public n'était pas une vertu si rare, comme elle l'est au nôtre : tous indifféremment tâchèrent de contribuer à cet ouvrage, et tous indifféremment le négligent aujourd'hui. Bien loin que l'on voulût lui donner de son bien, on lui refuse jusqu'à ses pensées et à ses paroles, comme si ce qui touche également chacun ne touchait personne. Il n'en fut pas de même en ce siècle, où les esprits avaient plus de vertu que de cette trompeuse politesse dont on fait aujourd'hui toute sa vertu. Les plus notables habitans partagèrent entre eux un soin si fâcheux, et les âmes les plus molles, non plus que les généreuses, ne craignirent point d'y prendre part. Mais entre ceux qui y travaillèrent le plus utilement, noble Jacques Costaing et Barthélemi Laurent méritent une particulière louange. Ils quittèrent leurs maisons pour aller de ville en ville et de lieu en lieu, solliciter la libéralité et la charité des peuples à s'étendre jusqu'aux réparations que Vienne seule avait entreprises, et que Vienne seule ne pouvait achever. Ils furent les principaux députés à l'effet de cette quête, et reçurent avec des témoignages d'une égale reconnaissance les présens des plus pauvres et des plus riches. Nous avons vu que ceux qui n'avaient pas de l'argent donnaient d'autres choses, et que ces députés ne s'adressaient pas seulement aux personnes d'une haute ou d'une médiocre condition, mais aussi au plus bas peuple. C'est comme le pratiquaient autrefois les plus nobles des Romains dans ces occasions : Caton, l'ennemi de César, faisant une quête publique pour Apollon, ne fit pas difficulté de demander un denier à un laquais qui le lui donna, comme l'écrit Apulée, *unum etiam denarium*, dit-il, *ex eo numero habere M. Catonem philosophum quem se a pedissequo in stipe Apollinis accepisse Cato confessus est* (1).

CHAPITRE III.

Concessions de Sigismond et du roi Charles V, pour les réparations de ce pont. Dispenses et indulgences à cet effet. Chutes et réparations de ce même pont en divers temps.

Mais les sommes qui se levèrent de cette façon, n'étaient que la moindre partie de celles qui étaient nécessaires à un si grand dessein : donc on établit, l'an 1416, de l'autorité de l'empereur Sigismond, un poids public dans Vienne pour le blé seulement; et le motif de cet établissement fut que ce que la ville en retirerait, servît à cette réparation. Auparavant le roi Charles V avait permis, par des patentes

---

(1) Le roi, par ses lettres du 6 avril 1407, exempta du péage et de tous autres droits, les matériaux nécessaires à la reconstruction du pont. Amédée, comte de Savoie, par ses lettres du 5 mai 1408, accorda en aumône aux consuls deux cents pièces de bois à prendre dans ses forêts pour cette réparation.

du 6 avril 1407, aux villes et aux paroisses du Dauphiné, d'imposer sur elles ce qu'elles jugeraient nécessaire, et à celle de Vienne de faire venir les matériaux qu'il fallait pour cela, avec toute sorte de franchise et d'immunité. Enfin ce qui était tombé, fut réparé en quelque façon déjà dès l'an 1412; ce ne fut pourtant que de bois, cet ouvrage n'ayant coûté, par le prix-fait qui en fut baillé à Jean Lausard, que 1800 florins d'or. Depuis on ne songea qu'à le maintenir en l'état où il était; et ce siècle ne vit des trois arcades ruinées qu'une seule rétablie en son premier état, de sorte que l'achèvement de cet ouvrage fut laissé au siècle suivant (1).

Le carême commençait toujours le lundi dans ce diocèse, et non le mercredi, comme il fait présen-

---

(1) Cependant il avait été donné, les 27 juillet 1438, 28 juillet 1439 et 26 juillet 1450, des prix-faits pour réparer quatre des piles du pont, à Antoine Roddet, charpentier, et à François Mignot. Nos rois avaient même, par lettres des 16 février 1440, 28 avril 1445, 15 juillet 1450, 8 octobre 1461, etc., accordé à la ville un droit appelé *barrage*, auquel ceux qui traverseraient le fleuve seraient soumis, pour subvenir aux dépenses de l'entretien du pont. Les consuls avaient, dès le 9 juillet 1419, fait bâtir une chapelle du côté de la ville, pour y célébrer la messe et placer les indulgences octroyées pour la fabrique de cet édifice. Le roi Charles VII, par ses lettres du 14 mars 1439, avait même ordonné à tous chefs de maison, à trois lieues à la ronde de Vienne, d'envoyer tous les mois un manœuvre pour travailler au pont. Toutes ces mesures n'avaient produit que peu d'effet.

tement: Antoine de la Colombière, grand-vicaire de l'archevêque Ange Cato, fit publier, l'an 1500, une dispense générale de cette ancienne coutume. Il permit au peuple de Vienne et de ce diocèse, de manger de la chair le lundi et le mardi du carême suivant, qui sont maintenant le lundi et le mardi gras; pourvu néanmoins que tous indifféremment, et même les enfans qui auraient passé l'âge de sept ans, donnassent trois deniers à cette réparation. Davantage, pour enflammer le zèle des plus froids dans ce public intérêt, *il donna à tous ceux qui feraient cette aumône, quarante jours de vrai pardon en rémission de leurs péchés, défendant sur peine d'excommuniment,* comme parlent les lettres qui en furent alors publiées dans toutes les paroisses de ce diocèse, *à tous ceux qui ne voudraient contribuer à ladite réparation, qu'ils observent entièrement ledit statut, lequel est soi abstenir de non manger de chair, ne autres viandes défendues lesdits deux jours, c'est à savoir lundi et mardi.* Ce pont est représenté dans ces mêmes lettres en l'état qu'il était alors; et cette image fait voir qu'il ne restait plus qu'à rebâtir de pierre les deux arcades les plus proches de Ste-Colombe, qui n'étaient encore que de bois, et que la pile qui les soutenait, avait déjà été relevée et était achevée entièrement. Bien loin que le pape désapprouvât cette concession, le légat d'Avignon la réitéra par une bulle du 1ᵉʳ novembre 1507, pour trois années; elle le fut encore pour un même temps, par une autre du 10 janvier 1535; et de là peu à peu ce qui n'avait été qu'une grâce dans son commencement, est devenu à ce diocèse un droit autorisé par cette longue possession : de sorte que le carême a perdu ces deux jours, que le carnaval a ainsi gagnés sur lui.

Cette réparation ayant eu la fin que l'on avait souhaitée en vain durant près de cent ans, un autre accident aussi fâcheux que le premier, ne permit pas à cette ville de jouir long-temps du fruit de ses soins et de ses inquiétudes. La pile qui lui est la plus voisine, fut incontinent après tellement ébranlée par une crue extraordinaire des eaux du Rhône, qu'elle ne put leur résister : elle tomba avec les arcades qu'elle soutenait (1), et le prix fait de sa réparation fut donné judiciairement à Pierre Trilliard, le 26 de juin 1584, pour 4190 écus. Celle qui lui est voisine, était encore menacée d'une même ruine ; de sorte que pour l'éviter, elle fut encore réparée par les soins des consuls de cette ville, qui employèrent à cela François Rivoire, l'an 1604. Cependant, celle qui regarde de plus près Ste-Colombe, avait manqué à

---

(1) En janvier 1571, et l'on s'empressa d'abord de la rétablir en bois ; d'autres dommages occasionèrent de nouvelles dispositions. L'archevêque Pierre de Villars obtint de la munificence du roi, en 1576, l'exemption aux habitans de Vienne d'une année de taille, et un fonds sur l'épargne appliquée à cet objet. Henri III, par ses lettres du 27 juillet 1584, accorda encore aux mêmes habitans la jouissance, pendant quatre ans, d'un octroi de douze deniers sur chaque charge de marchandises et sur chaque minot de sel qui passerait sur le Rhône. Le produit devait être employé à ce rétablissement.

deux arcs qu'elle soutenait, et noyé avec elle l'espérance que l'on avait de voir long-temps ce pont en l'état où tant de soins, de peines et de dépenses l'avaient mis. François Brionnet se chargea de sa construction, par le bail qui lui en fut passé le 21 septembre 1606, pour 45,000 livres qui lui furent promises. Depuis il subrogea en sa place les consuls de Vienne, qui mirent en la leur Jean Cocherand incontinent après sous des conditions avantageuses à la ville, et particulièrement à cet ouvrage si important : en effet, comme ils ne laissèrent pas d'en demeurer chargés, ils s'y appliquèrent si bien, qu'il fut achevé plus tôt qu'il ne l'aurait été, avec une satisfaction aussi juste que générale. Néanmoins, ce pont ne garda pas si long-temps que l'on prétendait, l'avantage d'être entier, comme il avait été deux cents ans auparavant : il souffrit une nouvelle ruine l'an 1617, et il n'a pu s'en relever, encore que des sommes immenses y aient été employées (1) : celles qui

---

(1) Deux piles s'écroulèrent le 7 avril; on fit les plus grands efforts pour les rétablir, mais à mesure que l'on restaurait d'un côté, de nouvelles dégradations se manifestaient sur d'autres points. Deux autres piles tombèrent le 14 février 1635. Cependant le passage provisoire était rétabli en 1641, et l'on construisait une pile en maçonnerie du côté de Ste-Colombe, dont la première pierre avait été posée le 19 avril 1638. Des crues subites du Rhône ayant causé la chute presque entière du pont en 1647 et le 5 décembre 1651, il n'y eut plus de possibilité de le réparer. L'on ne s'occupa qu'à faire déblayer le lit du Rhône, obstrué par

l'ont été aux réparations précédentes, sont beaucoup moindres, quoique l'ouvrage en fût sans doute plus difficile. Quelle conséquence peut-on tirer de cette vérité, si ce n'est que le zèle et l'amour de l'intérêt public ont cessé d'être, en ces dernières années, les directeurs de ceux qui l'ont été de ce nouvel ouvrage?

CHAPITRE IV.

Tour de Sainte-Colombe ; par qui bâtie. Inscriptions.

Une tour défend l'entrée de ce pont vers Sainte-Colombe : elle est fort élevée et d'une excellente architecture, la plate-forme qui la couvre étant garnie de quatre tourions, et environnée de tous côtés de créneaux et de meurtrières, de manière qu'elle ne saurait être abordée impunément. Le roi Philippe de Valois ayant formé le dessein de joindre à son état,

de si grandes ruines, afin que la navigation ne fût point interrompue; et dès lors un bac à traille devint nécessaire pour la traversée du fleuve; il subsiste encore. Jusqu'à la révolution, le prince de Monaco a joui du droit de passage que lui avait concédé le roi. Depuis le retour de l'ordre, il est afferme au profit du trésor public. Tout annonce qu'un pont en chaînes de fer va bientôt remplacer le bac. Cette nouvelle communication des deux rives, ouvrira à l'industrie et au commerce de plus grands moyens de prospérité, et amènera d'utiles améliorations.

non seulement celui du dauphin, mais encore la ville
de Vienne qui n'en dépendait point, et qui en composait un particulier sous le gouvernement de ses
archevêques, fit bâtir cette tour pour favoriser ce
projet. Il fit même environner de murailles le bourg
de Ste-Colombe, n'y ayant laissé que trois portes libres : l'une est opposée au midi, l'autre au couchant,
et la dernière regarde le pont vers le levant ; les armes
de France paraissent encore au-dessus des deux premières. Il joignit à cette tour une maison, pour y
loger le viguier, c'est-à-dire, le juge qu'il établit en
ce lieu et qu'il en fit le gouverneur : elle est nommée
la *maison de la viguerie,* et était attachée à cette tour
par des murailles qui sont présentement renversées,
et dont il ne paraît plus rien. Le viguier avait ainsi
une libre entrée dans la tour par une petite porte
qui a été murée depuis, si bien qu'elle est hors d'u-
sage. Albert de Strasbourg, qui vivait dans le siècle
de Philippe de Valois, attribue si clairement à ce roi
la construction de cette tour et celle de Sainte-Colombe, c'est-à-dire, de ses murailles, qu'il n'y a pas
moyen d'en douter. *Delphino itaque evadente,* dit-il,
rex illicò ex opposito Viennæ civitatem construxit tur-
rim in ponte ponendo, quod pro delphinis progredi non
audebat. En effet, on y voit dans une pierre auprès
d'une petite fenêtre qui regarde le couchant, une
fleur de lis en bas-relief, qui est un témoignage convaincant que c'est un roi de France qui l'a fait bâtir.
Quoique ce bourg qui est au-delà du Rhône, ne
reconnaisse plus le gouvernement de Dauphiné, et
dépende de Lyon, néanmoins cette tour n'a pas été

retranchée de celui de Vienne, auquel elle est encore soumise. Elle couvre donc cette ville de ce côté, et rend son abord difficile à qui voudrait se servir de ce passage pour l'attaquer et pour lui nuire. Ce n'est pas qu'autrefois elle n'eut aussi ses fortifications particulières : la porte qui lui ouvre l'entrée du pont, pour aller à cette tour, était munie d'une herse et d'une autre tour de laquelle nous ne voyons plus de marque (1); tellement que quand ce nouveau bourg de Sainte-Colombe lui serait devenu ennemi en lui devenant étranger, elle n'aurait pas été nue de ce côté comme elle l'est aujourd'hui.

---

(1) La tour et la viguerie ayant été vendues, les acquéreurs y ont apporté de notables changemens. L'entrée du pont a été démolie. Un quai élevé il y a peu d'années sur la rive droite du Rhône, donne à ce local un caractère tout particulier ; cette tour gothique délabrée, au milieu de constructions modernes, offre un contraste piquant. Il est malheureux que l'on n'ait pas fondé un port dans cet endroit au lieu d'une chaussée, et que les débris de la viguerie n'aient pas servi à combler l'anse que le fleuve formait sur ce point; Sainte-Colombe eût eu alors une belle place et un port commode. Philippe de Valois, pour mettre un terme aux guerres que se faisaient les églises de Lyon et de Vienne, par rapport à la limite de leurs terres, s'empara de Ste-Colombe en 1334, et malgré les démarches du chapitre de Vienne, l'unit à son royaume par lettres-patentes du 19 mars même année; Jean de la Garde en fut élu gouverneur sous le titre de viguier (*vicarii*). Les fortifications dont ce bourg devint l'objet, eurent moins pour but sa défense, que le moyen d'asservir la ville lorsqu'une occasion favorable se présenterait.

CHAPITRE V.

Couvent des pères cordeliers à Sainte-Colombe. Leur établissement dans Vienne. Leur fondateur dans Sainte-Colombe. Tombeaux. Inscriptions et épitaphes.

Le monastère de Ste-Colombe de l'ordre de St-Benoît, le couvent des pères cordeliers et celui des religieuses de Ste-Marie, sont presque ce qu'il y a à voir dans ce bourg. Commençons-en la description par celle du couvent des pères cordeliers, qui se présente le premier.

Ces religieux furent reçus dans Vienne l'an 1212; frère Michel de Peruse, disciple de saint François, et homme d'une rare vertu, y ayant été laissé par Guichard, seigneur de Beaujeu, qui le premier les introduisit en France. Du côté de Romestang, est un lieu couvert aujourd'hui de vignes, et célèbre par une fontaine dont l'eau passe pour la meilleure, la plus légère, et par conséquent la plus saine qui soit dans Vienne et dans ses dehors : son nom est de St-Gervais, et c'est où ces religieux furent premièrement logés dans une maison qui leur fut alors bâtie. Leur église étant menacée de quelque ruine, Geofroy Baudoin, dont nous lisons l'épitaphe dans les cloîtres de St-Maurice, donna, l'an 1259, quatre cents livres pour la réparer : cette somme était alors considérable; néanmoins il n'en paraît plus de marque, non plus que d'une ancienne abbaye, qui occupa premièrement ce lieu, et qui lui a laissé son nom (1). Ils y demeurèrent jusqu'à ce que Jean de Burnin, archevêque de Vienne, prélat illustre par ses vertus et par sa naissance, leur en eût fait bâtir une plus belle et plus étendue, au-delà du Rhône; et c'est le couvent dont nous parlons (2). Ils y entrèrent l'an 1260; et leur bienfaiteur étant mort à Rome six années après, son cœur leur fut envoyé, comme son corps le fut à l'abbaye de Romans : c'est pourquoi il fut peint alors au côté droit du grand-autel de l'église, qui présentait son cœur à saint François, et le chapeau de cardinal qu'il avait reçu du pape Grégoire IX, appendu auprès ; mais cette image est déjà presque effacée, et ce chapeau fut emporté dans les premiers troubles suscités en France pour la religion. Les rebelles ne s'arrêtèrent pas là; ils y laissèrent partout des marques de leur fureur, et néanmoins il est vrai, pour ne rien dissimuler, qu'ils furent bien plus respectueux pour ce noble bâtiment, que ne le fut depuis le duc de Nemours:

---

(1) On a trouvé il y a quelque temps, en fouillant les jardins au-dessus de la caserne, une grande quantité de tombeaux en pierre, et au dessous une mosaïque romaine, des médailles, des débris de sculpture, etc.

(2) Une charte de ce même archevêque, du mois de février 1250, par laquelle il donne aux habitans de Sainte-Colombe la place au pied du pont, indique pour confin la maison des frères mineurs. Cette désignation prouve que les cordeliers étaient à Ste-Colombe avant l'époque assignée par Chorier.

M. Michoud, acquéreur de ce couvent, en a fait une charmante habitation.

de peur qu'il ne favorisât les desseins des fidèles serviteurs du roi Henri IV, sur lequel il avait surpris pour la Ligue la ville de Vienne, il en acheva la ruine, et le réduisit à la désolation où nous le voyons (1). Ainsi son église, qui était autrefois fort spacieuse, a perdu plus de la moitié de sa grandeur; et la voute du chœur ne promet pas de résister long-temps aux rudes secousses que les fréquens débordemens du Rhône lui ont données depuis quelques années. Les armes de Grolée écartelées de Clermont, sont gravées sur un tombeau au-devant du grand-autel, avec cette inscription:

HIC IACET NOBILIS ET POTENS DÑA MARGARETA DE .... ORTA VXOR NOBILIS ET POTENTIS VIRI PHILIBERTI DE GROLEA .... ANNO DÑI MCCCCXXXVI.

Samuel Guichenon n'a pas oublié ce Philibert de Grolée, dans la généalogie qu'il a dressée de la maison de Grolée: il était fils d'Imbert de Grolée et de

---

(1) Elle a été reconstruite sur la fin du dix-septième siècle par les soins du père Belleclef, gardien du couvent de St-Bonaventure de Lyon. Aujourd'hui elle est l'église paroissiale. On y remarque deux petites colonnes de porphire tirées de quelque monument antique, et une statue de sainte Anne en marbre blanc d'un assez bon style. Elle est un ouvrage du quatorzième siècle.

Jeanne Lavre dame de Brotel; il s'acquit tant de réputation et une estime si générale par sa générosité et par sa prudence, qu'il fut jugé digne de la tutelle de Philibert duc de Savoie, fils d'Amé IX. Paradin le nomme le seigneur d'Ellins, au lieu d'Illins, qui est une terre en toute justice auprès de Vienne. De Marguerite de Clermont, fille d'Aymon vicomte de Clermont, qui repose sous cette pierre, il n'eut que deux enfans : Meraud de Grolée, qui succéda en la seigneurie d'Illins, et Charles de Grolée.

Auprès du même autel et à la droite, est aussi enterrée Isabeau d'Olliergues, femme de Guigue, seigneur d'Anjou, qui mourut l'an 1293. Ces deux familles étant éteintes, inutilement en représenterais-je l'épitaphe.

Jean de Reveilo est enterré dans cette même église sous une pierre où il est représenté : il a ses armes à son côté gauche, sur son estomac et sur son bouclier : elles sont un croissant d'hermine. En haut et à la droite, est un écusson chargé de trois croissans; et peut-être qu'il n'a été ajouté là que pour y être la marque de quelque alliance. Son épitaphe est de peu de paroles :

HIC IACET DNS IO. DE REVEILO MILES QVI OBIIT ANN. MCCCVI.

Il y en a qui le croient issu de l'ancienne maison de Revel, si illustre dans cette province par les grands hommes qu'elle a produits, au nombre desquels on compte un grand-maître de l'ordre de Saint-Jean de

Jérusalem; mais, n'ayant pas les mêmes armes, puisqu'il est certain qu'elles sont d'or à un demi-vol de sable, je ne suis pas de leur sentiment.

En la partie retranchée de cette église depuis sa ruine, on voit un autre tombeau de la même forme que ceux-là. Un religieux vêtu suivant l'institut de saint François, ou du moins comme les pères cordeliers le sont en ce temps, est représenté sur une grande pierre sur les bords de laquelle on lit ces mots, qui apprennent que c'est le sépulcre de Jean de Vaux, mort avec la qualité de provincial l'année 1498 :

HIC JACET R. PATER MAGISTER IOHS DE VALLIBVS MINISTER HVIVS PROVINCIÆ, QVI OBIIT DIE ASSVMPTIONIS B. MARIÆ ANNO VERBI INCARNATI MCCCCLXXXXVIII. CVIVS ANIMA REQVIESCAT IN PACE.

Il faut qu'il ait été un homme excellent pour mériter l'honneur d'avoir un tombeau particulier, d'être recommandé à la postérité par cet éloge, et exposé à la curiosité des temps à venir par cette image. Sans doute ou son savoir ou sa vertu le dispensèrent de l'humilité religieuse, qui fait passer pour faste et pour vanité cette inconstante gloire, qui enflamme si inutilement de son amour les hommes du monde, et qui les aveugle si souvent au lieu de les éclairer.

On entre de cette église dans des cloîtres qui ont été autrefois enrichis de divers ornemens qu'ils n'ont plus; et certes ils cédaient à peu d'autres en beauté. Quelques personnes de remarque y ont eu leur sépulture ; mais les inscriptions en sont tellement effacées, que le temps qui a rongé la pierre où elles étaient imprimées, semble nous avoir envié le plaisir d'apprendre ce qu'on leur avait confié pour la satisfaction de la postérité.

L'archevêque Guillaume de Valence, qui fut élu en 1284, octroya quarante jours d'indulgence à tous ceux qui prieraient pour l'âme de ses parens, pour celle de l'archevêque Jean de Burnin, et encore pour celle de la mère d'un certain archiprêtre d'Annonay, ensevelie dans ces cloîtres. Une inscription gravée sur une pierre qui joint la porte d'une chapelle ruinée, où les pénitens avaient coutume de faire alors leurs dévotions, en conserve le souvenir, et est une preuve de ce que nous avons dit, que ces religieux ont été premièrement établis auprès de Vienne, dans le lieu qui garde encore le nom de Saint-Gervais.

DOMINVS G. ARCHIEPISCOPVS VIENNENSIS DAT INDVLGENTIAM QVADRAGINTA DIERVM OMNIBVS ORANTIBVS PRO ANIMABVS PARENTVM SVORVM ET BONE MEMORIE DNI IOANNIS ARCHIEPISCOPI QVI TRANSTVLIT FRATRES DE SANCTO GERVASIO AD HVNC LOCVM ET GVILLELMÆ MATRIS DOMINI ARCHIPRESBITERI D'ANNONAY HIC SEPVLTÆ ET VIRI SVI

ET PARENTVM EIVS QVI OBIIT NONIS
IVNII MCCLXXXX (1).

Ce couvent a été l'un des plus beaux que l'ordre
de St-François eût en France; et pour l'avouer, il
ne faut que considérer ses ruines : il a été de même
un des plus riches, et les hautes sciences y étaient
enseignées, comme elles le sont présentement dans
celui de Paris. Il est fait mention du lecteur du couvent des frères mineurs de Vienne, dans le règlement
d'une aumône générale établie dans cette ville sous
le nom de la Charité, fait par l'archevêque Bertrand
de la Chapelle l'année 1328. L'archevêque Jean de
Bernin, son père et sa mère le comblèrent de leurs
bienfaits. Le roi Philippe de Valois y fit bâtir une
chapelle qui fut consacrée à l'honneur de S. Jacques
et de S. Philippe, en 1335, par l'archevêque Bertrand
même (2) : il y logea durant tout le séjour qu'il fit
à Ste-Colombe pour muguetter Vienne, et pour se
l'acquérir, comme il s'était déjà acquis son prélat (3).
Guy, fils de Jean, comte de Forez, y mourut le 23
juin 1358; et ce ne fut pas sans y laisser des témoi-

---

(1) Cette date ne peut être celle de la mort de l'archevêque Guillaume de Valence, puisqu'il vivait encore en
1299. Elle se rapporte au décès de Guillemette, mère de
l'archidiacre d'Annonay.

(2) Il la dota de quinze livres de rente annuelle, par ses
lettres du mois de juin même année.

(3) Philippe le Bel y avait aussi logé durant la tenue du
concile de Vienne, en 1311.

gnages de sa libéralité, imitateur de celle de tous ceux-là. Mais le cardinal d'Amboise, qui a si mal traité cet ordre, sous le prétexte spécieux de le rappeler à sa première pureté, commença le premier la ruine de ce couvent, qu'il dépouilla de ses biens et de ses richesses, et ce même siècle l'a continuée et enfin achevée par une funeste fatalité.

Au reste le lieu qu'il occupe, l'a été sans doute autrefois par de superbes bâtimens : ils étaient fondés sur des massifs d'une profondeur et d'une largeur si merveilleuse, qu'ayant été découverts depuis quelques années, on ne les a pu regarder sans concevoir une haute idée de la magnificence des Viennois sous l'empire des Romains. Mais nous ne trouverons pas ailleurs de moindre matière de cette pensée. Sortons de ce couvent et approchons-nous de celui des religieuses de Sainte-Colombe.

CHAPITRE VI.

Couvent des religieuses de Sainte-Colombe. Son antiquité. Monastères Griniacenses. Inscriptions romaines.

CE monastère obéit à la règle de saint Benoît, et n'est pas moins illustre par son antiquité que par la vertu et le mérite de tant de saintes héroïnes qui lui ont procuré un honneur qui ne mourra jamais. On recueille de l'histoire de S. Clair que Surius a tirée des manuscrits, où il dit, *magnam præ se ferre gravitatem et integritatem*, qu'il était déjà sous l'archevêque Cadolde, c'est-à-dire environ l'an 486, au nombre des plus fameux de cette province. Ce rivage occidental du Rhône était en ce temps-là appelé *Griniacus*, nom qui, ayant cédé à celui de Sainte-Colombe et à quelques autres, s'est arrêté au lieu de Griny, qui est sur le même rivage. De là plusieurs monastères, qui avaient été bâtis par les premiers prélats de cette ville, étaient nommés *Griniacensium* et *Griniauensium cœnobia*. Les manuscrits que j'ai vus, et j'en ai vu plusieurs, leur donnent ce nom que quelques-uns ont corrompu en celui de *Grimanensia*. Toutes les vertus nécessaires à la profession religieuse y régnaient avec tant d'éclat et avec une réputation si universelle, que les moines de l'abbaye de St-Cyr, qui était autrefois dans un faubourg de la ville de Clermont, s'étant beaucoup relâchés de leur devoir après la mort de l'abbé Abraham, Sidonius Apollinaris qui vivait plus de deux cents ans avant Cadolde, propose dans une de ses lettres à Volusien, depuis évêque de Tours, les moines de Lerins et ceux des monastères Griniacenses pour réformer celui-ci par leurs statuts. *Ad ricem quæso tu quoque*, dit-il, *quibus emines institutis discipulos ejus aggredere solari, fluctuantémque regulam fratrum destitutorum secundum statuta Lirinensium patrum, vel Griniacensium festinus informa.* Or, celui-ci dont nous parlons présentement, en était un destiné et ouvert seulement aux filles que leur piété appelait à une vie solitaire : il en entretenait trente ordinairement, les prélats qui l'avaient fondé lui ayant donné pour cela un revenu suffisant. Sainte Colombe, qui a obtenu deux couronnes dans le ciel, comme parle l'auteur de la vie de saint Loup dans Surius, l'une de la virginité, et l'autre du martyre, perdit la vie par la cruauté que l'empereur Aurélien exerça contre les chrétiens de la ville de Sens, en son voyage qu'il fit dans les Gaules à son retour d'Orient. Elle était dans une si haute vénération, que les plus grands prélats tâchaient de témoigner à l'envi combien ils la révéraient : saint Loup voulut être enterré à ses pieds ; et saint Éloi, évêque de Noyon, eut le soin d'honorer ses os d'un reliquaire d'or, qu'il fit de ses propres mains. Les anciens évêques de cette ville, poussés par leur propre zèle et persuadés par des exemples si éclatans, lui consacrèrent ce monastère (1), où depuis elle a vu avec plaisir, du plus haut de l'empire, de célèbres marques d'une vertu aussi constante que relevée.

Ce n'est qu'un prieuré qui dépend immédiatement de l'abbé de Saint-Pierre, qui, par conséquent, y a le droit de patronage et de nomination, lorsque la prieure est morte sans avoir résigné. Ce privilége lui a été confirmé par deux bulles du pape Grégoire IX, l'une adressée à l'archevêque de Vienne, et l'autre à l'archidiacre de Gap, celle-là du septième et celle-ci de l'onzième du pontificat

---

(1) Elle avait reçu le baptême dans ce lieu. Un procès-verbal de l'archevêque de Sens, du 17 juillet 1626, en contient la preuve. Ce prélat envoie un os de cette sainte au couvent des bénédictines, *ad ecclesiam prioratus sub invocatione ejusdem Sanctæ Columbæ apud Viennam, ubi dicta sancta sacramentum baptismi recepit.*

de ce pape; l'une et l'autre enjoignent à la prieure
et aux religieuses de Sainte-Colombe de reconnaître, avec respect et avec obéissance, la juridiction
et l'autorité de l'abbé de Saint-Pierre : il est ordonné à ces deux commissaires de les y contraindre
par la voie des censures ecclésiastiques, sans s'arrêter aux appellations qu'elles pourraient inter-
jeter, *appellatione remota*. Même long-temps auparavant elles étaient gouvernées par un prieur
particulier, qui partageait l'autorité et le commandement avec la prieure qui n'avait alors d'autre
titre que de *maxima monacha* : la supérieure des
Vestales n'avait que celui de *maxima*, pour marquer sa qualité qui la relevait non seulement sur
la compagnie commise à son gouvernement, mais
sur son propre sexe.

Enfin, ce monastère ayant souffert de funestes
révolutions, et ayant été presque ruiné durant les
guerres des séditieux du dernier siècle, a été en
celui-ci remis heureusement en l'état où nous n'a-
vons qu'à souhaiter qu'il demeure long-temps. Il
en a la principale obligation à Claude Mitte de Chevrières et à Laurence de Simiane, qui l'ont gouverné toutes deux en qualité de prieures; c'est
pourquoi cette inscription que l'on voit à l'entrée
de l'église, parle avantageusement d'elles et de
leurs bienfaits.

FAVENTE NVMINE
REGNANTE HENRICO IV
SOLERTI PIETATE D. CLAVDIÆ MITTE DE

CHEVRIERES HVIVS LOCI ANTISTITE
PROMOVENTE
DIRVTÆ HÆ ÆDES A FVNDAMENTIS
EXCITATÆ
ET D. LAVRENTIÆ DE SIMIANE PIA SO-
LERTIA SVB AVSPICIIS FOELICIBVS LVDO-
VICI XIII
LAXATÆ
EÆDEMQVE ADITV ET VESTIBVLO ILLVS-
TRIS D. SCIPIONIS DE POLLOVD DE Sᵗ
AGNIN LIBERALITATE ORNATÆ ANN. D.
M.D.CXXIII.

Scipion de Polloud, seigneur de Saint-Agnin, et alors grand-prevôt des maréchaux de France en Dauphiné, ayant contribué à cette même réparation, il a été bien juste que cette inscription fit aussi mention de lui (1).

---

(1) On lisait dans une chapelle de cette église l'inscription suivante, gravée sur un marbre que j'ai recueilli lors de sa démolition :

A l'honneur de la très-sainte Trinité. Damoiselle Françoise de Foyssi, fille de noble Arnaud de Foyssi, et de damoiselle Jeanne Morel, femme de noble Scipion de Polloud, sieur de Saint-Agnin, a ici esleu sa sépulture, et ont eu pour enfans Arnaud I. Arnaud II. Laurent. Scipion. Anne. François. Jeanne. Anne. Marie. Magdelaine. Anthoinette. Françoise. Louise. Laurence et Marguerite. Ils ont fondé

On descend de ce côté par quelques degrés en cette église; la porte qui y conduit est un ouvrage nouveau, et les curieux y trouvent de quoi se divertir par la lecture de ces inscriptions romaines, aussi bien que de s'y appliquer sérieusement par leurs adorations et par leurs respects envers la divine Majesté.

1.

DIS MANIBVS
VALERIAE EGI
TEN ET RVFINAE
RVFINVS ET SE·····
VANDVS
MATRI ET SORORI
D. S. P.

---

une messe le chescun en cette chappelle par semaine à semblable jour de leur décès. Priez pour leurs âmes.

J'ai aussi recueilli les inscriptions suivantes, qui étaient dans le cloître :

ANNO AB INCARNACIONE DNI M. C. LXXXVIIII VII ID MAI OB PORTERIA PRIORISSA STE. COLVMBEQVE DEDIT CONVENTVI VIII L. P. ANNIVERSARIO SVO QVE EXPENSE FVERVNT INVIERAT MARTINI DEMONTE QVE EST SVBT ECLIAM STI IOHIS.

VII K. NOVEB. O. AMS DE BEVIRIA MONECA Q DEDIT CONVENTVI STE COLVBE IIII S. CENSVAL. P. ANNIVERSARIO SVO ET REQVIESCAT IN PACE.

2.

**MATRIS AVGVSTIS
CATITIVS SEDVLIVS
EX VOTO**

La première est l'épitaphe de Valérie Egitenis et de Rufine, celle-là mère et celle-ci sœur de Rufin et de Servandus, gravée sans doute après l'empire de l'empereur Claude. Les trois dernières lettres D S P signifient *de sua pecunia*. Ces deux frères ayant fait dresser de leurs propres deniers un monument à ces deux femmes qui leur étaient si proches, et par les lois de la naissance et par celles de leur amour. (La dernière est au Musée de Lyon.)

Les premiers Romains, quoiqu'ils eussent dans leur ville autant de dieux que d'hommes, n'en ont pas néanmoins adoré sous le nom de *matres* et de *matræ*. Ce fut seulement sous l'empire de Pertinax et de Sévère qu'ils inventèrent cette nouvelle superstition. Ils s'imaginèrent qu'il y avait certaines nymphes qui ne refusaient point leur protection à ceux qui les invoquaient : ce que nos pères ont cru et publié des Fées en ces derniers temps, ils le croyaient et le publiaient d'elles : leur ignorance les porta même à croire que parmi elles il y en avait qui veillaient généralement à la conduite des provinces, et d'autres qui s'appliquaient au salut des empereurs, et même des personnes particulières. Ils leur attribuaient ce qui l'avait été avant eux aux

Génies et aux Lares. Plusieurs inscriptions que Gruterus a recueillies, éclaircissent assez cette vérité, et la confirment en l'éclaircissant. Donc ils leur donnaient indifféremment le nom de *matres* et de *matræ*, c'est-à-dire de mères, quoique j'avoue que le nom de *matræ* soit barbare en ce sens et n'ait pas été connu à la plus pure latinité. Mais ces divinités ayant premièrement été adorées à la campagne, on les reçut dans les villes avec les mêmes noms que les villageois leur avaient donnés. Ainsi lit-on en diverses inscriptions *matribus Gallaicis, matribus vapthiabus, matribus Pannoniorum et Dalmatiarum, dismatrabus et matris augustis*. Ce sont les mêmes qu'ils révéraient sous le nom des dames auxquelles Mestrius Marinus érigea un temple pour son salut et pour celui des siens. Il est nommé dans une inscription que le même Gruterus rapporte, *fanum dominarum*. Celles que l'on se figurait être plus étroitement attachées à la conservation des empereurs et de leur maison, avaient de là le titre de *matres augustæ*, de mères augustes, et c'est celui qui leur est donné en cette inscription, qui n'est que le monument de la piété de Catitius Sedulius, dans le soin qu'il eut de rendre un vœu qu'il leur avait fait. J'ai été obligé de m'étendre sur cette recherche assez particulière, parce que cette ville a plusieurs autres inscriptions adressées à ces mères et à ces dames, et que ce que j'en ai dit ici m'épargnera la peine d'en parler ailleurs.

Ce ne sont pas seulement les bâtimens de ce monastère qui sont redevables à cette illustre prieure, Claude Mitte de Chevrières, de ce qu'elle les a relevés de leur ruine; la règle de St-Benoît y ayant été abattue aussi bien qu'eux, par les désordres des guerres civiles, lui doit le même rétablissement. Elle est ensevelie dans les cloîtres, dans une chapelle dédiée à Saint-Jean, et cette épitaphe honore son tombeau.

P. M.
D. CLAVDIÆ MITTE DE CHEVRIERES NO͞MIN SANCTE' ALIAS I D PETRI LVGDVN. COENOBIO VITA RELIGIOSA EXORSÆ QVAM HIC FOELICITER COLLAPSAM INIVRIA TEMPOR DISCIPLINA͞ AVSPICATAE HOC MARMOR SANCTIMONIÆ ET MONIMENTV͞ GRATA ANTISTITÆ ILLI SVFFECTÆ PIETAS POSVIT QVÆ EAM SEQVI CVPIT ET ASSEQVI OB. XXII IVNII. MDCXII (1).

(Ce marbre, qui est en mon pouvoir, contient sur l'autre face une épitaphe plus ancienne de Guilleaume de Suère.)

---

(1) Des lettres-patentes de Philippe de Valois en faveur de ce monastère, datées de Sainte-Colombe, le 5 août 1343, nous apprennent que ce souverain avait acquis du dauphin la Maison-Rouge, sise dans le bourg près des murailles, et que les religieuses étaient dans la possession immémoriale

CHAPITRE VII.

Description d'un ergastule qui est dans le jardin de ce monastère. Prison des premiers chrétiens et même de saint Ferréol. A l'honneur de qui une église est bâtie sur cet ergastule.

Des cloîtres on entre dans un jardin fort spacieux et agréable : il regarde le canal du Rhône qui, en cet endroit, a un avantage qu'il n'a dès sa source en nul autre ; car il y est si droit durant une lieue, que ce n'est pas un médiocre plaisir aux yeux que de le suivre et de se promener en liberté sur ce cristal liquide, comme parlent les poètes. Mais ce qui rend ce jardin infiniment plus remarquable, est un ancien ergastule qui y paraît encore entier : son entrée regarde le septentrion, et on y descend par quelques degrés, étant souterrain comme tous les ergastules. A quelques pas de là, on rencontre une cave de hauteur d'une pique, longue d'environ quarante-

---

de prendre et enlever les portes de leurs débiteurs en demeure de les payer, etc. Il paraît qu'anciennement elles ne faisaient pas vœu de clôture, puisqu'un traité de l'an 1390 détermine qu'aux processions générale leur croix serait placée à côté de celle des religieux de Saint-Pierre. Le roi Philippe de Valois fonda dans ce monastère, en 1332, une rente de dix livres par an, payable le jour de Saint-André, sous l'obligation de prier pour la prospérité de la maison royale et le maintien de la paix.

cinq pas, et large d'environ quatorze : à la droite et presque au milieu, on passe par une ouverture étroite et basse à une grotte assez large et assez haute, qui s'étend des deux côtés, c'est-à-dire, vers le midi et le septentrion, par où elle est fermée ; de manière qu'elle n'y a point et n'y a jamais pu avoir d'issue. À la gauche, deux autres se présentent, dont l'une va jusqu'au Rhône, et l'autre mène à un cabinet peu spacieux, percé en un de ses angles par un petit soupirail, formé d'un canal qui donnait une libre sortie à la fumée. Voilà ce qu'il y a qui mérite d'être considéré du côté du couchant et de celui de l'orient : mais vers le midi, avant qu'une autre porte qui est assez visible eût été bouchée, ce qui n'a été fait que depuis quinze ou seize ans, on entrait en une autre grotte assez haute, et large à proportion de sa hauteur. Elle n'est pas conduite en droite ligne vers le midi, non plus que celle que nous avons déjà décrite, et qui s'offre à la droite de cette principale cave, ne l'est pas vers le couchant ; au contraire, elle s'étend vers l'orient et vers l'occident, et est fermée d'une forte muraille de ces deux côtés. Comme on est parvenu au bout, ce qui ne se peut en quelques lieux sans assez de difficulté, à cause que la voûte y a cédé au poids des années, on y remarque, dans la muraille qui lui sert de clôture, deux petites fenêtres, comme deux larmiers, par où le jour était autrefois envoyé aux malheureux que leur condition ou leurs crimes avaient ensevelis dans cet ergastule. D'autres grottes répondent à cette grande cave qui se présente la première. Cette prison souterraine pouvait enfermer un grand nombre de personnes, et peu d'hommes leur en rendaient la sortie impossible. Pour plus de sûreté, il y avait à l'entrée une forte tour pour la défendre, et, je le conjecture, par un massif qu'on y a découvert depuis peu. Il a d'étendue plus de quatorze pas vers le nord, et bien davantage vers le levant et le couchant. Il est à croire qu'il servait de fondement à une tour construite de ce côté, pour résister ou à la violence de ces esclaves et de ces prisonniers, ou à une conspiration étrangère.

L'usage des esclaves était aussi fréquent sous l'empire romain, qu'il l'est aujourd'hui parmi les barbares. On les employait à toutes choses, et aux ouvrages les plus importans. Les particuliers en avaient souvent jusqu'à six et à sept mille, et les villes n'en avaient pas moins. C'est par eux que tant de superbes bâtimens, destinés à un service public, étaient élevés presque sans dépense. Les temples, les théâtres, les thermes, les ponts, les aqueducs et les fortifications des villes, étaient leur occupation ordinaire. Rarement appelait-on pour les construire ou pour les réparer, des personnes libres qui ne pouvaient être employées que par l'espoir du paiement et de la récompense. Ils étaient enchaînés, et outre cela, on les enfermait la nuit comme des désespérés, que l'amour de la liberté était capable de porter à toute sorte d'entreprises, et peu d'entre eux étaient déchargés des fers et des chaînes, et exempts de cette horrible prison. Je ne rapporterai, pour la preuve de cela, que le témoignage de Columelle : *Optimè solutī servis,* dit-il, *cellæ meridiem æquinoctialem spectantes fient vinctis quam saluberrimum subterraneum ergastulum plurimis, sitque id angustis illustratum fenestris, atque à terra sic editis ne manu contingi possint.* Il ordonne ainsi au père de famille, qui a un grand nombre d'esclaves pour la culture de ses fonds, que leur ergastule soit souterrain (et celui-ci l'est) et qu'il ne soit éclairé que d'étroites fenêtres (et celui-ci l'était aussi). Le même auteur, pour montrer quel était souvent le nombre de ces esclaves et l'étendue de ces ergastules, dit que les grands de son siècle faisaient vanité de posséder des fonds qui n'étaient occupés d'aucune chose, s'ils ne l'étaient *nexu civium et ergastulis* (1).

---

(1) Je crois avoir prouvé dans mes *Notices historiques et statistiques sur Ste-Colombe et sur St-Romain-en-Galles,* que ces voûtes souterraines n'étaient point un ergastule, et surtout que S. Ferréol n'y a pas été enfermé; elles appartenaient à un vaste bâtiment décoré avec magnificence, et qui sans doute était la demeure d'un grand; on a trouvé dans la vigne sur l'emplacement de laquelle était bâti cet édifice, des morceaux des plus beaux marbres. On croit qu'il y avait dans cet endroit un pont pour traverser le Rhône; les débris de murs antiques que l'on trouve en aval du pont de la *Quavieille,* paraissent être ceux de la culée. En sondant le fleuve dans cette direction, l'on a reconnu divers pilotis en bois, même du côté du Champ-de-Mars. La prison de S. Ferréol devait être à St-Romain : l'on y voit encore les restes d'une ancienne église, désignée dans les vieux titres sous le vocable de St-Jean et de St-Ferréol, et qui, d'après les chroniques, avait été bâtie sur l'emplacement de la prison.

La haine que les païens portaient à la religion chrétienne, de laquelle ils ne pouvaient souffrir les progrès, leur persuada sous l'empire de Dioclétien, et les avait déjà persuadés auparavant, de traiter comme de vils et de malheureux esclaves ceux qui l'avaient embrassée. Ils les assujettirent aux mêmes supplices, et les ergastules devinrent leur prison. Celui-ci fut sans doute celle de ces fameux martyrs de l'église de Vienne, et S. Ferréol, qui a eu dans l'admiration de cette église naissante un illustre rang parmi les plus illustres, a été de ce nombre. Son emploi, qui était des plus relevés, le rendait fort considérable; néanmoins le gouverneur de cette province le fit jeter dans une obscure prison, d'abord qu'il eut déclaré qu'il était chrétien et refusé de sacrifier aux idoles. L'histoire de son martyre raconte que deux jours après ses fers tombèrent de ses mains, et que la porte de cette prison lui fut miraculeusement ouverte, qu'il passa le Rhône à la nage, et qu'avec beaucoup de peine il gagna l'autre rivage auprès de la rivière de Jère. Quoique je n'ignore pas le jugement que l'on doit faire de la plupart des anciennes légendes des saints, si est-ce qu'il est certain qu'on leur doit ajouter foi sur les choses qui ne regardent que les lieux, quoique l'on ne le doive pas toujours absolument en celles qui regardent les personnes. Cela étant, il faut avouer qu'il y avait une prison pour les chrétiens au-delà du Rhône, du côté de Sainte-Colombe, car Jère est en deçà. Or il n'y a point d'apparence qu'il y ait jamais eu de lieu plus propre à l'être que cet ergastule ; et le soin que l'on avait eu de le fortifier appuie cette conjecture. Outre que l'ancien auteur du martyrologe que Molanus a mis en lumière, nomme cette prison très-horrible, *teterrimum carcerem*, certainement on ne saurait appliquer à celle-ci de nom plus favorable. Il est vraisemblable que l'église que Castulus fit bâtir en l'honneur de ce grand martyr, la renfermait ; et ce qui me donne cette pensée, c'est que celle que S. Vamert lui fit succéder, pour y déposer les saintes reliques de ce sacré héros, ayant été faite sur le même dessin et le même plan au lieu nommé, le miroir ou le mireau enfermait aussi une voûte souterraine, comme pour représenter celle-là : davantage, celle qui est l'ouvrage de Vuillicaire et de laquelle nous avons déjà parlé, n'ayant pas la beauté des deux premières, en a néanmoins cette partie ; et ce n'est pas sans dessein que la grotte que l'on y voit au-dessous du grand autel y a été élevée. Mais quel sujet en peut-on avoir eu, si le désir d'apprendre ces choses à la postérité n'en a été le motif ?

CHAPITRE VIII.

Couvent des religieuses de Sainte-Marie : marques d'antiquité. Inscriptions romaines.

Le couvent des religieuses de Ste-Marie n'aurait rien qui pût entrer en comparaison avec celui de

Ste-Colombe, si une même probité ne régnait également en tous deux : cet ordre est d'une institution nouvelle dans le christianisme, et d'un moderne établissement dans ce lieu (1). Ce couvent occupe le local d'un jeu de paume ; et c'est un heureux changement que là où les hommes se divertissaient à un exercice profane, les anges aient le plaisir de voir pratiquer à tous momens les plus purs et les plus nobles exercices de la vertu. Les fondemens en ayant été creusés, on y découvrit des marques d'une illustre antiquité ; des masures d'une épaisseur extraordinaire, ne donnèrent pas moins de satisfaction aux curieux que de peine aux ouvriers ; et un pavé de petites pierres de plusieurs couleurs, qui formaient diverses figures d'animaux et de plantes, s'étendant de tous côtés, apprit qu'il y avait eu autrefois ici ou un temple ou un palais d'une superbe structure.

Avant que de sortir des murailles de ce bourg, où il ne nous reste plus rien à voir, puisque ce n'est pas mon dessein de m'arrêter aux maisons particulières dans cette description, ni d'en confondre les intérêts avec ceux du public, n'oublions pas ces inscriptions qu'on y a vues au temps de nos pères :

---

(1) Les religieuses de la Visitation, à Condrieu, achetèrent, le 30 août 1642, l'emplacement où ce monastère a été fondé, et en 1644, cinq d'entre elles vinrent s'y établir. Au commencement du dix-huitième siècle, on jeta les fondemens d'une nouvelle maison ; elle n'a pas été achevée. Elle appartient aujourd'hui à MM. Michoud et Guillermet.

1.

D.   M.
B. . . . . PVS
. . . . NO FILI PA
TRI ET CO
NIVX MA
RITO. OPTIMO

On n'en peut tirer d'autre sens, si ce n'est que c'est le dernier devoir qu'un fils rend à son père et une femme à son mari : *filius patri, et conjux marito optimo.*

2.

D.   M.
L. CÆCILI PISONIS
CIVIS ARAVS CÆCILIVS
MARIANVS ET VALERIVS
ORPINTVS FILII PATRI
PIISSIMO
ET VAL MARITIMA
CONIVGI
INCOMPARABILI.

Cette épitaphe est, comme la précédente, le témoignage d'une même piété, Valeria Maritima, Cæcilius Marianus et Valerius Orpintus, ses fils, ayant érigé ce monument à L. Cæcilius Pison, citoyen de la ville d'Orange, et mort en celle-ci.

3.

D.   M.
SECVRITATI ÆTERNÆ
IVLIÆ IVLIANÆ
C. MODESTVS ISMARAGDVS
VXORI KARISSIMÆ
ET PIENTISSIMÆ
ET DVLCISSIMÆ

Le tombeau que des poëtes appellent une maison éternelle, est ici nommé une éternelle sûreté; et certainement Julia Juliana, à laquelle celui-ci fut dressé, n'était pas une femme d'une médiocre vertu, puisque son mari rend pour elle à la postérité un témoignage si favorable. Il la nomme très-chère, très-pieuse et très-douce (1).

---

(1) Le célestin Dubois en ajoute une autre :

DIS MANIBVS
VALERIAE F. CITEN
ET RVFINAE RVFINVS
ET SERVANDVS MATRI
ET SORORI D. S. P.

Elle était gravée sur un cippe. Des sœurs et une mère

CHAPITRE IX.

Divers territoires remarquables aux environs de Sainte-Colombe. Ampuis. Condrieu. Miracle de saint Éloi à Ampuis. Inscription romaine. Verenay. Cumelle. Vezerance. Aqueducs.

La porte de Ste-Colombe, qui regarde le midi, présente le grand chemin qui conduit à Ampuis et à

---

avaient élevé ce monument à la mémoire de Valerius. Spon, *Recherches sur les antiquités de Lyon*, nous a conservé les deux inscriptions suivantes, découvertes de son temps à Ste-Colombe; elles n'existent plus, de même que les précédentes; c'est pourquoi nous avons jugé à propos de les rapporter :

      MALLO
       NIVS
      BATHYLLVS
      VIVOS SIBI

      HELLAS
      PANTOMIM
      HIC QVIESCT
      ANN. XIIII
      SOTERICVS FIL
      PII........
      S........

La première annonce que Mallonius et Bathyllus ont fait élever de leur vivant ce cippe sous lequel ils étaient inhumés. La seconde est un monument de piété filiale qui offre de l'intérêt. Les noms d'Hellas ou Hyllas et de Sote-

Condrieu, lieux remarquables par la beauté de leur situation, et par la bonté des excellens vins qu'ils produisent. Ampuis appartient à l'illustre maison de Maugiron ; il s'étend jusqu'auprès de Condrieu, et était autrefois une partie de son territoire. Une donation, comprise avec plusieurs autres actes dans l'un des anciens chartulaires de l'abbaye de Saint-Pierre, porte que les choses données sont *in agro Condriacensi in villa Ampucio*. Il n'a pas eu seulement le nom d'Ampuis, mais encore celui d'Ampoysiacus et d'Amputheus, qu'il avait il y a environ six cents ans. Oger d'Ampuis vivait l'année 1246 ; il est

---

ricus sont grecs, et Hellas a le titre de pantomime, c'est-à-dire, qu'il était chargé d'exprimer, par ses danses et la variété de ses mouvemens, les choses que les acteurs devaient représenter.

Bathylle était, sous le règne d'Auguste, un fameux pantomime. Suivant Pontanus, Bathylle et Hyllas ou Hellas, étaient le même nom ; ce rapprochement des deux pierres tumulaires peut donner lieu à de graves dissertations.

En voici deux autres qui font partie du Musée de Lyon, et qui ont été apportées de Ste-Colombe ; la première est chrétienne.

    AVXLLIVS
    VIXXIT AEN
    NOS XXXVII ET
    MESIS VI ET DIES
    IIII

« Auxilius vécut trente-sept ans six mois quatre jours. » Elle porte les caractères d'un temps barbare.

  EGO PATER VITALINVS ET MATER

nommé présent à la vente d'une pension de trois setiers de froment, faite cette même année par Drodon Clavel au monastère de St-Pierre, de l'autorité de l'archevêque Jean I*er*, et y est qualifié *Miles*, comme ce vendeur l'est aussi. Je ne doute pas qu'il ne fût seigneur d'Ampuis, et que ce ne soit à sa race que celle de Maugiron a succédé en la possession de cette terre. Mais Girard d'Ampuis, *de Ampusio*, vivait l'an 1069, et ainsi long-temps avant Oger, qui peut-être tira son origine de lui. Des affaires de grande importance ayant obligé S. Eloi, ce célèbre évêque de la ville de Noyon, à venir en Provence, S. Ouen, qui a écrit sa vie, dit qu'il passa à Ampuis, qui est placé

MARTINA SCRIBSIMVS NON GRAN
DEM GLORIAM. SED DOLVM FILIO
RVM TRES FILIOS IN DIEBVS XXVII
HIC POSVIMVS SAPAVDVM FILIVM
QVI VIXIT ANNOS VII ET DIES XXVI
RVSTICAM FILIAM QVI VIXIT ANNOS
IIII ET DIES XX ET RESTICVLA FILIA QVI
VIXIT ANNOS III ET DIES XXXIII

M. Millin veut qu'on la traduise ainsi : « Moi, Vitalinus
» père, et Martina mère, nous n'avons pas inscrit sur cette
» tombe une grande gloire, mais la perte de nos enfans.
» Nous en avons ici déposé trois en vingt-sept jours, sa-
» voir : notre fils Sapaudus qui a vécu sept ans vingt-six
» jours; notre fille Rustica, qui a vécu quatre ans vingt
» jours, et notre fille Rusticula, qui a vécu trois ans et
» trente-trois jours. » Le mot *gloria* est ici opposé à *dolum*,
perte, et rappelle que les anciens tiraient une grande gloire
du nombre de leurs enfans.

sur le Rhône, et qui appartenait alors à Erchembert, homme d'une grande dignité, puisque cet auteur le nomme *illustrissimum virum*, titre d'honneur, qui n'était alors communiqué qu'à ceux auxquels l'étaient les emplois les plus relevés. *Profectusque inde Eligius*, dit cet auteur, *venit in villam quæ Ampucius vocatur, sitaque est in ripa Rhodani fluminis, pertinetque ad prædium Erchemberti illustrissimi viri.* En effet, c'est celui qui succéda à Gondoald en la mairie du palais de Dagobert l'an 640, et qui y eut pour successeur Ebroin l'an 663 : il mourut cette année, et saint Eloi le suivit de bien près. Le moine Ademarus le nomme Ercanaldus et Eccembaldus, que le docte feuillant Pierre de Saint-Romuald a remarqué judicieusement n'être autre chose qu'Archambaud : il ajoute que ce saint prélat étant entré dans l'église d'Ampuis pour y faire ses prières, un démoniaque se présenta à lui, et qu'il le guérit incontinent. Cette église est dédiée à saint Baudile, et le culte de Dieu y ayant été long-temps négligé, Hugues qui était alors le seigneur de cette terre, fut conseillé par Blandinus, doyen de Lyon et abbé de St-Irénée, de la remettre, comme il fit, à Girard, abbé de Saint-Pierre, pour l'y rétablir : ce Girard vivait il y a plus de cinq cents ans. Enfin, on y a découvert depuis peu, dans le jardin qui joint le château, des masures, et des pavés de marqueterie (1) qui montrent assez

---

(1) Il y a quelques années qu'on y trouva des médailles en bronze à l'effigie de Claude le Gothique.

combien étaient magnifiques les bâtimens dont ils ne sont que le reste des ruines. Et certes il n'y a pas apparence que la beauté de ce lieu, n'ayant pu être inconnue aux Romains ni aux anciens Viennois, ne les ait pas approchés d'elle, et n'ait reçu en même temps des marques de leur estime. Cette inscription qui s'y lit, gravée sur une colonne, ne souffre point que je le croie :

  IMP. CAES....
  I. VERVS. MAX
  AVG.... GERMA
  MAXIMVS
  TRIB... IMP. V...
  TIMP..... CI
  .... MA... P
  MAXIM......
  C. IVL... VERVS MAX...
  ...S. NOBILISSIM
   M. P. II. (1)

---

(1) Cette colonne a été transportée au Musée de Lyon. L'inscription, mal lue par Chorier, est ici rectifiée, elle a été ainsi traduite par M. Artaud : « L'empereur César Caius Julius Verus Maximus, auguste germanique, souverain pontife, père de la patrie, exerçant la puissance tribunitienne, pour la cinquième fois vainqueur........, prince excellent et très-grand, dacique très-grand, sarmatique très-grand;..... et Caius Julius Verus Maximus, son fils, dacique très-

Verenay est une des paroisses d'Ampuis, en nous approchant de Vienne ; son nom, en des actes du règne de Conrad et de Rodolphe, est *Venenucus* et *Venenaus*.

Le territoire de Cumelle et de Vezerance sont sur le même chemin qui tend à Vienne, le long du Rhône. Vezerance a du rapport à Vezeronce, où les enfans de Clovis donnèrent cette sanglante bataille aux Bourguignons, de laquelle nous parlerons en son lieu (1). C'est ce qui a jeté dans l'erreur ceux qui se sont imaginés que c'est ici que se rencontrèrent les armées de ces deux peuples ennemis. Ce n'est pas d'aujourd'hui que le territoire de Cumelle est abondant en vignes (2) ; il l'était déjà

---

grand, sarmatique très-grand, nobilissime César deux mille pas. »

Il paraît que ces princes firent de grandes réparations aux chemins des départemens du Rhône, de la Loire et de la Haute-Loire. Les pierres milliaires de Feurs, d'Usson et de St-Paulien, sont des monumens qui rappellent leur munificence et leurs droits à la reconnaissance des peuples.

(1) Vezerance est une gorge très-étroite dans laquelle coule un petit ruisseau ; elle aurait été peu propre à servir de champ de bataille, tandis que Vezeronce, près de la Tour-du-Pin, offre un local favorable au développement d'une armée.

(2) Ce territoire est de la paroisse de Saint-Cyr ; les vins de Montlis, de Cumelle et de Vezerance sont très-estimés. L'une de mes filles a trouvé sur le rivage du Rhône, une médaille gauloise en argent ; et en me promenant au même endroit, j'ai recueilli un petit buste de Mercure en bronze,

sous le règne de Conrad, et n'a cessé de l'être depuis. Deux titres du chartulaire de l'abbaye de Saint-André me l'apprennent, ce territoire y étant appelé *Comella* et *à Comella*. Les anciennes médailles que l'on y a trouvées, et de vieilles murailles qui y paraissent en divers endroits, montrent qu'il a été orné autrefois de maisons particulières et d'ouvrages publics très-signalés. C'est même mon opinion que la religion chrétienne ayant remporté la victoire sur le paganisme en cette province, les anciens prélats de cette ville y fondèrent quelque monastère ou quelque temple fort révéré. Du moins on y a trouvé des os et des tombeaux en divers endroits, et il n'y a pas apparence qu'ils aient été fiés à une terre profane. Des cercueils de plomb y ont été découverts dans quelques vignes, sous les coups de pic des ouvriers au milieu de murailles

---

qui avait servi de manche à un couteau. Il y a quelques années qu'un particulier de Vernay retira du fleuve, au-dessous de la Maison-Blanche, une tablette en marbre sur laquelle était gravée l'inscription suivante, consacrée à la mémoire de Marcus Sextius Primus, affranchi d'Atticus :

M. SEXTIO
PRIMI
LIB.
ATTICO

Cette tablette, employée à l'âtre d'une cheminée, a été détruite. On remarque dans les temps de sécheresse, la trace d'une voie publique qui traversait la pleine de Cumelle.

renversées. Veut-on une plus forte preuve de cette conjecture? On voit même (non guère loin) des aqueducs souterrains, que le peuple peu judicieux croit avoir une autre issue au-delà du Rhône, et répondent à quelques autres qui descendent du château de Pipet.

CHAPITRE X.

Eglise de Saint-Jean ruinée. Masures et restes d'antiquité remarquables. Le Mireau ou le Miroir. Eglise dédiée à saint Ferréol par saint Mamert.

Sur ce grand chemin, à deux cents pas de Ste-Colombe, était autrefois une église dédiée à St-Jean; le territoire qui était aux environs, en conserve le nom, et quelques masures qui restent montrent que ce n'était pas un édifice médiocre. Elle fut renversée et brûlée par les troupes envoyées par les Arabes d'Espagne, au secours des enfans de Guesfier, duc d'Aquitaine, contre Charles Martel, environ l'an 726 (1). Il semble que tout ce qu'il y a de vignes de ce côté (et elles remplissent presque tout ce territoire), n'est planté que sur un massif

---

(1) Elle n'a été ruinée que durant les guerres du quatorzième siècle. Le testament de la veuve d'Humbert de la Porte, du 4 des ides d'août 1315, contient un legs de vingt sous pour les réparations de cet édifice.

continuel composé d'un ciment très-fort, et couvert presque partout d'un pavé de marqueterie, qui serait encore entier si on ne le perçait tous les jours avec dessein en beaucoup de lieux, et si on ne l'arrachait en d'autres, pour rendre cette terre plus capable de répondre aux désirs de ses possesseurs (1). Changement étrange et déplorable de ces maisons si magnifiques, de ces églises si vénérables autrefois, et de ces monastères si renommés! Il n'en reste que des masures et des fondemens à moitié arrachés, qui apprennent par leur chute la faiblesse des choses humaines : *Et seges est ubi Troja fuit*. Ce que l'orgueil des idolâtres, ce que la piété des chrétiens avait élevé avec tant d'art et de soin, a souffert la même injure, et l'injustice des hommes n'a pas fait réflexion à la différence de leurs causes.

Non guère loin de là, on voit debout, au milieu de quelques vignes en un territoire nommé le *Mireau* ou le *Miroir*, des murailles d'une rare structure. Elles étaient autrefois couvertes de petites plaques de marbre vert, qui leur donnaient une merveilleuse grâce. C'est ce que les anciens nomment incrustation, comme nous avons déjà remarqué. La terre ayant été creusée au pied il y a quelques années, on rencontra ce qu'elle cachait sous leurs

---

(1) Le joli tableau en mosaïque que l'on voit au musée de Lyon, représentant une lutte de l'Amour et du dieu Pan, a été tiré du territoire de St-Jean.

ruines encore orné et enrichi de cette manière.
Ces pièces de marbre y étaient attachées, et elles
y avaient été appliquées avec tant d'art, qu'elles
semblaient n'en composer qu'une. Ces murailles
renferment une voûte souterraine dont l'ouverture
paraît fort visiblement. Les colonnes, les frises et
les chapiteaux de marbre blanc, qui ont été tirés
depuis peu d'années du milieu des masures répandues de tout côté, témoignent quelle a été la magnificence et la beauté de cet édifice (1). Mais il ne

---

(1) Son nom de *Miroir* vient du latin *mirus*, chose admirable. Depuis Chorier, il a été tiré de ces ruines une quantité prodigieuse de morceaux d'architecture, de marbres les plus estimés, tels que fûts de colonnes, chapiteaux, socles, etc. Un superbe torse qui est au musée de Vienne, en est aussi sorti. M. Michoud y a fait faire des fouilles cette année et les précédentes, et ses recherches lui ont procuré un grand nombre de débris curieux. On a reconnu une salle d'étuves avec les fourneaux pour chauffer l'eau, une salle de bains assez vaste, dont l'aire, les parois, les siéges étaient revêtus de marbre, le canal circulaire qui distribuait les eaux, etc. Dans la salle de bains, on a trouvé deux torses remarquables par leur perfection; ils sont un peu plus grands que nature. L'un d'eux représente une Vénus accroupie dans un état de nudité. Il paraît que cette divinité tenait sur ses genoux l'Amour, du moins on le juge ainsi, d'une petite main que l'on voit appliquée sur le dos de la figure principale. L'autre torse parfaitement drapé, est d'une femme que l'on croit être *Hygie*. Une main tenant un serpent, trouvée dans le même local, et qu'on conjecture avoir appartenu à cette statue, semble indiquer ce sujet.

fallait pas qu'il en eût moins, pour avoir le premier rang entre les monastères *Griniacenses ;* car cette église, qui est appelée *præclarissima domus marty-*

M. Schneyder avait déjà recueilli de son temps, au Miroir, un chapiteau symbolique qui est au musée de Vienne ; il a pour décoration, en place de volutes, des poissons ; et au lieu de rosaces, des coquilles de mer contre le tailloir. Cette disposition n'indiquerait-elle point qu'il appartenait à un temple de Neptune ? Sa proximité du Rhône, l'existence d'un corps de *Nautes* et d'*Utriculaires* à Vienne, favorisent cette opinion.

M. Rozier nous apprend (*Mémoire sur les vins*) qu'il avait été découvert dans ce même local, une urne qui contenait du rob de vin cristallisé, et madame Michoud y a trouvé aussi quatre pierres gravées, d'un travail médiocre.

Tout près de là, dans la vigne de la Chantrerie, on mit en évidence, dans l'année 1775, une mosaïque de la plus grande dimension, qui sans doute avait servi de pavé à une salle ou *triclinum*. Outre les rinceaux, les rosaces et les compartimens dont elle était ornée, on remarquait un tableau d'une composition parfaite. En tête étaient cinq bustes que l'on reconnaissait à leurs attributs pour être ceux des quatre saisons, ayant au milieu la tête de Méduse. Au-dessous on distinguait un rempart sur lequel était une tente ; un vieillard placé auprès signalait quelque chose avec le doigt. A côté de lui, un jeune homme sonnait de la trompette. Au bas du rempart était un cavalier presque nu, armé d'une lance, ayant autour de lui trois femmes qui paraissaient effrayées. On voyait sur le parquet, un bouclier, un sabre, un peloton de fil, etc. Ce sujet exerça les savans archéologues, on crut généralement reconnaître dans le tableau l'enlèvement des Sabines ; mais M. Verninac, premier préfet du département du Rhône, en ayant vu le

rum par l'archevêque Adon, était accompagnée du plus célèbre de tous, et l'étendue des masures qui environnent ce lieu, marque assez clairement celle qu'il avait. Les Maures d'Espagne l'ayant réduit en cendres sous Charles Martel, les ministres de l'état français ayant fait leur propre des revenus des biens ecclésiastiques, et la ferveur qui enflammait le zèle de nos premiers prélats, étant enfin dégénérée en un amour aussi violent de leurs intérêts particuliers, que leurs prédécesseurs en avaient eu pour ceux de Jésus-Christ, un lieu si sacré est devenu profane, et ces trois causes ont

---

dessin en 1800, pensa avec raison que cette scène représentait Achille à la cour de Scyros, au moment où il est reconnu par Ulysse. Cette opinion a été adoptée comme la plus probable. Il ne reste plus rien de ce magnifique pavé; un voisin, jaloux de voir l'affluence d'étrangers que cette découverte amenait à St-Romain, la détruisit dans une nuit.

Dans la même vigne, il a été rencontré une autre mosaïque, il y a cinq ans, qui a plus de vingt pieds de long sur douze à quinze de large. Le tableau du milieu représente Orphée coiffé du bonnet phrygien, assis et pinçant de la lyre. Le reste du pavé comportait cinquante tableaux plus petits, offrant quelques-uns des rosaces, d'autres des oiseaux, et les autres des quadrupèdes. Ce parquet, infiniment curieux, et qui peint si bien la puissance de la musique sur les animaux, ne subsiste plus dans son entier; on a réduit le nombre des tableaux, et le principal sujet se voit au musée de Lyon: M. Cochard en a procuré l'acquisition à la ville. Le dessin de toutes ces mosaïques précieuses se trouve dans le recueil de celles du Midi, publié par M. Artaud.

ravi à Dieu ce qu'elles ont partagé aux hommes. Ce que l'on publie de Sempronius Graccus et du grand Pompée, est une fable mal concertée. Il y en a qui s'imaginent que celui-là passant en cette ville pour aller commander en Espagne, fit construire ici un palais; d'autres disent que c'est Pompée, et qu'il fut appelé le *Miroir*, parce que la maîtresse de celui-ci y étant logée, ces deux amans se servaient d'un grand miroir, pour se voir plus facilement l'un l'autre. On dit que Pompée avait son palais dans Vienne, sur l'éminence que le couvent des pères capucins et la maison des pères de la compagnie de Jésus occupaient autrefois, et que sa maîtresse avait couvert la muraille du sien de ce côté, d'un grand et merveilleux cristal, à l'aide duquel Pompée lui apprenait, de moment en moment, ce qu'il voulait qu'elle sût de la force de son amour. Il leur était un fidèle interprète qui leur expliquait, par certains signes concertés, les pensées que leurs paroles ne pouvaient leur porter à cette distance. Qui ne voit d'abord qu'il n'y a rien là qui ne soit fabuleux et imaginé à plaisir ? Il est vrai qu'Adon écrit que Graccus *apud Viennam urbem Galliæ in Hispaniam ulteriorem transiens platomam miro opere construxit, et pontem super Rhodanum ab utroque littore castris miro opere fundatis superduxit.* Mais il ne parle d'aucun palais, et ce mot barbare de *platoma* ne peut être pris en ce passage, que pour quelque sorte de fortification et non pour une maison de plaisir. Pour Pompée, quoique je ne nie pas que l'amour ne lui ait été une passion qu'il n'a pu vaincre, et encore moins tenir cachée, quelle apparence de se persuader qu'allant en Espagne avec hâte comme il faisait, pour s'opposer aux progrès de Sertorius, il se soit amusé à bâtir et à faire l'amour en cette ville?

Peut-être que le jugement avantageux que l'on est contraint de faire de ces anciens bâtimens par leurs superbes ruines, est la cause de ce que l'on juge qu'il ne leur faut donner d'autre auteur que les Romains, qui établissaient l'éternité de leur nom et de leur gloire en de pareils ouvrages. Nous avons encore trop de témoignages de leur magnificence pour ne la pas avouer; et néanmoins il n'est pas juste de lui attribuer inconsidérément tout ce qui des siècles passés est venu jusqu'au nôtre. Les premiers chrétiens étaient libéraux jusqu'à la profusion pour les églises et pour les édifices sacrés; ils n'y épargnaient ni l'or, ni le marbre. Les incrustations et les pavés de marqueterie, et enfin l'architecture n'a point de secrets qui n'y fussent employés. La description d'une église bâtie dans la ville de Lyon, par son évêque S. Patient, que fait Sidonius Apollinaris, est la preuve de cette vérité. Le nom de *Mireau* et de *Miroir* (car Mireau est dans la façon de parler du bas peuple, ce que Miroir est dans la langue des honnêtes gens) n'est pas si particulier à ce lieu, qu'il puisse appuyer ce conte fabuleux du Miroir de la maîtresse de Pompée. Il est commun à un célèbre monastère de la Bourgogne, et à un territoire qui est auprès de Paris; et en chercher l'origine, ce serait une chose superflue:

outre que l'épitaphe de Geofroy Baudoin, qui mourut l'année 1239, donne à celui-ci le nom de Mirallo, qui est fort éloigné de celui de Miroir. On voit cette inscription dans l'un des cloîtres de St-Maurice, et certainement elle détruit l'opinion vulgaire.

CHAPITRE XI.

Religieuses de Sainte-Claire à Sainte-Colombe. Carreaux avec le nom de Clarianus. Urnes. Inscription romaine.

Les religieuses de Sainte-Claire qui étaient logées dans Vienne, ont eu autrefois auprès d'ici un monastère, dont il ne reste plus que les fondemens, qui sont encore assez apparens (1). Le clergé de

---

(1) Ce monastère fut incendié par les protestans, le 10 mars 1584; les religieuses se retirèrent à Vienne, et s'établirent à la fin du même siècle au Chemin-Neuf, sous le titre d'abbaye de Notre-Dame-des-Colonnes. Guy d'Auvergne, archevêque de Vienne, avait déjà permis cette translation, suivant que l'exprime un certificat du 13 des calendes de mai 1281. On ignore les motifs qui avaient fait ajourner cette disposition.

M. George Cretenet acheta, le 22 août 1696, l'emplacement de cet ancien couvent, et y fonda, par contrat du 15 septembre suivant, un séminaire pour les missions, sous le vocable de saint François de Sales. Il fut approuvé par lettres-patentes du mois de juillet 1699. Le fondateur en

l'église cathédrale de Saint-Maurice avait la coutume d'y aller en procession la fête de l'Annonciation de la Vierge, pour y célébrer la grand'messe, l'archevêque Guillaume de Valence l'ayant établi par une ordonnance qu'il fit l'an 1240. Le territoire qui est aux environs, en conserve le nom ; et quoiqu'il ne l'ait pu recevoir que de cette sainte si célèbre, c'est néanmoins une rencontre assez remarquable qu'il s'y soit trouvé des carreaux de terre cuite, d'une largeur et d'une épaisseur non commune avec le nom de *Clarianus*. C'est une erreur de croire, comme fait Gruterus, qui représente de semblables carreaux avec d'autres noms, qu'ils aient servi sous les Romains à nul usage militaire. Les maîtres ouvriers des tuileries desquels ils sortaient, y marquaient ainsi leur nom, comme font la plupart des artisans en leurs ouvrages. Il est certain qu'il y avait sur ce rivage du Rhône diverses tuileries, et on en a trouvé en plusieurs endroits des marques bien évidentes. On découvrit ces der-

---

fut le premier supérieur, et il en conserva les fonctions jusqu'à sa mort, arrivée en 1714. Les ossemens de M. Jacques Cretenet son père, d'abord chirurgien à Montluel, ensuite fondateur et instituteur des missionnaires de Saint-Joseph de Lyon, décédé en odeur de sainteté, furent transportés au séminaire des missions de Sainte-Colombe, en octobre 1921, de l'église des Colinettes de Lyon où ils avaient été déposés. Cet établissement a été détruit à la révolution, et les biens livrés au commerce ont subi de notables changemens.

nières années, dans une vigne qui n'est pas beaucoup éloignée de Saint-Romain, un grand nombre d'urnes, disposées d'une telle façon, les unes sur les autres et la bouche tournée vers la terre, qu'il ne fut pas malaisé de juger qu'elles étaient l'ouvrage de quelque tuilerie voisine. Elles étaient rangées comme celles dont parle le conseiller Catel, qui furent trouvées à Toloze dans un aqueduc il y a environ quatre-vingts ans, et que le savant Pithou eut la curiosité d'aller voir de la ville d'Agen où il était alors avocat du roi dans la chambre de justice. Il est vrai que celles-ci étaient remplies de charbons, de terre et d'os, et que celles dont je parle parurent vides, quoi qu'on ne négligeât pas de regarder s'il y avait quelque chose dedans : aussi ayant leur ouverture vers la terre, il était assez visible qu'elles n'avaient jamais été employées au funeste usage auquel elles étaient destinées (1).

---

(1) On a découvert à diverses époques, dans la plaine de St Romain, plusieurs dépôts d'amphores rangées comme celles dont parle Chorier, des urnes cinéraires, des tuiles sur lesquelles était gravé le nom du potier, *Clarianus*, d'autres, *Clariana Numada*; d'autres encore, *Cæsar Censem*, des antefixes très-décorés, des débris de poteries représentant en relief des sujets de chasse, des jeux et d'autres scènes de la vie, des coins en terre cuite, dont l'un révèle le nom de *Cattaius*, des lampes sépulcrales. Les anses de quelques-unes des urnes contiennent les inscriptions suivantes : *Portes. daz col. viersp.* (crispi). *C. sempn. Catulli m. mar. Rebuari of. faus. C. I. A. CR.* commu-

Ces religieuses avaient, outre ce nom, celui de sœurs de Sainte-Marie, leur église ayant été dédiée en ce lieu à la sainte Vierge. Il leur est donné dans le testament de Marie Gardapère de l'an 1283, où elle lègue aux frères mineurs cinq sols, et aux sœurs de Sainte-Marie d'outre le Rhône, *de ultra Rhodanum*, trois sols. Cette monnaie n'a pas du rapport à celle qui a cours aujourd'hui parmi nous sous le même nom, et était d'un prix plus haut ; ce qui se recueille assez de ce que cette même testatrice ne donne que cent sols pour envoyer un homme outre-mer au secours de la Terre-Sainte : *Item lego cuidam clienti qui transfretet in subsidium Terræ Sanctæ, pro remedio animæ meæ, centum solidos.* On voit dans le jardin de cet ancien couvent un cercueil de pierre, qui sert aujourd'hui à recevoir les eaux d'une fontaine. Les os et les cendres de Silvanus Fortunatus y avaient été déposés par Cassia Laïs sa femme, et Cassia Fortunata sa fille ; mais il avait été placé au-dessus d'un lieu où se faisaient des jeux publics. C'est ce qu'apprend cette épitaphe qui y est gravée, et subsiste encore. Voy. ci-après, liv. V, ch. 15.

QVIETI ÆTERNÆ
SILVANI FORTVNATI

---

nis, etc. : des médailles de tous les modules en or, en argent, en bronze. M. Cochard possède un buste de Jupiter en bronze, et M. Michoud un faune en plomb, provenus des fouilles faites dans la plaine de St-Romain.

D CASSIA FORTVNATA FILIA ET M
CASSIA LAIS MARITO OPTIMO
SARCOFAGVM ET SIBI VIVA
IVXTA LVDICRVM INFERIVS

Peut-être que c'est ce Fortunatus dont il est parlé dans d'autres inscriptions (1) ; quoi qu'il en soit, il est assuré que sous les Romains il y a eu une famille de ce nom florissante et considérable dans Vienne.

CHAPITRE XII.

Commanderie de Saint-Romain-en-Gales. Reliques. Fête des Merveilles. Son origine.

La ville de Jérusalem ayant été reprise par les chrétiens sur les infidèles l'an 1131, la coutume d'y aller en dévotion se réveilla dans l'Europe ; elle y avait régné long-temps auparavant, et dès l'empire même de Constantin le Grand, sous lequel fut dressé l'itinéraire, publié par Pithou, pour la

---

(1) Siméoni, *Observ. antiq.*, en rapporte une qui existait de son temps à Vienne. La voici :

DIIS MANI
BVS SATVRNAE
FORTVNATVS
POSVIT

conduite des pèlerins. Trois ordres furent institués presque en même temps, pour faciliter ce grand voyage ; ce furent ceux des Hospitaliers de St-Jean de Jérusalem, des Templiers et des Teutons. Afin que ceux qui l'entreprenaient ne fussent contraints de s'éloigner des grands chemins, on bâtit en divers endroits, pour les loger, des maisons où ils étaient reçus à toute heure. Elles étaient accompagnées d'églises ou de chapelles selon que la dignité du lieu le demandait ; et les Templiers ou les Hospitaliers de St-Jean, pour ce qui touche la France, en étaient les directeurs, comme ils l'étaient de tous les biens qui y avaient été unis par la libéralité des princes chrétiens, et des plus zélés de leurs sujets. Voilà l'origine de ces bénéfices militaires, qui n'ont d'autre nom que de commanderie en ce royaume. L'ordre des Templiers ayant été supprimé dans le concile de Vienne, celui de St-Jean de Jérusalem, si utile et si glorieux à la chrétienté, jouit paisiblement de la plupart de ses commanderies. Sur ce rivage du Rhône, que nous visitons, est celle de Saint-Romain-en-Gales, un peu plus septentrionale que tous ces anciens monumens que nous avons décrits. Elle est du nombre de celles qui sont réservées, pour être le partage et la récompense des frères servans, qui ont bien mérité de l'ordre. Son église est d'une grandeur assez médiocre, mais d'une architecture qui témoigne beaucoup d'antiquité. Et en effet, Barnard, archevêque de Vienne, qui vivait sous le règne de Louis le Débonnaire, en est estimé l'auteur. Elle enferme plusieurs tombeaux, élevés sous des arcades qui appuient ses murailles (1); et si l'on croit à la tradition, les corps de quelques personnes de marque qui perdirent la vie par les mains des Maures, auxquels ils eurent la hardiesse de s'opposer auprès d'ici, y furent ensevelis. Les saints martyrs Exupère, Severin et Félicien ayant révélé eux-mêmes où les leurs reposaient, ils furent déposés en cette église par ce même prélat. Ces précieuses reliques la rendirent dès-lors fort célèbre, et ces trois martyrs, ayant honoré Vienne par leur naissance, en devinrent ainsi un illustre ornement après leur mort. Elles furent depuis portées à Romans par les ordres de ce même prélat, qui voulut qu'elles devinssent l'honneur et le trésor de l'abbaye qu'il y avait fondée, et qui porte aujourd'hui son nom.

Quarante-huit martyrs souffrirent la mort dans Lyon, sous l'empire d'Antonin, avec tant de générosité, que Blandine et l'enfant Ponticus semblent en disputer la gloire aux plus fermes qui aient jamais répandu leur sang pour la cause de Jésus-Christ : leur constance ébranla celle de leurs tyrans, qui ne parut pas si forte à voir leurs peines que la leur à les souffrir. Leurs corps furent réduits en cendres, pour ôter aux chrétiens l'occasion de leur rendre la vénération qui leur était due, et ces cendres sacrées furent jetées dans le Rhône. C'est

---

(1) Ces tombeaux ont été détruits un peu avant la révolution.

ce que disent d'eux et de leur martyre les anciens historiens qui en ont parlé; néanmoins leurs légendes, composées depuis environ cinq ans, ajoutent à cela un miracle incroyable à quiconque ne serait aidé de beaucoup de foi : elles racontent que ces cendres ainsi dispersées, se rejoignirent auprès de ce lieu, comme elles commencèrent à aborder Vienne, et que l'on put discerner sans confusion celles qui appartenaient à chacun de ces martyrs, dont le nom y parut visiblement d'une façon aussi mal aisée à comprendre aux hommes, que facile à l'Auteur de toutes choses. C'est ce qui ayant été publié, donna encore une haute réputation à ce territoire et à cette église, et fut la cause d'une fête, qui s'est autrefois observée avec beaucoup de magnificence et de témoignages de joie. Elle avait le nom de la fête des Merveilles; et certes celle-là ne semble-t-elle pas ou les surpasser, ou les égaler toutes? Depuis ce temps-là, le clergé de Vienne a coutume de venir ici chaque année en procession le dimanche après la fête de l'Ascension, et c'est ce qui nous reste d'une fête si célèbre (1).

---

(1) Cette procession a cessé depuis long-temps.

CHAPITRE XIII.

Eglise de Saint-Jean, auprès de celle de Saint-Romain. Inscriptions anciennes.

Long-temps avant que cette église fût bâtie, il y en avait une autre non guère loin. Elle était consacrée à saint Jean (1), comme celle de laquelle nous avons parlé, et qui est beaucoup plus voisine de Sainte-Colombe. Les fondemens en sont maintenant presque arrachés, et à peine en reste-t-il des marques assez visibles, quoique l'autel et le chœur en fussent encore debout l'an 1542. Il est vrai que l'on y a trouvé en divers temps des marbres, des tombeaux, des inscriptions anciennes, et enfin les monumens qu'on y a découverts, suffisent pour nous instruire de sa grandeur, de sa beauté et de sa magnificence (2). Sans doute

---

(1) Elle était autrefois sous le vocable de saint Jean et de saint Ferréol. C'était sans doute sur l'emplacement de cette église qu'était la prison d'où saint Ferréol s'échappa.

(2) En démolissant, il y a quatre à cinq ans, les fondations du rond-point de cette église, on découvrit les deux inscriptions suivantes, que M. Cochard fit transporter au musée de Lyon :

I.

VALERIAE T. F
CVPITAE

un des monastères Griniacenses était ici, car ils étaient peuplés de quatre cents moines, qui n'auraient pas été logés commodément s'ils ne l'avaient été qu'aux environs de Sainte-Colombe. Ces inscriptions romaines, les unes gravées sur des tombeaux, les autres sur de petits autels carrés, et d'autres sur des colonnes ou des piliers ronds, sont une preuve que ce territoire où elles ont été trouvées, et qui même en conserve encore quelques-unes, n'a pas été méprisé par les Romains Une pierre fort épaisse s'aide à former un tombeau au côté droit du grand-autel de Saint-Romain, et elle en est la couverture. Ayant été levée ces dernières années, on y trouva cette inscription en dedans,

---

T. MARIVS TIRO
ET
A. JVLIVS PARIS

Titus Marius Tiro, et Antonius Julius Paris, ont élevé ce cippe à Valérie Cupita, fille de Tiro.

2.

C. VALERI
MONTANI LIB
AMABILIS
AVENTINVS LIB
PATRONO OPTIMO

Amabilis Aventinus, affranchi, a consacré ce monument à Caius Valerius Montanus, aussi affranchi, son excellent patron.

ce qui fait voir qu'elle a été tirée d'ailleurs et accommodée à cet usage (1).

IVLIAE FOELICISSIMAE
SCHOLASTICAE (2)
QVAE VIXIT ANN. VII M. VI
P. IVL. P. F. GAL. FELIX ET IVL
NOVELLA PARENTES FIL
DVLCISSIMAE Ǝ⁻ SIBI VIVI
FECERVNT ET SVB ASCIA DEDICARVNT

Le célestin Jean Dubois, qui rapporte cette épitaphe, écrit, pour louer sa curiosité et ses soins, que personne ne l'avait vue avant lui; et néanmoins ce même tombeau avait été ouvert plus de trois-vingts ans auparavant, comme m'apprend un ancien recueil des inscriptions de cette ville où il est représenté. Gruterus range cette épitaphe au nombre des monumens anciens qui regardent les personnes lettrées; et quoique cette Julia Felicissima, fille de P. Julius Félix et de Julia Novella, ne fût âgée lorsqu'elle mourut que de sept années et six mois, le nom de *scholastica*, c'est-à-dire d'écolière qui lui est donné, témoigne qu'en cet âge-

(1) Elle a été transportée au musée de Lyon.
(2) Après le mot *Scholasticæ*, deuxième ligne, il faut ajouter ces mots grecs : ΙΛΛ ΡΕΙ qui s'y trouvent.

là elle s'appliquait déjà heureusement à quelque sorte d'étude (1).

---

(1) M. Millin a pensé avec assez de raison que *Scholastica* était un nom, et il traduit cette épitaphe de la manière suivante : A Julia Felicissima Scholastica, qui vécut sept ans cinq mois. P. Julius Félix, fils de P., de la tribu Galeria, et Julia Novella, ses père et mère, à leur fille bien-aimée; ils ont fait faire ce monument de leur vivant, et ils l'ont dédié *sub ascia*.

Voici deux autres inscriptions qui étaient dans la même église, et qui sont aujourd'hui au musée de Lyon :

```
         D.   M.
     ET QVIETI PER...
     TVAE C. RVSON...
     SECVNDI IIIIVIR
     CCC. AVG LVG ITE
     SAGARIO. C. RVSON.
     MYRON IIIII VIR A...
     LVG. HONORATVS I....
     CENTONARIVS HO....
     RATVS ET SAGARIVS....
     PORATVS COLLIBE....
     BONORVM EXEMP....
     ERGAME HERES EX...I
     VSSV EIVS SOLVS POS
             ET
     SVB ASCIA DE....
         CAVI.
```

Aux dieux Mânes, et au repos perpétuel de Caius Secundus Ruso, sévir augustal de la colonie Copia, Claudia, Augusta de Lyon, et marchand de saies. Caius Ruso Myron, sévir augustal honoré de Lyon, centenier honoré, et

Cette épitaphe est d'une fille païenne, mais celle-ci est d'un chrétien nommé Eufrasius Benedictus, mort à l'âge de soixante-dix ans deux mois et sept jours; l'espérance de la résurrection qu'il déclare d'avoir, en est un assez grand témoignage. Elle est dans la même église, un peu plus bas que l'autel.

**HIC PAVSAT EVFRA
SIVS BENEDICTVS IN
PACE QVI VIXIT AN**

---

marchand de saies incorporé, son co-affranchi, héritier de ses bons exemples, a posé seul cet autel par son ordre, et l'a dédié *sub ascia*.

Cette dernière inscription est curieuse, en ce qu'elle nous apprend que Ruso Myron appartenait non seulement à l'ordre des sévirs augustaux, mais encore à la corporation des marchands de saies, espèce de tunique militaire, empruntée des Gaulois; mais encore à celle des centons, c'est-à-dire des fabricans de courroies, destinées à couvrir les galeries dont on se servait à l'armée pour l'approche des places.

POMPEIAE CN
FIL. POTITAE
P. PANTIVS PRISCVS
VXORI
ET SIBI VIVVS.

A Pompeïa Cneia, fille de Potita. Publius Pantius Priscus, élève ce monument de son vivant pour lui et pour son épouse.

LXX MEN. II. ET DIES VII
SVRG DIE COELO CVM
VENERIT AVTHOR

Eufrasius est un mot grec qui a du rapport à celui de Benedictus, et la conclusion *resurget die cœlo cùm venerit author,* en a avec celle d'Irénée, que nous avons représentée dans la description de l'église de Saint-Sévère, καὶ ἁ αςα ϵςτη ἡμέρα κρίςου ἐςχαμῶου, ce qui me fait conjecturer qu'elles sont d'un même siècle, et que cet Eufrasius était ou Grec, ou d'une origine grecque.

Il n'y a guère davantage de quatre-vingts ans que l'on trouva dans une terre voisine une urne à deux anses, qui finissait en pointe comme elles font presque toutes. Ces trois lettres, qui y paraissaient imprimées de cette manière,

T P E

exercèrent alors les esprits des savans, et la rendirent une juste matière des recherches des plus curieux. Si elles signifient *tempore,* comme il semble qu'elles font, elles signifient aussi que celui de qui elles contenaient les cendres était mort fort à propos : car *tempore,* dans la pure latinité, est la même chose qu'*oppertuné,* ou que c'est le temps qui nous mène tous à la mort et au tombeau.

Dans les cloîtres de cette même église, puisque

l'on donne ce nom à ce que l'on appelait, il y a huit ou neuf cents ans, *atrium* et *porticus*, on voit encore certaines pierres gravées avec beaucoup d'art; mais comme ce ne sont que des grotesques, ce que l'on en peut dire, est que l'on n'en peut rien dire de certain.

Avant que celle de Saint-Jean fût entièrement ruinée, comme elle l'est présentement, on y voyait ces deux inscriptions gravées sur deux petits autels de pierre; les mémoires manuscrits que j'en ai, les nomment des piliers carrés. Ils ne paraissent plus, et je ne sais où ils ont été portés, ni ce qu'ils sont devenus. (1)

1.

D.   M.
QVIETI ÆTERNÆ
T CASSII LVCINVLI
MERCATOR
SESSOR ET
CASSIA
VERATIA
FILIO DVLCIS
SIMO ET SIBI
VIVI POSTE
RISQVE SVIS

---

(1) Elles ont fait partie de la collection des Bellièvre, et sont actuellement au musée de Lyon.

FECERVNT
ET SVB ASCIA DE

2.

D. M.
SERVI
SEVERI FIL
CASSIA
MISERA MATER
FILIO INCOM
PARABILI AN
XXIIII ARAM PO
SVIT ET SVB A. D

Le premier était placé sur un lieu destiné à être le tombeau de Mercator Sessor, et de Cassia Veratia, et même de toute leur postérité, comme il était déjà de leur fils T. Cassius Lucinulus.

Le second est un témoignage de la douleur extrême d'une mère, et de la vertu d'un fils, puisque pour l'avoir perdu, elle se croit et se nomme elle-même misérable. Et il ne faut pas de meilleure preuve, que ces pierres carrées étaient posées sur les tombeaux, comme de petits autels dédiés à ceux dont l'éloge funèbre y était imprimé, et que même elles en avaient le titre. Cet *aram posuit et sub ascia dedicavit*, répond pour moi à toutes les objections que l'on me pourrait faire, et éclaircit assez tous les doutes des moins savans.

On voyait encore dans la même église ce chiffre, que nous avons déjà remarqué ailleurs, gravé sur un tombeau au milieu d'un cercle :

$$A \quad ⳩ \quad Ω$$

C'est le nom de Jésus-Christ, exprimé par ces deux lettres grecques jointes ensemble ⳩; et ces deux A-Ω, par lesquelles l'alphabet grec commence et finit, marquent comme il est le commencement et la fin de toutes choses.

Une colonne ronde est auprès de l'église de Saint-Romain ; on y lit cette inscription :

```
SANCTIS
VIRSINIDVS
SAP. AVIDVS
CAMPANA
POSVERVNT
```

Elle est dédiée aux génies tutélaires de ce lieu ou de Virsinidus, et des autres qui y sont nommés ; et il y a beaucoup plus d'apparence que ce soit à ceux-ci qu'aux autres. Les génies sont nommés en diverses inscriptions tantôt *Genii* simplement, tantôt *Genii* avec le titre de *sancti*, et souvent *Sancti* seulement, comme ils le sont ici. Ces anciens monumens nous donnent ainsi des lumières que nous refusent les ouvrages des auteurs les plus célèbres.

CHAPITRE XIV.

Le puits des Fées.

Mais il ne faut point passer sous silence *le Puits des Fées*, ou, comme il est encore nommé, *le Fort des Fées*. Nos pères qui avaient une crédulité si facile, qu'ils ne mettaient jamais rien en doute de ce qu'on voulait leur faire croire, se laissèrent persuader qu'en divers lieux, certaines substances peu matérielles se produisaient d'ordinaire aux yeux des hommes, sous la forme de femmes d'excellente beauté. Ils les appelaient les Fées, soit que ce mot fût tiré de celui des Latins *Nymphæ*, soit qu'il le fût d'un autre, avec lequel il paraît qu'il a plus de rapport, c'est-à-dire de celui de *Fatidicæ*. En effet, c'était alors un bruit commun, qu'elles conversaient facilement avec les hommes, et qu'elles les instruisaient, quand ils avaient gagné leur amour, des choses à venir et des ordres les plus secrets du destin : c'est ce que *Fatidica* signifie. Non guère loin de Rome était un lieu nommé autrefois *ad Nymphas*, et aujourd'hui Sainte-Nymphe ; sans doute, ce qui chez les Latins était *ad Nymphas*, aurait été appelé *le lieu aux Fées* dans la langue de nos pères (1). Il en est fait men-

---

(1) Le mot *Nymphis* précédait sans doute celui *sanctis*, dans l'inscription que nous venons de rapporter. La colonne sur laquelle elle était gravée, avait été élevée

tion dans les actes du martyre de Marius et de Marthe, rapportés par le cardinal Baronius : *Ducti sunt via Cornelia milliario duodecimo ad Nymphas.* Sur un petit rocher qui regarde le Rhône auprès de Saint-Romain, sont trois creux ronds que la nature seule a formés, quoiqu'il semble d'abord que l'art y a travaillé après elle : on dit qu'ils étaient autrefois fréquentés par les fées, qu'ils étaient remplis d'eau quand il leur plaisait, et qu'elles y venaient prendre souvent le plaisir du bain. On feint que toutes ces fées n'avaient presque de plus charmante volupté que celle-là : je ne dirai pas quelle foi doit être ajoutée à ce conte, qui le dit assez lui-même sans que je lui prête mes réflexions. Rentrons maintenant dans Vienne, puisque nous avons vu tout ce qui mérite de l'être de ce côté, et reprenons sa description que nous avons interrompue pour faire celle de Sainte-Colombe et des lieux les plus remarquables qui sont aux environs.

---

près des puits dont s'agit. Le peuple, qui se plaît à voir du merveilleux en tout, aura dans la suite métamorphosé les nymphes en fées, et les citernes en bains. Auprès de là, sur la route de Givors, on remarque les traces d'un incendie. On a trouvé en 1826, en fouillant ce sol, une petite urne cinéraire en terre cuite d'une très-jolie forme.

LIVRE TROISIÈME.

CHAPITRE PREMIER.

Origine des cloîtres. Cloîtres de Saint-Maurice, partie de la ville de Vienne. Inscription célèbre des flamines et des flaminiques. Os de baleine. Église de Saint-Laurent.

Les maisons des ecclésiastiques de France n'étaient point séparées de celles des séculiers avant le règne de Pepin ; mais le pape Etienne étant venu implorer la protection de ce prince contre les Lombards ses ennemis, Chrodingang, évêque de Metz, se servit d'un prétexte de piété pour obtenir de lui qu'il fût ordonné aux gens d'église d'habiter ensemble en un lieu particulier. Il remontra qu'il était juste que ceux qui ne devaient avoir des pensées que pour le ciel, ne fussent pas divertis de leurs devoirs par la vue de tant d'objets profanes, qui se présentaient incessamment à eux dans le commerce des autres hommes. Donc ils commencèrent dès lors à joindre leurs maisons, et à se séparer de la conversation publique. Le lieu où ils les portèrent toutes, fut environné de murailles ; et comme s'il n'eût été qu'un grand monastère, il eut le nom de cloître et de couvent. Le clergé de Saint-Maurice suivit cet exemple sous l'empire de Charlemagne, qui lui en facilita les moyens par ses bienfaits. C'est cette partie de Vienne que nous avons laissée pour passer à Ste-Colombe, et qui se présente maintenant la première à nous à notre retour.

Elle est ouverte par quatre portes principales (1). Celle qui conduit à la porte d'Avignon, est remarquable par une inscription romaine, gravée sur une pierre qui attire à elle les yeux des moins curieux par la beauté de ses caractères; ils sont de ceux que les Latins appellent lettres onciales, c'est-à-dire des plus gros et des mieux formés; et certainement elle peut passer avec justice pour un des plus beaux monumens de l'antiquité romaine qu'il soit possible de voir. Voici ce qu'elle contient :

DD FLAMINICA VIENNAE
TEGVLAS AENEAS AVRATAS
CVM CARPVSCVLIS ET
VESTITVRIS BASIVM ET SIGNA
CASTORIS ET POLLVCIS CVM EQVIS
ET SIGNA HERCVLIS ET MERCVRI.
D. S. D.

Elle était autrefois au frontispice de quelque tem-

---

(1) Ont été abattues.

ple, où les statues de Castor et de Pollux à cheval, et celles d'Hercule et de Mercure, étaient adorées; et elle montre quelle était alors la magnificence de cette ville. Ce temple était couvert de cuivre doré, et non comme le sont nos églises; et ses colonnes étaient sans doute d'une pierre riche et rare, puisque leurs bases avaient le même ornement. Cet ouvrage était celui de la libéralité d'une flaminique; et afin que le souvenir ne s'en effaçât, cette inscription fut mise en un lieu élevé, pour y être mieux exposée à la vue de tout le monde. La grandeur de ses caractères le témoigne (1).

Les premiers Romains donnèrent le nom de flamines indifféremment à tous les prêtres de leurs

---

(1) Cette belle inscription, que Siméoni, en ses *Observ. antiq.*, pag. 12, et Dubois, avaient déjà publiée, est restée exposée pendant quelque temps à une dégradation manifeste; depuis on a placé une borne pour la préserver d'être endommagée par les voitures. Elle semble n'être que la suite d'une autre inscription sur laquelle était le nom de la flaminique. M. Millin l'explique ainsi : « D. D., flamine » de Vienne, a donné à ses frais des dalles de bronze do- » rées, avec des supports, et les ornemens des bases, et » les statues de Castor et de Pollux avec leurs chevaux, et » celles d'Hercule et de Mercure. »

Le mot *carpusculis*, selon Duchoul, indique des festons accompagnés de têtes de taureaux, ornemens qu'on rencontre sur plusieurs frises antiques.

Denis d'Halicarnasse pense que les flamines ont pris leur nom du bonnet ou voile dont ils se couvraient la tête, et qui était appelé *flammeum*. V. ci-après, liv. III, ch. XXIV.

dieux, et de flaminiques à leurs femmes. Je n'en dirai point l'origine, parce qu'elle est trop commune. Comme les colonies n'étaient dans leur gouvernement qu'une image de celui de Rome, le nom de flamine et de flaminique y fut porté avec la police de cette reine des villes; Vienne eut ses flamines et ses flaminiques; et quoique les citoyens romains qui l'avaient habitée en eussent été chassés par les vrais Allobroges, et fussent allés peupler Lyon, elle ne changea de conduite ni de politique. Il est vrai que ces flaminiques étaient aussi choisies entre les plus honnêtes femmes, que quelques-unes d'elles étaient créées seulement pour certain temps, et que d'autres étaient perpétuelles. Æmilia Paterna est nommée, dans une ancienne inscription flaminique, perpétuelle de la ville de Tarragone. Si Vienne avait ses flaminiques ainsi choisies, elle avait de même ses flamines. Alfius Apronianus l'était sous l'empire de Constantin le Grand, et Decius Julius Capito l'avait été devant lui. Mais nous traiterons plus exactement ailleurs de la religion des anciens Viennois, de leurs dieux, de leurs temples, de leurs prêtres et de leurs sacrifices. Gruterus suppose dans son Recueil que cette inscription n'est pas entière, et qu'il lui manque quelque chose au commencement. Ce qui peut aider à sa conjecture, est que le nom propre de cette flaminique n'y paraît point, et qu'il y a peu d'apparence qu'il ait été omis. Casaubon la rapporte comme entière, dans les remarques qu'il a faites sur l'*Aurélien* de Flavius Vopiscus; et après l'avoir bien considérée, je ne saurais m'éloigner de cette opinion.

Cette première porte des cloîtres composée de fort grandes pierres de taille, qui toutes ont servi, avant que d'y être employées, à quelque grand édifice, et elles en ont des marques manifestes pour en douter. Au-dessus, et dans un espace vide, on voit un os d'un poisson de mer, suspendu par de petits chaînons de fer. On dit qu'une baleine ayant remonté par le Rhône, qui était alors enflé outre mesure, jusqu'auprès du pont, y fut trouvée quelque temps après que les eaux en furent décrues. Elle n'eut plus le moyen de retourner d'où elle était venue, de sorte qu'ayant été prise, un de ses os fut mis ici pour garder le souvenir d'un événement si extraordinaire (1).

L'église paroissiale des cloîtres est dédiée à St-Laurent. Les factieux du dernier siècle l'ayant ruinée, elle a été réparée depuis quelques années (2). Le chapitre de Saint-Maurice, à la juridiction duquel obéit cette partie de Vienne, y faisait aussi répondre autrefois toutes les maisons qui lui appartenaient ; de sorte que celle des Canaux, qui est aujourd'hui la maison consulaire, et le château de

---

(1) Je crois plutôt qu'elle a été apportée par quelque croisé à son retour de la Terre-Sainte. On en trouve de semblables en d'autres lieux.

(2) Le service paroissial ayant été transféré à St-Ferréol, St-Laurent n'a plus été qu'une chapelle ; on l'a vendue à la révolution.

Pipet, étaient une partie de cette paroisse. Cette église ayant été peinte entièrement de rouge, comme l'était celle des cordeliers, il y a assez de vraisemblance qu'elles ont été bâties en même temps, et qu'elles sont l'ouvrage d'un même bienfaiteur. Et ce semble, c'est une rencontre digne de remarque, que les pénitens, qui avaient une chapelle auprès de celle-là dans le couvent de ces religieux, n'en ont d'autres maintenant que celle-ci, où il n'y a rien qui nous puisse arrêter plus long-temps.

CHAPITRE II.

Description de l'église cathédrale de Saint-Maurice. Epitaphes du cœur du dauphin François et d'Isabeau de Harcourt.

Mais nous voici auprès de l'église de Saint-Maurice, de ce superbe et royal édifice, qui peut entrer en une juste comparaison avec tout ce que la France a de plus magnifique. Elle est l'ouvrage de la piété des anciens prélats de Vienne et de la libéralité des princes qui y ont dominé. L'art n'a point de secret qu'il n'y ait déployé, et l'on remarque tant de symétrie en toutes ses parties, qu'on ne peut se lasser de l'admirer, non plus que de la voir. Enfin, elle seule est capable d'être l'ornement de cette province, et lui peut tenir lieu de plusieurs merveilles. Une grande place, que des maisons occupaient il y a environ deux cents trente ans, s'étend au devant, et une seule maison lui ôte la vue du Rhône (1). L'auditoire où s'exerçait la juridiction des cloîtres était au-devant des degrés; mais il fut renversé en ce temps-là, avec les maisons dont il était environné. D'ici on voit la face libre de toute cette église, et une des ailes de la plate-forme haute et relevée, sur laquelle elle est assise. L'autre aile en est comme cachée par quelques maisons qui la couvrent, et je ne doute point qu'un jour l'amour d'un médiocre avantage que l'on en retire, ne cède par leur ruine à l'intérêt de la décoration publique. On monte à cette plate-forme par vingt-huit degrés, et de là à l'église par trois autres; mais avant que d'y entrer, son frontispice mérite que nous nous arrêtions pour le considérer. Il est enrichi d'un nombre infini de figures taillées dans la pierre, qui est percée à jour très-délicatement en plusieurs. Elles témoignent assez qu'elles sont l'ouvrage d'un excellent sculpteur. Celles qui paraissent à la principale entrée, c'est-à-dire sur le

---

(1) Elle a été aussi démolie depuis. L'entrée du pont pour traverser le fleuve, sera disposée au fond de cette place, où déjà a été construite la descente pour arriver au port du Bac. Il est à désirer qu'on donne une forme régulière à cette place, sur laquelle il y eut, le 2 février 1562 (1563), un combat singulier entre deux gentilshommes, l'un milanais et l'autre florentin, en présence du duc de Nemours qui l'avait permis. Ils se blessèrent mortellement. Le milanais mourut le premier. (*Archives municipales.*)

grand portail, en trois cordons différens, et dans trente-neuf niches, représentent l'histoire de la naissance, de la vie et de la mort de Jésus-Christ. Ce dessin n'étant point parti d'un esprit peu savant, on y voit en même temps, sur chaque chose représentée, ce que les prophètes en ont prédit, et ce que le vieux Testament en a exprimé par ses figures mystérieuses. Les deux autres entrées, au milieu desquelles est celle-ci, n'ont pas les ornemens moins riches ni plus négligés. Si on porte les yeux sur celle qui est à la main droite, on y verra avec plaisir l'ascension de Jésus-Christ représentée ingénieusement en plusieurs figures taillées dans seize niches, comme l'est sur l'autre l'assomption de la sacrée Vierge. Quoique l'impiété du dernier siècle y ait exercé sa rage, ce qui reste suffit pour mériter notre admiration, et pour nous faire regretter ce qui n'y paraît plus. Ces figures sont toutes de haut relief, et la plupart ne tiennent au corps de la pierre dont elles sont formées, que par quelque endroit presque imperceptible. On voit encore vingt-quatre niches, où étaient autrefois posées autant de grandes statues, qui furent abattues en l'an 1567, par le commandement du baron des Adrets, si fameux en cette province par les maux qu'il y fit, et par les crimes qu'il y commit en ce temps-là. Il n'en reste plus que quelques-unes, et encore sont-elles sans tête et sans bras. Au milieu de toutes, était celle de S. Maurice ; elle ne fut pas plus épargnée que les autres par ces forcenés, à qui rien n'était sacré que leur impiété. Deux hautes tours qui servent de clochers, donnent aussi beaucoup de grâce à ce frontispice (1). Elles se poussent bien avant dans l'air, étant élevées chacune sur quatre piliers qui les soutiennent, de même qu'ils s'aident à supporter la voûte de cette église : ce qui certainement n'est pas l'entreprise d'un architecte peu habile. Au milieu de cet espace qui les sépare, éclatait de loin une grande statue de S. Maurice, composée de bronze doré. L'année 1567 lui fut fatal, comme à toutes les autres desquelles nous avons parlé. Elle fut précipitée en bas; mais la justice divine ne laissa pas impuni le malheureux qui commit ce sacrilége.

Une volée de canon l'emporta en même temps, et vengea ainsi l'injure faite à ce grand martyr par cet impie. Entrant dans cette église, on est ravi de n'y voir rien que de beau et de riant. Elle est percée de tous côtés avec tant d'art et de bonheur, qu'il n'y en a point de mieux éclairée dans le reste de la France, et peu qui le soient si bien. Sa longueur est de cent quatre pas, sa largeur de trente-

---

(1) Un acte capitulaire du 7 novembre 1491. nous apprend qu'Antoine de Costaing, chanoine archidiacre de Saint-Maurice, s'obligea de donner deux cents florins de petite monnaie dont les quatre liards faisaient le gros, et douze gros le florin, pour construire la tour ou clocher sur le portail de l'église, à condition que l'on conserverait pour maître de l'œuvre maître Blaise Morodi, qui en avait fourni les dessins. Le 16 février, l'offre fut acceptée par le chapitre, qui se chargea de la construction. (*Supplément à l'histoire de Charvet.*)

neuf, et sa hauteur est proportionnée à l'une et à l'autre (1). Sa voûte, autrefois azurée et semée partout d'étoiles d'or, est supportée par quarante-huit colonnes, dont vingt-quatre sont engagées dans les murailles. Elle est environnée de hautes galeries qui ont leur vue par plusieurs fenêtres sur le chœur et sur la nef, comme elle l'est aussi en dehors de tous côtés. Le chœur est un peu plus élevé que la nef. Sa tribune(2), sur laquelle est exposé le signe sacré de notre rédemption, est en partie d'une pierre fort belle et si polie, que le cristal ne l'est guère mieux. Les armes de la maison de Villars, qui sont d'azur à trois molettes d'or au chef d'argent, chargé d'un lion léopardé de gueules, et celles de Maugiron, qui portent gironné d'argent et de sables de six pièces, y témoignent que c'est par leurs bienfaits qu'elle a été relevée de ses ruines, et remise en l'état où elle paraît présentement. Une chapelle y est fondée sous le titre de la Sainte-Croix. Elle est la cure de cette église et de son clergé. Le doyen en est non seulement le patron, mais par un droit assez extraordinaire et qui a peu d'exemples, il est en possession d'en pourvoir. Et ce qu'il y a de plus étrange, quand même il n'aurait pas le pouvoir d'administrer les sacremens, comme il est arrivé souvent, celui qu'il a nommé et qui a ses provisions, ne laisse pas de l'avoir sans le demander ailleurs.

---

(1) Elle est de quatre-vingts pieds.
(2) Le jubé a été démoli à la révolution.

L'Espagne inégale aux armes de François Ier, ayant employé le poison (1) pour lui voler son dauphin, comme parle un de nos poëtes, le cœur de ce jeune prince fut donné à cette église. Il est enterré au-devant du grand-autel, sous une lame de bronze, avec cette inscription : (2)

D. O. M. S

CORPVS ABEST, COR TANTVM HIC EST, PARS MAXIMA NOSTRI PRINCIPIS, IN COELO CORPORIS VMBRA MANET

D. FRANCISCO FRANCISCI PRIMI GALL. REGIS AVGVSTISS. PRIMOGENITO DELPHINO VIENN. BRITAN. DVCI VIENNEN-

---

(1) L'imputation faite à Montecuculi d'avoir empoisonné le dauphin ne paraît pas probable, il fut cependant condamné pour ce crime à la peine de mort.

(2) La lame de cuivre a été enlevée ; l'inscription n'existe plus, un cœur en mosaïque en indique la place. Le corps du dauphin François, mort à Tournon le 12 août 1536, ne fut conduit à Saint-Denis qu'en 1547, d'après les ordres du roi Henri II. La lettre de ce souverain, du 13 juin 1547, adressée aux consuls de Vienne, leur annonce qu'en considération des bons sentimens que la ville avait manifestés pour ce prince en 1536, il avait ordonné que son cœur serait enterré devant le grand-autel de Saint-Maurice. Il le fut en effet le 11 juillet même année. On ne plaça la plaque que l'année suivante, à la suite d'une messe célébrée pour l'anniversaire de cette inhumation. (*Notice sur l'église de Saint-Maurice*, par M. Mermet, 1825.)

SES MOESTISS. POSVERE V⁰ IDVS IVLII
MDXXXXVIII

MEMORIÆ ET ÆTERNITATI

Il me semble qu'il y a beaucoup de hardiesse en la pensée de celui qui a composé cette épitaphe, lorsqu'il nomme l'âme l'ombre du corps, puisqu'il est vrai qu'il n'est lui-même que celle de l'âme. Il n'y a rien de solide que les choses intellectuelles : les Platoniciens l'ont enseigné avant que le christianisme nous ordonnât de n'en point douter. Au côté gauche de ce même autel, est gravée en marbre cette inscription en un lieu fort apparent :

LAN DE NRE SEIG. MCCCCXXXIX. ET LE XII IOVR DV MOIS DE FEVRIER TRES NOBLE ET TRS PVISSANTE DAME, DAME YSABEAV DE HARCOVRT RELAIXEE DE FEV BONNE MEMOIRE MONS. HVMBERT IADIS SEIGNEVR ET BARON DES TRES ET BARONNIES DE TOYRE ET DE VILLARS DAME DE BARONNIES DE ROVSSILLON ET DE RIVIRIES A FONDE' EN CEST EGLISE DE MONS. SAINCT MAVRIS POVR LE SALVT DE SON AME XIII MESSES DE LA NONCIATION NOSTRE DAME AVEC VESPRES ET COMPLIES SOLEMNEMET CHANTEES LE

XIIII IOVR DE CHACVNG MOIS DE L'AN AVEQ; LA SONNERIE DE LA GROSSE CLOCHE APPELLE'POVRTEIOYE. A VN DES MODIERS BODOYANS, ET A DONNE' LADTE DAME ET FAIT DELIVRER AV DOYEN ET CHAPe DE LADTE EGLISE LAN ET LE IOVR QVE DESSVS LA SOMME DE IIIICCCC ESCVS BONS ET VIEVX. A LXIIII AV MARC. ITEM A DONNE' LADTE DAME POVR VNE MESSE DE MORT TOVS LES ANS SOLEMNELLEMT CHANTEE LE III. IOVR DE NOVEMBRE POVR FEV MONr. HVMBERT IADIS SON MARY POVR ELLE ET POVR CEVX DE ROVSSILLON CHANTE'E ET CELEBRE'E AV GRAND AVTEL APRES LADITE MESSE LES STATIONS DEVANT LA CHAPELLE DE ROVSSILLON AVECQ; LA SONNERIE ACOVSTVMEE POVR GRANDS SEIGNEVRS OV DAMES C'EST A SCAVOIR VN NOBLE IOYA ET PESANT XIII MARCS D'ARGENT OV IL A PLVRs RELIQVES CEST A SCAVOIR DE LA COLOMNE OV NOSTRE SEIGr FVT BATTV EN L'HOSTEL DE PILATE ET DES RELIQVES DE NOSTRE DAME PRIEZ POVR LADITE DAME AVE MARIA.

Les armes de cette dame sont au-dessus. Elle portait de Bourgogne l'ancienne, c'est-à-dire cotticé d'argent et de gueules (1).

---

(1) Charvet, *Histoire de l'église de Vienne*, page 504.

CHAPITRE III.

Chapelles hors du chœur de l'église de St-Maurice. Amédée de Saluce. Tombeau de Jean de Norry, archevêque. Tombeaux de l'archevêque Théobald ou Thibaud, et de Jérôme de Villars, aussi archevêque. Éloge de ce prélat. Portrait de Saint-Marc, gouverneur de Vienne.

Hors du chœur, nous avons aussi à visiter di-

---

assure que cette dame fut enterrée à Saint-Maurice; il se trompe : elle reçut la sépulture dans la chapelle du Haut-Don, à St-Jean de Lyon, le 7 juin 1443.

Au côté droit du même autel est un mausolée en marbre de la plus grande beauté. C'est le chef-d'œuvre du sculpteur Michel-Ange Slodtz, mort en 1764. Il fut élevé à la mémoire d'Armand de Montmorin, archevêque de Vienne, par les soins de l'un de ses successeurs, Henri-Oswald de la Tour-d'Auvergne, cardinal-archevêque de Vienne, en l'année 1747. M. de Montmorin est représenté revêtu de sa chape, assis sur un coussin, tenant de la main gauche celle du cardinal qui est à genoux devant lui, tandis qu'il lui montre de la droite la croix et la mitre épiscopales. Derrière lui s'élève une pyramide terminée par un vase antique exhalant des parfums. Au côté droit de l'arrière-corps est un génie, un genou sur une marche et l'autre tendu, tenant de la main droite une plume, et se disposant à écrire sur un grand livre ouvert devant lui, et de la gauche, les armes du cardinal. Les draperies sont parfaites. (L'épitaphe est de M. Gros de Boze.) Au-dessous du monument était gravée, sur une pierre de marbre, cette inscription : *Mens una, cinis unus.*

Le magnifique autel en marbre qui décore le chœur de l'église, est aussi du même artiste, et également un effet de la munificence du cardinal.

verses chapelles, dans la plupart desquelles les marques de la piété de nos prédécesseurs sont encore assez visibles. Voici celles qui sont au côté droit du grand-autel.

I. Celle de Saint-Jacques, dont l'autel est en même situation que celui-là et regarde l'orient.

II. Celle de Saint-Michel dans la sacristie ; elle doit aux bienfaits du cardinal Amédée de Saluce, son fondateur, qui vivait l'an 1427, ce qu'elle a de revenu.

III. Celle de Saint-Sévère, *aujourd'hui de la société de Sainte-Catherine.* Le tombeau de l'archevêque Jean de Norry lui donnait beaucoup d'avantages sur ses voisines ; mais il fut ruiné il y a près de deux cents vingt-cinq ans, non par les ennemis de notre religion, en quoi il n'y aurait pas de la merveille, mais par l'ordre de ceux qui avaient le gouvernement de cette église. On se servit de son débris, car il était composé d'un très-beau marbre, aux réparations de la tribune. Est-ce réparer cela, ou détruire ? N'est-ce point ôter la vie une seconde fois, d'une manière plus cruelle que celle dont se sert la nature ? Détruire les tombeaux, c'est un assassinat qui surpasse tous les autres. Le grand Jérôme de Villars, qui était alors à Paris, en témoigna à son retour un sensible déplaisir, et ne put s'empêcher de le rendre public par ces paroles : Le marbre tiré de ce tombeau sera à la postérité un orateur excellent, qui de cette tribune déclamera toujours contre la barbarie et l'ignorance de ceux qui ont procédé si peu judicieusement. Une peinture très-ancienne est remarquable aux murailles de cette chapelle : les principaux mystères du vieux et du nouveau Testament y sont représentés avec les patriarches, les prophètes et les apôtres ; et au bas, dans quelques écussons déjà presque effacés, les armes de cet archevêque, qui vivait l'an 1430. La maison de Norry portait de gueules à la face d'argent, comme l'a déjà remarqué Christophe Justel, et ce prélat ajoute aux siennes, dans cette chapelle, trois fleurs de lis d'or en chef, et autant en pointes.

IV. La quatrième chapelle qui suit celle-là, est sur une voûte jetée sur la porte par où l'on va au cimetière des pauvres. Elle est dédiée à tous les Saints, quoique le peuple croie qu'elle ne l'est qu'aux trois Rois, parce que le jour de leur fête elle est ouverte à la dévotion publique, plutôt que nulle autre de l'année. Une inscription se voit sur le pilier qui la sépare de la suivante, et est le monument des bienfaits d'un certain Guy, duquel je ne sais rien de particulier. Il fonda en cette église dix-sept anniversaires, et en ce temps-là ce nom était commun généralement à tout ce qui était donné aux églises, pour être mis en distribution. Il étendit même sa libéralité jusqu'au château de Pipet, ayant donné vingt-cinq livres pour les employer à ses réparations. Pour les deux bourdons d'argent dont il y est fait mention, ils étaient une marque de dignité dans les mains des chantres, qui les portaient aux processions ; mais aujourd'hui, soit qu'on en doive imputer la faute à l'avarice, soit qu'il n'en faille accuser que la seule négligence, cette coutume est abolie.

V. Après, se présente celle de Saint-Théobald ou Thibaud; ce grand prélat, à qui cette église est redevable de ce qu'elle est, y a eu sa sépulture. Son tombeau n'y paraît plus, et je ne doute pas qu'il ne cédât à la magnificence de celui de Jérôme de Villars, l'un de ses plus dignes successeurs. Ce prélat, qui a été un des plus beaux esprits de son temps, choisit cette chapelle pour s'y préparer lui-même sa dernière maison : il y est enseveli ; et cette épitaphe raconte une partie de ses emplois et de sa vie.

VIÆ VITÆ
ET DEO VERITATIS AVTHORI SACRVM

VIATOR SPECTA ET EXPECTA IACET HIC HIERONYMVS DE VILLARS VILARTIÆ SORCVLVS FAMILLÆ VETOSTÆ HERCLE ET NOBILIS QVI CIVIS LVGDVNENSIS MOX SENATOR PARISIENSIS DEIN ARCHIEPVS ET COMES VIENNENSIS LVGDVNVM PARISIOS ET VIENNAM TRIA THEATRA ORBIS TRES VITÆ TESTES HABVIT. SED LOCVPLETIOR HENRICVS IV QVI ARCANO CONSILIO MVNERI CETERI CIVEM ET SENATOREM LAVDANT VIENNA PASTOREM CVIVS ECCLESIAM BELLIS CIVILIBVS PRO-

PHANAM EXPIAVIT INTENTE PROCVRA-
VIT INCVNCTANTER ORNAVIT NON IN-
FOELICITER LOQVITVR ALTARE QVOD
SVBRVTVM RESTITVIT CRVCIS SIGNVM
QVOD STATVIT NEC SILICES MVTI SILENT
AT ILLE SVÆ MORTALITATIS MEMOR
CERTVS RELINQVENDA QVÆ VIVENS MEN-
TE NEGLEXIT FVTVRIS EXOVIIS HVNC
LOCVM DIXIT ET FIXIT EO PLANE ANNO
QVO TRIVM DELPHIN. ORDINVM SVFFRA-
GIIS AD REGEM FVIT DE EXORTV DEL-
PHINI FOELICISSIMI GALLIÆ SYDERIS
GRATVLATVRVS SED QVID TE MOROR
AMPLIVS ABI VIATOR DEVM COGITA MOR-
TVOS AD IVTA BREVIQVE TE MORITVRVM
PVTA VALE VIVE MORITVRVS MORERE
IN ÆTERNVM VICTVRVS

OBIIT XVIII. IANV. MDCXXVI

ΚΡΑΤΑΙΑ ΩΣ ΘΑΝΑΤΟΣ Η ΑΓΑΠΗ

Certainement çà été un grand prélat, ami des sciences et des vertus, et qui, en ayant beaucoup, les a chéries avec passion durant sa vie, dans la personne des savans et des vertueux. Il était extrêmement bon et charitable, et c'est peut-être ce qui lui fit prendre cette devise : κραταία ὡς θάνατος ἡ ἀγάπη, qui n'est que ce passage de l'Écriture : *Fortis ut mors dilectio*, mis en grec. La charité est forte comme la mort; de même que rien ne résiste à la mort, la charité surmonte tous les obstacles qui s'opposent à elle. En regardant ce tombeau, nous pouvons louer sa pensée, comme un effet de sa haute probité; et il ne sera pas hors de propos de rapporter ici ce que nous en avons dit en un autre genre d'ouvrage. *His pressus angustiis monumentum paravit. O Hieronymi pietas! sepulcrum struxit sibi ut mori disceret, in quo vitam conderet vivus. Nihil fecerunt hæredes quod antè non fecerit. Nunc sepultus gloria et laudibus vivit sempiternis.*

VI. Sainte Christine est honorée dans la chapelle voisine. Elle n'est remarquable que par un ancien tombeau, qui pourtant n'enseigne par aucune inscription qui est celui qu'il enferme. Il est vrai qu'une peinture qui commence à n'être pas bien visible, me fait croire que c'est un évêque, car on y voit l'image d'un mort étendu de son long et vêtu pontificalement.

VII. La chapelle qui suit porte le nom de St-Alban, à qui elle est dédiée, comme le sont aussi plusieurs autres auprès de Vienne, et en divers endroits du Viennois.

VIII. La huitième est celle qui, étant consacrée à l'honneur des apôtres S. Pierre et S. Paul, n'est néanmoins connue que par le nom des Naillacs: elle fut fondée, l'an 1499, par Pierre de Naillac, chanoine de cette église, et par Antoine son frère.

IX. Celle de Saint-Blaise se présente après. Pierre de Saint-Marc, gouverneur de cette ville sous Henri III, l'ayant réparée, s'y fit peindre sur la muraille. Il y était représenté à genoux, et dessous cette image on lisait son éloge, dans une inscription qui est maintenant du tout effacée. On dit que son bienfaiteur étant devenu son ennemi, ne se contenta pas de l'avoir chassé de cette ville; il en voulut ôter jusqu'à ses portraits de devant les yeux de ses habitans. Il donna ordre que l'on effaçât cette peinture; mais il fut impossible d'y réussir comme il le voulait. La tête ne put souffrir ce que souffrit le reste du corps; et quelque soin que l'on employât pour la cacher sous la chaux, elle parut toujours opiniâtrément découverte, comme elle paraît encore présentement. Le vulgaire ignorant attribue cela à un miracle, quoique de St-Marc n'ait pas été assez homme de bien pour mettre Dieu si avant dans ses intérêts. Il était sorti d'un logis d'Avignon, qui avait pour enseigne l'image de l'évangéliste S. Marc, ce qui lui fit venir la pensée d'en prendre le nom. Son courage et sa valeur lui acquirent des emplois et des honneurs; et il n'aurait perdu à la fin de ses jours ni ses emplois ni son estime, s'il eût eu plus de reconnaissance envers son bienfaiteur, et moins de brutalité dans sa conduite (1).

---

(1) Chorier, *Histoire générale du Dauphiné*, raconte de ce gouverneur le trait suivant: Ayant eu avis, un jour d'été 1567, que des troupes du parti protestant commettaient des désordres à Saint-Romain-en-Galles, et que leurs officiers osaient se moquer de lui, n'écoutant que son ressentiment,

X. Les apôtres saint Pierre et saint Paul sont encore les patrons de la chapelle qui joint celle-là, en descendant comme nous faisons.

XI. Saint Laurent, saint Maurice et saint Christophe le sont de la dernière, appelée vulgairement la chapelle *des Liatards*. Elle était autrefois en dehors, et non dans l'église comme elle est; mais les ennemis de notre religion l'ayant ruinée l'an 1567, on l'a avancée dans l'église, au lieu de la rebâtir comme elle était; on s'est ainsi épargné une dépense inutile (1).

CHAPITRE IV.

Suite des chapelles qui sont dans l'église de Saint-Maurice. Mausolée de la famille de Maugiron. Epitaphe de Guy de Maugiron et d'Osanne l'Ermite sa femme. Tombeau et épitaphe de Humbert II et de Robert, archevêque de Vienne. Epitaphe du roi Boson.

Revenons sur nos pas, et visitons les chapelles qui sont à la gauche du grand-autel de cette église,

---

il se porte aussitôt seul au lieu où étaient les ennemis, se livre en reproches contre leur chef, le perce au milieu des siens de sa zagaie et se retire, sans qu'aucun ose l'attaquer; tant il est vrai qu'un grand courage en impose toujours à la multitude.

(1) Cette chapelle a été réparée depuis peu avec beaucoup de goût par les soins de la famille de Corbeau.

comme nous avons vu celles qui sont de l'autre côté.

I. La première est celle de Saint-Clair et de Saint-Paschase, dont l'autel est disposé comme celui de la chapelle de Saint-Jacques. Elle est le tombeau de l'illustre famille de Maugiron; aussi est-elle à cause de cela environnée d'une litre, chargée des armes de cette maison, accompagnée de ses alliances. Cet avantage n'a pu être refusé à l'éclat de cette famille, et bien moins l'aurait-il pu être à ses bienfaits. Quoique les plus grands hommes qu'ait produits cette race soient ensevelis ici, nul d'eux néanmoins n'y a d'épitaphe, que Guide Maugiron et Ozanne de l'Ermite, sa femme. Elle y est gravée sur du marbre blanc, appliqué à la muraille, au-dessus d'un tombeau de pierre noire.

CY GIST HAVTE ET PVISSANTE DAME OZANNE L'ERMITE FEMME DE FEV MESSIRE GVY DE MAVGIRON DAME DE MOLINS SVS CHARATE BEAVVAIS ET LES CLOSVRES EN POICTOV LAQVELLE DECEDA LE SECOND IOVR DV MOIS DE IANVIER L'AN A L'INCARNATION MVcXXXVIII DIEV PAR SA GRE PARDON LVY FACE AMEN REQVIESCANT IN PACE.

CY GIST HAVT ET PVISSANT SEIGNEVR MESSIRE GVI DE MAVGIRON SEIGNEVR

D'AMPVIS MONLEANS, BEAVVOIR, ME-
RIEV LA ROCHE L'AOVVRE ET LEYSSIS
CHEVALIER DE L'ORDRE DV ROI CON-
SEILLER AV CONSEIL PRIVE' DE SA MA-
IESTE' GENTILHOMME ORDINAIRE DE SA
CHAMBRE CAPITAINE DE CINQVANTE
HOMMES D'ARMES GOVVERNEVR ET SON
LIEVTENANT GENERAL EN SES PAYS DE
DAVPHINE' ET SAVOYE LEQVEL TREPAS-
SAST LE PENVLTIEME DE DECEMBRE MIL
CINQ CENT CINQVANTE CINQ PRIEZ DIEV
POVR SON AME.

François de Maugiron, mestre de camp d'un régiment d'infanterie, mourut en Piémont en 1635, âgé seulement de vingt et un ans, après avoir donné en plusieurs rencontres des témoignages de son courage et de sa valeur, comme il en avait donné en toutes de sa douceur et de sa bonté. Le regret de sa mort se répandit en tous lieux, mais il fut plus manifeste en cette ville qui lui avait donné la naissance. Je me crus donc obligé de montrer la part que je prenais à cette douleur publique, par cette épitaphe que je lui dressai :

FRANCISCVM MAVGIRONIVM QVEM STEMMATE
   LONGO
FORTIS AD HEROAS GENS REFEREBAT AVOS.

DVM TANTVM NOMEN RAPIDIS METVENDVS IN
ARMIS.
PRÆGREDITVR PACTIS SVSTVLIT ATRA LVES.
SI NVMERES ANNOS BREVIS EST SI FORTIA
FACTA
LONGA FVIT IVVENI VITA DECVSQVE MORI
HIC SITVS EST IGITVR MVLTO GRANDÆVVS
HONORE
AT VITAM VIRTVS QVAM FACIEBAT HABET
ECCE SVBEST ANIMIS ET TERRAS LAVDE PER-
ERRAT
ET SIC IN MEDIO FVNERE VIVVS OVAT

FECERE VIRTVTES IMMORTALEM
QVEM GENVIT NATVRA MORTALEM

II. Celle de St-André est plus bas. Les os de Humbert, deuxième de ce nom, archevêque de Vienne, y reposent dans un tombeau élevé et apparent. On y lit ces vers, qui ont été gravés pour lui servir d'épitaphe :

HIC CORPVS PETRA TEGITVR SED SPIRITVS
ETHRA
PRESVLIS HVMBERTI PETIIT QVI MVNERE CERTI
PRO QVO CERTAVIT VIVENS DVM SE MACE-
RAVIT.
CARTHVSIE MOREM SECTANS CELLEQVE RIGO-
REM
AD NOS TRANSLATVS SIC CVRAM PONTIFICATVS.

GESSIT PASTORIS STIMVLVM VOTIQVE PRIORIS
FORMAM SERVARET NEC IN ALTERVTRO TITV-
  BARET.
MVNDVM SVPPEDITANS MVNDI CONTAGIA VI-
  TANS.
ECCLIAM REBVS DITANS OPIBVSQVE DIEBVS.
PER QVOS HIC DEGIT PATRIAM SVB PACE RE-
  DEGIT
MILLE IS CENTENO QVINTOQVE TER AMPLIVS
  ANNO.
LVCE DVODENA NOS DESERIT ANTE DECEM-
  BREM

III. La chapelle de la Trinité est la troisième.

IV. Dans celle de Saint-Etienne, qui est la quatrième, est le tombeau de l'archevêque Robert avec cette épitaphe, composée en vers léonins, comme l'est celle de Humbert, par Aynard, son ami particulier et son successeur en l'archevêché de Vienne.

SI QVIA IVRIS ERAS GLADIO DEFENSOR VTRO-
  QVE
GRATIA SI LINGVE SI LITTERA RELLIGIOQVE
SI GENVS AVT MORES POSSVNT AVERTERE FATA
TE PASTORE FVIT ROBERTE VIENNA BEATA
FELIX QVOD FRVITVR SALTEM DOMVS ISTA
  SEPVLTO
QVO VIVENTE FRVI GAVDERET TEMPORE MVLTO
SED QVIA TE DIGNVS VIR NON FVIT INCLYTE
  MVNDVS

DESERIS HVNC. IN QVO REMANET TIBI NEMO
 SECVNDVS
ET IAM DECVRSI DIGNVM MERCEDE LABORIS
IVNIVS ETHEREIS MENSIS TE REDIDIT HORIS
QVEM TIBI SOLA DEDIT SVCCEDERE GRATIA
 CHRISTI
TE TVVS AYNARDVS GEMIT HOC EPIGRAMMATE
 TRISTI
ANNO DOMINI MCXCV. XV. KAL. IVL. OBIIT
 DOMINVS ROBERTVS ARCHIEPISCOPVS

V. Deux chapelles sont opposées à celle-ci de l'autre côté au-dehors du chœur. L'une est dédiée au Saint-Esprit, dont elle a le nom pour son titre, comme encore celui de Tabernière. Une vigne en dépend, et le vin qu'elle produisait était destiné à l'usage de la sacristie, de sorte qu'il y en avait toujours dans un vaisseau sur une table préparée à cet usage. Il était permis à tous les prêtres qui voulaient dire la sainte messe en cette église, d'y en prendre pour célébrer ce divin sacrifice. C'est de là que vint le nom de Tabernière, appliqué à la chapelle à qui cette vigne appartenait. Il ne faut qu'avoir les premières teintures de la langue latine pour n'ignorer pas jusqu'où s'étend le sens de ces mots, *taberna* et *tabernarius*.

VI. L'autre a saint Eustache pour son patron; elle lui est consacrée.

VII. La porte qui mène aux petits cloîtres, et de là au palais archiépiscopal, étant couverte d'une voûte, y a aussi une chapelle, comme celle qui lui est opposée en a une sur la sienne. Saint Antoine, à qui elle est dédiée, lui a imposé son nom (1).

VIII. Dans celle de sainte Appollonie, qui lui est contiguë, est l'épitaphe du roi Boson, car je n'oserais pas assurer que son tombeau y soit aussi.

REGIS IN HOC TVMVLO REQVIESCVNT MEMBRA BOSONIS

HIC PIVS ET LARGVS FVIT AVDAX ORE BENIGNVS

SANCTI MVRICII CAPVT AST CIRCVNDEDIT AVRO

ORNAVIT GEMMIS CLARIS SVPER ATQVE CORONAM

IMPOSVIT TOTAM GEMMIS AVROQVE NITENTEM

HIC DVM VITA FVIT BONA DVM VALITVDO MANERET

MVNERA MVLTA DEDIT PATRONO CARMINE DIGNA

VRBIBVS IN MVLTIS DEVOTO PECTORE MAGNA

CONTVLIT ET SANCTIS PRO CHRISTO NOMINE DONA

STEPHANE PRIME TIBI SCEPTRVM DIADEMA PARAVIT

LVGDVNI PROPRIVM RVTILAT VELVT HIC COMIN' SOL

---

(1) La couverture de la porte est un reste de frise en marbre d'une riche sculpture, représentant des gryphons et des vases; il a sans doute été tiré de quelque ancien monument.

QVAMVIS HVNC PLVRES VOLVISSENT PERDERE REGES
OCCIDIT NVLLVS SED VIVO PANE REFECTVS
HOC LINQVENS OBIIT CHRISTI CVM SANGVINE REGNVM
QVEM DEVS IPSE POTENS COELI QVI CLIMATA FINXIT
COETIBVS ANGELICIS IVNGAT PER SECVLA CVNTA
OBIIT III IDVS IANVARII VIII ANNO REGNI SVI

IX. Un des piliers qui s'aide à soutenir la voûte de cette église, sépare cette chapelle de celle de Sainte-Catherine. Il est percé par une petite porte qui conduit aux grands cloîtres ; et ceux qui entendent le mieux l'architecture, remarquent cela comme un ouvrage bien hardi. Les principaux revenus de cette chapelle, qui est mieux connue sous le nom de Costagni que sous celui de Sainte-Catherine, sont des présens qu'elle a reçus autrefois de la libéralité de cette famille. Aussi les armes en sont peintes en divers lieux.

X. La chapelle de Saint-Martin joint celle-là.

XI. Le premier martyr saint Etienne en a une auprès de celle de Saint-Martin.

XII. Dans celle de Saint-Blaise et de Saint-Jean l'évangéliste, est enterré un de ses anciens bienfaiteurs, qui mourut l'an 1320. Son nom, qui était Etienne d'Operiis, et ses qualités, car il était chanoine de Saint-Paul de Lyon, et l'un des chevaliers de Saint-Maurice, se lisent dans une inscription qui conserve sa mémoire.

XIII. XIV. Enfin, les deux dernières sont les chapelles de Saint-Jean-Baptiste (1) et de Sainte-Madelaine.

CHAPITRE V.

Nombre des chapelles de Saint-Maurice; son pavé et sa voûte réparés et ornés. Inscriptions modernes. Geoffroy Vassalli, archevêque de Vienne. Inscription moderne. Cimetière des pauvres. Fragment d'inscription romaine.

Ainsi, on compte vingt-quatre chapelles dans cette église, la plupart desquelles ont des revenus et des biens assez spacieux pour mettre ceux qui les possèdent à couvert de la nécessité, qui est le monstre le plus cruel et le plus dangereux qu'ait à combattre la vertu de l'homme d'église (2). Il n'est pas besoin, ce me semble, que j'en nomme plus particulièrement les bienfaiteurs ni les collateurs et les patrons. Je dois me souvenir que j'écris une histoire et non pas un registre.

---

(1) Elle fut fondée le 22 janvier 1367 par André de l'OEuvre, chanoine et chevalier de l'église de Vienne. Laurent de Maugiron en échangea le patronage avec les quaterniers, contre celle de Notre-Dame-des-Chapelles, par acte du 8 août 1583.

(2) La révolution a occasioné l'aliénation des immeubles affectés à ces chapelles; elles ont encore été dépouillées de leurs ornemens, et réduites dans un état de délabrement extrême.

Cette église est pavée de grandes pierres depuis l'an 1515. C'est ce que l'on lit dans l'une d'elles à l'entrée de la nef :

A
VIRGINEO
PARTV SECVLIS
TER QVINQVE FLV
XIS ET LVSTRIS QVIN
QVE DECEMBRIS IDIBVS
LAPIDEVM HOC STRA
TVM BASILICE IN
PENSIS COM
PLETVM
EST

Cette même année, la voûte fut azurée et semée d'étoiles d'or, comme ce chiffre qui y paraît l'enseigne.

M D X V

La chapelle du Saint-Sépulcre était autrefois presque au milieu de cette nef, et occupait l'espace qui y est marqué par ces mots gravés en diverses pierres :

HIC
ERAT CAPELLA
SANCTI SEPVLCRI

Elle était un monument de la piété de saint Adon, qui l'avait fait bâtir à la porte de cette église lorsqu'elle ne s'étendait point plus bas. Mais l'archevêque Pierre Palmier l'ayant agrandie (1), cette chapelle fut portée aux cloîtres où elle est maintenant. Le tombeau de Jacques Costaing n'en était pas éloigné, et une inscription y est encore un fidèle témoignage de sa piété et de celle de ses ancêtres.

L'archevêque Geoffroy Vassally, qui mourut le 16 octobre de l'an 1446, ayant laissé de ses bienfaits à cette église, une autre inscription qui est auprès de celle-là, en a conservé la mémoire jusqu'à nous, et la portera jusqu'à nos neveux.

REVER.DVS IN XPODNVS G. VASSALLI OLIM HVIVS S.TÆ ECCLIÆ ARCHIEPISCOPVS DEDIT DTÆ EC-

---

(1) L'église et principalement la façade ne furent achevées que dans l'année 1535. La famille de Costaing a été l'une de celles qui ont le plus contribué à l'achèvement de cette superbe basilique. Ses armes se voient sur la clef de la voûte des cinquième et sixième arches de la nef; et sur l'un des piliers on lit l'épitaphe de Claude de Costaing, écuyer tranchant du roi-dauphin, capitaine et viguier de Sainte-Colombe, décédé le 23 juin 1482, fils de Jacques de Costaing, seigneur de palais, conseiller, maître d'hôtel du roi et son gardier à Vienne, mort le 21 juin 1496, et de Françoise de Decray. Cette épitaphe contient la relation des fondations faites par Jacques de Costaing, pour le repos de son âme, de celle de sa femme, de Claude son fils, de Guigues Costaing et d'Ozias Costaing son fils.

CLIÆ VIც FLOR' MONETÆ PER DOMINOS ET COL-
LEGIṼ RECEPTOS PRO QVIB' TENETr IN PERPETVṼ
QVALIBET OCTAVA DIE CVIVSLIBET MENSIS CE-
LEBRARE IN ALTARI. S.ᴛᴇ CRVCIS MISSAM DE
MORTVIS IN NOTA IN QVA OMNES INTERESSENTES
DEBENT HABERE LIBRAM INTEGRAM ET CAPELLAN'
QVI CELEBRABIT DICTAM MISSAM FACIET STA-
TIONEM HIC VT MORIS EST DICENDO DE PRO-
FVNDIS ET ORATIONEM DEVS QVI INTER APOS-
TOLICOS QVI OBIIT XVI OCTOBRIS AÑO DÑI
M̊. CCCC̊ XLXVI AIA EI' REQESCAT IN PACE AMEN.

Plusieurs par piété, mais beaucoup plus par ignorance, ont traité mal autrefois les plus vénérables monumens de l'antiquité romaine. Ceux-là croyaient que c'était être trop ami du paganisme de les conserver, et ceux-ci, qui n'étaient pas assez éclairés pour faire des réflexions, entraient dans le desscin des autres sans en avoir le motif. De là, ces fidèles témoignages que les siècles anciens nous avaient destinés pour nous apprendre ce que nous ignorons maintenant, sont aujourd'hui tellement dissipés, qu'ayant presque perdu la parole, ils ont presque perdu la créance qui leur était due. Mais il suffit de l'avoir remarqué, sans entrer en des exagérations, que la perte que l'histoire a faite semble désirer, et que l'histoire néanmoins semble ne pas souffrir. Comme nous avons déjà vu diverses inscriptions foulées aux pieds en d'autres lieux, il y en a de même ici. Il est vrai que je n'en puis rapporter qu'une, les autres n'étant plus lisibles.

D   M
SEX. VALERI
SABINI
DVRONIA IANVARIA
CONIVGI OPTIMO
ITEM . VALERI
BELLINVS ET
BELLINVS
PATRONO OPTIMO

Ce Sextus Valerius Sabinus n'était pas un homme d'une médiocre bonté, puisque sa femme et ses affranchis lui donnent également la qualité de très-bon; et nous avons ici une confirmation de ce que disent les critiques, que les maîtres donnaient d'ordinaire, avec la liberté, leur propre nom aux esclaves qu'ils rendaient à eux-mêmes en les rendant au droit naturel. Tyron ayant été mis en liberté par Cicéron, fut dès lors appelé Tullius Tyro, du nom de son maître Tullius Cicero; et Bellicus l'ayant été par Valerius Sabinus, est ici nommé Valerius Bellicus. De là est venue la coutume qu'observent les chrétiens d'imposer leurs noms à ceux qu'ils présentent au baptême, parce qu'ils les délivrent ainsi de la servitude où ils étaient par le péché de leur origine; mais cela est hors de mon sujet.

Entrons dans le cimetière des pauvres, qui se présente à la porte qui regarde le midi. Une chapelle y est dédiée à saint Jean, et au-devant est l'épitaphe d'un prêtre qui donna tous ses biens à cette église l'an 1441.

Claude Costaing, archidiacre de Saint-Maurice, et issu de la famille de laquelle nous avons parlé, voulut être enseveli dans ce cimetière, destiné seulement à la sépulture des pauvres. Il mourut le 28 de juin 1544, et son épitaphe, qui le loue de beaucoup de vertus, nous apprend qu'ayant eu durant sa vie une conversation continuelle avec les pauvres par ses aumônes, il voulut être encore avec eux après sa mort par sa sépulture. Ce fragment d'inscription romaine paraît en ce lieu aux fondemens de cette église, et non à la porte de celle de Saint-Sévère, comme l'écrit Gruterus, qui a suivi les Mémoires d'Antoine du Verdier.

....
.... D∴ ∴ D∴ ∴
.... OMITIO
.... X. FIL. VOLT
.... ATO

CHAPITRE VI.

Cloîtres de l'église de Saint-Maurice. Cloîtres du grand chapitre. Bibliothèque. Epitaphes. Servitude parmi les chrétiens. Conventus.

Notre langue donne improprement le nom de cloîtres à ces galeries, qui ont chez les anciens celui de περιϛύλια; c'est-à-dire de lieux environnés de colonnes, Ammien Marcellin s'étant même servi du mot *peristylium* en ce sens. Elles étaient un lieu de promenoir et de récréation dans les palais des grands, et l'usage en a été reçu dans nos églises, comme il avait été dans les temples des dieux. Cette église, à qui rien ne manquait de ce qui pouvait servir à son embellissement, en avait deux différens vers le couchant. Ceux qui ont le titre des cloîtres du grand chapitre, sont aujourd'hui ruinés; les petits cloîtres ont été réparés depuis quelques années.

Ceux-là sont contigus à un bâtiment qui témoigne encore dans ses ruines qu'il n'était pas de peu d'importance. Au plus bas étage, qui est présentement un cimetière, se faisaient les assemblées capitulaires en un lieu spacieux et commode, et propre à cela autant que nul autre. Au plus haut était la bibliothèque dans une salle opposée au couchant. Les livres qui la composaient, en avaient déjà été si bien dispersés avant que les séditieux de l'an 1567 exerçassent ici leur brutalité, qu'il n'y en restait que fort peu; et celle des pères de la compagnie de Jésus du collége de Tournon s'en est enrichie.

Plusieurs bienfaiteurs de cette église ayant voulu être ensevelis dans ce cloître, leurs épitaphes y conservent la mémoire de leur nom et de leurs bienfaits. La plus ancienne néanmoins n'y passe pas l'année 1193. Ce serait une chose superflue de les représenter, et il suffit que je remarque ce qu'elles m'ont appris. La première, qui est celle de Pierre Bonard, archidiacre de Saint-Maurice, qui mourut l'an 1296, nous apprend qu'il y avait en ce temps-là dans Vienne une maison appelée la maison du Cloître, auprès de la maison du Temple. Celle-ci appartenait aux templiers, mais nous ne savons où elle était, non plus que celle-là. Il n'y a nulle apparence que cet ordre ayant été reçu avec applaudissement dans toutes les meilleures villes de France, et y ayant été établi avec honneur, ne l'eût aussi été en celle-ci, d'où néanmoins sortit depuis l'arrêt de sa ruine et de sa désolation.

Quoique plusieurs jurisconsultes soient dans ce sentiment, que la servitude personnelle est incompatible avec la liberté du christianisme, parce qu'il n'est pas juste que les chrétiens aient des esclaves qui soient leurs frères, il est certain que l'usage n'en a pas sitôt cessé. Drodon, diacre et chanoine de St-Maurice, donna à cette église, il y a environ quatre cents ans, comme le dit son épitaphe, Bernard de Rives son homme, et cinq sous de cens annuel sur un jardin qu'il lui avait remis. Ce fonds

avait été le prix de la liberté de Bernard ou de ses ancêtres ; car comme il y en avait qui consentaient à être vendus pour participer au prix qui provenait de la vente de leur liberté, il y en avait aussi d'assez malheureux pour s'assujettir à jamais, et leur postérité, à celui qui leur donnait quelques possessions. Le premier effet du droit que leur seigneur s'acquérait sur leur personne, était qu'ils ne pouvaient abandonner les fonds qu'ils tenaient de lui qu'il ne le leur permît, et par cette raison, ils avaient le nom d'*addictitii* et d'*ascripticii* ; le second, qu'il lui était loisible de leur imposer les charges que bon lui semblait, car ils étaient ses taillables à miséricorde, comme parlent les praticiens ; et le dernier, que s'ils mouraient sans enfans légitimes, il leur succédait de plein droit, en tous les biens qu'ils avaient acquis par leur industrie ou par leur bonheur. Il semblait qu'ils ne vécussent et ne travaillassent que pour lui ; et de là ils étaient appelés ses hommes, parce qu'ils étaient mieux à lui qu'ils n'étaient à eux-mêmes.

En d'autres, le corps du chapitre et du collége de Saint-Maurice est appelé *conventus*, et en d'autres, *universitas*, non qu'il fût composé de moines ni de religieux, mais parce qu'ils ne composaient qu'une seule assemblée logée dans un même lieu. Le nom latin de *conventus* n'est pas seulement propre, dans la pureté de cette langue, à celles qui ne le sont point, et l'ignorance de la force de ce mot fit murmurer plusieurs des pères du concile de Trente contre le savant du Faur, sieur de Pibrac, de ce qu'au lieu de le nommer *concilium*, il le nomma *conventum*, en un discours qu'il y fit. Il est vrai que les chanoines et les collégiés mangeaient souvent ensemble. Ce clergé, en qui a fleuri si longtemps et si glorieusement la pureté du premier christianisme, ayant conservé en cette coutume, de laquelle plusieurs autres inscriptions qui sont dans ces cloîtres et ailleurs font mention, une idée de l'union des premiers chrétiens.

C'était dès l'an 1193 une chose ordinaire de donner un repas à ceux qui avaient été appelés à des funérailles, ce qui se pratique encore à la campagne. Les prêtres qui y avaient assisté, étaient appelés à ce festin comme les autres. Mais on s'aperçut depuis qu'il y aurait plus de bienséance à leur donner de quoi manger ensemble chez eux et dans leurs cloîtres. On fit passer ceci pour une œuvre de charité, tellement que plusieurs de ceux qui étaient les plus aisés, ordonnaient souvent que la même chose se fît après eux à perpétuité, le jour de leur mort. Ils ne s'en fiaient pas à leurs héritiers, ils y donnaient eux-mêmes l'ordre qu'ils y jugeaient nécessaire. C'est ce que firent Guillaume de Cuvière (1) et Boson le Fèvre, nommés en deux épitaphes, qu'on lit encore en ces cloîtres, et plusieurs autres avant eux et après eux. C'était un des devoirs funèbres chez les Romains, dont l'héritier

---

(1) La rue Cuvière ne tirerait-elle point son nom de ce riche citoyen ?

ne pouvait se dispenser, de préparer ainsi un grand festin à ceux qui avaient accompagné le mort au tombeau, et même quelquefois d'en faire un public, où il était permis indifféremment à tous de venir. Notre religion, qui, apportant de nouvelles lumières aux hommes, a détruit le paganisme, n'en a pas néanmoins jugé criminelles toutes les coutumes.

CHAPITRE VII.

Petits cloîtres de l'église de Saint-Maurice. Chapelle de Maguelonne. Tombeau d'une reine. Image d'Antoine de Louvier, évêque de Maguelonne, bienfaiteur de cette chapelle. Son tombeau et son épitaphe.

Les petits cloîtres, au milieu desquels est la chapelle du Saint-Sépulcre, se présentent maintenant à nous (1). Quand ils ne seraient remarquables que par les tombeaux des reines de Bourgogne, ils ne le seraient pas moins que les autres que nous venons de décrire; mais il est vrai qu'ils ont encore des avantages plus signalés et plus particuliers. En y entrant par la porte qui conduit au palais archiépiscopal, on rencontre à la main gauche trois

---

(1) Ils ont été démolis il y a douze à quinze ans; et comme leurs murs servaient de contre-forts à l'église, cette opération lui a été extrêmement nuisible.

chapelles de suite. La première est celle de Maguelonne : elle a été premièrement dédiée à l'honneur des Machabées, de ces généreux martyrs de l'ancienne loi ; elle le fut depuis à saint Maurice, et même elle garde encore le nom de Saint-Maurice-le-Vieux, quoiqu'elle ne soit connue présentement que sous celui de Maguelonne. On voit deux tombeaux à son entrée : au-dessus de l'un était peinte une reine vêtue des habits royaux, et ayant le sceptre à la main ; mais par le peu de soin que l'on a eu de conserver cette peinture, qui méritait si justement de l'être, elle est tellement effacée, qu'il n'y reste pas un trait entier. Une inscription qui était à ses pieds, ne l'est pas moins, et le temps ne l'a pas mieux épargnée. Il est certain qu'une reine de Bourgogne a eu son tombeau en ce lieu ; mais il lui fut usurpé déjà dès l'an 1206, par un sous-diacre de cette église, dont le corps y fut enseveli, comme si c'eût été une nécessité de traiter si indignement cette princesse. L'épitaphe de ce sous-diacre est gravée sur ce tombeau, mais son nom n'y est plus lisible, l'injure du temps ayant vengé celle qu'il avait faite à cette reine.

Au-dessus de la porte est peint, à genoux, Antoine de Louvier, évêque de Maguelonne. Revel, qui est un petit bourg auprès de Vienne, lui donna la naissance, et son mérite cet évêché qui est aujourd'hui transféré à Montpellier. Il était chanoine de l'église de Vienne déjà l'an 1385(1) ; ses armes, qui

---

(1) Son habileté dans le droit canon l'avait élevé à la

sont d'azur à deux loups d'or marchans, y paraissent aussi et sont une marque combien cette chapelle lui est redevable. Elle est ornée en dedans de tous côtés d'une peinture fort ancienne, et qui montre assez qu'elle n'est pas l'ouvrage d'un mauvais peintre : le paradis, le purgatoire et l'enfer y sont représentés, et ce n'est pas sans beaucoup d'art et d'invention. L'histoire du martyre de saint Maurice, et tout ce qu'en disent les légendes, y remplissent aussi toute la muraille d'un côté, y étant peinte de la main du même ouvrier. Au-dessous est représentée une procession avec l'ordre qui était alors observé, et avec les ornemens que le clergé avait accoutumé d'y porter; entre autres, tous les chanoines et, comme l'on parle, les dignités y ont la chasuble et l'aumusse dessus. Aujourd'hui ils marchent en surplis, et ont perdu l'usage de l'aumusse, quoiqu'ils aient résolu souvent entre eux de le rétablir. Le précenteur, le chantre, le capiscol (1) et le maître du chœur y ont de longs bâtons pour la marque de leur dignité. Ils avaient le nom de bourdons. Cet évêque de Maguelonne, qui a obscurci, par la grandeur de ses bienfaits, la mémoire de ceux que cette chapelle avait reçus de plusieurs autres, est enseveli sous une arcade prati-

---

dignité de doyen de l'église de Vienne; le pape Clément VII le fit son trésorier, et le nomma, par bulle du 18 octobre 1389, évêque de Maguelonne. Il eut l'honneur de recevoir à Montpellier, cette même année, le roi Charles VI.

(1) Chef de l'école.

quée dans la muraille, au côté droit de l'autel. Est-ce ingratitude ou stupidité, que l'on se soit avisé depuis quelques années d'en tirer la pierre qui était sur son tombeau, et d'en faire une armoire? Un jour on réparera cet affront qu'on lui a fait; et ce lieu, qui par les lois ne laisserait d'être saint quand il ne serait pas dans une église, sera sans doute bientôt purgé d'un usage si peu honnête, et rendu à sa première dignité. Cette pierre qu'on a placée depuis au-devant de l'autel, couvrait, sous cette arcade, la sépulture de ce prélat. Sa statue de marbre, vêtue pontificalement, était couchée et étendue dessus. Les forcenés du dernier siècle lui firent tous les outrages que leur brutalité leur inspira. Ils la brisèrent tellement qu'il n'en reste plus qu'une partie, du moins est-ce la plus noble, parce que c'est la tête, et presque la moitié du corps. Mais elle est séparée de cette pierre à laquelle elle était attachée, comme elle le devrait et le pourrait être encore facilement. L'épitaphe de ce prélat ne parle que de ses bienfaits envers cette chapelle.

HIC IACET REVERENDVS PATER IN XPO DNVS ANTONI' DE LOVERIO EPVS MAGALONESIS CVI' AIA IN PACE REQVIESCAT AMEN. Q: FVIT MAIOR BENEFACTOR ET PRINCIPALIV FVNDATOR HVIVS CAPELLÆ QVI OBIIT DIE XXIII MENS. OCTOBRIS ANNO DNI MILLIO CCCC QNTO

CHAPITRE VIII.

Chapelle des Fonts ou de Saint-Jean. Son premier auteur. Tombeau de la reine Ermengarde.

La chapelle de St-Jean (1) est entre celles de Maguelonne et de Notre-Dame ; elle a aussi le nom de chapelle des *Fonts*, parce que c'est ici où l'on donnait le baptême autrefois aux enfans et aux catéchumènes. Son premier titre fut celui de l'église du *Baptistaire*. Le saint archevêque Avite, qui la répara il y a plus de mille ans, la consacra généralement aux patriarches et aux prophètes, et particulièrement à saint Jean-Baptiste. *Hujus labore et industria*, disent les manuscrits anciens dignes de foi, *baptisterii ecclesia musivo de marmore mirabiliter ornata et pavimento venusti operis constructa ipsumque baptisterium cum aquæ ductu et ornatu suo ad honorem patriarcharum et prophetarum sanctique Joannis Baptistæ quanta celeritate à fundamentis reædificata*

---

(1) Pierre Denis, prêtre de S. Maurice, fit une fondation dans cette chapelle, et lui donna, par acte du 9 août 1499, une maison qu'il avait achetée, le 25 juin 1466, de noble et puissant homme Catherin de Oncieu, chevalier seigneur de Dieme, située au cloître joignant l'abbaye de St-Ferréol d'un côté, l'église de Saint-Laurent d'autre, et la rue Orbe encore d'autre. Aucun des monumens décrits dans les ch. 7, 8, 9 et 10, ne subsiste plus.

sit in humilia quam populo in dedicatione ejus composuit, ita scribit. Les ornemens et les embellissemens dont il est fait mention en cet ancien témoignage, n'y paraissent plus; ce qui est une preuve des changemens qu'elle a soufferts depuis ce temps-là. Ermengarde, douairière de Bourgogne, ayant survécu de plusieurs années au roi Rodolphe son mari, fut ensevelie ici. Son tombeau relevé et formé d'une grande pierre creusée, était à l'entrée de cette chapelle; mais, ce qui certes est digne de pitié pour cette grande princesse, et d'un blâme immortel pour ceux qui ont commis cette faute, on l'a tiré de là, et aujourd'hui il sert à un usage honteux dans quelque maison particulière. Qui peut voir cette profanation sans indignation et sans douleur! Néanmoins cette reine paraît encore peinte au-dessus de l'endroit qu'occupait son tombeau, et cette inscription à moitié effacée est à ses pieds :

VI KL SEPTEMB'. OB' ERMINGARDIS VXOR RODVLPHI REGIS Q OBIIT OCTAVO IDVS SEPTEMBRIS ET DEDERVNT SANCTÆ VIENN. ECCLESIÆ CASTELLVM CIVITATIS ET MANSIONES IN VRBE QVÆ DICVNTVR AD CANALES ET OMNEM COMITATVM VIENN. CVM OMNIBVS QVÆ ERANT DE FISCO REGIS.

Quelques épitaphes se lisent dans cette chapelle,

mais elles ne sont pas dignes de remarque. Cette petite colonne qui est encore au-devant de l'autel, quoiqu'elle y soit inutile présentement, portait autrefois les fonts où était l'eau destinée au baptême des catéchumènes; car c'est ici qu'ils étaient régénérés solennellement pour être mis au nombre des enfans de l'épouse de Jésus-Christ. On croit néanmoins, par une tradition dont j'ignore le fondement, qu'elle égale la hauteur de celle où notre Sauveur fut attaché et déchiré à coups de fouet pour l'expiation des crimes des hommes; et par là, on lui a acquis quelque sorte de vénération dans l'estime du peuple.

CHAPITRE IX.

Chapelle de Notre-Dame ou de Rossillon. Tombeau de la reine Matilde. Usage de la servitude personnelle. Tombeau de la bienheureuse Philippe de Champteliman; son éloge. Tombeau de l'archevêque de Poisieux, chancelier de Dauphiné, et d'Etienne de Poisieux son frère.

La chapelle de Notre-Dame est la dernière de ce côté. L'ancienne et illustre famille de Rossillon ayant été sa principale bienfaitrice, lui a aussi appliqué son nom, car son vrai titre est celui de la chapelle de Rossillon. A son entrée se présente le tombeau de la reine Matilde, femme de Conrad; ce qui l'a garanti des outrages que ceux d'Ermengarde et de quelques autres ont soufferts, est qu'il est composé d'une pierre solide et massive; le corps de cette princesse ayant été enseveli dans la muraille même du côté de l'autel. Elle y est peinte avec les ornemens qu'a Ermengarde; et comme elle, elle a le sceptre à la main. Son épitaphe est entière et lisible.

VI KL' DECEMB. OB MAGTILDIS VXOR REGIS CONRADI QVI OBIIT XIV KL. NOVEMB. ET DEDIT S. MAVRITIO VILLAM LVSINIACVM CVM SERVIS ET ANCILLIS ET OMNIBVS APPENDICIIS ET DICTA REGINA DEDIT THVRIBVLVM MAGNVM TOTVM AVREVM ET CRVCEM AVREAM ET DEDIT CORONAM LAMPADARVM TOTAM ARGENTEAM ANTE DNI SEPVLCHRVM QVÆ REGINA IACET INTVS PARIETEM ANTE CAPELLAM B. MARIÆ VIRGINIS.

L'observation que nous avons faite sur l'usage de la servitude parmi les chrétiens, a ici encore une preuve de sa vérité. Le roi Conrad, comme nous apprend cette épitaphe, ne donna pas seulement à Saint-Maurice *villam Lusiniacum*, qui est Lusinay auprès de Vienne, mais encore les serfs des deux sexes qui y étaient comme des choses qui en dépendaient. En effet, le jurisconsulte Ulpien met au rang des outils des fonds ruraux nécessaires à les garnir, les serfs employés à les cultiver. *Instru-*

mento continentur, dit-il; parce qu'ils sont *addicti glæba*, comme parlent nos docteurs.

Il paraît assez évidemment qu'il y a eu de l'autre côté de l'entrée, à la main droite, où est l'autel de la bienheureuse Philippe, une inscription de mêmes caractères que celle-là. Il reste même assez de marque qu'elle était accompagnée d'une figure semblable aux autres. Mais c'est tout ce que j'en ai à dire, et mes conjectures ne peuvent trouver de jour au delà, tant l'ignorance et l'ingratitude des hommes des siècles passés ont eu d'indifférence ou de haine pour ces nobles monumens.

La bienheureuse Philippe de Champteliman naquit à Changy, dans le Forez; elle servit de demoiselle à Anne de Norry, sœur de l'archevêque de Vienne Jean de Norry, et mourut le 15 du mois d'octobre de l'an 1451; elle fut enterrée devant la porte de cette chapelle, sous une grande pierre taillée en ovale, et défendue autrefois d'une grille de fer. Les rebelles du siècle passé arrachèrent cette grille, ouvrirent le tombeau de cette sainte fille, et dissipèrent ses cendres et ses os, ayant déclaré la guerre aux morts pour avoir un prétexte de la faire aux vivans. Néanmoins cette pierre fut remise sur sa tombe, et elle y serait encore si on ne l'en avait éloignée depuis quelques années seulement. Entre les miracles qu'on lui attribue, seize morts ressuscités et la vue donnée à deux aveugles, montrent assez combien ses vertus l'ont rendue agréable à Dieu et puissante dans le ciel. Aussi Vienne eut recours à ses prières l'an 1629, pour arrêter le progrès de la peste qui la désolait; et son intercession lui ayant été favorable, l'autel qui est au-devant de cette chapelle, lui fut érigé.

Gui de Poisieux, archevêque de Vienne, est enterré dans cette chapelle, sous une pierre un peu élevée au-devant de l'autel. Son épitaphe lui donne la qualité de chancelier de Dauphiné; et en effet cette province en a eu de particuliers comme la Navarre, et c'est avec plus de raison, car elle n'est point unie au royaume de France, comme l'est la Navarre, et elle compose un état séparé, ce que la Navarre ne fait pas.

Etienne de Poisieux, seigneur de Hauterive et de Septême, a son tombeau sous une voûte faite dans la muraille au côté droit de l'autel. Ces deux frères ayant été unis d'une étroite amitié pendant leur vie, n'ont pas même voulu être séparés après leur mort. Voici les inscriptions qui se lisent sur ces deux tombeaux :

1.

HIC IACET B̄Æ MEMORIÆ REVERE̅VS IN XPO P̄R ET D̄N̄VS D. GVIDO DE POYSIACO ARCHIEP̄VS COMES ET PRIMAS Stæ. VIEN̅ ECCLESIÆ CONSILIARIVSQVE CHRISTIANISSIMI FRANCORVM REGIS DALPHINI NOSTRI EIVSQVE IN DELPHINATV CANCELLAR. QVI................ AD VTILITATEM................ CORONÆ FRANC'.......

.... OBIIT XXIII MENSIS OCTOBRIS ANNO DŃI M.º (1)

2.

CY GIST NOBLE ET PVISSANT SEIGNEVR MESSIRE ESTIENNE DE POYSIEV CHR SEIGNEVR D'HAVTERIVE ET DE SEPTEME CONSEILLER CHAMBELLAN DV ROY NOSTRE SIRE CAPITAINE DE CENT LANCES DES ANCIENNES ORDONNANCES ET DE QVATRE MILLE CINQ CENT FRANCS ARCHERS BALLIF DES MONTAGNES DV DAVPHINÉ LEQVEL A FONDÉ VNE MESSE ANNOTE QVOTIDIANE EN L'EGLISE ET CHAPPELLE DE CEANS A DIACRE ET SOVDIACRE ENSEMBLE LES CLERIONS ET LEVRS MAISTRES COMME IL APPERT PAR LETTRES AVTENTIQVES FAITTES ET PASSEES PAR MESSIEVRS LES DOYENS ET CHAPITRE DE LADITE EGLISE ET LEQVEL SEIGNEVR TRESPASSA LE IIIᴇ IOVR DV MOIS D'OCTOBRE L'AN DE GRACE DE L'INCARN NRE SR MIL IIIIº IIIIˣˣ DIXNEVSF PRIEZ DIEV POVR L'AME DE LVY.

Ses armes accompagnent cette épitaphe. Il mou-

---

(1) Charvet, *Hist. de l'église de Vienne*, p. 639, indique le jour du décès de Gui de Poisieux au 27 octobre 1480.

rut bailli des montagnes, et avant lui Aimar de Poisieux l'avait été du plat pays, car on appelle ainsi le Bas-Dauphiné. Il en fut pourvu par Charles VII, après la mort de Pierre de Coursillon ; et Louis de Poisieux, seigneur de Pusignan et de Marolles, lui succéda en cette charge, qu'il exerçait encore l'an 1498. Son père fut ce brave Capdorat qui s'acquit tant de réputation au siége d'Orléans ; aussi avait-il le nom de Capdorat comme lui.

CHAPITRE X.

Chapelles de Virieu et du Saint-Sépulcre. Eloge d'Antoine Poursan. Tombeaux de Guillaume et de Jean Palmier.

On entre encore de ces cloîtres dans la chapelle de Virieu ; c'est le nom qui lui est communément donné. Les armes du chapitre de Saint-Maurice, celles de Grolée de la branche de Viriville, et celles de la maison de Virieu, s'y voient en pierre au-dessus de la porte. Celles de ce chapitre, qui sont au milieu des autres, sont un lion rampant ; celles de Viriville sont gironnées de huit pièces à une couronne ouverte en abîme, et celles de Virieu sont trois vires l'une dans l'autre. Ceux qui ne veulent pas qu'elles soient parlantes, leur donnent le nom de cercles et d'annelets. Cette chapelle servait autrefois d'école, où le théologal de Saint-Maurice enseignait publiquement les matières de la théologie positive, qui regardent l'instruction des mœurs et la conduite des chrétiens. On y a ouï avec un applaudissement universel Antoine Poursan, de qui le père Cotton rendit ce témoignage à Henri le Grand, sous le règne duquel il vivait, qu'il était le plus savant théologien de ce royaume. L'archevêque Pierre de Villars, grand en savoir et en sainteté, lui donna la théologale de Saint-Maurice pour l'arrêter en cette ville, et Poursan, pour l'obtenir, n'eut d'autre intercesseur que sa propre vertu. Lorsqu'un prélat n'ignore pas son devoir, ou ne le néglige point, il accorde peu à la faveur et ne refuse rien au mérite; et certes, le meilleur moyen d'acquérir des dignités et des bénéfices, est de les mériter.

Ces quatre chapelles sont grandes et spacieuses, mais celle du Saint-Sépulcre est fort petite; elle occupe le milieu de ces cloîtres, ayant été portée de l'église ici. L'archevêque Adon, que son zèle avait en son jeune âge porté au-delà des mers pour visiter la Terre-Sainte, la fit bâtir après qu'il eut été appelé à cette dignité. Mais comme de son temps l'église n'avait pas l'étendue qu'elle a présentement, elle en joignait seulement la porte, au-devant de laquelle elle était alors; il la consacra à saint Pierre, à sainte Magdelaine et au bon larron, n'ayant suivi d'autre plan que celui de la chapelle du Saint-Sépulcre de Jérusalem, et c'est d'où elle a tiré le nom qu'elle a. On y voit même la forme et la figure du sépulcre où fut mis le corps de Jésus-Christ, gravée et taillée en une pierre; et c'est une tradition, que la longueur et la largeur y en sont fidèlement observées. Depuis on jugea à propos de la porter où elle est aujourd'hui, pour laisser l'église plus libre; et le doyen Guillaume Palmier en a voulu lui-même faire la dépense. La première pierre fut mise en ce lieu le 20 du mois d'août de l'an 1525, après une procession générale; et le 13 du mois d'octobre suivant, elle fut consacrée par Barthélemy de Luc, évêque de Troyes, et suffragant de l'archevêque Alexandre de Saint-Severin. Les reliques de quelques saints, qui y avaient été fiées avant ce changement, y furent remises dans une cave qui de même y fut faite, afin que rien ne lui manquât de ce qu'elle avait eu dès sa première construction (1). Enfin le doyen Guillaume Pal-

---

(1) En démolissant cette chapelle, on découvrit dans une pierre, sur l'autel, trois petites boîtes de plomb qui sont venues accroître, dans la suite, la riche collection de M. Artaud, directeur du Musée de Lyon. Elles renfermaient des cendres, de légères parcelles d'ossemens, quelques petits objets en ivoire, et enfin une plaque aussi de plomb, sur laquelle était gravée l'inscription suivante : *Guillermus Palmeri Decanus: costruit fecit* 1524. Les armes des Palmier étaient gravées sur les tenons de la plaque et derrière. Cette date annonce que Chorier s'est trompé, et que la première pierre n'a point été posée en 1525, mais en 1524.

La famille de Palmier ne se recommandait pas par une origine illustre, mais par des qualités honorables. Le père et l'aïeul de Guillaume Palmier avaient exercé les fonctions de notaires à Lyon; Jean son frère, après s'être distingué comme avocat, fut élevé au rang de lieutenant, ensuite de juge-mage de la cour séculière de cette ville, et enfin à la

mier y choisit sa sépulture, si bien qu'elle est le monument de son corps aussi bien que de sa piété et de sa libéralité. Jean Palmier, vice-bailli et lieutenant-général au bailliage de Vienne, y est enterré avec lui. Les principales dignités de cette ville ont été remplies durant long-temps par l'archevêque Pierre Palmier et par eux; conjoncture assez extraordinaire et souvent funeste, mais très-heureuse alors. Leurs armes paraissent encore aux environs de cette chapelle et en divers autres lieux, où elles sont des témoignages de leurs bienfaits : elles sont d'azur à trois palmes d'or. Goussancourt donne à la tige qui a produit ces trois frères si célèbres en cette ville, la gloire d'avoir aussi porté saint Arnoul, évêque de Soissons; saint Judoc, religieux du Mont-Vierge; et Benoît Palmio, de la compagnie de Jésus (1).

---

place éminente de président unique du parlement de Grenoble, sur la fin de l'année 1484. Pierre, son neveu, devint archevêque de Vienne au commencement de l'année 1528; et Jean, fils du président, remplit pendant plus de trente-six ans la place de vice-bailli de la même ville. Cette famille s'est fondue dans celle des Rivoire.

(1) Goussancourt n'est pas toujours très-exact; l'illustration qu'il attribua aux Palmiers s'accorde peu avec leur origine plébéienne.

CHAPITRE XI.

Epitaphes d'Etienne de Montluel, de Pierre Le Court, de Girard de Rossillon, de Berlion de Lay, d'Albert de Bocsozel.

Il ne nous reste plus à voir dans ces cloîtres que les inscriptions et les épitaphes; car je ne m'amuserai pas à remarquer, comme a fait Jean Lelièvre, que l'on y a vu autrefois deux petites statues de bronze, l'une d'un archevêque vêtu pontificalement, et l'autre d'un gouverneur de Dauphiné à genoux devant lui. Je vois trop peu d'apparence au conte que l'on fait là dessus, et ce n'est pas ici qu'il faut examiner cette fable. Passons donc à ces inscriptions. Etienne de Montluel, archidiacre de Vienne et de Cantorbery, est enseveli en ce lieu. Samuel Guichenon a représenté son épitaphe en son *Histoire de Bresse:* il mourut l'an 1268, bienfaiteur de cette église, illustre par sa naissance et par la grandeur de ses bienfaits. Pierre Le Court, principal du collége de Vienne, environ cinquante ans avant que les pères de la compagnie de Jésus fussent appelés en cette ville pour enseigner les bonnes lettres, y est honoré de cet éloge.

PETRVS CVRTIVS OVIATOR ARTES
MVLTOS INGENVAS PROFESSVS ANNOS
PARTA IVRIS ADOREA VTRIVSQVE

HIC TANDEM CINERES ET OSSA LIQVIT
CVIVS QVO MEMOR ESSET OMNIS ÆTAS
HOC MOERENS TITVLO SATEGIT VXOR.

Il était jurisconsulte et avocat; mais il avait allié la connaissance des belles-lettres à celle des lois, quoique les barbares et les faibles les jugent incompatibles. Il fut donc persuadé facilement d'accepter le gouvernement du collége où la jeunesse était instruite. Il en fut déclaré le recteur, et s'acquit tant de réputation en cet emploi, que cette charge lui fut laissée jusqu'à sa mort, personne n'ayant osé se présenter pour la lui disputer, soit que ce fût l'effet de son savoir et de sa capacité, soit que ce fût celui de l'estime que les plus honnêtes gens de cette ville faisaient de lui. Girard de Rossillon, seigneur de Serrière et d'Anjou, étant mort l'an 1265, a son tombeau peu éloigné de celui de Le Court; cette inscription nous conserve la mémoire de cet homme, sorti d'une des plus nobles maisons de France:

HIC IACET DNVS GIRARDVS DE ROSSILIONE DNVS
SARRERIE ET D'ANIOV QVI OBIIT VIIIº KL. IVNII
ET DEDIT ECCLESIE BEATI MAVRITII LX. LIBRAS
PRO GENERALI REFECTIONE ET ANNVA PENSIONE
ANNO DNI MºCCLXIII.

Mais est-il rien de plus ridicule que la manière de restitution dont le chanoine Berlion de Lay s'avisa en mourant? Il fonda un anniversaire pour les âmes de ceux qu'il avait trompés et fourbés pendant sa vie, *pro remedio animarum illorum quos in aliquo defraudaverat quod fiet in festo mortuorum*, dit son épitaphe qui est de l'an 1252, et que l'on voit auprès de celles-là (1). Cette déclaration si naïve n'est pas moins étrange que cette façon de payer une dette de la nature de celle-ci est extraordinaire. Albert de Bocsozel, chanoine de cette église, a cette inscription à quelques pas de là; je ne puis la refuser à l'éclat de cette famille, dont les sieurs de Montgontier et de Chastelard sont des branches.

ANNO DÑI M°CC.LVI ET IIII KL IANVARII OB' ALBERTVS DE BOCSOSELLO CANONIC' ET SVBDIACON' Q' DEDIT CONVENTVI ISTIVS ECCLE II ANIVSARIA p SE ET p BERLIONE FRE SVO CANONICO DICTE ECCLIE AMBO MISTLES FVERVNT HVI' CIVITATIS.

Nous avons manifesté le vœu, dans une autre circonstance, que la magnifique basilique de Saint-Maurice soit restaurée et entretenue aux frais du trésor public. Ce monument éminemment national contribue à la splendeur du royaume, et doit être considéré comme l'un de ses ornemens les plus remarquables. Les ressources de la ville de Vienne ne lui permettent pas de fournir à une semblable dépense, et la moindre négligence peut entraîner la ruine

---

(1) Elle est déposée au Musée.

d'un édifice dont les arts réclament la conservation. Les Anglais, que nous cherchons quelquefois à imiter dans leurs institutions, ont assigné le revenu d'un certain nombre de domaines pour maintenir en état leurs églises gothiques; serions-nous donc moins jaloux qu'eux de défendre les nôtres des ravages du temps et d'en prolonger l'existence? Espérons que sous un gouvernement réparateur, cet édifice imposant ne sera pas abandonné. S'il est glorieux pour un monarque de signaler son règne par des constructions d'un grand caractère, il ne l'est pas moins de veiller à maintenir celles qui subsistent.

CHAPITRE XII.

Description du palais archiépiscopal. Ses réparations et ses bienfaiteurs. Salle des Clémentines, où a été tenu le concile de Vienne. Chapelle de l'archevêché. Inscription.

Nous sommes trop près du palais archiépiscopal, pour ne le pas visiter. Il est dans une situation fort agréable, élevé presque partout sur un massif qui y a été fait exprès (1). On croit qu'un des palais

---

(1) En démolissant, ces années dernières, le palais archiépiscopal, on n'a pas été peu surpris de voir le mur méridional assis sur un massif de débris de sculptures antiques, amoncelées sans ordre; dans la partie la plus élevée (du côté de l'hôpital), on a remarqué un vaste escalier placé entre deux murs très-épais, dont les parois étaient enduites d'un ciment romain aussi dur que la pierre. Au dessous, à vingt pieds environ, l'on a rencontré le pavé en

des rois de Bourgogne (car ils en avaient plusieurs en cette ville) était ici, et que Conrad en fit un présent à S. Maurice pour y loger les archevêques plus noblement que peut-être ils n'avaient été jusqu'alors. L'archevêque Jean de Burnin l'embellit autant qu'il lui fut possible ; et son éloge, qui fut fait incontinent après sa mort, dit qu'il l'augmenta beaucoup, l'ayant accru de nouveaux édifices. Il avait bien plus d'étendue en ce temps-là qu'il n'en a maintenant. Cette maison, où est la salle des Clémentines, était un de ses appartemens, qui n'en a été séparé que long-temps après la mort de ce grand prélat. Le pape Clément V ayant convoqué le quin-

---

grandes dalles. Il semble que ce massif ait été formé dans un moment d'alarme avec les ruines de quelque édifice magnifique, pour servir de rempart ; on en a tiré en effet quantité de blocs de marbre, des colonnes cannelées en pierre de choin, des chapiteaux d'un beau style, des morceaux sculptés, etc., etc. Un rapprochement assez singulier, c'est qu'en reconstruisant le palais archiépiscopal de Bordeaux, on découvrit, comme à Vienne, dans les anciens murs, une quantité considérable de blocs de pierre plus intéressans les uns que les autres, et qui, dans leur état de dégradation, annonçaient la beauté et la splendeur des édifices auxquels ils avaient appartenu. (*Variétés bordelaises*, tome 4, page 194.) Quelques-uns des objets ont été déposés au Musée, M. Clemaron en a fait incruster d'autres dans les murs de sa cour, principalement les débris d'un Triton colossal ; mais la majeure partie de ces sculptures ont été employées comme moellons, ou taille, dans les constructions modernes.

zième concile général en cette ville, où il fut tenu l'année 1311, les assemblées des pères se firent presque toutes dans cette salle pour la commodité du pape, qui était logé dans l'archevêché. De là le nom qu'elle a des Clémentines lui fut imposé, mais elle a bien changé aujourd'hui de condition. On n'a pas eu le soin de lui conserver la dignité que le Saint-Esprit lui avait acquise en y prononçant ses oracles. De ce même côté est l'auditoire public, où le juge des archevêques rendit autrefois la justice, après que le chapitre eut renoncé à la part qu'il avait à cette juridiction. Il n'est pas si aisé de remarquer où était une tour qui flanquait ce palais d'un côté, quand les gens du dauphin Humbert la ruinèrent, sous l'archevêque Bertrand de la Chapelle, il y a plus de cinq cents ans. Il est vrai qu'elle fut réparée par ce dauphin, qui fut condamné à cela par le pape Benoît XII, et par son successeur Clément VI. Et je ne sais pas si c'est la même qui était déjà menacée de sa ruine l'an 1431, si les consuls de Vienne ne l'en eussent eux-mêmes garantie.

La chapelle que l'on voit dans ce palais, est encore un ouvrage du même archevêque (1). Il la consacra à la sainte Vierge, qu'il appela ainsi à la

---

(1) Cette chapelle était élevée sur un terrain rapporté, qui formait terrasse au levant du palais; elle a été démolie, et le sol déblayé. On a trouvé sur ce point deux à trois mille médailles en bronze du Bas-Empire, et une quantité prodigieuse de ruines romaines.

protection de ce palais. Elle est voûtée et d'une si belle symétrie, qu'il n'y a rien à désirer. Ses successeurs n'ont pas tous négligé le soin de l'embellir, et tous ont eu celui de la conserver et de la défendre des injures du temps. Les archevêques de Vienne y sont peints jusqu'à l'an 1450, et presque tous avec leurs armes et leurs éloges : ce qui ne nous donnerait pas une médiocre lumière dans l'histoire de leurs vies, si des hommes brutaux et cruels ne s'étaient montrés plus ennemis de cette peinture, que le temps qui l'est de toutes les meilleures choses. Il n'y reste aujourd'hui de lisible que cet éloge de l'archevêque Vassalli (1), qui nous apprend bien plus de ce prélat que le Lièvre n'en dit dans sa vie :

PRÆSVL IN VIENNENSI VRBE GAVFRIDVS VASSALLI AB ENGOLISMO TRAHENS ORTVM DE NOBILI DOMO REGIS FRANCORVM CONSILIARIVS ET PRVDENS MORVM VIR PIVS HVMILIS MAGNIFICVS ET LIBERALIS PLENVS CARITATE ERGA PAVPERES ET PIETATE VRBS TVRONENSIVM HABET COR-

---

(1) Il fut nommé par le pape archevêque de Lyon, après la mort d'Amédée de Talarn en 1444, mais le chapitre ayant élu Charles de Bourbon, il intervint, après de nombreuses procédures, un acte entre les deux contendans, par lequel Vassali se départit de son droit, moyennant une pension viagère. Sa mort suivit de près ce traité.

PVS VT DEPOSITVM ANIMA FIDELIS PACE
FVLGEAT IN COELIS AMEN. ANNO
MCCCCXLVI. XVI OCTOBRIS CVI DEBITVM
SOLVIT.

CHAPITRE XIII.

Changemens et révolutions de l'église de Saint-Maurice.
Ses bienfaiteurs. Achevée par l'archevêque P. Palmier.
Desseins du baron des Adrets pour la ruine de cette
église. Fêtes des Noircis et des Merveilles.

Les choses sacrées obéissent à la loi du temps aussi bien que les profanes, et ne sont pas sujettes à de moindres révolutions. Elles ne sont pas toujours les mêmes, quoique la religion qui leur donne ce caractère, ne change jamais; et le temps, par une merveille dont la cause est inconnue aux hommes, étend visiblement son empire sur le partage de l'éternité. Cette église, si illustre dans la chrétienté, n'a pas toujours été constamment la même. Elle fut premièrement dédiée aux Machabées, et ce fut par l'apôtre saint Paul, à ce que disent les légendes. Elle occupait alors le même lieu où est la chapelle de Maguelonne, qui, à cause de cela, fut encore dédiée de nouveau, par l'archevêque Jean de Burnin, aux Machabées et à S. Maurice. L'archevêque Edoalde, qui vivait l'an 713, c'est-à-dire plus de 500 ans auparavant, avait déjà consacré cette première église à S. Maurice, après l'avoir rebâtie, pour la rendre plus digne des reliques de ce saint martyr et de plusieurs de ses compagnons qu'il y déposa. Depuis, on jugea qu'elle serait en une situation plus avantageuse, si on l'approchait plus du midi qu'elle n'était. Ce conseil a été suivi d'une si heureuse issue, qu'il ne faut pas douter que Dieu ne l'ait inspiré aux successeurs d'Edoalde. On la porta où elle est aujourd'hui ; et quoiqu'elle eût changé de place, elle ne changea pas sitôt de nom. Elle avait encore celui de Saint-Sauveur du temps d'Adon, et ce titre lui était commun dès sa première fondation avec celui des Machabées. Nous avons vu comme ce fut à l'une de ses portes qu'il fit construire la chapelle du Saint-Sépulcre, qui est maintenant placée au milieu des petits cloîtres : *in introitu sanctæ Matris Ecclesiæ*, dit sa légende dans le Bréviaire de Vienne, *in honore Salvatoris constructæ domunculam quamdam instar sepulchri Dominici construi fecit*. Mais Théobal ou Thibaud, prélat de grande naissance et de grandes vertus, conduisit cet ouvrage à ce point de beauté et de grandeur, qui le rendit dès lors un digne sujet de l'admiration des peuples. Soit qu'il y fût arrivé quelque ruine qui lui eût ôté ce qu'il avait de dignité, soit qu'on pût lui en ajouter plus qu'elle n'en avait, l'archevêque Jean de Burnin surpassa par ses soins tous ceux de ses prédécesseurs. Il la rendit plus magnifique, et y travailla si heureusement et si utilement, qu'elle passa dès lors pour un nouvel ouvrage, et qu'il mérita d'en être cru le véritable ouvrier. Elle fut consacrée de nouveau par cette raison l'an 1251, par le pape Innocent IV, qui ne se refusa pas à cette solennité. On peut juger de la grandeur de cet ouvrage par la longueur du temps qui y fut employé, car il n'y a pas moyen de douter qu'il n'eût été commencé dès l'an 1239, puisque Geoffroy Baudoin étant mort cette année-là, donna entre autres par son testament cent livres à l'œuvre de cette église, *operi ecclesiæ nostræ centum libras*, dit son épitaphe. C'est en ce même temps que la chapelle de Maguelonne ou des Machabées avait été achevée, puisque n'y restant qu'à mettre des vitres, il pourvut aussi à ce qu'elles le fussent. Mais comme le projet de cette église ne pouvait que fournir de l'occupation à plusieurs siècles, on y travaillait encore l'an 1395 avec beaucoup plus d'ardeur. Celui qui en avait alors la direction, était appelé le maître de l'œuvre de Saint-Maurice, et Ginet d'Arche était son nom. Toutefois la dernière main n'y fut mise que l'an 1515, sous l'archevêque Pierre Palmier. Ce bonheur était réservé à son siècle, et nous en sommes redevables à la prudence et à la libéralité de ce grand prélat. Mais si ç'a été un bonheur à ce siècle d'achever ce que neuf autres se croient assez heureux d'avoir commencé, ne lui est-ce pas aussi un blâme de l'avoir vu si près de sa ruine? Cinquante-deux ans après que cette belle église eut reçu sa dernière perfection, elle fut sur le point de recevoir sa dernière désolation. François de Beaumont, baron des Adrets, s'étant mis à la tête de certaines troupes rebelles, se rendit le maître de cette ville par l'intelligence qu'il eut avec quelques-uns de ses habitans en 1562. Sa première pensée fut d'imiter ici, comme il avait fait ailleurs, le barbare Crocus, roi des Vandales, qui croyait de s'acquérir une réputation immortelle par la ruine des plus nobles villes et des plus superbes édifices. Ce fut par son ordre que cette église fut dépouillée de tous ses ornemens, que son portail fut brisé comme il est en tant de lieux, que la voûte en fut offensée en quelques-uns, que le couvert en fut entièrement abattu, et que l'on commença même à couper de ses piliers, afin que leur chute entraînât avec elle ce grand vaisseau. L'impiété n'est pas moins ingénieuse que le vrai zèle; ces malheureux avaient le dessein d'appuyer ces grandes et pesantes colonnes de forts étançons à mesure qu'ils les couperaient, et d'y mettre après le feu. C'est ainsi que le grand évêque Marcel renversa un des plus fameux temples de l'Asie consacré à Jupiter, quoiqu'il fût d'une structure si merveilleuse, qu'elle avait déjà résisté à tous les efforts des ouvriers, que le zèle du gouverneur de la province y avait employés. Le diable prétendait se venger en cette occasion de la même manière qu'il avait été offensé en celle-là. Mais le repentir des Viennois, et la sage conduite de Laurens de Maugiron, lieutenant-général de Dauphiné, s'opposèrent heureusement à ce sacrilége dessein.

Le service divin y est célébré avec tant de piété et d'assiduité, et, ce qui est l'âme de l'une et de l'autre, avec tant d'ordre, qu'on y voit bien clairement des marques de cette ancienne vertu qui l'a rendu si illustre par toute la chrétienté. Il n'est presque point d'heure du jour que les louanges de Dieu n'y soient chantées; les portes de l'orient, comme parlent les poètes, ne sont pas sitôt ouvertes à la lumière, que la bouche de ce clergé l'est aux prières et à la psalmodie (1). Ce n'est pas que l'ignorance et la simplicité des derniers siècles n'aient fait naître quelques coutumes qui pouvaient souffrir de justes répréhensions, parce qu'elles semblaient n'être pas assez conformes à la bienséance. Mais ce siècle plus éclairé les a condamnées, et les bonnes mœurs n'ont pu souffrir de mauvaises coutumes. Je parle de cette pompe ridicule des Noir-

---

(1) Le chapitre de l'église de Vienne était encore composé, au moment de la révolution, de cent clercs, dont vingt chanoines. Il ne vit pas sans jalousie s'opérer la réunion des églises collégiales de St-André-le-Bas, de St-Chef et de St-Pierre, en un chapitre unique, décoré du titre de chanoines comtes de St-Chef, et chacun des membres portant une large croix suspendue à un ruban bleu moiré, liseré de violet. Il sollicita une semblable distinction, le titre de comtes de Vienne, et le droit à chacun des chanoines de porter une croix attachée à un ruban rouge liseré de noir, où serait un écusson chargé de la croix tréflée de St-Maurice, surmontée d'une couronne à perles avec la légende : *Ecclesia Viennensis prima Galliarum sedes*. Cette demande n'obtint aucun succès. Les apôtres ne recherchaient ni les honneurs ni les décorations, et cependant ils obtenaient le respect et la confiance des premiers chrétiens.

cis, qui est presque la seule que l'on pourrait tourner à blâme à nos pères, qui l'ont si long-temps approuvée, et de cette solennité trop gaie du jour des Merveilles, qui ne consistait qu'à l'obligation qu'avait le clergé de cette ville de se promener presque tout le jour sur le Rhône dans des bateaux couverts de rameaux épais. Les Noircis étaient un divertissement public, mais peu honnête. Quatre hommes nus, nommés par l'archevêque de Vienne, par le chapitre de Saint-Maurice, par l'abbé de Saint-Pierre et par celui de Saint-André, couraient les rues, comme les luperceaux faisaient celles de Rome. L'archevêque leur donnait un roi, l'abbesse de Saint-André-le-Haut une reine, et l'Hôtel-Dieu un homme habillé en ermite, que l'on faisait passer pour Saint-Paul. Il montait à cheval, comme les autres, mais mieux pourvu, car il avait une bouteille de vin pendue à son côté, un pain blanc et un jambon ; et devant lui un vaisseau rempli de cendres, dont il jetait à pleines mains sur la tête de ceux qui se présentaient devant. Cette extravagance (1) n'est plus en usage ; et si les peuples nos voisins nous avaient imités, on

---

(1) Elle avait lieu le 1er mai de chaque année. Voyez Charvet, *Histoire de l'Église de Vienne*, p 596 et suiv., sur les fêtes des Innocens, des Noircis et des Merveilles, et sur l'abbé de Malgouvert. ces cérémonies ridicules étaient communes à presque toutes les églises cathédrales de France.

ne verrait plus des désordres qui déshonorent la plus auguste des solemnités chrétiennes. Celle des Merveilles, qui était une réjouissance publique au clergé et au peuple, n'avait rien de si étrange, et néanmoins on en a retranché tout ce qui ne répondait pas à la dignité du sujet et à la gravité de notre religion.

CHAPITRE XIV.

Porte de Reminiscere. Statues anciennes.

Rien ne saurait nous arrêter davantage dans ces cloîtres, c'est-à-dire dans cette partie de Vienne à laquelle il ne reste plus que le nom de cloîtres, puisqu'elle n'est pas moins ouverte que les autres.

La porte par laquelle on entre d'ici dans le faubourg de Fuissin, a le nom de *Reminiscere*. La prison du chapitre et de l'officialité est dessus; mais ce qui la rend plus remarquable, ce sont trois statues engagées dans le haut de la muraille du côté qui regarde ce faubourg : l'une est d'un homme qui dort appuyé sur son coude, les autres sont deux joueurs de violon, l'un desquels est assis et l'autre debout. Elles ont assez fourni matière de s'exercer à l'imagination du peuple. On s'est figuré que cette ville étant bloquée de certaines troupes ennemies, celui qui avait été mis en sentinelle à cette porte, s'endormit au son des violons, comme l'on faisait dans le détroit qui sépare la Sicile d'avec l'Italie, au chant des sirènes ; que les ennemis, qui les avaient envoyés à ce dessein, se servirent de cette occasion pour surprendre cette ville ; que néanmoins ils furent repoussés ; et que pour apprendre cet événement à la postérité, ces statues, qui en étaient une vive représentation, furent mises ici. D'autres qui voient trop peu d'apparence de vérité en cette fable, en changent les circonstances, et veulent que des violons aient donné avis aux habitans de cette ville du sommeil de leur sentinelle et de la marche de leurs ennemis. Mais il n'y en a pas plus encore en ceci. Premièrement, on ne marque point le siècle ni l'année où l'on prétend que rien de pareil soit arrivé. Davantage, quels étaient ces ennemis ? étaient-ils voisins ou étrangers ? S'ils étaient voisins, tenaient-ils Vienne bloquée ? Si cela est, elle était mal défendue, puisqu'on la fiait à la garde d'un simple portier. Si ce fut une invasion soudaine, à quel propos des violons, et en un temps si bien concerté ? Si c'étaient des ennemis étrangers, le bruit de leur arrivée, la ruine des peuples voisins, et l'effroi qui marche devant les armées conquérantes, auraient-ils si peu alarmé le peuple de Vienne, qu'il négligeât le soin de son salut à ce point que de se fier à la vigilance d'un seul homme ? Il faut donc avouer que ces récits sont fabuleux, et qu'il les faut mettre au nombre de tant d'autres qui, ayant été inventés par des personnes ignorantes, ont été persuadés facilement comme des vérités au peuple, qui n'a jamais l'usage du discernement ni de la raison en ces matières. Et ce qui le fait voir avec plus de clarté, est que l'ancienne porte de Vienne de ce côté n'était pas celle-ci, qui est un ouvrage beaucoup plus moderne; et quoiqu'elle ait le nom de *Reminiscere*, cela ne fait point d'impression sur mon esprit. *Reminiscere* est vraiment un mot qui signifie *Que l'on se ressouvienne;* mais ici il ne se rapporte pas à cet événement, pour nous obliger d'en garder la mémoire. Il fut donné à cette porte à cause de certaines solennités qui s'y faisaient autrefois le dimanche du carême qui a le nom de *Reminiscere* dans la langue des églises et de leurs ordinaires. Cela étant, je ne vois pas qu'il y ait moyen de douter que ces trois statues ayant été fortuitement trouvées en cet endroit, comme l'on travaillait à cette porte, n'y aient été mises sans dessein, si ce n'a été par celui de les conserver. Si on avait usé de la même précaution pour tant de rares monumens qui sont dissipés par une négligence trop blâmable, nous n'en regretterions pas aujourd'hui la perte. Mais, c'est une chose impossible de dire certainement à quel dessein elles ont été faites autrefois. Il nous faudrait des lumières que nous n'avons plus, pour éclaircir ces doutes. Néanmoins, il est assez visible qu'elles ont servi à quelque bâtiment ; et qui n'ignorera point quels ont été autrefois les ouvrages de l'architecture ancienne, n'aura pas de la peine à se le persuader. Peut-être que dans Vienne il y avait un collége de joueurs de flûtes et de violons, comme il y en avait un à Rome, duquel il est parlé en une inscription qui commence ainsi dans Gruterus : *Collegio tibicinum et fidicinum romanorum.* On sait assez que sans eux on ne faisait point de sacrifices ni de spectacles publics. Le nombre en était par conséquent considérable dans les principales villes, de manière qu'il ne pouvait qu'être tel en celle-ci. Il y a apparence qu'ils y composaient un collége; c'est comme les Latins appellent ce que nous nommons un corps et une communauté d'artisans; et si cela est, il y en a encore qu'ils y avaient quelque maison destinée à leurs assemblées. Elle n'était pas sans ornemens, et peut-être que ces statues en ont été une partie. Ce n'est pas une merveille qu'il y eût quelque marque apparente qui témoignât à quel des arts elle appartenait. Mais je reviens à ce que j'ai dit si souvent : nous ne pouvons suivre en ces recherches que la foi des conjectures, qui est toujours douteuse, même quand elle est véritable.

CHAPITRE XV.

Faubourg de Fuissin. Champ de Mars. Description de l'abbaye de Saint-Pierre. Ses bienfaiteurs. Cimetière. Lions élevés au milieu. Inscription romaine.

Fuissin qui se présente, était autrefois un des faubourgs, et est maintenant une des parties de Vienne. Il occupe une plaine qui, sous les Romains, avait le nom de Champ de Mars, et qui eut depuis celui du Champ des Jardins, ou de *Villa Hortensis*. Il doit sa construction au peu de soin qu'ont eu les anciens directeurs de l'abbaye de Saint-Pierre et du clergé de Saint-Maurice, de conserver la liberté de leurs cloîtres, et de fuir le commerce des personnes séculières et le bruit des affaires. Il n'y a guère plus de cinq cents ans qu'ils commencèrent à se relâcher ainsi, dans la pensée d'augmenter leurs revenus par celui de leurs emphytéoses, et le nombre de leurs créatures par celui de leurs emphytéotes. Les murailles qui l'enferment, ne furent achevées qu'environ l'an 1380, après que le roi Charles V se fut saisi du temporel de l'archevêché de Vienne, et par conséquent de cette ville pour le dauphin Charles son fils, déclaré vicaire de l'empire dans le royaume d'Arles par l'empereur Charles IV.

L'ancienne et illustre abbaye de Saint-Pierre, de l'ordre de Saint-Benoît, en est le principal honneur. Il est peu de monastère en France qui ait eu tant de réputation, ni qui se la soit conservée si constamment. Il est environné de bonnes et fortes murailles de trois côtés, et du Rhône vers le couchant. Son église, qui est une des plus saintes et des plus vénérables de la chrétienté, en occupe le milieu, et des maisons fort agréables presque tout le reste. Celle de l'abbé est séparée des autres, et a sa vue sur la plaine qui s'étend vers le midi, sur un jardin et sur le Rhône, dont le canal paraît d'ici plus droit qu'il ne l'est dès sa source en nul autre lieu.

Elle est l'ouvrage de la libéralité d'Antoine de Poisieux, qui, ayant laissé l'archevêché de Vienne à Guy son frère, se réserva cette abbaye, où il passa le reste de ses jours. Comme la profession monastique a régné ici avec beaucoup de vertu et d'éclat, le nombre des religieux y était fort grand. Le siècle de Cadéolde y en a vu jusqu'à cinq cents : aussi avait-il divers dortoirs, qui ne pouvaient qu'être fort spacieux pour contenir une si grande multitude. Il n'en reste qu'un aujourd'hui; les autres ont été entièrement ruinés, de sorte qu'il n'en paraît plus rien. Le temps qui produit toutes choses, les détruit toutes, et exerce sa cruauté sur ses propres ouvrages. Les Maures d'Espagne qui pénétrèrent si avant en France, sous la conduite des enfans d'Eudes, duc d'Aquitaine, contre Charles Martel, renversèrent ce monastère et le détruisirent entièrement. Il ne commença à se relever de ses ruines que sous l'archevêque Adon, par les soins de Mediolanus, prêtre d'une haute sainteté et d'une égale réputation. Ses principaux bienfaiteurs ont été le comte Girard de Rossillon, le comte Hugues, qui fut quelques années après empereur d'Italie, le roi Conrad, Ratborne son gendre, vicomte de Vienne, l'archevêque Sobon, l'archevêque S. Burcard, Guigue, prince de Grenoble, tige de la race des premiers dauphins, Bornon de Beauvoir, Gaucerand, qui a la qualité d'illustre dans les documens où il est parlé de lui, et avec tous ceux-là Robert, comte de Dreux, qui même voulut y recevoir les derniers honneurs de la sépulture;

mais le nombre en est trop grand pour faire mention de tous.

On entre en ce monastère par deux portes principales : l'une regarde le septentrion et conduit à l'église, l'autre est opposée au soleil levant et mène à la maison de l'abbé. Entrons par celle-là pour voir plus particulièrement ce qu'il renferme de rare. Le cimetière s'y présente le premier à nos yeux, et avec lui l'image de la mort. Je ne doute pas que les grands hommes, aux soins desquels ce monastère est redevable de son établissement, n'aient voulu jeter ainsi, dans l'esprit de ceux qui l'abordaient, des pensées de l'éternité par celles de leur néant. Trois lions de pierre (1), qui répondent à trois différentes portes de l'église, semblent n'y avoir été placés que pour exercer la curiosité des savans, et pour combler les autres d'un ridicule étonnement. Un jeune homme qui est sur eux, est représenté comme faisant ses efforts pour les déchirer. Mais le sculpteur y a si mal observé les lois de la proportion, que la grosseur des lions surpasse la naturelle, comme celle de ce jeune homme lui cède trop visiblement. Jean Marquis, trop crédule en ceci, quoiqu'il ait été un grand personnage, ayant trouvé un conte fabuleux, composé par un auteur sans nom et sans savoir avec aussi peu d'art que de vérité, l'a mis en lumière. Il porte

---

(1) C'étaient trois sphinx, sur lesquels on avait adapté des têtes de lion. Ils ont été déplacés et détruits.

que saint Grégoire le Grand consacra ce cimetière et celui de Saint-André-le-Bas, le premier et le neuvième an de son pontificat; qu'il obtint de Dieu le salut infaillible de tous ceux qui y auraient leur sépulture; et que pour une preuve de cette vérité, un ange porta la même nuit ces trois lions de la ville de Rome en celle-ci. Des colonnes ouvertes et travaillées à leur cime en forme de lanternes, y étaient plantées; de sorte que, par ce moyen, ils luisaient, comme parle cet auteur, devant l'idole des Romains et les simulacres des provinces, mais d'une lumière inextinguible. Virgile en était l'auteur, car ces siècles barbares l'ont fait passer pour plus grand magicien qu'il n'a été grand poëte. Hubertus Suissannæus, qui vivait au commencement du siècle passé, a tiré de cette mauvaise matière le sujet de cette mauvaise épigramme :

> Inter magnarum miracula plurima rerum
> Vergilii solers annumeretur opus.
> Tres magica ardentes confecerat arte lucernas
> Ardentes semper septima vidit hiems.
> Tres tribus è saxis, immania membra, leones
> Subjicit idolis munera grata suis.
> Pontificis precibus Roma sunt nocte Viennam,
> Nocte una angelica singula lata manu
> Christiadum pulchros hodie concessit in usus,
> Quo priùs infelix ethnicus usus erat
> Aspice rem Christi famularis turba stupendam
> Vergiliique manu, pontificisque prece.

Cette fable est assez évidente, et il ne faut pas beaucoup de réflexions pour en voir l'imposture.

C'en est une trop hardie de supposer que saint
Grégoire le Grand soit venu en France la première
et la neuvième année de son pontificat, puisqu'il
ne quitta jamais l'Italie, qui le tint attaché à elle
jusqu'à la fin de ses jours, et par la durée et l'opi-
niâtreté de ses cruelles maladies, et par l'importance et la qualité des affaires publiques. Cette
consécration si extraordinaire du cimetière de ce
monastère et de celui de St-André, a du rapport
avec celle du cimetière d'Aliscamp (1) à Arles, et
n'est pas plus véritable qu'elle, que les plus judicieux avouent ne l'être point. D'ailleurs cet auteur
qui l'a publiée sous le nom de Pierre le Diacre,
est trop barbare en son langage pour persuader
que ce mauvais ouvrage soit du siècle de saint
Grégoire, où la latinité n'avait pas encore perdu
toute sa pureté ni toutes ses grâces. Davantage,
quel est ce registre, ce catalogue et ce trésor de
Saint-Pierre? où est l'original de ce ridicule écrit?
qu'est devenue l'inscription qui en parlait? enfin,
quelle extravagance de parler de l'idole des Romains, comme s'ils n'en eussent eu qu'une, et des
simulacres des provinces, comme si jamais elles
avaient été divinisées et reçu des adorations! Quelle
ignorance de faire passer Virgile pour un magicien
en un récit si sérieux, comme les Romains l'ont
fait en d'autres plus gais et plus galans! Je laisse à
part cette lumière inextinguible et plusieurs autres

---

(1) Par corruption de Champs-Elysées.

circonstances qui découvrent manifestement ce mensonge, et qui le font voir trop éloigné de toute sorte de vraisemblance. Les premiers chrétiens avaient accoutumé de passer avec beaucoup de dévotion dans les églises les nuits qui précédaient les fêtes des martyrs et les autres les plus solennelles : les prélats ni ceux qui étaient dans les dignités les plus hautes, ne s'en dispensaient point. C'est d'où est venue la différence des fêtes, dont les unes portent veille, comme l'on parle, et les autres n'en portent point. L'histoire ecclésiastique nous en fournit plusieurs exemples, et je me contenterai néanmoins de celui-ci que j'ai tiré de Cassiodore. *Nox erat,* dit-il, *et aliqui populorum ad vigilias venerant, expectabatur postera die collectio. Flavianus et Diodorus primi in duas partes chori psallentium diu videntur, divinosque amatores ad sepulcra martyrum provocantes cum illis laudabant Deum.* Il décrit en cet endroit le danger que courut saint Athanase d'être surpris cette nuit-là dans une église, où Sébastien, envoyé pour l'arrêter par l'empereur Constance, fut averti qu'il était avec un grand nombre de fidèles ; Ammien Marcellin, qui vivait long-temps avant Cassiodore, est encore un témoin de la vérité de cette ancienne dévotion. *In statione,* dit-il dans le vingt-huitième livre de son Histoire, *primis tenebris observata custodum absentia qui festo die christiani ritus in ecclesia pernoctabant,* etc. Ces lions furent donc placés où ils le sont maintenant, pour éclairer aux fidèles que leur devoir et leur dévotion assemblaient la nuit dans cette église. Le fanal qui était devant la porte de Saint-Sévère, n'y avait pas été dressé à autre dessein, non plus que celui que nos pères ont vu encore entier dans le cimetière de l'église de Saint-Martin. Ce ne fut pas même sans quelque mystère que l'on choisit plutôt des lions pour soutenir ces colonnes et ces fanaux qu'aucune autre chose. On voulut ainsi enseigner aux chrétiens qu'ils devaient être généreux comme des lions, pour les intérêts de la foi, ou certes hardis et courageux comme David, représenté ici en la posture d'un jeune homme, et comme lui, qui déchirait les lions, vaincre cet ennemi de leur salut, que les livres sacrés comparent à un lion rugissant.

Une pierre apportée d'ailleurs sert de base à un de ces lions; elle contient cette inscription (1) :

```
       D.      M.
      C. MAXIMIO CAE
    ...COLLIBERTO D.. T.. C.. N...
      ...PONI NEGOTIATOR
      ...INARIO VIENNAE
           MAXIMIA
       SECVNDILLA XXI
         PIISSIMO FI
         C MAXIMIVS
           VCH VI
           PIETATI
          SANCTISSI
```

---
(1) Elle est maintenant au Musée.

Quoique cette épitaphe de C. Maximius, marchand de vin dans Vienne (1), ne puisse rien avoir de commun avec l'histoire de ces lions, Etienne Barlet n'a pas laissé d'y trouver la matière d'une étrange imagination. Il y lit *inario* au lieu de *vinario ;* il prend cet *arium* pour *ossuarium,* et *ossuarium* pour un cimetière. Sur ce fondement, il dit que ceux qui exerçaient quelque négoce consultaient ce feu sacré, et apprenaient de ses agitations l'issue qu'ils devaient espérer de leurs desseins et de leurs voyages. Ils appelaient, ajoute-t-il, *ignispicia,* ce genre de devination qui, étant en usage parmi toutes sortes de marchands, l'était surtout parmi ceux de Vienne qui trafiquaient d'ordinaire jusques à Rome. Voilà qui ne mérite point que je prenne la peine de le réfuter ; qui sera assez ignorant pour être si crédule? Ce Maximius était de cette sorte de marchands que les jurisconsultes nomment *negotiatores,* entre lesquels et les vrais marchands Hotoman met beaucoup de différence. Aussi n'est-il nommé que *négociateur* dans cette inscription, et son négoce y est assez marqué par la qualité de *caupo,* qui est un cabaretier en notre langue, et de *vinarius negotiator.* En effet le jurisconsulte Paulus appelle ce commerce en vin *negotiatio ex vino,* et apprend en un autre lieu que *caupona negotiationis nomen est.*

---

(1) Maximia Secundilla élève à son mari très-cher ce monument funèbre, de concert avec Caïus Maximius leur fils.

CHAPITRE XVI.

Eglise de Saint-Pierre; combien sainte. Pourquoi on n'y enterre personne. Tombeau de Gisela, femme de Hugues, empereur d'Italie. Epitaphe de Girard, comte de Vienne. Origine des ducs de Savoie. Chapelle de Sainte-Catherine. Tombeau de l'archevêque Léger. Inscriptions romaines.

L'église de ce monastère est une des plus saintes et des plus vénérables de la chrétienté, soit que l'on fasse réflexion à la gloire des saints dont elle est le sacré tombeau, soit que l'on en fasse à leur nombre. Tant de martyrs et tant de confesseurs y ont été ensevelis dès la naissance de la religion chrétienne dans cette ville, que l'on peut dire avec vérité que le nombre y en est presque infini (1). On ne saurait trouver de terre plus sacrée, puisqu'elle n'est pas seulement mêlée à leur cendre, mais qu'elle en est aussi et composée et augmentée. C'est par cette raison, et par le respect qui est dû à ces sacrées reliques, que la sépulture y a été depuis refusée à tout autre. On n'a pas jugé à propos d'ac-

---

(1) Depuis la révolution, ce temple a servi à contenir le musée jusqu'au moment où ce dépôt a été transporté à l'église de Notre-Dame-de-la-Vie. Maintenant on y a établi un atelier de serrurerie, applicable aux outils d'agriculture. Ainsi les siècles, dans leur marche rapide, opèrent de grands changemens.

corder cet honneur à des personnes qui n'auraient osé y prétendre, ni de permettre un mélange qui peut être n'aurait pas été sans profanation.

La plupart des anciens princes qui ont commandé en ce pays, ont tiré d'ici les motifs qu'ils ont eus de la combler de leurs bienfaits, comme elle en a tiré elle-même plus de dignité que d'aucune autre considération. De là ce monastère est nommé, dans une concession qui lui est faite par le roi Conrad, la trentième année de son règne, le monastère de Saint-Pierre le prince des apôtres, *et aliorum sanctorum multorum quorum pretiosa gleba inibi continetur.* Il est dit dans une autre, de la trentième année du règne de Rodolphe, que saint Didier, saint Mamert, saint Avite, saint Pantagathe, et plusieurs autres saints confesseurs y reposent. Gauceran rendant à cette église celle de Saint-Alban, de laquelle il jouissait, comme c'était la coutume reçue en ce temps-là parmi les gens de condition, avoue dans l'acte qui en fut fait en la présence de l'archevêque Théobal ou Thibaud, qu'il est porté à cette libéralité, *omnipotentis Dei amore sanctarumque reliquiarum ibi quiescentium veneratione.* Teutelme, qui en avait été l'abbé, déclare qu'il est devenu son bienfaiteur par la seule espérance d'avoir pour intercesseurs envers Dieu, les saints dont les corps reposent en cette église. *Spe pro se intercessores apud Dominum habere Sanctos, quorum corpora in jam dicta ecclesia tumulata habentur.* Ces témoignages suffiront, quoiqu'il ne me soit pas malaisé d'en rapporter plusieurs autres pour fortifier cette vérité, si elle ne l'était assez. De là je crois que ce n'est pas d'aujourd'hui que l'on a ce respect pour cette église ; l'âge de nos prédécesseurs qui l'a vu naître, a vu aussi naître cette religieuse coutume. Ce fut par cette raison que Hugues, comte de Vienne, marquis d'Arles, comme le nomme Liutprand, et depuis roi de Bourgogne et empereur d'Italie, n'osa prétendre à un privilége qui semblait lui pouvoir être refusé avec justice ; Vuille sa première femme étant morte, il se contenta qu'elle fût ensevelie, non dans cette église, mais dans son porche seulement. C'est cet espace ouvert qui est dessous le clocher ; il a le nom d'*atrium* dans les anciennes chartes, et quoiqu'il ne soit pas fort spacieux, et qu'ainsi il ne soit pas digne de beaucoup de merveilles, il l'est pourtant de beaucoup de vénération. Le nom de Vuille est le même que celui de Gisèle ou de Gillette : il était commun, en cet âge mal poli, à de grandes princesses. La femme du dernier Berenger, empereur ou tyran d'Italie, le portait comme faisait aussi la sœur du roi Rodolphe, en qui finit le royaume de Bourgogne et de Vienne.

A la main droite se présente premièrement cette inscription, que je crois être une des plus anciennes du christianisme (1) :

∴ OEDVLA QVÆ MVNDVM DOMINO MI-

---

(1) Maffei, *Antiq. Galliæ*, la rapporte page 91.

SERANTE RELIQVIT HOC IACET IN TV-
MVLO QVEM DEDIT ALMA FIDES MAR-
TINI QVONDAM PROCERIS SVB DEXTERA
TINCTA CRIMINA DEPOSVIT FONTE RE-
NATA DEI AD NVNC MARTVRIBVS SEDEM
TRIBVENTIBVS APTAM GERBASIVM PRO-
CEREM PROTASIVMQ; COLIT EMERI TAM
REQVIEM TITVLO SORTITA FIDELI CON-
FESS. TANT ....

Elle n'est pas entière, et néanmoins il en reste assez pour prouver ce que j'en ai dit, qu'elle est extrêmement ancienne; elle a servi autrefois au tombeau d'une dame illustre par sa condition ou par sa vertu, qui, ayant renoncé au paganisme, fut baptisée par saint Martin même ou dans une église à son honneur, et depuis enterrée en cette ville, dans celle de Saint-Gervais et de Saint-Protais. Trois tombeaux sont élevés auprès; le premier ne nous apprend point qui y repose, mais sur les deux autres sont ces inscriptions :

1.

HAC IACET IN TVMBA THESAVRI MAGNA CO-
 LVMNA.
NOMINE GIRARDVS PATER VRBIS ET HVIVS ALVM-
 NVS
NOMINIS HÆC FAMA MONSTRATVR GLORIA VANA

NIL LAPIDES CLARI SIBI PROSVNT SPLENDOR ET
AVRI
SPLENDOR ET ARGENTI NIL PRODEST SVMMA
TALENTI
AD CINERES PRIMAM QVIA SOLVITVR ISTE FIGV-
RAM
CONSILIIS PLENIS QVIA SVBVENIEBAT EGENIS
IN DOMINI MANIBVS REQVIESCAT SPIRITVS EIVS
D PRIDIE IDVS IVLI OBIIT. M. L.

2.

STIRPE NITENS CLARA NEC MORVM NOBILITATE
DEGENER EXIMIVS MERITIS CLARVS PROBITATE
COMPATIENS HVMILIS FLAGRANS VIRTVTIS ODORE
VVILLELMVS IACET HIC ABBATIS FVNCTVS HO-
NORE
QVEM TVLIT E MEDIO DEVS ET SVPER ASTRA
LOCAVIT
ASSOCIAT SANCTIS SANCTVMQ; FVISSE PROBAVIT
ANN. D. MCCXXIV OBIIT VII. ID. IVL.

Au-dessus de ce tombeau est encore cette inscription, gravée dans une pierre, appliquée sans dessein à la muraille, si ce n'est qu'on ait eu celui de conserver à la postérité ce monument de l'antiquité romaine (1) :

MATRIS
AVGVSTIS

---

(1) Cet autel, élevé aux mères augustes par Dimarius Messulus, est conservé au musée de Vienne.

```
DIMARIVS
MESSVLVS
RESTITVIT
EX VOTO
```

La première est l'épitaphe de Girard, comte, c'est-à-dire gouverneur de Vienne, environ l'an 1045. C'est le jugement qu'en fait André du Chesne, aux doctes recherches duquel les curieux ont tant d'obligation. D'autres ont cru que c'est Girard de Rossillon qui est enseveli dans ce tombeau. Plusieurs anciens documens m'apprennent que c'est dans cette ville où ce grand prince a fait son principal séjour; et le siège qu'il y soutint si long-temps contre la puissante armée de l'empereur Charles le Chauve, montre assez combien il avait d'amour pour elle. Néanmoins cela n'est pas une preuve assez forte qu'il y ait aussi choisi son tombeau; d'autres soutiennent le contraire, et le montrent dans l'abbaye de Pouttières entre Châtillon-sur-Seine et Mussi-l'Evêque. Elle est l'une des sept qu'il fonda quelques années avant sa mort. Quoi qu'il en soit, il est du moins certain que ceux qui veulent que ce soit le tombeau d'un abbé, ne considèrent pas que les louanges qui lui sont données dans cette épitaphe, répondent mal à cette qualité. Ce Girard y est nommé le père de cette ville et son nourrisson ; si c'était un abbé, on lui aurait bien plutôt et plus proprement donné le titre de père de ce monastère. Il y est parlé de la gloire qui l'environnait pendant sa vie, de ses grandes richesses, du nombre infini des pierres précieuses, de l'or et de l'argent qu'il possédait; je ne vois point comme l'on pourrait accommoder cet éloge avec la modestie et l'humilité de la profession monastique et religieuse. Cela étant, il faut conclure avec du Chesne que ceci est le sépulcre du comte Girard ou Gerard. Il fut vaincu par l'empereur Henri II, à qui il fut contraint de se rendre l'an 1045, comme l'écrit le comte Herman, qui le nomme Gerold. Genève était une des villes de son obéissance; aussi n'était-elle autrefois qu'une partie de la province viennoise. Humbert, comte de Maurienne, fut son fils; car Berard, dont les historiens de Savoie parlent avec si peu de certitude, était un nom inconnu en ce siècle à qui celui de Gerard était très-familier; et la ressemblance des lettres G et B, dans la barbare façon d'écrire pratiquée alors, a pu facilement causer cette erreur. Enfin, l'année de la mort de ce prince y est marquée; il mourut l'an 1050, et au mois de juillet. Cela sert aussi à faire voir qu'il est différent de Girard de Roussillon, dont l'anniversaire se célèbre à Pouttières le onzième jour du mois de mars.

L'abbé Guillaume, qui mourut l'an 1224, est enseveli dans le tombeau qui se présente après celui du comte Girard; et son éloge est aussi différent de celui de ce prince, que leurs conditions l'ont été; car il n'y est pas tant loué de la noblesse de sa naissance comme de celle de ses mœurs, comme de son mérite, de sa patience, de son humilité, et de son ardent amour pour toutes sortes de vertus.

L'inscription qui est au-dessus de ce tombeau, témoigne que Dimarius Messulus, qui y est nommé, ayant voué aux mères augustes, desquelles nous avons déjà parlé, de réparer à leur honneur ou un autel ou un temple, ne négligea pas de satisfaire à son vœu.

A la main gauche est une chapelle dédiée à sainte Catherine. On voyait au-devant, ces années passées, ce reste d'inscription dans une pierre brisée à moitié. Les caractères sont des plus grands et des mieux formés, et nous avons déjà dit que les Romains leur avaient donné le nom de lettres onciales. Elle ne paraît plus ici; et peut-être qu'on aurait mieux fait de ne pas permettre qu'elle changeât de place, pour être employée, comme elle l'a été, à un ouvrage où le respect que nous devons à la vénérable antiquité semblait ne point souffrir qu'elle eût part (1).

```
.·.·.·.RIVS MANS.·.·.·.
.·.·..ml VIR AVG.·.·.·.·.
..·.·ROLOGIVM DE SV.·.·.·.
..·.·RES P. A. NOVO RES.·.·.·.·.·.
```

Les prêtres d'Egypte, qui les premiers ont appris aux autres hommes à étudier avec soin les merveilles de la nature, ayant remarqué que le cynocéphale, animal qui naît dans ce pays, urine douze

---

(1) Elle est depuis peu déposée au Musée.

fois chaque jour, et toujours à pareil intervalle, au temps de l'un et de l'autre solstice, et que d'ailleurs il hurle plus fortement qu'il lui est possible autant de fois, il leur vint dans la pensée de diviser le jour en douze parties égales. Ils inventèrent donc les horloges d'eau, que les Grecs et les Latins, après eux, ont nommées *clepsydres,* parce que l'eau y était comme dérobée dans des vaisseaux destinés à cela. Depuis l'usage des horloges de sable, si commun aujourd'hui, ayant été jugé plus commode et plus fidèle, celui des clepsydres lui a cédé, et n'est plus connu que pour les thermomètres. Les montres solaires, ou les horloges sciathériques, comme Pline les nomme, furent l'invention des siècles suivans; et l'horloge dont il est parlé dans cette inscription, n'était qu'une montre solaire exposée en quelque lieu fort élevé, d'où elle peut être utile aux lieux les plus éloignés. La grandeur de ces caractères m'oblige à faire cette réflexion. Auguste en fit faire une dans le Champ-de-Mars, qui passa alors pour une merveille : Pline en parle comme d'un grand et célèbre ouvrage. Vienne, qui était si opulente et si renommée, n'avait pas sans doute négligé un usage si commode, et même si nécessaire. Donc Marius Mansuetus, l'un des six prêtres d'Auguste, y fit, de ses propres deniers, l'horloge dont parle cette inscription ; et quoique le temps n'en puisse être marqué précisément, je ne doute point que ce ne fût sous l'empire de Tibère.

L'archevêque Leger, illustre par sa naissance et

par sa sainteté, avait son tombeau sous l'arc qui joint de ce même côté la grande porte de cette église. On voit encore une croix peinte à la muraille au-dessus du lieu qu'il occupait, et quelques pièces de marbre qui en restent sur le pavé. Il fut ôté d'ici il y a environ trente ans; et la principale pièce qui en composait la face est sur le grand-autel, où elle mérite d'être vue. Elle fut taillée, comme elle l'est présentement, pour être accommodée à ce nouvel emploi; et néanmoins, quoiqu'elle ne soit plus si haute qu'elle était, elle ne laisse pas de témoigner beaucoup de dignité et d'antiquité. Elle est d'un marbre fort beau et fort dur; en chacun de ses deux bouts est gravée une tête de satyre, et en sa face quatre tritons, au milieu desquels est une coquille, ou, pour parler comme les Latins, une conche marine. Deux de ces tritons ont chacun un aviron à la main, et les deux autres un cor à la bouche. Ne proviendrait-elle point d'un temple consacré à Neptune? Le chapiteau symbolique dont nous avons déjà parlé, liv. II, ch. X, appuie cette conjecture.

CHAPITRE XVII.

Description de l'église de Saint-Pierre. Inscriptions romaines. Tombeau et épitaphe d'Aimar, abbé de Saint-Pierre, évêque de Maurienne et archevêque d'Embrun.

D'ICI on entre dans la nef de l'église, où nous ne trouverons pas moins de matières capables d'attacher à elles notre curiosité. Elle est d'une excellente architecture, quoiqu'elle ne soit que lambrissée, et non voûtée comme celle de St-Maurice. Ses murailles sont faites en arcs appuyés d'un double rang de colonnes; et en ceci elle a beaucoup de rapport à la symétrie observée dans la structure des anciens temples. Mais nous sommes obligés de la considérer plus particulièrement, et de nous arrêter à ce qu'elle contient de plus remarquable(1).

A la main gauche, en entrant, un fragment d'une pierre qui a servi autrefois à un tombeau, est ap-

---

(1) Cette église avait été restaurée à la moderne un peu avant la révolution; on l'avait voûtée et recouvert les colonnes de marbre chipolin qui soutiennent sa nef, avec du plâtre. Ce changement était du plus mauvais goût. L'architecture de cet édifice paraît remonter au temps de Charlemagne. La réunion des chapitres de St-André-le-Bas et de St-Chef à celui de St-Pierre, avait peuplé cette église d'un corps infiniment distingué. Les chanoines, décorés d'une croix, d'une soutane à paremens et boutons violets, prenaient le titre de comtes de St-Chef, et étaient assujettis à des preuves de noblesse.

Une relique célèbre, la sainte nappe ou *le saint mantil*, qui avait servi à la cène de Notre-Seigneur, amenait dans cette église, aux fêtes de Pâques et de Pentecôte, un concours considérable de personnes pieuses, pour gagner les indulgences concédées par le pape Innocent IV à ceux qui visiteraient cet objet vénéré. Il avait été donné par saint Pierre à saint Zacharie, l'un des premiers archevêques de Vienne. (Lelièvre, *Histoire de l'Église de Vienne*, p. 58.) Cette dévotion a cessé par la perte de la sainte relique.

puyé à la muraille qui regarde le couchant : cette inscription s'y lit.

```
ASPICE PRAETERIENS MO....
VT NOSCAS FVERIT QVANTVS...
ET PATRIAE CLARVM DE........
NATVS ET ELOQVIVM...........
TOT TITVLIS FVNCTV..........
IAM NON SENTITO.. ...........
    Q. IVSTINVS VALERIVS.......
    V.......S PONEN.............
```

C'est le commencement de l'épitaphe en vers de quelque homme excellent par son mérite et par sa condition, et remarquable par son éloquence. Mais cette pierre ayant été brisée comme elle est, le nom en a été emporté avec la plupart des mots qui y formaient le sens qui n'est plus complet.

Celle-ci, qui n'a besoin d'aucun éclaircissement, est voisine. Paradin, *Hist. de Lyon*, l'avait déjà fait connaître.

```
       QVIETI ET DM
           VCCII
       EVCARPVS ET
           POLYCARPVS (1)
       VIVI FECERVNT
```

Un petit autel est dessous avec celle-ci ; la plupart des critiques donnent le nom d'autels à ces

---

(1) La famille Polycarpus était d'origine grecque. Le saint archevêque de Lyon, Polycarpe, en était issu. En fouillant la terre à St Irénée, on a découvert récemment une inscription qui rappelle aussi le nom de *Polycarpus*.

pierres, qui, ayant la forme d'un pilier, ont autrefois servi de monument sur les cendres des morts, dont les noms y sont gravés.

    D   ET QVIETI   M
        AETERNAE
        LVCILI METROBI
        SIGNO SAPRICI
        STATOR CIVITATIS
        VIEN. QVI VIX.
        ANN. XXXVIII M. II
        DIVICIA DOMITI
        OLA MATER FILI
        OR III CONIVGI
        KARISSIMO ET
        INCOMPARA
        BILI PONENDVM
        CVRAVIT ET FILI
        SVB ASCIA
        DEDICAVERVNT

C'est l'épitaphe de Lucilius Metrobius. Sa veuve Divicia Domitiola eut le soin de lui dresser ce monument, et ses enfans celui de le consacrer. Les magistrats avaient des officiers à leur suite pour exécuter leurs commandemens, et pour porter leurs ordres où ils voulaient. *Statores* était leur nom, qui se lit en quelques lettres de Cicéron et de Plancus, desquelles nous apprenons la vérité de leur emploi. Il était même étendu jusques aux esclaves, qui avaient la charge de ne point quitter la personne de leurs maîtres ou de leurs maîtresses, jusques aux concierges des prisons, jusques à ceux des jardins. Pétrone parle des premiers dans ce passage : *Quædam fœminæ sordibus calent, nec libidinem concitant, nisi aut servos viderint aut statores altiùs cinctos ;* Manilius et l'auteur des Priapées, des autres, en divers lieux.

Mais il est vrai que les huissiers et les sergens, et généralement tous les officiers des magistrats, furent ainsi appelés par les Romains, les peuples ayant pris la liberté de tirer les mots de leurs vrais sens, pour les porter à d'autres, qu'ils n'avaient pas auparavant dans la pureté de cette langue. Tellement que ceux qui avaient premièrement le nom de licteurs, d'appariteurs et d'accenses, eurent indifféremment celui de stateurs, qui devint commun à tous, comme l'est aujourd'hui celui de sergent à cette même profession. Le jurisconsulte Ulpien le montre assez : *Nemo proconsulum*, dit-il, *statores suos habere potest ; sed vice eorum milites in provinciis funguntur ;* et en la loi *In eadem*, dans le Digeste, sous le titre : *Ex quib. caus. major in integr. restituantur ; in eadem causa sunt, et qui à militibus, statoribusque, vel à municipalibus ministeriis adservantur ;* et l'empereur Constance, en la loi *In quacunque*, au Code, sous le titre : *De custodia rerum ; illud etiam observabitur, ut neque his qui statorum funguntur officio, neque ministris eorum liceat crudelitatem suam accusatoribus vendere.* La loi unique des empereurs Valentinien et Valens, sous le titre exprès *De statoribus*, confirme encore cette vérité. Quoique l'édition vulgaire des livres de la jurisprudence romaine ait supposé le nom de *stratores* à celui de *statores*, en ces passages, Haloander, Contius et Alciat, ne laissent pas de remarquer qu'il y faut retenir le dernier comme le véritable. En effet, le premier n'était propre qu'à certains soldats destinés à marcher devant les armées, pour leur aplanir les chemins et pour les rendre plus faciles. L'usage des pionniers n'était pas alors connu, les soldats mêmes en faisaient toutes les fonctions, elles étaient toujours une partie des devoirs militaires. Le poète Guntherus se sert dans son Ligurin de ce mot en ce même sens :

> Strator erat de plebe quidam neque nomine vere
> Vulgato modica in castris mercede merebat.

Son commentateur Spiegel l'explique comme nous faisons, et ajoute qu'Othon, évêque de Frisinghen, use de ce mot pour exprimer la même chose, et que Végèce parle aussi de ce genre de soldats ; donc ce Lucilius Metrobius était du nombre de ces stateurs ou de ces officiers qui dépendaient des magistrats établis dans la cité de Vienne. Comme le nombre en était grand, jusque-là que les proconsuls ou les gouverneurs des provinces en avaient quelquefois quatre cents, ils étaient distingués en certaines classes qui avaient leurs titres particuliers. Celle de laquelle était Metrobius, avait pour le sien ce mot de *Sapricus*, ce que font voir ces paroles : *Signo Saprici statoris*. Ce Sapricus avait peut-être été le premier chef de cette bande. Quoi que c'en soit, les hérauts ont eu toujours en France des noms et des titres différens, de même que les stateurs, d'où peut-être l'exemple en a été tiré. Ceux de Montjoie-Saint-Denis, de Guienne, de Bourgogne, de Bretagne, d'Hermine et de plain chemin, sont connus, et le savant Fauchet en a déjà fait la remarque. Comme ces hérauts étaient discernés les uns des autres par une sorte de robe qui leur était particulière, et portaient sur le devant de l'épaule gauche un écu émaillé des armes de leur maître, ces stateurs avaient aussi sur leur personne quelque marque qui leur était propre, et qui apprenait non-seulement leur emploi, mais aussi de quelle classe ils étaient. On ne saurait interpréter autrement ce *signum Saprici;* du moins il est certain que chaque magistrat et chaque officier, de quelque qualité et de quelque condition qu'il fût, avait son enseigne pour être reconnu du peuple. La *Notice de l'Empire romain,* ce livre si nécessaire à l'éclaircissement de l'histoire ancienne, comprend celle des magistrats les plus relevés, et la plupart des militaires, et appuie ainsi ce sentiment. C'est ce qui a donné à Accurse cette plaisante imagination de se persuader que les sénateurs romains étaient appelés les pères conscrits, parce, dit-il, qu'ils marchaient en public couronnés d'un cercle d'or, où leur nom et leurs qualités étaient gravés.

A six pas de l'épitaphe de Metrobius, est le tombeau d'Aymar qui, d'abbé de Saint-Pierre, fut élu évêque de Maurienne, et après archevêque d'Embrun. Il mourut l'an 1245, ayant acquis l'estime d'une haute sainteté; son épitaphe lui donne la louange d'avoir possédé trois qualités qui se rencontrent, dit-elle, rarement en une même personne, l'éloquence, la libéralité et la chasteté. Ce tombeau qui est d'un marbre fort poli et bien travaillé, est entre deux des principaux piliers qui soutiennent le lambris de cette église. L'archevêque Jérôme de Villars l'ayant fait ouvrir, le corps de ce prélat y parut si entier, que l'on n'osa point passer outre au dessein que l'on avait. Cette inscription remplit des deux côtés le marbre qui le couvre (1) :

† ANNO DNI M° CC°XLV NONO KL IVNII OB' FELICIS MEMORIE DOMN' AYMAR' QVI FVIT ABBAS ISTIVS MONASTERII INDE ASSVMPT' FVIT IN EPM MAVRIANNE QVE EPISCOPATV REXIT FELICITER XIIII ANNIS POSTMODVM FVIT VOCAT' IN ARCHIEPM EBREDVNI CVI PREFVIT LAVDABILITER X ANNIS. EST EIVS CORPVS RECONDITVM IN PRESENTI SARCOFAGO ANNO ET DIE QVO SVPRA.

EXORET XPM TITVLVM QVI LEGERIT ISTVM
VT SIT CVM XPO LOCVLO QVI PAVSAT IN ISTO AMEN. †
ARCHOS PONTIFICV LVX CLERI DVX POPVLORVM

---

(1) Ce tombeau est au Musée.

AYMAR' SVBIT HAC FVNERIS VRBE THO-
RV
HVNC ORNAVERVT TRIA COCVRRENTIA
RARO
LINGVA PERITA MANVS LARGA PVDICA
CARO
MORS DVM MORDET EV MORTI CONTRA-
RIA VITA
REDDITVR ET XPO PERPETVATVR ITA
SPERANTI SOLVIT SCE CONCLVSIO FINIS
QD DVDVM MERVIT RAPTVS AB ORBE CI-
NIS
SPLENDVIT IN CLERO DIVINE LVMINE
LEGIS
CLARA SACERDOTVM GEMMA LUCERNA
GREGIS
LETICIE FULGOR CONFECTOR PACIS EGE-
NIS
PORTA PATENS PIETAS CLASTRALIS RE-
GVLA LENIS.

Un autre tombeau est auprès, mais il est joint à la muraille; et quoique peut-être il embrasse les cendres de quelque saint prélat, on n'y lit que cette inscription païenne dans une pierre qui a servi autrefois à celui de Titia Seja, fille de P. Seius Asclepiodorus, qui mourut âgée seulement de vingt-deux ans cinq mois et vingt-cinq jours.

Siméoni, *Obs. ant.*, la rapporte p. 9.

ET QVIETI AETERNAE
TITIAE SEIAE DEFVNCTAE
ANN. XXII. MENS. V. DIER. XXV.
D. P. SEIVS ASCLEPIODOTVS PATER M.
FILIAE INCOMPARABILI

Titius et Seius sont des noms que les anciens jurisconsultes ont choisis pour former les cas et les espèces de leurs questions, comme ils parlent. Toutefois le savant Papire Masson a voulu faire passer ce Lucius Titius, dont les Pandectes font une si fréquente mention, non seulement pour un homme qui a véritablement vécu, mais aussi pour un excellent personnage. Il aurait pu trouver en cette inscription de quoi colorer sa pensée.

CHAPITRE XVIII.

Chapelle de Ste-Magdelaine. Epitaphe de Pierre Clément, d'Ermengarde, de saint Burchard. Chapelles de St-André, du Saint-Sépulcre et de Saint-Sébastien. Tombeau et épitaphe de l'abbé saint Léonien. Chaire épiscopale derrière le grand-autel. Que cette église a été autrefois la principale de Vienne.

La porte qui se présente après, conduit au cimetière des Merveilles, duquel nous avons déjà discouru. Ici est un autre porche voûté, qui accompagne bien avant la muraille de cette église en dehors. Une chapelle consacrée à sainte Magdelaine en occupe une partie. Un seigneur de Vaugris l'a fondée, et Jacques de Grangère, chanoine de cette église, lui a donné tous les ornemens qu'elle a aujourd'hui; elle doit ce qu'elle en a à ses bienfaits. On y entre par deux degrés, au plus bas desquels on lisait ces deux inscriptions, car elles sont maintenant fort peu lisibles.

PRESENTI FOSSA CLAVDVNTVR CORPORIS OSSA
PETRI CLEMENTIS TAM NOLis AC SAPIENTIS
Q PLENVS MORVM SEMIS DEDIT ILLE BONORVM
ISTI CENOBIOQ MOLEDINA MVNERE DEXO
NOIA MOROSE QoRV DICVNTVR OROSE
HIC TRANSMIGRAVIT AD XPM QVIQ BEAVIT
EXPELLENS MEDIAS QVIN TOMORIENDO KLEDAS
MENSIS SEPTEMBRIS Qo CESSIT IVSSVA MEMBRIS
ANNI TERCENI DVODENI........................
....
ET QVATER..................
INDE XX TI..........
ETERNAM VITAM CVI.......
ATQ; QVIETAM........
FAVSTV DANS NVMEN CVNCTIS DICENTIBVS AMEN.

C'est l'épitaphe de Pierre Clément, homme de noble naissance, et estimé en son temps à cause de sa sagesse. Il donna en mourant la moitié de tous ses biens à cette abbaye; et les moulins d'Orose, sur la rivière de Jère, furent compris dans cette donation. L'abbé de Saint-André et le prieur de Saint-Martin, de l'ordre de Saint-Ruf, y prétendant quelques droits, le pape Clément VII commit, pour les régler et pour accommoder tous les intéressés, l'official de Lyon, par une bulle donnée à Avignon l'an quinzième de son pontificat.

LEGE DATA DIRE PERSOLVIT DEBITA MORTI
ERMGVARDA SIT HEC SANCTORVM IVNCTA COHORTI
X' T' PLACVIT VIVENS CLAVSOQVE LABORIS
FINE DECEBER EAM CELESTIBVS INTVLIT HORIS
OBII. XIIII KL IANVARII ANNO AB INCARNE D. MCCXVIII.

Ermengarde, reine de Bourgogne, est différente de celle-ci. Je fais cette remarque, parce que certains curieux, peu savans en l'histoire des temps, confondent l'une avec l'autre, quoiqu'il y ait eu un intervalle de près de deux cents ans entre elles.

Rentrant dans l'église, le tombeau du célèbre saint Burchard nous appelle d'abord à lui, et nous oblige d'y révérer les sacrées reliques de ce grand prélat. Son épitaphe est gravée au dessus dans du marbre, et témoigne assez la haute opinion que son siècle avait déjà conçue de lui.

VRBS SEMPER VICTRIX ET N̄R̄O T̄PE FOELIX
   PVLSAS ETHEREV̄ LAVDE VIENNA POL̄V
TV P̄ CLARORVM NVTRIX FORTISSIMA REḠV
   FASTV COMPTA MANES REGIA SCEPTRA TE-
   NES
TVQ̄ ROSAS RVBRAS STOR' SANGVINE TINTs
   PRO FIDEI MERITO REDDERE SCIS DOMINO
TV CŌFESSORES ALBO PRO MVNERE FLORES
   MORE TVI SOLITO FERRE MONES DOMINO
TV VETVLOS VıDVAS IVVENES TENERASQ̄ PVEL-
   LAS
   ORDINE DISTINCTOS SISTIS OPIMA DEO
TV Q°QVE BRVCARD̄V VıRTVT̄V LVMINE CLARVM
   EDVCTVM TENEBRIS ASSOCIAS SVPERIS
PASTORĒ TVTVS QVI PASTOR ET ĪPE SEQVVTVS
   DVX SIBI COMMISSO FIDVS ERAT POPVLO
AGNOS DE FESĀS ET FORTITER HoSTIBs INSTĀS
   PROSTERNĒS NOCVOS BELLIGERĀS CVNEOS
VICTRICĒ PALM̄ DN̄I PERDVXIT IN AVLAM
   CVMQo P̄PTVA PACE VIGET PLACIDA
VSV PSALLENDI DVM TEMPVS ERAT MORIENDI
   LAVDE DEI PLENA LINQVA SILERE NEQVIT
REX IVSTo VITE TRIBVISTI DONA PETENTI
   HEC DICENS SANCTVS SP̄S ASTRA PETIT

QVARTO SEPTEMBRIS DEIOQ BRVCARDE KLE-
DAS
CVRRIBVS IGNI COMIS AD SVPEROS GERERIS.

Dieu a fait plusieurs miracles par l'intercession de ce saint évêque. Jean le Lièvre a eu le soin de les recueillir, et son travail me dispense d'entrer après lui en cette matière. Il a le nom de Brucard dans cette inscription, quoique de fort anciennes chartes que nous produirons ailleurs lui donnent celui de Burcard, qui seul est maintenant en usage parmi nous. C'est une chose digne de remarque dans ces vers, que Vienne y a l'éloge d'être la nourrice très-généreuse de rois illustres. Quelques tableaux et divers témoignages des guérisons obtenues par la faveur de ce saint, sont appendus aux environs de son tombeau. Notre religion a cette marque de reconnaissance commune avec ce que les siècles où elle n'avait pas encore éclairé les peuples, avaient coutume de pratiquer.

> Nunc dea, nunc succurre mihi, nam posse mederi.
> Picta docet templis multa tabella tuis,

dit Tibulle, adressant la parole à la déesse Isis.

L'apôtre saint André est honoré dans une chapelle voisine qui lui est consacrée. Jean Fornier, chamarier de cette abbaye(1), lui a laissé des preuves de sa piété dans les biens qu'il lui a donnés, qui sont presque les seuls qu'elle possède aujourd'hui;

---

(1) Il était commandataire de l'abbaye de St-Pierre en 1473; et prieur de N. D. de l'Ile-sous-Vienne.

celle du Saint-Sépulcre lui est contiguë. Elle est ainsi appelée, parce qu'on y voit une assez vive représentation de Jésus-Christ étendu dans le sépulcre. Les statues de la bienheureuse Vierge, de saint Jean, de Ste Magdeleine, de Joseph d'Arimathie et de deux soldats armés sont aux environs. Leur hauteur égale la naturelle, et cet ouvrage témoigne assez qu'il est d'un temps fort éloigné du nôtre.

Une chapelle consacrée à saint Sébastien se présente après celle-là ; elle tient lieu de sacristie, et n'est remarquable par aucune autre chose particulière. Mais nous voici auprès du grand-autel, que nous ne pouvons aborder sans un extrême respect, à moins d'une extrême impiété. Les cendres d'un nombre infini de martyrs y sont encloses, et surtout de sainte Blandine et de ses compagnons au supplice, qui le sont maintenant à la gloire. A son côté gauche est le tombeau de l'abbé Léonien, rare ornement de la vie solitaire en cette province. Il vécut sous le pontificat de saint Avite, et mourut le 12 du mois de novembre, car sa fête était solennisée ce jour-ci autrefois. Je ne doute point que ce grand homme ne reçût de son siècle tous les honneurs funèbres que sa vertu méritait; mais son tombeau n'ayant pas été épargné par le temps qui ruine tout, Louis, fils de Charles VII, n'étant encore que dauphin, le fit rebâtir par son ordre comme nous le voyons aujourd'hui. On y lit cette épitaphe, qui est un ouvrage de ce même siècle :

HOC SACRO TVMVLO DEGIT ABBAS LEONIANVS

VIRTVTIBVS MAGNVS ET STVDIO ÆGREGIVS
CÆLVM SEMPER AMORE TENENS CONTEMPSIT
EVNTEM CVM LECEBRIS MVNDVM VIXIT VBI-
QVE DEO
EXEMPLVM MONACHIS FORMATOR SICQVE PV-
DORIS
IPSE FVIT CVNCTOS SEMPER AD ASTRA TRA-
HENS

HIC VIR SCĪTATE CONSPICVVS IN HAC VRBE VIENNENSI ABBAS EXTITIT. SABARIE PANNONIE ORTVS A BARBARIS CAPTIVATVS GALLORV FINIB' DEVENIT AVGVSTVDINI PRIMV̄ DEINDE VIENNE CLAVSTRO PECVLIARIS CELLE CONCLV-SVS. XL PLVS ANNIS TALĪ ORDINE XPŌ MILITAVIT TANTE DISTRICTIONIS VT PENE VVLTV ONIB VNDE QVAQ; VENIENTIB' IGNOTVS INTROVIXERIT CVM ESSET VERBO DOCTRINE MVLTIS AD SALVTE NOTISSIMVS ITA VT JVXTA CELLVLĀ SVĀ QVĀ PLVRIMOS MONACHOS REXERIT MONACHAS VERO AMBITV MONASTERII INFRA VRBEM CONCLVSAS AD SEXAGENARĪV NVMERV̄ MIRABILI ORDINACIONE PAVERIT ET DISCIPLINABILITER CVSTODIERIT.

Le monogramme du Christ est gravé en tête du tombeau, accompagné de l'alpha et de l'oméga; deux paons sont sculptés sur les faces, ainsi que des fleurs. Ce tombeau est au Musée.

Lazius met au nombre des villes d'Autriche, qui est sans doute une partie de l'ancienne Pannonie, celle que les anciens ont nommée Sabarie, dont Pline Ammien et l'itinéraire d'Antonin font mention. Il dit qu'elle a aujourd'hui le nom de Stain, et d'autres ajoutent que le sépulcre d'Ovide y fut trouvé l'an 1508. Léonien l'eut pour sa patrie, étant né sans doute d'une race romaine, car elle était habitée d'une colonie qui y fut envoyée par l'empereur Claude, pour y servir de ce côté d'un rempart à l'empire romain. Il fut pris par les barbares qui ravageaient alors la Pannonie, et étant échappé de leurs mains, il vint premièrement à Autun, où il ne fit pas un long séjour. Dieu l'appelait à Vienne; il y vint aussi, et s'y étant enfermé dans une cellule, son exemple toucha tant de personnes, qu'il s'en assembla un grand nombre aux environs, pour l'imiter et pour vivre comme lui. La force de cet exemple passa même jusqu'à l'autre sexe; soixante filles de condition s'étant soumises à la règle qu'il leur prescrivit, et à la sévérité de la vie monastique sous sa conduite. En effet, Adon écrit que le monastère des religieuses de St-André-le-Haut lui doit son établissement et son institution.

Derrière le grand-autel est une chaire de pierre élevée sur trois degrés ; cet enseignement y est gravé :

DESINAT LOCVM DOCENDI SVSCIPERE QVI NESCIT DOCERE.

C'est un saint avertissement à ces esprits ambitieux qui, n'étant éclairés par les lumières de la science ni par celles de la vertu, aspirent néanmoins aux prélatures et aux dignités de l'Eglise. Elles n'appartiennent à juste titre qu'à ceux qui sont capables d'instruire les hommes par leurs paroles et par leurs exemples. Certainement les autres n'en sont que les usurpateurs, quelque longue possession qui semble les défendre de ce blâme.

Cette chaire est un témoignage très-convaincant que l'église de Saint-Pierre a été autrefois la cathédrale et épiscopale de cette ville, et qu'elle a joui durant quelque temps de cet honneur. Outre cette raison qui se présente elle-même, et qui se persuade par les yeux, deux autres l'appuient merveilleusement. L'une est que presque tous les anciens évêques de cette ville sont enterrés en cette église ; et il n'y a pas apparence qu'elle eût été leur mausolée, si dans le petit nombre qu'il y en avait alors, elle n'eût été la principale et la plus noble de toutes. Les jurisconsultes diraient de l'autre, qu'elle est une preuve prouvée, dans leur manière de parler : il est dit dans une charte du règne de Lothaire, par laquelle le fameux comte Girard de Rossillon obtient de ce roi, qui était alors dans le royal château de Mantaille, beaucoup de choses en faveur de cette église, qu'elle appartient à l'évêché de Vienne, et que l'évêque Adon y préside. Mais je ne prétends pas que mon jugement passe pour une vérité infaillible en une chose si ancienne, et par conséquent si douteuse.

CHAPITRE XIX.

Continuation de la description de l'église de St-Pierre. Epitaphe de saint Mamert. Peintures à la voûte du chœur. Chapelle de Notre-Dame. Tombeau de l'archevêque Antoine de Poisieux. Epitaphes de Domnin, de Naamat et de Sobon, anciens évêques de Vienne. Sépulcre.

L'épitaphe de saint Mamert, car son tombeau n'y reste plus, est opposée presque en droite ligne à celui de Léonien ; elle est sous le chœur au côté droit de l'autel, et est sans doute un ouvrage d'un siècle moins ancien, et par conséquent plus corrompu et plus barbare que celui de cet illustre prélat. J'en laisse la décision aux savans et à ceux à qui la pureté de la langue latine n'est point une chose étrangère. Je n'ai qu'à la représenter.

MOLE SVB HAC LAPIDVM SANCTISSIMA MEMBRA TEGVNTVR
HVIVS PONTIFICIS VRBIS SACRIQVE MAMERTI.

HIC TRIDVANVM SOLEMNIBVS LETANIIS INDIXIT IEIVNIVM ANTE DIEM QVA CELEBRAMVS DN̄I ASCENSVM.

Entre ces deux vers et cette prose est une ouverture dans la muraille, et c'est où l'on croit que reposaient les reliques de ce saint, avant que cette ville en eût fait un présent à celle d'Orléans. Mais je ne me le saurais figurer, un tel lieu n'étant pas capable de servir à cet usage. Il est plus vraisemblable qu'il avait un tombeau relevé, comme le sont tant d'autres dans cette même église. Cette bordure de pierre qui suit la chaire dont nous venons de parler, n'est pas un ouvrage si ancien qu'elle ait pu l'empêcher. Une pierre qui y est employée au bout de la marche, le montre assez : il y est parlé, dans une inscription qui y est gravée, de quelques sols censuels donnés à cette église par celui dont elle a couvert le tombeau, avant que d'être mise ici. Et de là il ne faut avoir qu'une médiocre connaissance de l'histoire des siècles passés, pour avouer qu'il n'y a guère plus de cinq cents ans que cette avance de pierre qui borde la muraille de ce côté a été faite; outre que le caractère de cette épitaphe ne souffre point qu'on le révoque en doute.

Avant que de sortir de ce chœur, levons les yeux à sa voûte pour y voir une peinture très-ancienne qui la couvre entièrement. Jésus-Christ y est représenté, et en effet cette église lui est dédiée sous le nom du Saint-Sauveur, de même qu'elle l'est à tous ses apôtres. L'art n'y est pas excellent, et il cède à la beauté des couleurs et à l'or et à l'argent qui n'y ont pas été épargnés; néanmoins on y voit des marques d'une vénérable antiquité. On en voit une pareille dans l'église de Saint-Jean-de-Latran, dont la voûte qui répond au grand-autel n'a point d'ornement différent. On pourrait faire là dessus beaucoup de réflexions, mais il n'est pas besoin que je m'y arrête.

Les apôtres y sont peints aussi, et avec eux les martyrs saint Eusèbe et saint Pontien. Leurs noms y accompagnent leurs images. Le pape Nicolas V donna leurs reliques à cette ville; et ce sacré gage ayant été porté en cette église, fut déposé dans le sein de cet autel qui le conserve encore.

Enfin, cette voûte est soutenue de deux colonnes dignes de remarque par leur hauteur, comme leur hauteur l'est par la qualité de la pierre dont elles sont formées.

La sacrée Vierge est honorée tous les jours dans une chapelle voisine qui n'a d'autre nom que de Notre-Dame. A son entrée, sont deux statues : l'une représente saint Jean l'évangéliste, et l'autre sainte Barbe, et toutes deux ensemble la barbarie du calvinisme; il n'a pas souffert qu'elles demeurassent entières, et elles sont ainsi un monument de son impiété, de même que de la dévotion de nos pères. Elle n'est riche aujourd'hui que des bienfaits d'Antoine de Poisieux, qui, ayant possédé l'archevêché de Vienne durant près de vingt ans, s'en défit, non tant pour le laisser à Gui de Poisieux son neveu, que pour se posséder lui-même plus parfaitement dans la solitude et dans la tranquillité. Il fonda sur l'autel de cette chapelle une grande messe quotidienne et un anniversaire le premier jour de chaque mois, et lui ayant donné tant de marques de son zèle, il lui donna enfin son corps, pour couronner ses autres présens par celui-ci. Il eut le soin, avant que de mourir, de faire confirmer cette fondation par le pape Sixte IV, l'an 1476, et par Alexandre VI, l'an 1495. Il parvint à une extrême vieillesse; car il est porté par la bulle de Sixte, que cinquante-sept ans étaient passés depuis qu'il avait été reçu dans ce monastère. Son tombeau est au-devant du grand-autel, au côté gauche duquel est une inscription remarquable, car elle contient un récit abrégé de la vie de ce prélat, et l'éloge de sa vertu et de sa libéralité. Il était représenté en bronze sur son tombeau, aux environs duquel l'étaient aussi douze apôtres; mais il n'y reste plus que la seule pierre, que la brutalité et l'avarice du dernier siècle a dépouillée de tous ses ornemens. Ses armes sont peintes en divers endroits de cette chapelle, et principalement en la voûte, qui est aussi enrichie d'une peinture digne d'être vue. Elle est d'une structure qui témoigne d'être fort ancienne, et elle a succédé à l'église que Flavius Lacanius fit bâtir sur le sépulcre du saint évêque Domnin, prélat grand en savoir comme il était en vertu. Son tombeau ne paraît plus; et son épitaphe qui l'accompagnait, ne se lit que dans les anciens chartulaires, qui encore ne la rapportent point si fidèlement qu'il n'y ait beaucoup d'erreurs.

Dominus papa in nomine XPI pauper episcopus,
Domninus, res sancta Deo cui mente dicata,
Omnigenis christum dignis virtutibus effert
Castus, mente, et lege pius, facundia dives,
Nescius injusti doctusque recidere culpas,

Intemerata fides, divina in sede locandus,
Nil proprium cupiens redimit quos possidet hostis,
Vestitum, pastum, potum, tectúmque ministrat,
Solus erit jussu Domini data morte superstes.

Ex voto Flavius Lacanius V. C. cum suis,
Fecit de proprio basilicam, secretarium, et porticum.

Le nom de pape était commun à tous les évêques en ce temps-là, et non propre seulement, comme il est en celui-ci, au souverain évêque. Sidonius Apollinaris, qui n'était pas fort éloigné de l'âge de Donninus, car il vivait environ l'an 480, le donne indifféremment à tous les prélats auxquels il écrit; et les doctes recherches du président Savaron, son commentateur, satisferont là dessus à celles des plus curieux. Les maisons des rois étaient appelées basiliques parmi les Grecs, comme chez les Latins palais et prétoires. De là les églises et les temples consacrés au Roi des rois ont emprunté le même nom; et étant né dans la Grèce, ou certes dans les pays auxquels elle avait envoyé ses colonies et son langage, il a été depuis facilement reçu chez les Latins qui l'ont naturalisé parmi eux. Quoi qu'il en soit, il est du moins bien certain que les os de deux des plus grands évêques de cette ville, de Naamat et de Sobon, reposent en cette chapelle; celui-là derrière le grand-autel, ses saintes reliques y ayant été portées long-temps après sa mort, car il fut premièrement enseveli dans l'église de Saint-Pierre à la main gauche, où se lisait son épitaphe, gravée sur son tombeau. Mais le tombeau est entièrement détruit, et il n'en reste plus de mémoire ; l'épitaphe nous en a été conservée avec plus de bonheur dans quelques anciens livres. La voici :

> Humanos quicunque tremens sub pectore casus
> Ingemis et lustras oculo manante sepulchra,
> Atque dolens nimio tecum mœrore volutas
> Quod cunctos mors sæva voret, quod sepiat umbrâ
> Perpetuâ lethi, nullum solutura per ævum
> Huc vultus converte tuos, huc lumina flecte
> Et cape solamen posito mœstissime fletu.
> Æternum quia vivit homo, si justa sequatur,
> Si teneat Christique libens præcepta fovescat,
> Ut tenuit tumulo positus Naamatius isto.
> Qui cum jura daret commissis urbibus amplis
> Adjuncta pietate, modis justissima sanxit
> Patricius, Præsul, Patriæ rectórque vocatus.
> Hic spretis opibus, titulis mundíque relictis
> Æterno se se placuit committere Regi
> Et parere Dei mandatis omnibus aptus.
> Si post hæc meritis servatus lege superna
> Maxima pontificis suscepit munera dignus
> Quin etiam sumpto mercedes addit honore
> Pauper lætus abit, nudus discedit opertus,
> Captivus plaudit liber se se esse redemptum,
> Cujus agit grates tantóque antistite gaudet,
> Inter se adversos in lata pace repressit,
> Perfugium miseris erat, et tutela benignis
> Nobilis eloquiis et stemmate nobilis alto,
> Nobilior meritis, et vitæ clarior actu,
> Vivat ut Æterni et Christi gratetur amore.
> Ejus si quæras ævum, finemque salutis
> Septies hic denos et tres compleverat annos

> Post posuit fasces, et cingula Symmachus amplo
> Junior, et quintus decimus cum surgeret orbis
> Ad summos animam cœlos emisit opimam
> Corpus humi mandans, et terris terrena reliquit.

Il fut patrice du royaume de Bourgogne dont il eut le gouvernement; mais ayant quitté tous les honneurs qu'il possédait pour s'unir plus parfaitement à Dieu, son mérite l'éleva peu après à la dignité épiscopale. Sa vie ne fut depuis qu'une pratique continuelle de toutes sortes de vertus. Il mourut âgé de soixante-treize ans, sous le consulat de Symmachus, c'est-à-dire l'an 524 de notre rédemption.

Sobon vivait sous le règne de Hugues et de Lothaire son fils, comtes de Vienne, rois de Bourgogne et empereurs d'Italie, et mourut après avoir présidé à ce diocèse durant vingt-un ans deux mois et huit jours. Son tombeau était de marbre, et apprenait le mérite de ce saint prélat par cet éloge qui y était gravé :

> Hæc cineres abdit Sobeonis terrea moles,
> Præsulis eximii præclaro germine creti.
> Hic monachi sumpsit supremo tempore, vestem,
> Tartareas vitare valens umbras metuendas,
> Et piceum gliscens ultro vitare barathrum,
> Instantis vitæ fugiens discrimen Averni.
> Haud Erebi Xpc rapiat hunc sæva potestas
> Sed cor excipiat clementi numine dextra
>   obiit autem IIII. KL. Martii.

A l'entrée de cette chapelle, et vis-à-vis de celle

de Saint-Nicolas, qui est une des trois qu'elle enferme, un espace assez étroit et fait en triangle est couvert d'une voûte qui ne surpasse pas de beaucoup la hauteur d'un homme. Le jour n'y entre que par la porte qui l'ouvre de ce même côté, et par un petit larmier qui regarde le septentrion. Il y a de l'apparence que c'est le sépulcre de quelque homme de grande considération, mais rien ne saurait maintenant nous en donner assez de lumières, car il n'y reste plus que la terre nue. A chaque côté de la porte, en dedans, est un trou dans la muraille ; le peuple qui se fait une superstition de tout ce qu'il ignore et de tout ce qu'il s'imagine, s'en est ici formé une assez extravagante : il croit que, parce que l'on peut passer facilement les bras dans ces deux ouvertures, elles sont la mesure de la longueur de ceux de Jésus-Christ ; et y porter les siens, c'est aujourd'hui un acte de dévotion dans sa pensée, si éloignée de toute vraisemblance.

CHAPITRE XX.

Chapelle des saints Aaron et Marculphe. Corps saints relevés. Evêques de Vienne non compris dans le catalogue de ces prélats. Divers tombeaux ouverts. Inscription romaine.

De cette chapelle on descend à celle de Saint-Aaron et de Saint-Marculphe. C'est ici que furent découverts leurs corps, sous le pontificat du pape Innocent IV, qui commit deux cardinaux pour assister à cette solennité, et pour l'autoriser par leur présence. L'un fut Hugues, cardinal, du titre de Sainte-Sabine, et l'autre Guillaume, du titre de la Basilique des douze Apôtres.

Ceux de saint Zacharie, successeur de saint Crescent, qui l'avait été de saint Paul, suivant l'*Histoire des Légendes*, de saint Isicius, de saint Naamat, de saint Pantagathe, de saint Aquilin, évêque d'Yorck en Angleterre, de saint George, de saint Eterius, de saint Phocas, évêque de Sinope dans l'Asie, qui souffrit le martyre sous l'empereur L. Verus, et de saint Léonien, furent révélés et relevés par les mêmes en même temps. Ce pape rendit les jours auxquels ces saintes reliques furent tirées de leurs tombeaux, remarquables par les indulgences perpétuelles qu'il leur concéda. Il voulut ainsi en éterniser la mémoire par trois bulles données à Lyon où il s'était retiré, fuyant la haine et la persécution des rois d'Allemagne, l'an sept de son pontificat. Par l'une de ces bulles, il dit qu'Aaron, Naamat, Pantagathe, Aquilin, George et Etherius, ont tous présidé à l'église de Vienne, ce qui ne signifie autre chose, sinon qu'ils en ont été les évêques. Pour Naamat, Pantagathe, George et Etherius, on ne peut le mettre en doute, et je crois qu'on ne le peut non plus d'Aaron et d'Aquilin. Il n'est pas croyable que le souverain pontife de l'Eglise universelle les eût mis en ce rang, si cela n'eût passé alors pour une vérité manifeste, et si cette notoriété n'eût été appuyée sur quelques titres et sur quelques documens qui n'ont pu venir jusqu'à nous, non plus que les inscriptions qui étaient sur leurs tombeaux; ou peut-être, si leurs sépulcres étaient sans épitaphes, que quelque marque que l'on trouva avec leurs os furent alors le fondement de cette opinion, et aujourd'hui ces témoignages étant perdus pour nous, et n'ayant plus de paroles, son opinion doit être le fondement de la nôtre. Saint Léonien mourut abbé de saint Marcel; je crois que saint Marculphe posséda aussi la même qualité d'abbé; mais si c'est de cette ancienne abbaye de Saint-Marcel, ruinée depuis quelques siècles, ou de celle de Saint-Pierre qui est encore florissante, c'est une question que je ne déciderai point.

La porte des grands cloîtres suit cette chapelle, mais n'y entrons point que nous n'ayons vu ce qui mérite de l'être encore dans cette église. La muraille qui la ferme de ce même côté étant tombée il y a quelques années, divers tombeaux qui la bordaient, comme d'autres font celle qui lui est opposée, furent ouverts, et depuis ils n'ont pas été rétablis. Il s'en trouva même dans ses fondemens, où reposaient les os de quelques-uns des derniers évêques de Vienne; les vêtemens et les ornemens pontificaux, dont il restait encore assez de marques, en furent un évident témoignage. On y admira entre autres, à l'ouverture qui se fit de l'un des plus anciens, une fiole d'un cristal extrêmement fin, appliquée à la bouche du prélat qui y était étendu, et qui, encore qu'il ne fût plus que poussière, ne laissa pas de paraître assez durant quelque temps pour être discerné. Elle avait été remplie de quelque huile odorante, dont une partie y restait encore, non seulement épaissie, mais endurcie autant qu'elle était capable de le devenir. Comme on y voulut porter la main, elle tomba en pièces, et il n'en resta que le cou, qui en était fort épais et solide, et que j'ai eu le soin de conserver parmi quelques autres raretés.

Cette inscription est appliquée à la muraille qui regarde le couchant, à la droite de ceux qui entrent dans cette église par la grande porte, à travers le porche où était le mausolée de la reine Gillette, femme de Hugues, empereur d'Italie (1).

```
        SERGIAE ZOSIME
        GRATTIA PITHANE ET
    D   CLAVDIVS MVMMIVS   M
        AMICÆ SANCTISSIMÆ,
        VIVÆ POSVERVNT.
```

Si ce n'est pas une chose sans exemple, que dans le paganisme on se soit préparé son tombeau durant sa vie, il y en a fort peu que les amis aient eu

---

(1) Elle sert d'auge dans la cour de l'hôtel du Parc, à la porte d'Avignon. Simeoni la rapporte, page 10 de ses *Illustres Observations antiques*.

cette même pensée pour leurs amis vivans. Grattia Pithane et Claudius Mummius témoignent dans cette épitaphe de l'avoir eue pour Sergia Zosima, à laquelle ils donnent le nom de très-sainte amie. Entrons maintenant dans les cloîtres, au-devant desquels nous avons déjà passé, pour nous approcher de cette pièce du monument de Zosime.

CHAPITRE XXI.

Cloîtres de St-Pierre. Tombeaux, inscriptions de Robert et d'Yves, abbés de St-Pierre; de Humbert, archevêque de Vienne. Remarques curieuses sur l'épitaphe de Duran, chapelain de St-George, et de Guill. Tivel, abbé de St-Pierre.

Ils étaient autrefois lambrissés d'une manière et riche et agréable, mais ils sont aujourd'hui à moitié ruinés; ils n'ont pu résister à la violence des impies, comme ils auraient fait à celle du temps. A l'entrée se lit cette épitaphe de Robert, abbé de ce monastère. Il mourut le mois de mars de l'an 1148, regretté infiniment à cause de sa bonté, de sa prudence, de son humilité et de l'honnêteté de ses mœurs. A ces rares qualités, il avait joint le bien-dire et l'éloquence; et certes, quoique ce soit une gloire plus grande de bien faire que de bien dire, il faut avouer que les bonnes œuvres, qui sont l'éloquence des vertus, ont besoin souvent du bien-dire pour faire assez d'impression sur les âmes.

HAC SVB QVADRATA LAPIDVM COMPAGE QVIES-
CIT
VIR PIVS ET PRVDĒS HVMILIS FACVDVS HONES-
TVS
ABBAS ROTBERTVS SIT EI PARADISVS APERTVS
XPE DEI FILI DIGNERIS EI MISERERI
ET PATRIARCHARVM SINIBVS IVBEAS REFOVERI
VER ERAT ÆQVATIS IAM NOCTIBVS ATQVE DIE-
BVS
SUB CRESCENTE DIE MVNDI PERITVRA RELIQUIT
OBIIT XII KL APLIS ANNO AB INCARN. D. MILL
CENT. XLVIII. IND. XI.

 Son tombeau fut ouvert avec les autres dont nous avons parlé. On y trouva ses os couverts et environnés de beaucoup de chaux vive, qui était endurcie d'une telle façon, qu'elle égalait presque la dureté de la pierre. Sa crosse était à son côté, mais elle n'était que de fer ; elle s'est perdue, et son tombeau s'est égaré. Ses os n'y furent pas remis, mais dans un espace laissé vide dans la muraille et accommodé à cet usage : ce qui fut aussi imité pour tous les autres. Le peu d'industrie des ouvriers est l'unique cause que ces saints prélats ont été troublés, après tant de siècles, dans la paisible possession de leurs tombeaux, qui sont maintenant souillés d'un usage profane.

 L'abbé Yves, qui fut peut-être le successeur de Robert, fut aussi enterré auprès de lui. Cette épitaphe qui lui fut faite alors, est un témoignage de son esprit, de sa bonté, de sa vertu, et enfin de son excellent mérite. L'éloge qui lui est donné, d'avoir été *in commune bonus*, est tiré de Lucain qui l'a donné à Caton, à cet ami de sa patrie, plus passionné et plus ardent que judicieux et politique.

∴ Urbi pater est, *dit de lui ce poète :* Urbique maritus.
Justitiæ cultor rigidi servator honesti,
In commune bonus.

Voici l'épitaphe de cet abbé :

MENTE CAPAX PLENVSQVE DEO VITAQVE SERENVS
YVO CARNE PERIT ETHERA MENTHE PETIT
FLOS FLORVM CECIDIT MORTIS GLADIVQ CECIDIT
PLANGIT EVM POPVLVS CLERICVS ET LAICVS
∴∴ FVISSE PATREM DOCET HINC ET REGLA FREM
IN COMMVNE BONVS SE SIBI FECIT ONVS
SVFFICIT OS CVIVS VEL MENS IN LAVDIBVS HVIVS
NON VALET HVNC TITVLVS QVEM CAPIT HIC TVMVLVS

CVI SEXTI SEXTO FIT VITE META KLEN-
  DAS
 SINIBVS ANGELICIS HVNC DEVS ASSO-
  TIAS
SEX K̄L IVNII OBIIT ANNO AB INCARN.
D̄N̄I MILLº CLXXII IND. III

Le tombeau de Humbert, premier de ce nom, archevêque de Vienne, quoiqu'il soit fort peu relevé, et que son inscription soit si basse qu'on a de la peine à la lire, ne souffre point que nous passions outre sans le regarder. Ce prélat vivait l'an 1146. Son épitaphe, dont chaque mot fait presque autant de chiffres, comprend beaucoup de louanges pour lui en peu de paroles, puisqu'elle compare la joie qu'il apporta dans le ciel en y arrivant, à la tristesse qu'il laissa sur la terre en mourant.

GAVDEAT VMBERTE CELESTIS PRIA p TE
TERRIGENIS ...... DOLOREM HVIVSQ;
  SV p TE
DET D̄S .... DELICIARVM
QVOS DEDIT IN T̄R̄IS PASTORES EC-
  CLARVM.

Duran, chapelain, c'est-à-dire vicaire perpétuel de Saint-George, est enterré auprès; il voulut, comme l'apprend son épitaphe, qu'une partie de ses bienfaits envers ce monastère fut employée à la construction d'un lieu propre à loger les os des morts, pour empêcher qu'ils ne parussent épars dans le cimetière, et qu'ils ne fussent sujets à quelque profanation. En suite de cela, le charnier qui paraît sous une chapelle dans le grand cimetière, a été bâti. Il ordonna aussi qu'il y eût une lampe toujours allumée sur son tombeau ; ce qui ne s'étant pratiqué que fort rarement, et seulement pour de grands hommes, comme pour Charlemagne à Aix-la-Chapelle, et pour le connétable du Guesclin à St-Denis, ne l'a jamais été pour des personnes d'une condition médiocre. Celui-ci n'ayant point d'exemple à suivre, en voulut faire un, et l'être lui-même. Enfin, donnant la quatrième partie du moulin d'Arpod, que le chapitre de Saint-Maurice possède présentement, et la moitié d'une vigne qu'il avait en ce même lieu à ce monastère, il l'obligea d'y entretenir un pauvre à perpétuité, et de lui fournir toutes les choses nécessaires à la vie. N'était-ce point être trop estimateur de sa libéralité, et trop peu l'être de la foi de ceux à qui il l'avait faite? n'était-ce point mêler l'injure au bienfait?

Guillaume Tivel, abbé de ce monastère, a son épitaphe auprès de celle-là. Il mourut l'an 1186, et avant lui on n'en trouvera pas qui aient ajouté le nom de leur famille au leur propre.

✠ II ID' MARCII OBIIT DOMNUS VVIL-

JELMVS TIVEL 3 BONE MEMORIE ABBAS
Sᵀᴵ PETRI ANNO AB INCARNAŌNE DN̄I
M.º Cº LXXXVI.

CHAPITRE XXII.

Chapelles des assemblées capitulaires. Epitaphes et tombeaux des abbés P. Arnaud et Louis de Grolée. Didier et Jacerand de Forez. Epitaphe de Jean Marquis; son éloge. Statue de S. Pierre.

La chapelle où se font les assemblées capitulaires, est immédiatement auprès : elle est dédiée à l'honneur de sainte Barbe ; et l'abbé Louis de Grolée l'ayant réparée, ses armes sont au-dessus de son entrée, écartelées de quelques autres maisons. Comme le tombeau commun des chanoines de cette église est ici, et comme celui des moines, avant qu'ils fussent sécularisés, y était, cet abbé y est enseveli avec plusieurs autres ; mais lui seulement, et Pierre Arnaud qui l'était quelques siècles avant lui, car il mourut l'an 1286, ont eu l'avantage que l'on ait eu le soin de conserver leur mémoire par ces inscriptions funèbres que l'on y voit encore.

1.

ARNAVDI
H. P. EXIMIVS ABBAS PETRVS TVMVLATVR FORMA

SE SCILICET ILLIVS PICTVRA TRANFIGVRATVR AF-
FATV BLADVS ACVNCTIS EST VENERANDVS PLEN'
CONCILIO LARG' IN AVXILIO DOCTOS LAVDABAT
INDOCTOS, DOMITABAT SAEPE LEGANT MONACHI
REX MISERERE SVI † OB ANNO DÑI Mº CºCLXXXVIº.
XIII KL SEPTEMBR' QI DEDIT NOB' LX LIB' p TRIB'
ANNIVSARIIS SVIS TEMPORE SVO FACIENDIS VAV
DIE OBIT' SVI ALIVD VI NON. MARCII ALIVD III
NON MARCII XX S' CENS' IN FESTO BI ALBANI.
IT XX LIB p ANNIVº PATRIS SVI FACIEND NŌN
MARC. ITE XII LIB' p ANNIV MATRIS SVE FA-
CIENDO III ID' MARCII IT X LIB' p ANN V LEONIS
DE PORTA FACIEND XVII KLI APL IT X LIB p AN-
NIV ILLORV DE QVIBVS HABVIT ELEMOSIN FA-
CIEND XIº KL APL TEMPORE CVI' POSITA FVIT
ABACIA CALESII

L'éloge de Louis de Grolée est au côté droit de l'autel. Il était fils de Jean de Grolée, seigneur de Bressieux, et de Béatrix de Meouillon; il n'est pas le seul de cette illustre famille qui ait eu la même dignité; Meraud et Annet de Grolée la possédèrent quelque temps après lui. Mais nous ne les oublierons pas dans la chronologie des abbés de St-Pierre, qui aura sa place dans l'histoire sacrée de cette province. Cependant voici l'épitaphe de Louis, qui y a la louange due à sa noblesse et à ses bienfaits continuels envers ce monastère.

COLLAPSORVM RESTAVRATOR SACRI HVIVS COE-

NOBII BONARVMQ; VALLIV. ET AQVEBELLE ME-
RITVS ABBAS CLARA STIRPE ORTVS DE GROLEA
LVDOVICVS COELESTIB' TERRENA COMMVTANS
FOELICI COMMERCIO POST INSTAVRATAS ÆDES
ORNATO MIRIFICE AC INGENTI POMPA DORMI-
TORIO EDITO ETIAM CAPITVLO SVMPTIBV' HOC
PROPRIIS NOBILE STRVXIT OPVS.

Hors de cette chapelle, et en ce même côté des cloîtres, sont encore quelques inscriptions qui conservent la mémoire des bienfaits de différentes personnes, et de la reconnaissance qu'on en a eue.

Jean Marquis, grand et célèbre médecin, qui mourut l'an 1625, âgé de 72 ans, est aussi enterré dans ces cloîtres sous cette épitaphe:

D. O. M. ET. P. M.

IOANNI MARQVISIO CONDRIEN REGIS COSIL'
SCOLÆ PARIS. MEDICO, COLLEGII CARDINALIS
BERTRANDI APVD ÆDVOS QVONDA GYMNASI
ARCHÆ SVMMIS AC INFIMIS MORVM INTEGRI-
TATE CHARO DOCTRINA CLARO DE HISTORIA
BENEMERITO LVGDVNENSI CIVITATE' VIENNEN-
SI POSTEA COELESTI DEMVM DONATO ANNO
ÆT. LXXII INCHOANTE HVMANÆ SAL MDCXXV
DIE IV.ᴀ MAII PETRVS IOANNES HIERON. SV-
PERSTITES E PLVRIBVS FILII M. M. P. P.

MORS APERTE NON AVSA MEDICVM AGGREDII

EX INSIDIIS OCCVPAVIT REPENTINA NON IM-
PROVISA TAMEN SENECTVTI QUAM REPERIT
DEO ET PATRIÆ SERVIENTEM

QVÆ SESE RELIQVIS MORS PRÆBET APER-
  TA TIMENDAM
RAPTVM EX INSIDIIS HVNC MEDICVM TI-
  MVIT
  META LABORIS HONOS.

Marquis naquit à Condrieu, quoiqu'il tirât son origine de Vienne, où sa race n'était pas sans réputation déjà dès l'année 1390. L'amour des lettres l'ayant porté à Paris en sa jeunesse, il y gagna d'abord l'estime des plus savans. Jean Morel, gouverneur de Henri d'Angoulême, grand-prieur de France, eut pour lui une particulière affection, et la rendit publique en mourant. Il fut un de ceux à qui cet excellent homme, qui avait été une des lumières de la cour de Charles IX et de celle d'Henri III, recommanda sa fille Camille, si célèbre par ses propres ouvrages grecs, latins et français, et par ceux de la plupart des plus beaux esprits de son siècle. La reconnaissance de Marquis envers ce cher ami ne fut pas muette. Il intéressa Ronsard, Guillaume du Vair, depuis garde des sceaux de France; J. Mercier, J. Edouard du Monnin, Pierre Bulenger, Jean Gordon, écossais; Scévole; Abel et René de Sainte-Marthe, Frédéric Morel, Jean Dorat, Jean-Antoine de Baïf, Jean Jesse, et plusieurs autres beaux esprits à travailler avec lui à son tombeau, et au royal mausolée qu'il lui érigea. C'est le nom qu'il donna au recueil des vers grecs, latins et français qui furent composés sur cette mort, et qu'il mit en lumière incontinent après. Il était le principal du collége du cardinal Bertrand l'an 1583 ; et s'étant acquis l'amour de tous ceux qui en avaient pour les bonnes lettres, il augmenta depuis infiniment. Il pratiquait la médecine dans Lyon avec un applaudissement et une satisfaction universelle, quand Pierre de Villars, prélat, grand en vertu et grand en savoir, l'attira dans Vienne. Jérôme de Villars succéda à Pierre, non seulement en l'archevêché de cette ville, mais aussi en l'estime qu'il avait faite du docte Marquis. Juste Lipse tint à honneur d'être de ses amis, et le lui témoigna par plusieurs lettres, desquelles deux seulement ont été rendues publiques. Enfin, il doit à son savoir et à son esprit l'étroit commerce qu'il eut avec les plus grands personnages de son temps. Il n'a pourtant mis en lumière que la suite de la chronologie de Genebrard, qu'il a continuée jusqu'à l'an 1609. La latinité y est pure, le style serré et fort, et la narration fidèle, désintéressée et judicieuse, ce qui est le plus important au vrai historien. Je suis un peu plus long en cet éloge que peut-être je ne devrais; mais on ne doit point trouver étrange que je tâche de rendre la vie à un homme, à l'art, et à la suffisance duquel je la dois.

Deux abbés de ce monastère ont eu aussi leur sépulcre en ce même lieu : l'un est Didier, qui mourut l'an 1126, et l'autre Jacerand de Forez; le temps de la mort de celui-là est marqué dans son épitaphe; mais celle de l'autre ne fait point mention du temps où il mourut.

HIC PATER INSIGNIS DOCTRINA MORIBVS ACTIS

AFFATV BLANDVS PRAVI DISSVASOR ET VICTOR

SPARSIT OPES SED OPVM̄ N COPIA DE FVIT ILLI

NVLLI QVA POTVIT QVE DANDA FVERE NEGAVIT

SOLIS BIS SENVM IAM SCORPIO SENSERAT ORTVM

DE MEDIO FACTVS CVM CARNIS RESPVIT ACTVS

IN DESIDERIIS FVIT OMNI MENTE SVPERNIS

HINC DESIDERIVS MERITO NOMEN FVIT EIUS

OBIIT IIII KL NO.[BRIS] ANNO DNI MILL CXXVI. IND. IIII.

Il n'y a pas à douter que ce Didier n'ait été un des plus saints abbés de ce monastère; et la louange qui lui est donnée ici d'avoir été un homme illustre par sa doctrine, par ses mœurs et par ses œuvres, semble ne céder à nulle autre.

2.

∴∴∴∴∴∴∴∴∴∴∴∴∴∴∴∴∴∴∴∴∴∴∴∴∴∴∴∴
∴∴∴∴∴∴ ET DN̄S IACERAND' DE FORISIO
ABBAS ISTIVS MONASTERII QVI DEDIT
CONVENTVI XL. LIB' p ANNIV̄SARIO SUO
IN OCTAB' Sᵗⁱ IOANNIS EVĀGELISTE FA-
CIENDO.

Cet abbé vivait il y a plus de 300 ans, et je crois qu'il était de la maison des comtes de Forez (1). Son tombeau joint presque la porte par laquelle nous sommes sortis de l'église pour entrer en ce cloître, où il ne restera plus rien qui nous arrête, après que nous aurons jeté la vue sur la statue de saint Pierre, représenté assis dans une chaise au-dessus de cette même porte. Ces deux vers, qui ne sont pas l'ouvrage d'un siècle fort poli, y sont gravés :

NON PETRVS HÆC PETRA ROMÆ PETRVS
ET SVPER ÆTHRA
AD FORMAM CVIVS SPECIES IMAGINIS
HVIVS

S'il en faut croire à cette mauvaise poésie, on voit en cette statue la vive figure de ce chef des apôtres, qui a été le premier vicaire du chef de tous les chrétiens.

---

(1) Chorier, *Etat politique de Dauph.*, t. 2, p. 570, le nomme Jocerand de la Chapelle, famille illustre du Forez.

CHAPITRE XXIII.

Réflexion sur la ruine des anciens tombeaux qui étaient dans l'église de St-Pierre. Epitaphes des évêques Avitus et Hesichius.

Rentrons maintenant dans l'église, pour aller au grand cimetière qui est opposé à cette porte, et où l'on entre par une autre qui lui répond; mais en y repassant, je ne puis m'empêcher de faire une nouvelle réflexion. Presque tous les anciens prélats de cette ville sont enterrés en cette église; Robert, comte de Dreux et fils du roi Louis le Gros, l'a été comme eux : ce n'a pas été sans honneur, non plus que ces prélats. Leurs conditions et leurs bienfaits ne souffrent point qu'on le mette en difficulté; mais que sont devenus leurs tombeaux? que sont devenus leurs éloges funèbres? N'avons-nous pas en ceci une manifeste preuve des changemens que cette église a soufferts, et de ses fréquentes désolations? Il est certain que le tombeau de S. Léger était à l'entrée de cette église, et ceux de S. Avite et de S. Hesichius à la tête de la muraille, vers le grand-autel du côté gauche; et les uns ni les autres ne paraissent plus, et si des curieux n'eussent eu le soin de recueillir leurs épitaphes avant qu'ils fussent ruinés, elles auraient enduré la fortune que ces tombeaux si vénérables n'ont pu éviter. Les voici toutes deux:

1.

Epitaphium Alcimi Aviti.

Quisquis Mœstificum tumuli dum cernis honorem
Cespite concludi totum deflebis Avitum,
Ejice sollicitus tristi de pectore curas.
Nam, quem plena fides, celsæ quem gloria mentis,
Quem pietas, quem larga manus, quem fama perennat,
Nil socium cum morte tenet. Quin prospice sancti
Gesta viri, primùm florescens indole quantâ
Spreverit antiquos demisso stemmate fasces
Maturum teneris animum dum præstat in annis,
Et licitum mundi voti virtute relegat.
Nec mora pontificis sic digna insignia sumit
Augent ut soliti fœlicia cœpta laboris;
Nec tamen ob summi culmen tu me factus honoris
Erigitur seque ipse aliis plus æstimat, imo
Subjicitur magnus, servat mediocria summus,
Distribuit parcus, pascit jejunus, amando
Terret, et austeris indulgentissima miscet
Cunctantes suasu juvit, solamine mœstos:
Jurgia dissoluit, certantes fœdere junxit.
Dissona veridicam inficiunt quæ dogmata legem.
Hortatu, ingenio, meritis, monitísque subegit.
Unus in arce fuit, cui quolibet ordine fandi
Orator nullus similis, similísque poëta.
Clamant quod sparsi per crebra volumina libri,
Qui vixit, vivit pérque omnia sæcula vivet.

Ces vers témoignent assez que la barbarie des nations septentrionales n'avait pas encore fait, quand ils furent composés, le progrès qu'elle fit après dans l'empire romain. L'épitaphe d'Hesichius a bien moins de politesse, d'esprit et de feu.

2.

> Præsuli junctum, tumulóque Aviti
> Funus Hesychi tegitur sepulchro,
> Qui eluens olim micuit honore
>   Pontificali.
> Quinque mundanis titulis peractis
> Quæstor, et regnis habilis, benignus
> Ambiit demum habitare sacris
>   lucola tectis.
> Cultibus sanctis sapienter hærens,
> Fautor et pacis studuit furentes
> Reddere cives speciale voto
>   Mentis amicæ.
> Temporum messor numeros ætatis
> Calculo cernes, strenuusque doctor
> Sequi superna docuit libenter
>   Agmina templi.
> Septimum necdum peragendo lustrum
> Corpus huic sedi posuit beatæ,
> Mente cum sanctis habitans resurget
>   Luce per ævum.
> Quem soror Marcella gemens obisse
> Ultimum præbens lacrymis levamen
> Nomen hic sculpsit, titulúmque finxit
>   Carmine parvo.

Il n'avait pas encore trente-cinq ans accomplis, lorsqu'il mourut; et Marcelle, sa sœur, tâcha de terminer sa douleur, travaillant à l'immortalité du nom de ce grand prélat. C'est ce que disent à peu près

ces trois derniers vers, qui nous apprennent l'afflic-
tion d'une si bonne sœur, comme les précédens les
rares qualités d'un si excellent frère.

CHAPITRE XXIV.

Eglise de St-George, contiguë à celle de St-Pierre. Mausolée de trois évêques. Epitaphe de saint Pantagathe. Inscription romaine. Diverses inscriptions romaines et autres qui ne paraissent plus dans St-Pierre ni ici. Epitaphes de Proculus et d'Etienne 1er, évêque de Vienne. Inscription romaine et autres.

D'ici allons visiter l'église de St-George, qui est contiguë à celle de St-Pierre, et qui est une des cures de Vienne (1). Elle est honorée de la sépulture de trois grands archevêques, de Pantagathe, d'Etherius et de Bernoin : il ne lui faut pas d'autre preuve de son antiquité, non plus que de sa dignité. On n'y voit plus leurs tombeaux ; ils n'ont pas été mieux conservés que tant d'autres, et nous avons sujet de plaindre ces grands prélats, que des hommes plus cruels que le temps n'ont pas eu peur de dépouiller de leurs derniers honneurs. Cette épitaphe accom-

---

(1) Elle sert aujourd'hui d'atelier à un charron. La rue qui conduit de la place St-Pierre à la Grande-Rue, a été ouverte pendant la révolution. Le dernier curé de Saint-George a été M. le baron Reymond, né à Vienne, élu en 1792 évêque constitutionnel du département de l'Isère, nommé le 9 avril 1802, évêque de Dijon, mort en 1820.

pagnait le tombeau de saint Pantagathe, et elle contient le récit et l'éloge de sa vie.

> Sanctorum vitam transactis cursibus ævi
> Scriptis præteritis cernere magna cupit.
> Ut valeat similis certis consistere veris
> Atque procul tendat vivere post obitum.
> Hoc igitur Sancti conduntur membra sepulchro.
> Pantagathi patris, pontificisque pii.
> Cujus vita fuit gemino sublimis honore
> Fascibus insignis, religione potens,
> Arbitrio regum quæsturæ cingula sumpsit,
> Stemmate præcipuus plus probitate cluens.
> Dans epulas primis, et largo munere gazas
> Pauperibusque dedit cœlica regna petens.
> Ingenio solers, ingenti dogmate fulsit
> Orator, vates magnus et ipse fuit.
> His igitur studiis primævo flore virente
> Inter summates esse prior studuit.
> In sobole fœlix diviso munere vidit
> Pars secreta Deo, pars genitura manet.
> Post natura viro quam gessit tempore in uno
> Culmen apostolicum contulit alma fides.
> Sic linquens mundum cœlestem possidet arcem,
> Qui sit præsidium celsa Vienna tibi.
> Bissenum vitæ complevit tramite lustrum
> Annis quinque super, specula nostra valens.
> In quibus æternæ contemplans præmia vitæ
> Lucem perpetuam promeruitque suæ.

Je n'ai pas de difficulté à croire que son tombeau fut autrefois au côté droit du grand-autel, là où la dévotion des derniers siècles en a érigé un à l'honneur du Saint-Esprit. Du moins, il y a apparence que cette arcade peu avancée, sous laquelle il est, a été faite plutôt pour un tombeau que pour un autel : nous en avons assez d'exemples et de preuves en d'autres de cette manière.

Lorsqu'on entre dans cette église, une inscription qui se présente à main gauche, arrête les moins curieux : elle est en langue vulgaire ; ce n'est pas celle dont les honnêtes gens se servent aujourd'hui, mais celle qui n'est connue que parmi le bas peuple, qui l'a retenue comme une corruption de l'ancien roman, qui ne lui a pu entièrement échapper. Je ne rougirais pas néanmoins de la rapporter ici, si je ne la destinais avec plusieurs autres à un ouvrage particulier. Si les anciens avaient eu le soin d'être plus exacts qu'ils n'ont été, tant de savans auraient eu moins de peine dans leurs recherches sur la manière de parler du beau et du bas peuple, chez les Romains et chez les Grecs.

Sur une pierre fort large, et qui est maintenant en deux pièces séparées, est gravée l'épitaphe de Cominia Severina, femme de Lucius Tertinius Sextus (1).

COMINIAE SEVERIANAE
OBSEQVENTISSIMAE AC PVDI
D. CISSIMAE FEMINAE L TERTINI M.
VS SEXTVS MARITVS ET SIBI VIVS
ET SVB ASC DEDIC

Elle n'y est louée que de son obéissance et de sa

---

(1) Elle est au Musée.

pudicité ; et certes il est assuré que la gloire d'une honnête femme est parfaite, si à sa chasteté elle joint la qualité d'être obéissante et complaisante aux volontés de son mari. Jean Gruterus, le célestin Dubois et divers manuscrits très-curieux, font mention d'un grand nombre d'autres inscriptions qui étaient, au temps de nos pères, dans l'église de Saint-Pierre et dans celle-ci ; mais on ne les y voit plus : ce qui ne m'est pas une médiocre matière d'étonnement. Voici celles que j'ai pu recueillir :

1.

PLANGE VIENNA TVAM SVBITO CECIDISSE CO-
LVMNAM
QVÆ SVBDVCTA TVVM MOESTIFERAT POPVLVM
ECCLESIÆ .... ELECTOS EFFVNDITE FLE-
TVS
CASV PASTORIS EXIMII ....
....

C'était un fragment de l'épitaphe d'un ancien archevêque ; et parce qu'il fallait que son nom finît ce quatrième vers, qui est un pentamètre dans la langue des grammairiens, je crois qu'elle était de Proculus ou d'Aglimarus ; cette versification rimée n'ayant pas été connue avant leur âge. Mes manuscrits donnent la suivante à l'archevêque Étienne, qui vivait sous le règne de l'empereur Frédéric I*er* Barberousse, et qui même lui alla rendre hommage à Besançon.

2.

HIC STEPHANI PVLCRO CONDVNTVR MEM-
BRA SEPVLCRO
QVOD SIBI DVM VIXIT POST VITAM FOE-
DERE DIXIT
VALDE DEO DIGNE VITAM DVCENDO BE-
NIGNE
MARTIVS HVNC QVARTIS TESTATVR OBIS-
SE KALENDIS
HÆC QVICVNQVE LEGIS PRECIBVS MEMO-
RARE IACENTIS
ANN. AB INCARNAT. D. M. CLXII.
NR. ⌸'HV. XPI.

Presque autant de mots y sont autant de chiffres, comme aussi en la précédente plusieurs lettres sont entrelacées en une seule qui s'aide à les composer toutes; et d'abord il semble que ces caractères si embarrassés ne sont que des grotesques qui ne signifient rien. Cette bizarre façon d'écrire a été condamnée par les siècles plus polis et plus savans.

3.

EVENTI
IN
PACE

Eventus était un chrétien, et cet *in pace* en est une marque parmi les Latins, comme le ἐιρήνη, dont nous avons parlé ailleurs, en était une parmi les Grecs.

4.

```
.·.·.·.·CIT VIR SPECTABILIS DONAE
.·.·.·.·IDICERNVS QVI VIXIT
.·.·.·.·.T TRANSIIT SVB DIE
.·.·.·.·.·OBRIS FAVSTO VIRO C̄
              CONSS
```

Ceux qui savent que la qualité de *spectabilis* était, sous les derniers empereurs romains, un titre de dignité, comme parlent les jurisconsultes, avoueront que celui au tombeau duquel a servi cette pierre, qui n'est qu'un fragment de son épitaphe, a été un homme de condition. Son nom n'a pu venir jusqu'à nous, car *Donæ* et *Idicernus* sont des mots corrompus qui ne signifient rien. Il mourut sous le consulat de Faustus, c'est-à dire l'an 483.

5.

```
SEXTI SVCARI ATIMITIONIS
SVCARI VALLO ATIMITIO PERPE
D TVVS ATEIA ATIMITVS ERMETIO M
FILI HÆREDES PATRI PIISSIMO
E. SVCARIA PERPETVA CONIVG CARISS
```

Cette épitaphe se présentait à la face du tombeau de Sucarius Atimitio, qui depuis le devint de quelque personne de considération parmi les chrétiens, comme peut-être celle-là l'avait été parmi les païens. Il était attaché à la muraille de l'église de St-Pierre, à la main gauche; mais la chute de cette muraille a été l'occasion qu'ayant changé alors de place, il a changé aussi de pays, car il ne paraît plus ici (1).

6.

HOC IN SARCOPHAGO GERARDVS CLAV-
DITVR ABBAS
SPIRITVS ASTRA PETIT SED CINIS HIC
TEGITVR
ALTÆ STIRPIS ERAT SED MORIBVS ALTIOR
ISTAM
DE PARVA MAGNAM FECERAT ISTE DO-
MVM
LARGVS PAVPERIBVS PARCVS SIBI DIVES
EGENIS
DANS SVA PAVPERIBVS SEQVE DEO TRI-
BVENS
CVI QVANTVM POTVIT CVPIENS SINE FINE
PLACERE
COELIBS LONGÆVO TEMPORE VIXIT EI

L'abbé Girard, qui est si hautement loué dans cette épitaphe, vivait l'an 1091, et fut contemporain du fameux archevêque Léger, successeur de saint Burcard.

---

(1) Il est maintenant dans un jardin, près les casernes. On doit le déposer au Musée.

7.

APOLLINI AVG
SACRVM
NATTIA SOLLII FIL
SEVERA
EX VOTO (1)

C'était une des dévotions du paganisme, d'ériger de petits autels aux dieux auxquels on avait fait vœu pour obtenir d'eux quelque faveur : ils l'étaient, ou dans quelque place publique, ou dans quelque fonds particulier, qui dès lors cessait d'être profane, comme ayant été consacré par l'érection de ces autels. Nattia, fille de Sollius, rendit ainsi à Apollon un vœu qu'elle lui avait fait. Sidonius Apollinaris a rendu illustre, par ses ouvrages et par sa sainteté, ce nom de Sollius, qui fut sans doute celui de sa race, plutôt qu'Apollinaris.

8.

BELLINO AVG
SACRVM

---

(1) Nous avons déjà parlé d'un chapiteau symbolique appartenant au culte d'Apollon; cinq inscriptions le rappellent encore. On voit au Musée un bas-relief représentant ce dieu à tête radiée, sortant du sein des eaux pour éclairer l'univers, portant dans la main droite un flambeau; il a été jugé digne d'être moulé.

VOTO SVSCEPTO
PRO A. AQVILIO
C. F. POMP. VALENTE
IiiI. V. I. D. DESIG
   PHOEBVS LIB
V. S. L. M

9.

BELEN. AVG
IN MEMOR
MARCELLI ET
MARCELLAE ET
IN HONOREM
IVLIARVM
CHARITES ET
MARCELLAE FILIAE
ET LICIN. MACRON
IVNIOR NEPOTIS
C. IVL. AGATHOPVS
IiiiiI VIR AVGVST
I. D. D. D.

Bellinus et Belenus ne diffère point d'Apollon; les Gaulois lui donnaient ce nom, et nous en rechercherons l'origine lorsque nous traiterons de la religion des Allobroges. De ces deux inscriptions, la première est le témoignage d'un vœu fait pour Aulus Aquilius Pompeius Valens, fils de Caius. Apollon étant le dieu de la médecine, Phœbus, l'un des affranchis d'Aquilius, s'adressa à lui pour en obtenir la santé de son maître, nommé pour être l'un des quatre notables qui présidaient aux jugemens de la police ; et ayant impétré ce qu'il avait désiré, il paya son vœu avec plaisir, aussi bien qu'avec justice : c'est ce que signifient ces quatre lettres V. S. L. M. *Votum solvit libens merito*. L'autre, quoiqu'elle soit consacrée à Apollon sous le nom de Belenus, n'est néanmoins qu'un monument dressé à la mémoire de ceux qui y sont nommés, par Caïus Julius Agathopus, l'un des six prêtres d'Auguste.

Ces neuf inscriptions seraient malaisées à recouvrer ; mais celles-ci sont encore lisibles sur les pierres où elles sont gravées, qui n'ont point encore changé de place ni obéi à l'ignorance ou au caprice.

10.

NIGIDIAE
AURELIA
NAE

La pierre où on lit cette courte épitaphe, est employée en la muraille du chœur de l'église de Saint-Pierre, et on la voit en dehors vers le cimetière qui a le nom de Jarcieu(1). Deux génies y sont représentés, qui soutiennent l'inscription seulement, comme si elle était dans un cartouche: ils sont ailés et enfans, et c'est comme les anges sont peints dans nos églises. Je n'ajouterai point combien le nom de Nigidius Figulus est célèbre dans l'histoire ancienne; ceux qui l'ont abordée seulement, ne l'ignorent pas.

11.

VIRTVTE FOR
TISSIMO ET PIE
TATE CLEMENTIS
SIMO D. N. FL
CONSTANTINO
MAXIMO ET
INVICT. AVG
M. ALFIVS APRONIA
NVS P. P. FL. VIENNAE
DEV. N. MA. Q. EIVS (2)

---

(1) Elle a été retirée de là en 1827, et transportée au Musée. A côté des génies on a sculpté deux flambeaux et deux pilastres, mais ces ornemens sont de mauvais goût.

(2) M. Millin l'a traduite ainsi : « A notre seigneur Flavius Constantinus, très-fort par le courage, très-clément par la piété, très-grand et invincible auguste, M. Alfius Apronianus, flamine perpétuel de Vienne, dévoué à sa divinité et à sa majesté. » Elle sert de jambage, ainsi que la suivante, au portail d'entrée de l'ancienne abbaye de Saint-Pierre, appartenante à M. Rognat, préfet du département de l'Ain,

Cet Apronianus, qui rend ici à l'empereur Constantin le Grand un témoignage public de son zèle et de son respect, a eu ce nom commun avec de grands hommes. Apronius était consul sous l'empire de Marc-Antonin, et fut l'auteur du sénatus-consulte qui porte son nom, et Apronianus fut préfet de la ville de Rome sous celui de l'empereur Julien. Ammien Marcellin en parle avantageusement comme d'un homme fort juste et fort politique : c'est le même qui est appelé Turrus Apronianus dans une ancienne inscription rapportée par Gruterus, où il a aussi la qualité de préfet, c'est-à-dire de gouverneur de la ville de Rome. Il rétablit *usum micandi* entre les marchands de bestiaux : c'est ce que l'on appelle jouer à la mourre, et ce n'est qu'une espèce de gageure dont l'événement dépend du hasard de rencontrer le nombre projeté. Quoi qu'il en soit, Alfius Apronianus était prêtre dans Vienne, et, si je ne me trompe, établi à l'honneur même de Vienne. Comme Rome a eu ses temples et ses flamines, les principales villes de son empire avaient aussi les leurs : il n'avait pas été nommé pour ne l'être que durant un temps certain, mais pour l'être toujours;

---

administrateur aussi éclairé que modeste. L'une et l'autre avaient été connues de Siméoni, qui les rapporte, pag. 9 et 11 de ses *Illustres Observations antiques*. Elles figureraient très-bien au Musée, du moins elles ne seraient pas exposées, comme elles le sont, à une dégradation inévitable.

ces deux lettres P. P. me l'apprennent, car elles signifient *perpetuus;* de sorte qu'il a été le flamine perpétuel de la ville de Vienne. La dernière ligne montre jusqu'où allait l'orgueil des empereurs romains, qui souffraient que leurs sujets se nommassent leurs dévots, et qu'on les traitât de divinité. Apronianus érigeant cet autel à Constantin, n'y en marque d'autre motif, si ce n'est qu'il est *devotus numini majestatique ejus.* Mais qui peut souffrir sans courroux que Justinien, cet homme si médiocre, nomme ses volontés en plusieurs de ses constitutions des jussions divines, qu'il parle lui-même de sa divinité et de son éternité? Ce n'est pas une merveille que l'orgueil ayant aveuglé ces princes, la raison et le bon sens les aient quittés, et que cette perte ait été à la fin suivie de celle de leur empire et de leur gloire. Pour le titre de majesté qui est joint ici à celui-là, un long usage l'a autorisé parmi les hommes et pour des hommes. Le poëte Horace est néanmoins le premier qui l'a attribué à une puissance mortelle.

>Sed neque parvum
>Carmen majestas recipit tua,

Dit-il en une de ses épîtres, où il entretient l'empereur Auguste; mais je ne m'aperçois pas que je sors de mon sujet.

12.

APOLLINI
SACRVM EX VOTO

C. VIRIVS VICTOR
ET
L. VIRIVS VITALIS
S. L. M

C'est encore un vœu rendu à Apollon. Virius était sans doute le nom d'une famille considérable dans ce pays, avant même que le christianisme y fût bien établi : Viriville, qui est une petite ville des plus agréables du Viennois, en conserve la mémoire. L'origine de son nom est latine; *Virivilla* ne peut venir que de *Virii villa,* et peut-être que celui de l'ancienne maison de Virieu n'a pas aussi d'autre naissance. Mais on doit se souvenir que je propose des conjectures, dont je ne me réserve pas le jugement, que je laisse de bon cœur à tout autre. On voit ces deux inscriptions-là sur des pierres qui composent maintenant les jambages de la grande porte du clos de ce monastère, la plus proche de celle de la ville de ce côté, qui ayant eu autrefois le nom de la porte d'Arles, a présentement celui de la porte d'Avignon.

CHAPITRE XXV.

Les pères minimes. Inscriptions romaines. Restes d'antiquité. Tête cornue de Genucius Cippus. Fable réfutée. Chiffre du nom de Jésus-Christ. Curieuses remarques.

Les pères minimes, qui doivent leur institution à S. François de Paule, et leur établissement en France à la piété de Louis XI, ayant été reçus dans Vienne avec un applaudissement universel l'an 1633, ne sont séparés de cette abbaye que par la rue qui tend des cloîtres de St-Maurice à la porte d'Avignon. Ils ont acquis une maison où les armes de Poisieux paraissent encore en beaucoup d'endroits, et en effet elle a appartenu à cette famille jusqu'à nos jours(1).

Sans quelques inscriptions qui nous appellent encore à elles, Fuissin, cette partie de Vienne qui lui est accrue seulement depuis quelques siècles, comme nous l'avons déjà dit, n'aurait plus de matière pour occuper notre curiosité. On a vu autrefois dans la boutique d'un tisserand une pierre hexagone, qui a été la base d'une idole de Mercure, ainsi que l'apprenaient ces trois mots qui y étaient gravés:

1.

**MERCVR
AVG. SACR.**

C'est bien en cette occasion que l'on peut dire avec vérité que l'on marche sur des pierres qui ont été les dieux des Césars; celle-ci consacrée, comme elle l'a été dans la religion qu'ils professaient, étant négligée à ce point qu'elle l'est. Une autre qui contient dans un ovale cette inscription à moitié effacée, est à l'entrée d'une cave, où elle sert même de degré.

2.

.... NAGE
L II PIVS FILIVS FAS

---

(1) Ce monastère avait été supprimé avant la révolution.

VRI ET MAINA DVLCI-
SSIMA PLENVS SAPVIT LI-
BR̄S VIXIT ET VITAM ANN.
LVIII ET DIES ET DEFVNC-
TVS EST OFVS ONA.

Elle a été le dernier devoir que rendirent à Nagelius Pius Fasurius et Maina ou sa femme ou sa fille, car le titre de très-douce est commun aux unes et aux autres dans les anciennes épitaphes. Il vécut cinquante-huit ans pour ses enfans content et satisfait, c'est comme j'entends le mot *plenus* en ce lieu et *vixit vitam,* puisque dans la langue latine, *vitam vivere* c'est vivre dans les divertissemens.

Dans la rue de St-Marcel, est cette épitaphe de Saturnina sur une pierre médiocre :

3.

DIS MANIBVS
SATVRNINAE
FORTVNATVS
POSVIT

La tour qui est entre les deux dernières portes qui enferment le corps de garde, n'est ancienne de guère plus de trois cents ans (1); mais elle est remarquable par quelques restes d'une antiquité bien plus éloignée de notre âge, qu'elle présente d'abord aux yeux de ceux qui entrent. Une tête de bas relief, ceinte

---

(1) La tour et les portes ont été renversées, et la tête perdue.

d'un diadème et à longs cheveux frisés, y a fourni souvent beaucoup de matière à la rêverie des plus doctes. Il semble qu'une corne assez droite lui naît un peu au-dessus du front; et de là ceux qui ont suivi d'abord l'apparence, sans entrer dans une plus exacte recherche de la vérité, ont cru que c'est Genucius Cippus. Ce Romain vivait l'an 515 de la ville de Rome; Valère Maxime et Ovide en parlent comme d'un homme qui préféra la liberté et le bien de sa patrie au bonheur de régner. Des cornes lui vinrent comme il sortait de Rome pour aller commander une armée: il apprit que c'était un augure que s'il retournait, il aurait l'autorité absolue; mais n'étant point charmé de l'éclat de cet honneur promis, il se bannit de son pays volontairement. *Divinam pietatem,* dit Valère, *quæ quod ad solidam gloriam attinet septem regibus præferatur.* Rome ne fut pas sans reconnaissance de ce bienfait: on mit une tête d'airain à la porte par où il était sorti, et elle fut le monument qui porta à la postérité la nouvelle de cette merveille, et qui donna un nouveau nom à cette porte. On l'appela dès lors *Raudusculane,* à cause du métal dont cette figure était composée. C'est le récit de Valère, mais Ovide ajoute qu'il devint outre cela un dieu de village, parce que l'entrée de la ville lui avait été défendue; et que des cornes d'une étrange figure furent gravées aux portes dorées des grands.

> At proceres quoniam muros intrare vetaris
> Ruris honorati tantum tibi Cippe dedere,
> Quantum depresso subjectis bubus aratro

Complecti posses ad finem lucis ab ortu,
Cornuáque auratis miram referentia formam
Postibus insculpunt, longum mansura per ævum.

Pline, qui avait trop de lumières et de connaissances pour donner à la fable le crédit de la vérité, se moque de celle-ci, et dit que Cippus et Actéon sont également fabuleux. Cela étant, quel moyen de faire passer cette figure pour celle d'un homme dont on n'est pas bien assuré qu'il ait été! D'ailleurs ces auteurs n'écrivent pas que l'exemple de Rome passât aux autres villes; et il le pouvait moins à celle-ci qu'à nulle autre, que les Allobroges étaient alors plus ouvertement les ennemis de la république romaine : joint que Vienne n'en devint une colonie que quelques siècles après. Mais ce qui prouve plus indubitablement combien cette opinion est peu vraisemblable, est que cette porte est une porte nouvelle; et qu'au temps des Romains il n'y en avait point ici. Si à ces considérations on ajoute que cette tête a de longs cheveux, ce qui n'était point en usage alors parmi les Romains, je me figure que l'on ne doutera plus que Cippus n'est point ici, et qu'il y faut chercher quelque autre chose, ou avouer que ce n'est qu'une fantaisie qui a servi autrefois à l'ornement de quelque édifice ou public ou particulier.

Le grand Constantin craignant l'événement de la guerre qu'il avait déclarée à Maxence, mit sa plus forte espérance au secours qu'il attendait d'en haut, et les témoignages de son espérance dans ses drapeaux : ils ressemblaient aux bannières qui sont encore en usage dans nos confréries, et avaient le nom de labares. Dès lors, au lieu des dragons et des aigles qu'on y voyait auparavant, le nom de Jésus-Christ, en un chiffre composé des deux lettres grecques X et P enlacées ensemble, y fut adoré au milieu des autres A et Ω, qui signifient, dans la langue du Saint-Esprit, le commencement et la fin des choses, comme en celle des Grecs elles le sont de l'alphabet. Elles ont été représentées diversement dans les médailles qui nous restent de cet empereur et de ses successeurs; le P est au milieu de l'X un peu plus ouvert en quelques-unes qu'il ne l'est dans l'usage commun, et le cardinal Baronius a eu le soin de faire là dessus de curieuses recherches. Mais auprès de cette tête de bas relief que nous avons décrite, ce chiffre est fort différent : ce n'est qu'une croix bien achevée, au-dessus de laquelle est imprimé un P, qui y paraît assez élevé.

☧
A Ω

De l'adoration rendue alors par les soldats à ce signe sacré dans les drapeaux militaires, est sans doute venue celle qui lui a été depuis rendue universellement dans les temples par tous les hommes; et Vienne qui, dès le premier âge du christianisme, a eu le nom de Sainte, n'a pas négligé de lui rendre d'abord ce devoir avec beaucoup d'ardeur et de zèle. Cette pierre où il est représenté, en est une marque assez visible; et ç'a été à nos pères une pensée aussi judicieuse que sainte, de l'appliquer au lieu où elle est présentement.

LIVRE QUATRIÈME.

CHAPITRE PREMIER.

Porte d'Avignon. Inscription à l'honneur de Louis XIII. Ancienne étendue de Vienne de ce côté. Ses dehors. Clos de St-Pierre. Hôpitaux. Eglises de St-Paul, de St-Jean et de St-Vincent, ruinées.

Avant le règne de François Ier, Vienne n'avait qu'une porte de ce côté; mais la demi-lune qui est un ouvrage de ce prince, lui en a ajouté une seconde. L'une est fortifiée d'une herse qui ne lui servirait pas d'une médiocre défense, et sur l'autre qui n'est pas sans quelque sorte d'ornement, on lit cette inscription à la louange du roi Louis XIII :

D. O. M.
DVM LVDOVICVS XIII GALLIAR' ET NA-
VAR' REX CHRISTIANISS. IVSTITIÆ POR-
TAS APERIT PORTIS IANI PATEFACTIS
PORTAM QVA ITVR AVENIONEM CONSV-
LES PRO DIGNITATE OFFICII EMBLEMATIS
PVBLICIS OMNIVM ORDINVM SVMPTIBVS
ORNARVNT ET INSTAVRARVNT ANNO
SALVT. MDCXXII. (1)

---

(1) La porte et l'inscription n'existent plus.

Ce monarque, en qui le bonheur de bien choisir ses ministres a été un rare avantage qui lui en a fait posséder tant d'autres, fit sa première entrée dans Vienne par cette porte, le 5 décembre 1622, après la prise de Montpellier; et son arrivée lui procura ce qu'elle a d'embellissement.

Nous voici hors de Vienne : mais avant de nous en éloigner, confirmons, par une autorité qui ne puisse être contestée, ce que nous avons remarqué de son ancienne étendue de ce côté. Il est donc vrai que Fuissin n'était point enfermé de murailles avant l'an 1380, comme il est aujourd'hui : la porte de Saint-Gervais, et la tour carrée qui est au dessus, furent faites en l'an 1390; le soin de cet ouvrage ayant été laissé au consul Antoine Guerin, dont la postérité est encore vivante avec éclat. Les anciennes murailles n'embrassaient point ce monastère, et c'est pourquoi tous les vieux titres qui parlent de sa situation, disent qu'il est *foris portam* et *extra muros Viennæ*. Le ruisseau de Fuissin, qui, venant de Romestang, coule le long de Saint-Maurice, et se jette après dans le Rhône auprès du port du Colombier (1), était même en-deçà de ces murailles : elles ne l'approchaient point, de sorte qu'il ne faut pas douter que suivant presque à droite ligne celles qui viennent de Pipet, et qui couvrent la maison des Canaux d'un côté, elles n'abordassent le Rhône auprès de l'église de

---

(1) Port du bac à traille. On a établi, il y a environ dix ans, une rampe qui de la place St-Maurice communique au port. Cette construction facilite le passage des voitures dans le bac, ce qui n'avait pas lieu auparavant.

St-Ferréol. La tour de cette royale maison est construite sur un massif qui a été autrefois une porte publique; et ce serait choquer le sens commun de se figurer que la muraille à laquelle elle était attachée vers le couchant, ne fût tirée à droite ligne jusqu'auprès du Rhône. Mais où la preuve est facile et présente par des actes authentiques, il n'est pas nécessaire de l'établir sur le raisonnement. L'abbé Guitger, qui vivait sous l'archevêque Léger, successeur de saint Burcard, il y a plus de six cents ans, donne divers fonds, c'étaient des terres et des vignes, en fief, *in beneficium*, à un certain Hugues qui, pour marque d'honneur, y a la qualité de chevalier, assez extraordinaire en ce siècle, où les plus grands ne s'attribuaient que celle de soldats, *milites*. L'acte de concession, qui est dans le plus ancien chartulaire de St-Pierre, porte qu'ils étaient hors des murailles de cette ville, et même des anciennes entre elles et ce monastère, et qu'entre l'un et l'autre coulait le ruisseau de Fuissin; tellement que ces vignes occupaient cet espace qui est entre la dernière porte des cloîtres de Saint-Maurice vers le midi et l'église de Saint-Ferréol. *Sunt autem isti decem mansi siti,* dit cet acte, *in archiepiscopatu Viennensi scilicet quatuor ex vinea intra supradictum cœnobium, et murum urbis jam dictæ Viennæ, et tres similiter ex vinea juxta eumdem cœnobium foris antiquum murum rivulo quodam fuscino inter murum et vineam decurrente.* Ce vieux mur dont parle ce titre, avait le nom de *veterum mercedo,* comme je l'apprends d'un autre plus ancien qui est du règne de Conrad, père de Rodolphe, en qui finit le royaume de Vienne. C'est une juste matière de regret, que ce siècle barbare nous ait si peu envoyé de connaissance de lui-même, que ce ne soit plus une chose possible de savoir ce que l'on a entendu par un nom si recherché et si inouï. Les dehors de Vienne, de ce côté, sont fort agréables; une plaine qui est entre le Rhône et un rideau de collines couvertes de vignes et de bois, y fournit des promenoirs divertissans. A la main droite de ceux qui sortent de cette ville, est un territoire duquel nous avons déjà parlé: il a le nom du Clos de Saint-Pierre (1), parce qu'étant environné de chemins

---

(1) Ce clos, acheté par l'effet d'une souscription volontaire, a été converti en place pour l'exercice des troupes; on la nomme le Champ-de-Mars. C'est aussi au moyen de souscriptions volontaires que le perré le long du Rhône a été construit il y a huit à neuf ans. En face, de l'autre côté de la grande route, sont les casernes construites sur les dessins de Mathieu Rozier, en vertu d'un arrêt du conseil-d'état, du 27 novembre 1708. La première pierre en fut posée par les consuls, le 31 mars 1710. Le régiment de Lorraine est le premier qui y ait logé, le 18 décembre 1716. Le corps de bâtiment est assez vaste pour contenir de seize à dix-huit cents hommes d'infanterie et cinq cents chevaux.

Un peu plus au midi est un bâtiment considérable, construit en 1682 par les soins d'Henri de Villars, archevêque de Vienne, pour servir de séminaire sous la direction des prêtres de l'Oratoire; il est accompagné d'un grand jardin. La ville l'a acheté, il y a quelques années, pour l'établissement des dépôts de fourrage, magasins, etc., nécessaires à la manutention des troupes en garnison.

publics qui l'enferment, il appartient à cette abbaye. Une vigne de grande étendue l'occupe entièrement, et l'occupait déjà il y a plus de huit cents ans, lorsque l'archevêque Sobon le lui donna. L'acte de cette donation fut fortifié du seing et du sceau de Ratburne, vicomte de Vienne et mari de Vualde, fille du roi Conrad : l'empereur Louis, fils de Boson, lui en avait fait un présent par une déclaration authentique, qui est appelée *præceptum* dans l'acte. Les successeurs de ce prince l'ayant usurpé, Ermengarde, douairière de Bourgogne, le restitua de son gré à ce monastère, qui en a eu depuis ce temps-là une possession où il n'a reçu de trouble que par des inondations du Rhône, qui lui est néanmoins un voisin plus agréable qu'incommode et fâcheux.

Deux hôpitaux et trois églises étaient l'ornement et l'honneur du côté opposé à cette vigne ; mais il n'en reste plus qu'un souvenir confus, puisque les masures et les fondemens en ont même été arrachés. Le premier de ces hôpitaux fut institué par Petronille Pellier, qui convertit une maison et un jardin qu'elle avait ici à ce pieux usage. L'archevêque Briand de Lavieu approuva son dessein, et érigea ensuite un hôpital en ce lieu par ses lettres de l'an 1314, qui en unirent à perpétuité la direction à l'archiprêtrise de Saint-Vallier. Il eut alors le titre de l'hôpital de Sainte-Marie et de Notre-Dame, comme il eut depuis celui de Sainte-Catherine. L'autre était appelé l'hôpital de Saint-Jacques, et n'était pas éloigné du premier. Je n'en puis rien dire de particulier, si ce n'est que son recteur était nécessairement tiré du chapitre de Saint-Maurice, comme le fut aussi à la fin celui du premier, après que l'archiprêtrise de Saint-Vallier, qui avait été unie à la rectorerie de Saint-Sévère, en eût été séparée. Le siècle dernier acheva en leur ruine ce que les précédens avaient déjà commencé. Ce qui en restait encore debout fut entièrement renversé l'an 1562, et leurs églises ne furent pas même épargnées, tant ce dernier âge s'est déclaré ouvertement l'ennemi de la piété des premiers.

Les églises de Saint-Paul, de Saint-Jean, et de Saint-Vincent, qui en étaient les voisines, ont souffert la même désolation. Il est vrai que celle de Saint-Paul est périe long-temps avant les autres qui n'ont été enfin ensevelies dans leurs ruines que l'an 1566. Il est parlé de la première et de celle de Saint-Vincent dans une concession faite en faveur de Saint-Pierre par Hugues, comte de Vienne et empereur d'Italie. Et dans la charte qui contient la donation de Sobon, de laquelle nous avons fait mention, il est aussi parlé de celle de Saint-Jean, ce qui témoigne leur antiquité. Mais c'est une chose digne d'observation, qu'il est dit dans un autre titre d'une donation faite à cette abbaye par le même prélat, que cette église est située entre deux grands chemins publics. En effet, quoi qu'elle fût assez proche de cette montagne qui, étant couverte de vignes, borde la plaine vers le levant, le grand chemin qui conduisait à cette ville, au temps des Romains, était entre deux. Il était au pied de ces collines, et les marques en sont encore visibles en trop d'endroits pour ne pas l'avouer. Il aboutissait au temple de Mars et de la Victoire, et à la porte qui était opposée à ce temple. Le chemin qui sert aujourd'hui en sa place s'appelait *via mediana*, et un autre moins éloigné du Rhône *via magna*, ce qui est maintenant corrompu en vimaine. C'était celui des armées par où elles montaient le long du Rhône jusqu'à Lyon, et aux autres lieux où les envoyaient les nécessités de l'état, et les ordres des empereurs. Nous en dirons ailleurs plus de particularités. Ces deux églises de Saint-Jean et de Saint-Vincent étaient accompagnées, sous l'archevêque Cadeolde environ l'an 680, chacune de deux illustres monastères. Dans celui de Saint-Jean étaient établis cinquante moines, et autant dans celui de Saint-Vincent. Tellement qu'il ne faut pas s'étonner des masures qui se sont découvertes en divers temps, et qui même l'ont été au nôtre dans les lieux qu'ils ont occupés.

CHAPITRE II.

Massif sur lequel a été autrefois l'idole de Mars. D'où est venue l'origine du mot de Biar. Nom de ce territoire.

Mais ne nous arrêtons pas ici davantage. Deux monumens célèbres nous appellent à eux : l'un est un massif de pierres cimentées, et l'autre une pyramide soutenue de quatre piliers. Le premier est dans une vigne, et presque au pied de cette montagne, au bas de laquelle était le vieux chemin qui est présentement hors d'usage. Il est rond, et a environ douze pas de diamètre ; mais sa hauteur est diminuée de beaucoup, depuis que l'on a eu si peu de respect pour un monument si vénérable que de le détruire pour en employer les pierres en des ouvrages peu importans. Il a une ouverture en bas qui regarde le couchant. Elle est assez profonde, mais elle n'est ni haute ni large pour avoir pu être la niche d'une idole de Mars, comme quelques-uns se le sont figurés. D'autres croient que ç'a été autrefois un tombeau, et que ce creux qui est maintenant vide a été le lieu où fut placé le corps de celui à qui il fut érigé. En effet, il a quelque sorte de rapport à celui qui fut dressé à Drusus auprès de Mayence, par l'armée qu'il avait commandée sous Auguste, et que Pierre Appien a représenté dans son recueil d'inscriptions. Toutefois, il est plus croyable que comme il restait encore dans Rome, au temps de Pomponius Lætus, une partie considérable d'une masse de même grandeur et de même figure que celle-ci auprès de l'amphithéâtre de Domitien, sur laquelle ce savant auteur écrit, que fut plantée la statue de Jupiter; de même celle de Mars l'a été sur celle-ci. Il avait déjà un temple de ce côté, et c'était alors une chose commune de présenter les idoles des dieux sur les grands chemins au culte de la superstition publique. Et n'est-ce point de celui qui était rendu à Mars en ce lieu que le territoire voisin a reçu le nom de Biar (1). Les Gaulois de la ville de Sens, et leurs confédérés, au nombre desquels étaient les Allobroges, laissèrent en ce pays, comme l'écrit Adon, plusieurs marques de leur zèle et de leur dévotion envers ce Dieu. Peut-être que ce monument en fut une que la postérité conserva depuis soigneusement. Leurs prêtres, à qui la langue grecque était chère jusqu'à s'en servir plutôt que de la leur, dans les occasions des affaires ou des solennités les plus importantes, ne pourraient-ils pas lui avoir de là imposé le nom de βίαρнος, pour signifier que ce lieu était sous la protection de Mars, qui y manifestait son pouvoir et sa force. Aussi ce territoire est appelé *Biaraa*, dans les documens du règne de Rodolphe ; et ce mot, quoique corrompu, n'est pas fort différent de cette origine grecque.

CHAPITRE III.

Pyramide cénotaphe de l'empereur Auguste.

La pyramide qui paraît au milieu de la plaine, est néanmoins un monument avec lequel celui-là mérite à peine d'être comparé. Elle est composée

---

(1) Ce massif a été entièrement détruit par le propriétaire du sol en 1796. Il était entre le rocher et la grande route, à 550 toises de la porte de la ville.

de quartiers de pierre d'une grosseur digne d'étonnement, et pousse fort haut sa pointe carrée que soutiennent quatre piliers, entre lesquels sont autant de portes et d'entrées. Les provinces voisines ont peu de monumens qui lui cèdent. Je ne doute point qu'elle ne fût accompagnée de beaucoup d'ornemens qu'elle n'a plus, et dont l'injustice de quelques hommes brutaux l'a dépouillée. Il est certain que si elle avait pu être facilement démolie, les nations barbares qui ont si souvent inondé les Gaules, l'auraient renversée; mais ne l'ayant pu sans danger, elles l'ont du moins outragée autant que leur rage en a eu la liberté. S'il manque néanmoins quelques pierres à sa cîme, de manière qu'elle ne finit plus en une pointe aiguë comme elle faisait, c'est un outrage qu'elle n'a reçu que depuis environ cinquante ans. Un Milanais qui habitait dans Vienne en ce temps-là, ayant acheté la terre où est cette pyramide, fut porté par son avarice et sa brutalité, au conseil de la détruire. Il commença ce sacrilége, mais le savant Pierre de Boissac lui opposa son autorité ; et étant alors chef de la justice dans Vienne, il fit pour sa gloire et pour celle de sa patrie cet acte de justice qui nous a conservé un si bel ouvrage (1). C'est une opinion

---

(1) Le propriétaire du sol où est élevé un monument public n'a pas le droit de le démolir. L'exemple que donna dans cette circonstance le vice-bailli, P. de Boissat, n'est pas le seul que l'on puisse citer. En 1479 le chapitre de

aussi publique que mal appuyée, qu'elle est le mausolée de Vénérius, que l'on feint avoir été l'auteur et le fondateur de cette ville. On s'est imaginé que comme les urnes qui contenaient les cendres d'Adrien et de Marc-Aurèle furent mises à la cime des obélisques dressés dans Rome à leur mémoire, celles de Vénérius le furent aussi par les premiers Viennois, à la pointe de cette pyramide, dans une urne d'or. Cette imagination a été suivie d'une autre par laquelle on a voulu la confirmer. On a ajouté, comme l'a remarqué Jean du Bois, que le poète Ausone en fait mention dans le Gryphe que nous avons de lui, et que nous lisons parmi ses ouvrages poétiques. Mais, qui l'aura lu jugera de la hardiesse à supposer qu'ont eu ceux dans l'esprit desquels cette pensée est premièrement tombée. Cet ouvrage paraît trop romain pour être attribué à des Africains; et il y a d'autant moins de raison d'en croire les auteurs, qu'il est certain que l'Afrique n'a rien de semblable. Outre que les récits que l'on fait de Vénérius sont fabuleux, et que Vienne est l'ouvrage des Allobroges et non

---

St-Just poursuivit avec chaleur le sieur Poculot qui voulait détruire les acqueducs d'Eculli, et vit ses efforts couronnés de succès. L'autorité doit veiller à la conservation de tous les objets d'art, ou qui rappellent de grands souvenirs. La ville de Vienne serait encore privée des eaux abondantes qui l'alimentent, si l'on eût considéré les anciens aqueducs comme la propriété des particuliers sur les terrains desquels ils existaient.

de peuples si éloignés, j'avoue néanmoins que cette pyramide n'a été faite que pour honorer la mémoire de quelque illustre mort; et quoique nous n'ayons point de preuves assez fortes pour nous apprendre avec certitude à la gloire de qui elle a été érigée, nous avons assez de conjectures pour nous figurer que ç'a été à l'honneur d'Auguste (1). Les longues prospérités de son règne lui ayant acquis et l'estime et l'amour de tous les peuples, des honneurs divins lui furent attribués, après sa mort, dans les principales villes de l'empire romain. Elles tâchèrent toutes d'imiter ce qu'avait fait celle de Rome en cette occasion. Il n'y eut pas seulement des temples et des prêtres comme un

---

(1) Cette pyramide, d'environ soixante-douze pieds d'élévation, est construite en pierres de choix, sans chaux ni ciment, mais happées avec du fer et scellées avec du plomb. M. Schneyder a pensé comme Chorier que ce monument était un cénotaphe ou tombeau vide, et qu'il avait été érigé en l'honneur d'Alexandre Sévère ; un passage de Lampride autorise cette opinion. Il raconte que la mort de ce prince causa une douleur universelle dans tout l'empire, et qu'on lui dressa un cénotaphe dans les Gaules. Le genre d'architecture adopté semble plutôt appartenir au règne d'Alexandre Sévère, qu'au brillant siècle d'Auguste, la circonstance même que les chapiteaux des colonnes n'ont point été terminés, appuie cette conjecture : on sait que Maximien, son successeur, affecta d'abord d'approuver les honneurs qu'on rendait à sa mémoire, mais qu'il ne tarda pas à manifester des sentimens contraires. On s'est rangé généralement à l'avis de M. Schneyder.

dieu immortel, mais aussi des tombeaux comme un homme illustre ; elles lui érigèrent de superbes cénotaphes aussi bien que des autels. C'est ainsi que les Grecs, et après eux les Latins, ont nommé ces tombeaux vides, qui ne sont bâtis que pour perpétuer la mémoire des personnes d'un excellent mérite ou d'une haute condition. Celles qui négligèrent de s'acquitter de ce devoir, furent maltraitées, comme coupables d'un crime. Tibère n'en laissa point d'impunies. Cela étant, n'est-il pas vraisemblable que Vienne, qui était alors si noble et si puissante, fut des plus ardentes à témoigner à Tibère les respects qu'elle avait pour lui, par ceux qu'elle avait proposé de rendre à la mémoire de ce prince, son père et son bienfaiteur ? Nous avons déjà vu comme elle lui consacra des prêtres et des autels ; et il est bien à croire qu'elle joignit à ces honneurs qu'elle devait à ce prince mis au nombre des dieux, celui de la sépulture qu'elle devait à ce Dieu mis au nombre des morts. Cette pyramide en fut sans doute le cénotaphe ; du moins sa structure ne souffre point que l'on croie qu'elle ait été le tombeau d'une personne privée, et nul des empereurs ne se présente de qui on puisse juger qu'elle le soit plus apparemment que d'Auguste.

CHAPITRE IV.

Eglise de Saint-Alban. Ancien monastère. Paroisse de Saint-Alban. Fontaine salutaire aux fiévreux. Navout.

L'ancienne église de Saint-Alban, autrefois accompagnée de plusieurs édifices dont il ne reste plus que quelques masures, n'est guère plus éloignée de cette pyramide qu'elle l'est de Vienne. Elle avait été construite au pied d'une colline vers le levant, pour y être la paroisse de tous les lieux voisins, qui, depuis qu'elle a perdu cet avantage par sa ruine, n'en reconnaissent d'autre que l'église de Saint-George, qui auparavant n'était qu'un oratoire, comme la nomment les anciens documens. Il est fait mention de la paroisse de Saint-Alban dans une vente faite l'an 1069, *regnante Domino nostro Jesu Christo,* par un certain Richard, avec ses sœurs Berthe et Marie, et son petit-fils Girbold, à Constance, et à Guigues, chanoine de Saint-Maurice. Il est dit que le lieu de Navout est de la paroisse de Saint-Alban, une qui y est vendue y étant désignée : *In pago Viennensi in parochia Sancti Albani in loco qui dicitur Navout.* Il est parlé aussi d'une donation faite par un certain Albert, il y a plus de cinq cents ans, *unius mansi in valle hortensi, in parochia Sancti Albani,* et d'une terre de Saint-Alban dans un autre acte du XIe du règne de Charles-le-Jeune, fils de l'empereur Lothaire, et petit-fils de l'empereur Louis-le-Débonnaire. L'archevêque Bertrand de la Chapelle l'unit à l'hôpital de Notre-Dame de Fuissen avec tous ses revenus, en faveur de Jean de Seissuel qui en était le recteur, par un acte dont la date est du vendredi avant la fête de sainte Catherine de l'an 1330. Une dévotion publique y portait autrefois les prières et les pas des religieux de Saint-Pierre, durant les Rogations ; mais aujourd'hui l'espérance d'une prompte guérison n'y conduit que ceux des malades. On croit d'y avoir un remède présent contre la fièvre; et la vertu d'une fontaine voisine, pour ne rien dissimuler, n'est pas opposée à la vertu des prières de ce saint martyr pour rendre la santé à qui l'a perdue (1).

CHAPITRE V.

Prieuré de Notre-Dame de l'île. Sa fondation. Difficultés qui s'y opposent, et autre cause de plusieurs différens. Église de ce prieuré. Inscription romaine. Cloître, sa beauté. Epitaphe. Familles nobles qui y sont nommées.

Le prieuré de Notre-Dame de l'île est sur le bord du Rhône, et regarde cette église. Il dépendait de

---

(1) Au-dessus de la porte de la chapelle de Saint-Alban on lit, qu'elle a été bâtie en 1631 par les soins d'Aaron Pothon, conseiller élu au baillage de Vienne, sur son propre fond.

l'ordre de Saint-Ruf, mais il est possédé présentement par les pères de la compagnie de Jésus, du collége de Vienne. Gaultier de Balbière ayant conçu le dessein d'établir des personnes religieuses dans cette île, qui ne l'est néanmoins que lorsque le Rhône se répand hors de son lit ordinaire, quelques empêchemens que divers intérêts lui opposassent, la protection de l'archevêque Etienne le fit réussir heureusement. Toutes fois, pour faire taire les plaintes du chapitre de Saint-Maurice, et des abbés de Saint-Pierre et de Saint-André, ce fut sous quelques conditions dont celles-ci furent les principales. Que les religieux qui y viendraient habiter n'attireraient point à eux les paroissiens des autres églises, qu'ils s'entretiendraient de ce qu'ils auraient acquis légitimement, sans que pourtant il leur fût libre d'acquérir aucun immeuble dans Vienne, ni aux environs, non pas même une maison. Qu'ils ne bâtiraient ni ne feraient d'oratoire en nul autre lieu; qu'ils ne feraient chez eux d'enterrement que de ceux qui auraient déjà fait profession dans leur ordre; qu'ils n'y recevraient personne qui n'y pût venir commodément et sans aide, à pied ou à cheval, et enfin que s'ils avaient à faire quelques acquisitions, ce serait de telle manière, que personne n'en pût recevoir du préjudice. Ces précautions satisfirent tous les intéressés, excepté Robert, abbé de Saint-Pierre, qui ne pût jamais être persuadé d'agréer cet établissement que tous les autres auraient goûté, comme une chose avantageuse à la religion, et utile au public. Des religieux de l'ordre de Saint-Ruf y furent ensuite appelés, et gagnèrent dans peu de temps, par leur piété, ceux qui ne leur avaient pas été favorables au commencement par leur intérêt. Les fonds que possédait le monastère de Saint-Pierre dans cette île et aux environs, furent la cause de la résistance de son Abbé, homme au reste d'une grande vertu et d'un excellent mérite. Il appréhendait les différens qui pourraient naître entre ces religieux, et ceux de ce prieuré, et en effet, il en est né souvent entr'eux depuis cet établissement. Mais ce qui en a été toujours le principal et presque l'unique sujet, est une saulée que le chapitre de Saint-Pierre possède encore aujourd'hui. Elle est dans les limites de cette île, et par cette raison quelques-uns l'adjugeaient à ce prieuré, et même en nos jours ces anciennes prétentions ont été l'origine de nouvelles querelles. Elles furent déjà réglées il y a plus de cinq cents ans par le moyen de ce même prélat, et du chapitre de Saint-Maurice. Les religieux de l'île prétendaient que cette saulée était à eux, et ceux de Saint-Pierre leur disputaient la propriété d'une partie de leur territoire. Enfin on les accommoda l'an 1139, sous l'empire de Conrad. Ceux-là consentirent que le monastère de Saint-Pierre fût à l'avenir le paisible possesseur de cette saulée comme d'un fonds de franc-alleu; et ceux-ci que ce prieuré jouît de même paisiblement et sans trouble de tout le territoire de cette île. L'archevêque Etienne, Guillaume archidiacre, Amédée de Clermont, Gilbert archidiacre, Etienne Garcin, Nantelme de Revel, Gui d'Auberive, Hugues le Roux, et Guillaume de Chanas furent présens à cette transaction, et l'autorisèrent de leur seing.

Au reste l'église de ce prieuré n'a été achevée qu'en notre temps. La nef n'avait pas l'étendue qu'elle a maintenant, et le lambris qui lui en a beaucoup ajouté est l'ouvrage des soins et de la dévote industrie du père Jacques Georges, qui a seulement cessé de vivre depuis quelques années. Elle lui a des obligations infinies, car il est vrai qu'elle lui doit la plus grande partie de ce qu'elle a de beauté, et tout ce qu'elle a de nouveaux ornemens. On y lit à l'entrée cette inscription romaine en grands caractères parfaitement bien formés :

.... FILIAE
.... NAE
M. LATTIO M. FIL.
OPTATO.

La beauté du cloître ne cède pas à celle de l'église. Il est environné de doubles colonnes de marbre différemment élaborées, et l'on dit qu'un seigneur de haute condition, les ayant fait ôter d'ici pour orner une de ses maisons, fut contraint par des bruits nocturnes qui l'auraient rendue inhabitable s'ils eussent continué, de les y faire rapporter, et de les y remettre comme on les voit présentement. Les curieux y peuvent lire des épitaphes, qui font mention de quelques anciennes familles, comme de celles de Chaponay, Pierre de Chaponay étant mort prieur de cette île l'an 1265, de Paladru, de Dic, d'Illins et de Crémieu (1).

CHAPITRE VI.

Château de Rossillon. Aqueduc. Diverses tours ; celle de St-Gervais. Antoine Guérin, consul de Vienne l'an 1390. Pont sur le ruisseau de Fuissin. Fontaine célèbre de St-Gervais. Monastère de St-Gervais et de St-Protais ruiné. Premier couvent des Pères Cordeliers. Muri Sarracenorum.

Nous nous sommes assez promenés hors de Vienne, il y faut revenir ; mais considérons à notre

---

(1) Le cloître a été incendié, quelques-unes des colonnes ont été déposées au musée. L'église avait été vendue pendant la révolution, ainsi que le prieuré ; un particulier ému de dévotion envers la mère de Dieu, l'a rachetée et en a fait don à l'hôpital de Vienne. Le lundi de Pâques et le lundi de Pentecôte, l'île est fréquentée par un grand nombre de fidèles que la dévotion y conduit, et par une foule de jeunes personnes qui vont y jouir du plaisir de la promenade et de la danse.

L'archevêque de Vienne Bournon de Voiron se retire au prieuré de l'île et y décède le 30 janvier 1215. Son épitaphe y a été découverte en 1765. (Charvet, *Supplément à l'histoire de l'église de Vienne*, pag. 10.)

L'île dépendait autrefois de la paroisse de Saint-Cyr en Lyonnais.

retour les ruines du château de Rossillon, que nous n'avons pas voulu regarder en venant ici : il a le même nom qu'une terre érigée aujourd'hui en comté, qui n'en est éloignée que de trois lieues, et qui a autrefois fait partie du comté d'Albon. On croit que les Romains sont les premiers qui ont fortifié cette éminence qu'il occupait, que le comte Girard imita depuis leur exemple, lorsque Charles-le-Chauve vint l'assiéger dans cette ville ; et que de là le nom de ce héros si signalé lui fut imposé. Quoiqu'il en soit, il n'en reste plus que deux murailles, et encore ne sont-elles point d'une construction si ancienne qu'on puisse l'attribuer au siècle de Girard.

Sur le grand chemin, à cent pas près de la porte de la ville, paraît l'embouchure d'un aqueduc qui descendait du temple de Mars et de la Victoire. Il aboutissait au Rhône comme tous les autres ; mais ayant été coupé en cet endroit, le reste qui allait jusqu'à ce fleuve a été entièrement détruit.

Avant que nous rentrions dans la ville, nous avons à en considérer les dehors du côté de Romestang, et vers le levant.

Entre la grande porte et celle de St-Gervais, était une tour ronde qui servait de défense aux murailles. Elle fut construite l'an 1418, par l'ordre des consuls qui commirent le soin de cet ouvrage à Jacques Isimbard, à Pierre Roibon, et à Geoffroy Navod, trois de leurs collègues, car alors leur nombre était de huit. Quelque temps après fut faite aussi celle qui joint la seconde porte, les consuls

Jacques Costaing et Humbert Rosset ayant conduit cette œuvre à sa perfection. Celle de la porte Saint-Gervais est plus ancienne, elle est carrée, sa hauteur est de huit toises, et sa largeur de trois. Antoine Guérin, l'un des consuls de l'an 1390, fut chargé du soin de sa construction, dont il s'acquitta si dignement, que près de trois cents ans ne lui ont point fait d'injure bien apparente. Le petit pont de pierre sur lequel on passe le ruisseau du Fuissin qui va se jeter dans le Rhône le long des murailles de la ville de ce côté, fut refait de nouveau deux années après. Une fontaine à qui la bonté et la beauté de son eau a donné de l'estime, est aussi honorée du même nom de St-Gervais, plus propre et plus particulier à un petit territoire qu'elle regarde vers le Septentrion. Une église et un monastère renté pour cinquante moines, et dédié aux martyrs S. Gervais et S. Protais, l'ayant premièrement occupé, ce nom qu'il a lui en est venu; il fut ruiné par les maures d'Espagne, lorsqu'ils pénétrèrent si avant dans la France, sous la conduite des enfans d'Eudes, duc d'Aquitaine. L'épitaphe que nous avons déjà rapportée est une assez forte preuve de son ancienneté dans ces vers:

At tunc marturibus sedem tribuentibus aptam.
Gerbasium procerem Prothasiúmque colit.

Martures au lieu de *Martyres*, et *Gerbasius* au lieu de *Gervasius*, ne sont pas des façons de parler d'un siècle plus bas que celui de Constantin et de ses enfans auquel elles ont été particulières. Les religieux de Saint-François furent logés ici avant qu'ils le fussent à Sainte-Colombe, et quoiqu'il n'y ait plus que des vignes et des jardins, ce lieu n'a pas néanmoins changé de nom, comme il a changé de condition. Des masures de quelques anciennes murailles paraissent aux environs; comme ç'a été une ignorance des derniers siècles, d'attribuer aux Sarrasins la plupart des ouvrages des Romains, elles sont nommées *muri Sarracenorum*, dans nos registres de l'an 1376.

CHAPITRE VII.

Territoire de Romestang. Origine de ce nom. Naumachie. Jeux de l'arc et de l'arbalète. Ruine du temple de Mars et de la Victoire. Inscriptions romaine et grecque. Vœux publics et particuliers chez les païens. Actions de grâce des médecins aux dieux. Beaumur, origine de ce mot.

Romestang est le nom d'un autre territoire contigu à celui-ci. Une partie en est vuide, et laissée libre aux divertissemens publics, et une vigne d'assez d'étendue en remplit l'autre (1). Ce nom n'est pas

---

(1) Le 5 juin 1123, Guigues Romestaing céda à l'archevêque de Vienne et à ses successeurs, tous les droits qu'il avait sur une maison, four et jardin, situés dans le territoire de Fuissin. (Charvet, *Histoire de l'église de Vienne*,

si propre à ce lieu qu'il ne l'ait été aussi à d'autres, et le moine Aimoin raconte que Pepin étant parti de Vienne pour aller à Xaintes, prit sur son chemin une place forte qui le portait. *Et Vienna revertens ad bellum ad civitatem Sanctonicam contendit, captoque in itinere Rumstamno cùm ad urbem prædictam venisset mater, et soror, et neptes Varnarii ducis ad conspectum ejus adductæ sunt.* L'opinion publique est, qu'il vient des Romains qui avaient ici creusé la terre, jusques à une profondeur capable d'y faire une naumachie. Entre les spectacles publics celui-ci était un des plus célèbres. On remplissait d'eau une espace disposé à la recevoir, et les mêmes combats qui se font sur la mer y étaient représentés. Delà, ceux qui possédèrent Vienne après la ruine de l'empire Romain, nommèrent ce lieu *Romanorum ou Romanum stagnum*, l'étang des Romains. Il n'y resta des superbes ouvrages qui y étaient auparavant que des marques plus visibles de cette naumachie, et des bains publics, et par ce moyen ce nom y demeura plus fermement attaché. Outre qu'il est vrai que les Latins n'ont pas fait difficulté d'appeler un étang toute sorte d'eau tellement arrêtée qu'elle ne peut s'échapper. Virgile même applique ce nom à la mer.

Emissámque hyemen sensit Neptunus, et imis.
Stagna refusa vadis,

---

pag. 352.) Ne serait-ce point du nom de ce donateur que le territoire où étaient situés les objets cédés, aurait été appellé de Romestaug ?

Et Sénèque, à des bains en ce passage.

>Nec fumant manu
>Succensa multâ Stagna.

Plusieurs masures et plusieurs restes d'aqueducs qui répondent ici, semblent confirmer le sentiment que fait naître l'origine de ce nom, et de l'un et de l'autre joint ensemble il naît une preuve incomparablement plus forte que la seule conjecture. Mais cet ancien usage a cédé à un nouveau, dès le temps de nos pères ; et ce premier divertissement que notre religion a condamné, a fait place à des jeux plus innocens. J'entends parler de ceux de l'arbalète et de l'arc. Ceux qui avaient abattu le papegay, exposé à l'adresse des meilleurs tireurs, chaque mois de mai, avaient avec le nom de roi qu'ils s'acquéraient, le privilége de ne contribuer l'année de leur royauté à aucune taille delphinale ou royale. Ce privilége leur fut accordé l'an 1513, et a duré jusqu'à nos jours, que la réalité des tailles établie en cette province, ne lui a pas permis de survivre à la liberté publique. Aussi ces exercices sont maintenant négligés, et servent de témoignage à la vérité de cette pensée de Tacite, que les arts périssent d'abord, que l'espérance de l'honneur, ou d'une récompense plus sensible, est morte pour eux (1).

---

(1) La butte de ce jeu fut d'abord établie derrière Saint-Sévère, sur les rochers de la Bâtie, ensuite sur le gravier

Le temple de Mars et de la Victoire était voisin de ce lieu, et regardait presque en droite ligne la porte triomphale, qui a eu aussi le nom de Gratienne, et sur le massif de laquelle a été bâtie la tour carrée du palais des Canaux (1). De quelque manière et en quelque temps qu'il ait été ruiné, des marques de sa magnificence n'ont pas laissé de venir jusques à nous. On en a retrouvé de trop visibles dans ses masures qui le tenaient enseveli. Elles furent découvertes l'an 1648, et une partie en a été portée ailleurs. Entr'autres choses on y trouva entier un pavé de grandes pierres toutes d'une largeur, et d'une épaisseur peu communes. Ce qui fit

---

de Saint-Martin, enfin à Romestang, depuis l'archevêché jusqu'à la porte Saint-Gervais. C'était le troisième dimanche de mai que cet exercice avait lieu.

(1) Il peut se faire qu'il y ait eu un temple dans cet endroit, au midi de l'hôpital. M. Schneyder conjecture même qu'il était consacré à Jupiter. M. Perrache est de cet avis. Une grande quantité de fûts de colonnes ont été tirés de cet emplacement à diverses époques. L'archevêque Pierre de Villars en employa plusieurs à décorer le portail de sa maison à Condrieu. M. Schneyder observe qu'on n'a jamais trouvé ni chapiteaux ni bases proportionnées à ces colonnes, ce qui lui fait présumer que ces décorations étaient en bronze, et qu'elles avaient été enlevées par les barbares dans les pillages de la ville. L'inscription de la flaminique fortifie ce sentiment. Nous établirons, chap. 9 du livre 5, que le temple de Mars et de la Victoire occupait l'emplacement du monastère de St-André-le-Haut.

comprendre que le principal autel de ce temple était un peu au-dessus vers le Midi, fut que celles du dernier rang du côté du Septentrion, étaient tellement taillées qu'elles formaient un canal qui répondait à une grotte qui fut découverte auprès. Le sang des victimes qui étaient immolées au pied de l'autel et de l'idole de Mars que l'on y adorait, descendait dans ce canal qui le conduisait à cette grotte. Le vin était d'un usage fréquent dans les sacrifices, et il est certain que souvent il ne s'y en répandait guères moins que de sang. Aussi elle ne fut pas sitôt ouverte que l'odeur s'en exhala de tout côté, ce qui ne fournit pas une matière d'un médiocre étonnement. Des os, des cendres, et des charbons achevèrent la preuve de ce que cette grotte avait été autrefois. Des pièces de marbre, et deux colonnes d'une grosseur presque sans exemple furent tirées du milieu des murailles renversées, et ces colonnes que le peuple qui ne sait pas combien le jaspe est un ouvrage et rare et difficile à la nature, fit passer pour en être, furent admirées par la beauté de leur couleur, de même que par leur grosseur excessive. Plus bas on rencontra en divers endroits un pavé de marqueterie qui occupait le reste du temple, et afin qu'il ne demeurât rien à la postérité, on eut un soin fort exact de lever tout ce qui en parut, et on a eu après autant de négligence qu'il en fallait pour le dissiper. Une tête de pierre de quelque déesse y fut aussi trouvée, mais on n'a pas jugé qu'elle fût l'ouvrage d'une savante main, ni d'un siècle où la statuaire ait flouri. Ces deux inscriptions méritent peut-être plus d'estime; l'une est Latine, et l'autre Grecque.

1.

**PRO SALVTE AVGVSTORVM·.·.·.·.·.·.·.
ET REDITV ET STATV CIVITATIS VI.·.·.·.·.·.**

2.

IOVAHANOC
ΙΑΤΡΩΝ

Ce sont deux pierres arrachées du milieu de ces masures. Celle où est la première n'est pas du genre des plus solides; aussi le temps et l'humidité de la terre l'avait étrangement offensée. Du côté où cette inscription commence, est en relief une aigle qui tient un globe dans sa main, et je ne doute pas qu'il n'y en eut autant de l'autre où elle finit, mais elle n'est plus entière. Elle est un témoignage d'un vœu rendu pour le salut, et pour le retour des empereurs, et pour l'heureux état de la cité de Vienne. Ces empereurs sont assurément Valentinien et Gratien, et nous nous en éclaircirons ailleurs avec plus de recherche, et par conséquent, avec plus de lumière. Non seulement les corps des communautés, mais aussi les particuliers tâchaient de rendre manifestes par ces témoignages publics leur zèle et leur passion envers leurs princes, pour leur retour, pour leur santé, ou pour leur victoire. La colonie de

Pouzzol, qui est le *Puteoli* des anciens géographes, imita celle de Vienne, ou fut imitée par elle. Il nous reste encore l'inscription d'un vœu qu'elle rendit comme celle de Vienne, *pro salute et victoria Augustorum*. C. Jul. Posthumus, pour le salut de l'empereur Claude, et Latinus Félix, pour le même empereur, et encore pour Néron son successeur, en firent autant. Posthumus donna de l'éclat à sa dévotion par celui d'une statue d'or pur, et celui-ci par une d'argent, auxquelles les pierres qui nous en parlent encore servirent de base. Laberius Ruffius et Quintus Claudius Jason, pratiquèrent la même chose, et après eux Avianus. Le premier pour le bonheur du retour de Tite Vespasien, le second pour le salut, et pour la gloire de l'empereur Marc Aurèle Antonin, et le dernier pour le salut et pour les victoires de Constantin sous lequel il vivait.

Pour l'inscription grecque, elle est gravée dans une table de marbre qui n'est non plus entière. Quand les médecins les plus fameux avaient réussi heureusement en quelque importante cure, ils en rendaient grâces au dieux de la faveur desquels ils croyaient avoir été secondés. Gruterus en a les preuves dans son recueil. Julien, médecin de cette ville, suivit cette coutume; il consacra dans ce temple ce monument de sa reconnaissance, et sans doute il avait quelque dignité particulière dans le collége des médecins. Mais cette inscription ne dit plus quel a été son rang, comme elle l'a dit autrefois, car il manque au mot de ίατρῶν celui qui l'accompagnait pour nous donner cet éclaircissement. Enfin la ruine de ce temple ayant précédé de peu d'années celle de l'empire romain, des murailles d'une si belle et si merveilleuse structure en demeurèrent debout, qu'un chemin qui est derrière vers le midi en reçut le nom qu'il a de Beaumur, et qu'il avait déjà il y a plus de huit cents ans. Il est appelé *via publica quæ dicitur ad muro bello* dans un acte du règne de Conrad. Nous nous en servirons encore ailleurs plus utilement. Rentrons dans Vienne par la même porte de Fuissin que nous avons laissée derrière nous pour visiter ces lieux, où l'occasion plutôt que l'ordre que nous nous sommes proposé nous a portés.

CHAPITRE VIII.

Tête d'un ancien colosse de Jupiter. Bobe, origine de ce nom. Inscription romaine.

La première porte des cloîtres qui enferme l'église de Saint-Maurice, n'est pas éloignée de celle du pont du Rhône qui regarde presque en droite ligne celle de Pipet, mais la seconde est digne qu'on ne passe point devant elle sans la regarder. Celle-là est remarquable par l'os d'un poisson monstrueux, que nous avons décrit, et celle-ci l'est par une tête de marbre qui y est exposée. Elle est d'une grosseur démesurée; et il ne faut pas la considérer long-temps pour apprendre qu'elle est la tête d'un colosse de

Jupiter. On le représentait toujours orné de beaucoup de cheveux et de barbe, car l'un et l'autre est un ornement et une marque de dignité parmi les hommes. Delà Vénus dans Homère manie la barbe à Jupiter pour le flatter, et pour obtenir de lui une faveur qu'elle lui demande. Caresse assez étrange pour ce père des dieux et des hommes, qui faisait trembler l'univers par le moindre mouvement de ses sourcils, comme parlent les poètes. Il semble qu'une de ses lèvres est un peu plus avancée que l'autre ; le peuple prend cet effet de la cruauté du temps, qui s'en est fait un jouet pour une moue, et pour une grimace moqueuse ; delà il a donné le titre ridicule de la Bobe à cette porte. Ce mot est tiré du langage du plus bas peuple, et vient du Grec λώβη qui signifie une moquerie, une injure et un opprobre (1). Cette inscription donne encore de l'hon-

---

(1) Dans le langage vulgaire *faire la bobe* signifie *faire la moue*. La tête qui décorait cette porte aujourd'hui démolie, est placée au Musée; elle appartenait, au dire de M. Vietty, à une statue colossale de près de vingt-cinq pieds; il croit que c'était celle d'Hercule, cependant il me semble que cette tête, d'un aspect grave et majestueux, convient mieux à Jupiter. L'on remarque avec surprise que l'ouvrage n'a pas été fini, et qu'une main moins habile ait voulu entreprendre de ciseler la barbe et les cheveux. Il paraît que le culte de ce souverain des dieux était en grande faveur à Vienne. On a trouvé diverses inscriptions qui le concernent; on voit entre autres celle-ci au musée :

IOVI

neur à cette même porte où elle paraît à la main gauche, dans une pierre qui y est mise en œuvre, a été enlevée.

> L. PORCIO T. FIL. VO.
> LATINO
> EQVO PVBLIC
> ORNATO
> PRAEF. FABRVM T
> II VIR. AER. III. VIR
> LOC. PVBL. PERSEQ.
> PORCIA T. F. TVTEL.

L. Porcius Latinus fils de Titus fut un homme de mérite, s'il faut juger de lui par le nombre et la diversité de ses emplois. Il fut fait chevalier Romain, ce que marquent ces paroles *equo publico ornato*, et si je ne me trompe, il reçut cet honneur du choix que fit de sa personne l'empereur Caligula.

> FVLGVRI
> FVLMINI
>
> I O. M.
> EX VOT
> I CREPRES
> MARNVS.

La première est un vœu à Jupiter foudroyant et fulminant, la seconde à Jupiter très-grand. On voit encore au Musée une tête de Jupiter d'un assez bon style.

Ce prince ayant reconnu que l'ordre des chevaliers était fort diminué dans Rome, y appela les principaux de toutes les provinces de son empire comme Auguste avait appelé à celui des sénateurs les principaux des cheveliers. Il fut depuis créé l'intendant des ouvriers et des bâtimens publics sous le nom de *præfectus Fabrûm*, et de $\overline{III}$ *vir loc. publicorum persequendorum*, et à ces charges des plus relevées, il ajouta encore celle d'intendant des finances, ou de trésorier général, sous celui de $\overline{III}$ *vir ararii*. Nous parlerons ailleurs de ces charges plus particulièrement de même que plus à propos (1).

CHAPITRE IX.

Maison de la charité. Sa fondatrice. Autel de St-Antoine. Genre de preuve par le serment sur les reliques des saints. Hôpital de St-Paul. Son église. Réparation de St-Thomas de Cantorbéry. Portail de cet Hôtel-Dieu. Son institution et ses révolutions. Cuprasia, territoire. Anciens recteurs de cet hôpital. Ses bienfaiteurs.

Une partie du palais archiépiscopal dont nous avons fait une assez exacte description, la maison de la Charité, l'hôpital de Saint-Paul, et le palais des Canaux sont contigus, et occupent vers le Levant

---

(1) Cette inscription est aussi rapportée dans Siméoni, *Observations antiques*, pag. 8.

un espace d'assez d'étendue qui ne l'a été autrefois que par le palais des rois de Bourgogne, par leurs bains, et par leurs jardins.

Marguerite de la Baume de Suse, comtesse de Désimieu, a laissé dans cette ville un monument de sa piété dans l'exercice qu'elle y a établi par son testament d'une charité continuelle (1). Elle a voulu que ses biens servissent après sa mort à conserver la vie aux misérables, à l'entretien desquels elle les a dévoués. Un appartement de l'hôpital de saint Paul en a été retranché, pour obéir aux saints désirs de cette héroïne, et c'est ce que l'on appelle maintenant la Charité, parce qu'elle a voulu que cette aumône qu'elle a instituée soit réglée comme celle de Lyon, qui est distinguée du grand hôpital, et a le nom particulier de Notre-Dame de la Charité.

---

(1) Il est du 6 novembre 1644, ouvert et publié le 19 septembre 1645. La Charité est maintenant établie dans de forts beaux bâtimens derrière le théâtre, et elle est en possession d'une église. L'emplacement du théâtre sépare aujourd'hui la Charité de l'hôpital ; celui-ci est vaste, bien disposé, et contient environ quarante lits; les bâtimens, incendiés le 1er février 1758, ont été reconstruits bientôt après, excepté la façade nord qui n'a été achevée de bâtir qu'en 1816. L'on regrette que la façade du côté d'ouest ne soit point d'une architecture régulière comme le reste de l'édifice; ce défaut d'harmonie est choquant. Il serait à désirer que l'on démasquât la façade au nord, en abattant les maisons qui la séparent de la place neuve. Cette amélioration embellirait la ville et rendrait plus salubre la demeure de l'hôpital.

En la face extérieure d'une des murailles de l'église commune à l'hôpital et à la Charité, est une ancienne peinture qui regarde la cour qui se présente à l'entrée de la Charité (1); on y voit un crucifix, et comme l'usage auquel elle avait été destinée n'est plus permis, elle commence à s'effacer, comme s'il ne l'était non plus de la conserver. Entre les sortes de preuves que quelques siècles qui ont précédé le nôtre avaient autorisées, le serment est celle qui a été la plus vulgaire et de plus de durée. Celles qui se faisaient par le combat de l'accusé et de l'accusateur, par l'eau froide et par le fer chaud ont été condamnées par les papes et par les conciles; mais les conciles et les papes ont approuvé l'autre qu'ils ont appelée canonique. C'est donc par le serment que l'on se purgeait toutes les fois que l'on était soupçonné de quelques crimes, dont on ne pouvait être facilement convaincu par les hommes. Parce que les hommes n'avaient pas des témoins pour convaincre, il fallait par une pratique peu conforme à l'équité du droit, que pour paraître parfaitement innocent, on prît Dieu à témoin que l'on n'était pas coupable. Les personnes de la plus haute condition étaient contraintes de se purger de cette manière; les prélats même n'en étaient pas dispensés. Ils étaient souvent réduits à cette nécessité de trouver des personnes dignes de foi, qui jurassent comme eux, mais leurs sermens étaient différens.

---

(1) Cette peinture ne subsiste plus.

Celui des uns était qu'ils n'avaient point commis la chose dont ils étaient accusés, et celui de leurs pleige qui avaient le nom de compurgateurs, qu'ils croyaient que les premiers avaient dit la vérité, et les uns et les autres le prêtaient sur les saints évangiles. Un archevêque de Trente se purgea ainsi par le commandement du pape Innocent III, de la simonie dont un bruit commun l'accusait. Trois prélats et quatre abbés jurèrent avec lui. Un doyen de l'église de Sens se justifia par son propre serment, et par celui de quatorze prêtres, ce nombre, quoique extraordinaire lui ayant été ordonné, à cause de la grandeur, et de l'énormité des crimes dont on publiait qu'il était coupable. Régulièrement il n'en fallait que douze pour la justification entière du pape, que quatre pour celle d'un prêtre, et que trois pour celle d'un diacre. Le pape Alexandre III, à qui le clergé et l'église doivent leur plus parfaite indépendance, donna aux prélats l'autorité de contraindre à se purger par ce serment ceux de leurs diocésains que leur mauvaise réputation diffamait, encore qu'il ne se présentât contr'eux ni témoin ni accusateur. Dès lors chaque ville eut un lieu destiné à l'exercice de cette nouvelle juridiction, et ce fut en celui-ci, que les archevêques de Vienne voulurent que ces sermens fussent exigés et prêtés solemnellement. Un autel était placé pour cet effet, au dessus de cette peinture, et l'on y jurait non-seulement sur les sacrés évangiles, mais encore sur des reliques de saint Antoine. On invoquait contre soi par des imprécations alors permises, la vengeance de ce saint, si l'on taisait la vérité par son parjure, et souvent cette vengeance suivait de près celui qui s'était parjuré. En effet, saint Antoine est le patron de cette église consacrée à son honneur. On a cru que cette maladie que les Latins nomment sacrée, c'est-à-dire horrible et exécrable, et les Grecs sidération, sphacèle est étiomène, était la peine qui suivait ordinairement ce parjure, et quelques exemples que l'on en raconte l'ont persuadé au peuple. De manière qu'encore présentement la plus forte de ses imprécations, pour gagner la créance qu'on lui refuse, et que le feu de Saint-Antoine le brûle et le consomme. Elle est ce qui nous reste de cette ancienne coutume qui a commencé à mourir à la renaissance des bonnes lettres, et qui est enfin morte entièrement dès lors qu'elles ont eu repris la vie, et l'autorité qu'elles avaient perdue. L'archevêque de Rouen, saint Audœn, dit que c'était la coutume des Français de vider ainsi leurs différens entr'eux, et raconte qu'un certain usurpateur d'un fonds de l'abbaye de Chaumont, ayant osé jurer à faux sur les reliques de saint Éloy, qu'il le possédait à juste titre, mourut sur le champ, et en présence d'un grand nombre de personnes assemblées pour cette affaire. Il ajoute à une mort si étrange celle d'une femme qui ayant commis un adultère, crut s'en purger en jurant sur le lit de ce même saint qu'elle était innocente. Jean le diacre nous apprend qu'avant le siècle d'Audœn, la même chose se pratiquait dans l'Italie, et nous a laissé dans la vie du pape saint Grégoire-le-Grand, la forme du serment que l'on faisait à Ravenne, en ces occasions, sur le corps de saint Apollinaire. Mais Grégoire de Tours, après avoir remarqué que la superstition du peuple de Châlons, et de celui d'Alby, assemblait souvent pour le même sujet celui-là autour des reliques de saint Marcel, et celui-ci auprès de celles de saint Eugène, témoigne assez qu'il n'était pas dans le sentiment qu'il fallût attribuer à Dieu même, les merveilles qui suivaient quelques fois le zèle criminel qui portait inconsidérément les esprits faibles et crédules à tenter Dieu, en des matières le plus souvent fort légères. Ayant raconté que deux hommes qui plaidaient ensemble avaient résolu de terminer leur procès par leur serment sur les reliques de saint Marcel, et que celui qui avait juré faussement était d'abord demeuré roide et immobile comme du cuivre. il dit que l'on pria pour lui, et que *oratio facta pro eo obtinuit absolvi diaboli arte vinctum*.

Cette église est presque au milieu des appartemens de cet ancien hôpital (1). Elle est voûtée et d'une structure plus capable de résister au temps que de mériter de l'admiration, car sa longueur et sa hauteur n'ont point de rapport avec sa largeur qui leur cède extrêmement. La salle qui lui est contigüe du côté du Nord est fort spacieuse, aussi c'est où se font les assemblées ordinaires des directeurs de cet hôpital. L'escalier par où on y monte, est un

---

(1) A été reconstruite entièrement il y a peu d'années.

des plus beaux que l'on puisse voir ; il est si large et si spacieux, qu'encore qu'il soit bâti en vis, il n'en a pas néanmoins les incommodités. Charles de Marillac, prélat d'un sublime mérite, nous a laissé en cet ouvrage qui fut fait à ses dépens et par ses ordres, une preuve et un monument de sa piété. En même temps fut aussi bâti le grand corps de logis qui regarde l'Orient, et qui a succédé avec plus de bonheur et d'avantage pour les pauvres, à une grande salle qui seule composait autrefois cet hôpital. Elle était partagée par un retranchement d'une muraille un peu élevée, comme l'est encore aujourd'hui celui du pont du Rhône, que nous avons décrit, et le commerce des hommes et des femmes était ainsi évité. Le portail qui joint l'entrée de la maison consulaire l'a été de cet ancien hôpital, dont il est l'unique reste. Saint Thomas, archevêque de Cantorbéry, le fit faire durant son séjour en cette ville, où il passa allant trouver le pape pour se plaindre à lui, des persécutions que le roi d'Angleterre avait faites à son église. Sa structure n'est pas indigne de son auteur : Jésus-Christ, la Sacrée Vierge, saint Paul le patron, comme parlaient les Latins, et le protecteur de ce lieu, comme nous parlons aujourd'hui, y sont représentés. Mais ces sacrées statues quoique composées d'une pierre fort solide, ont trouvé des esprits plus durs et plus insensibles, qui les ont traitées avec si peu de respect, qu'elles paraissent maintenant sans main et sans tête. C'est une marque de l'inhumanité de ceux que le prétexte de la religion arma l'an 1563.

On y lisait auparavant ces trois inscriptions en vieux caractères gothiques, car le siècle de saint Thomas n'en connaissait point d'autres, et maintenant on n'y en voit qu'une partie seulement. Dans les mains de Jésus-Christ.

VENITE PATER ENIM SVM MISERICORDIE

Dans celle de sa très-sacrée Mère.

MARIA MATER MISERICORDIE

Et dans celle de saint Paul.

HOSPITALITATEM DILIGITE

Les bordures de ce portail étaient dorées pour lui donner plus d'éclat, et pour en donner en même temps à la libéralité de ce saint bienfaiteur, et quoi que cinq cents ans aient fait pour les ternir, et pour en effacer la beauté, il lui en reste néanmoins des traits qui la témoignent avantageusement.

Cet hôpital fut consacré sous le nom de Saint-Paul qui lui fut donné pour son protecteur, et ce qui en fut la cause, c'est que l'on croit que ce grand apôtre a autrefois honoré ce même endroit de son séjour, lorsqu'il passa en cette ville par aller en Espagne. Ce voyage n'est pas avoué de tous les savans; mais une ancienne tradition l'ayant fait passer dans ce pays pour très-véritable, il a été le motif qu'eurent ceux qui construisirent ici premièment un hôpital, et qui le mirent sous la protection de St-Paul.

Je ne saurais marquer précisément le temps de son institution; et ce que j'en puis dire est qu'elle est fort ancienne, puisque Héradus, contemporain de l'archevêque Saint-Léger, qui mourut environ l'an 1040, en fut l'instituteur. Sa vertu, qui lui avait acquis une haute réputation, lui inspira ce dessein, et le fit d'abord approuver à ce saint prélat, et même à l'abbé Guitger son supérieur, car il était du nombre des religieux de l'abbaye de St-Pierre. Ce monastère était en différent avec celui de St-André, pour la dîme d'un territoire nommé dans les vieux titres *Kaprasia* et *Caprasia*, et depuis environ trois cents ans *Chavrisia*. Elle avait autrefois appartenu à la paroisse de Saint-Marcel, mais comme l'église en fut ruinée, celle de Saint-Martin de Gemens en avait usurpé la moitié. Elle n'y avait aucun droit. Les abbés de ces deux monastères n'eurent donc pas beaucoup de difficulté à obtenir de ce prélat, à qui ils s'adressèrent, qu'à l'avenir cette dîme fût partagée entre eux; mais parce que la part dont l'église de Gemens avait joui, quoique ce ne fût que par usurpation, faisait naître de l'obstacle à cet accommodement, et que ni l'un ni l'autre ne voulait relâcher de ses prétentions, Héradus obtint d'eux qu'une partie de ce qui formait la matière de leur contestation fût donnée aux pauvres. Donc la dîme de la dîme entière leur fut adjugée avec le labeur de deux bœufs, et tous les bâtimens que le monastère de Saint-Pierre y possédait ; donation que l'abbé Guillaume ne confirma pas seulement, mais augmenta aussi l'an 1152, du consentement de tous ses religieux. Ce territoire est contigü à celui de Malisole, et a d'un côté pour limite un ruisseau qui a le nom de *Secusia* dans les anciennes chartes, et de *Seuze* dans le langage vulgaire. Il y fut bâti par les soins d'Héradus une église qui eut pour titre celui de Sainte-Miséricorde, mais elle n'est plus debout. Cet hôpital ne laisse pas de jouir encore aujourd'hui de l'effet de ses libéralités, en ce qu'ayant abénévisé la plupart de ces fonds, il s'en est conservé le domaine direct, et a de l'utile ce que les servis et les pensions en conservent au seigneur primitif qui les a imposés. Ce saint établissement commença sous le nom de l'Aumône générale, et après celui de l'hôpital de Saint-Paul lui fut donné. Je ne doute pas que Héradus n'en fût le premier recteur, mais nous n'en avons point de preuve évidente. Gislabert le fut, et peut-être après Héradus, sous le nom de gardien. Il est fait mention de lui dans un acte par lequel Richard, archidiacre de l'Eglise de Vienne, reconnaît quelques redevances en faveur de l'aumône de la même ville, sur des terres qu'il possédait sur le Mont-Arnauld, *in monte qui vocatur Mons Arnaldi*. Ce prélat approuva ce que Richard avait fait, comme le firent aussi Artaud Prévost et Otmar doyen de St-Maurice. Le même archevêque permit à un médecin d'imposer sur une maison qu'il lui avait remise pour y habiter, à cause qu'il l'avait augmentée par de grandes réparations, un servis perpétuel en faveur de l'aumône des pauvres, *quæ Græce dicitur Synodochium,* dit l'acte signé par ce prélat, par Artaud Prévost, par Guigue, doyen de St-Maurice, et par quelques autres au nombre desquels est Adalard, qui n y a d'autre qualité que de philosophe ; mais les plus grands seigneurs du Viennois témoignèrent, sous le pontificat de l'archevêque Gui, un merveilleux zèle à faire du bien à cet hôpital. Les principaux furent Albuin, Berilon et Aimoin frères, Ismidon, Guillaume, fils d'Hector, seigneur si puissant qu'il avait fait la guerre à l'archevêque Léger durant long-temps, avec un événement douteux ; Silvius de Saint-Marcel, Milon, seigneur de Saint-Symphorien, et Girin son frère ; Gui, surnommé Blain ; Gui et Guillaume de Milieu, Hugues de Tournin son cousin, Drodon de Beauvoir, et Vualbert, seigneur de Vitrieu, qui a le nom de *Vitroscus* dans l'acte : celui-ci accompagna sa libéralité de cette condition, que les pauvres de cet hôpital seraient obligés de porter au tombeau ceux de sa famille qui mourraient à l'avenir. L'archevêque Etienne lui donna et joignit l'an 1142, l'église paroissiale de Mairies, c'est aujourd'hui Mérieu, consacrée sous le nom de Notre-Dame, pour jouir de tous les droits qui en dépendaient, de la dîme, des oblations et des sépultures. Il fit ce don, comme parle l'acte qui en est conservé dans un ancien chartulaire, entre les mains de Rostaing, procureur de cet hôpital. Nous en apprenons qu'il n'a pas changé de lieu, et qu'il était contigu au palais

des archevêques, comme il est encore aujourd'hui;
et en second lieu, que les pauvres, les aveugles,
les boiteux, et les personnes incommodées de l'un
et de l'autre sexe y étaient entretenues. Guillaume,
abbé de St-Pierre, imita cet archevêque quelques
années après; car il donna à ce même hôpital,
l'an 1152, par le conseil et du consentement de
tout son monastère, tout ce qu'il possédait encore
dans le même territoire, nommé alors *Caprasia*,
dont nous venons de parler, en quoi qu'il pût consister. Il a été autrefois sous le gouvernement d'un
seul directeur laïque, qui n'avait d'autre titre que
de gardien, de recteur, de procureur de l'Aumône
de Vienne, et même d'aumônier. Les noms de
quelques-uns, qui ont vécu sous les archevêques
Léger, Guy, Etienne, et quelque temps après,
sont venus jusqu'à nous, et particulièrement de
Gislabert, de Bencio, de Bellinus, de Rostaing et
de Gautier. Ce qui prouve qu'ils étaient laïques,
est que là où il est parlé d'eux, rien ne précède
leur nom propre, quoique dans les mêmes titres
nul prêtre ne soit nommé qu'avec la qualité de
Dominus ou *Domnus*, qui est la même chose. Le
dom usurpé dans quelques ordres religieux, pour
une marque d'honneur, en tire son origine. Depuis
les ecclésiastiques furent appelés à cet emploi
comme plus conforme à leur profession. Le chapitre de Saint-Maurice en fut chargé, et dès-lors
il devint un membre dépendant de cette église,
comme l'étaient la plupart des autres hôpitaux.
Mais plusieurs considérations ayant comme forcé

les consuls et le corps de cette ville à désirer qu'il lui fût remis pour en avoir à l'avenir la direction et le gouvernement, il le fut après de longues contestations l'an 1534 ; Giles Maximi, chanoine et chantre de St-Maurice, en était alors le recteur ; il y consentit à la fin, et son consentement fut suivi de celui de l'archevêque Pierre Palmier, du doyen Aimar de Maugiron, et de tout le chapitre. Depuis ce temps-là il est demeuré sous la conduite des consuls, l'un desquels, sous le nom de maire, en est le principal directeur, et a le second rang entre eux par le mérite et par la dignité d'un emploi si chrétien.

CHAPITRE X.

Maison de ville (1). Palais des rois de Bourgogne, nommé des Canaux. Aqueducs par lesquels Clovis surprend Vienne. Inscription. Tour d'Orange. Arc de triomphe. Porte Gratienne et triomphale. Fragment des statues. Etat présent de ce palais. Statue de relief. Inscriptions romaines. Tuf formé des eaux de la première. Casque d'airain. Muraille et reste de l'ancien palais.

LA maison publique est une partie de l'un des palais des derniers rois de Bourgogne. La preuve

---

(1) La ville ayant acheté, en l'année 1771, l'hôtel de M. de Portes d'Amblérieu, rue Marchande, elle en a fait

s'en tire des patentes de l'empereur Frédéric 1er, de l'an 1153, par lesquelles il commet la garde de la ville de Vienne, du palais des Canaux, et du château de Pipet à l'archevêque Hugues, aux doyens et aux chanoines de Saint-Maurice et à leurs successeurs. C'est le titre fondamendatal de tout le droit qu'ils ont depuis prétendu et exercé sur le temporel de cette ville. L'an 1338, ce chapitre qui était mal avec l'archevêque Bertrand de la Chappelle qu'il accusait d'avoir trop d'intelligence avec le roi Philippe de Valois, appela à sa défense le dauphin Humbert, et pour l'y obliger lui céda le même droit dont cet empereur l'avait favorisé. Cette maison fut comprise dans la cession faite à ce prince, ses cédans reconnaissant bien qu'ils n'en étaient que les dépositaires et non les maîtres qui en eussent l'absolue

---

son hôtel commun. Le couvent des Augustins, qui séparait cet édifice de la place Neuve, fut abattu vers l'année 1802; dès lors la maison de ville a eu une entrée du côté de la place. Une vaste cour entourée de portiques la précède. Par cette disposition, le quartier est devenu extrêmement agréable, et le marché éprouve moins de gêne qu'auparavant. Les pompes à incendie y sont déposées. Leur établissement date pour Vienne de l'année 1556. L'ancien hôtel-de-ville fut délaissé, on en céda la jouissance à M. Schneyder pour un certain nombre d'années, sous la condition d'y fonder une salle de spectacle; elle a été ouverte au public en 1782.

propriété ; il fut exprès réservé entr'eux, qu'où l'empereur voudrait la recouvrer et mettre fin à cette garde commise par ses prédécesseurs, le Dauphin serait obligé de la lui rendre, et demeurerait en même temps affranchi de quelques charges qui lui avaient été imposées. Elle a le nom du palais des Canaux à cause des aqueducs et des voûtes souterraines sur lesquelles elle est comme suspendue. Il en aboutit ici de tous côtés, et l'on croit que par quelques-unes qui nous sont maintenant inconnues, d'ici on pouvait avoir une secrète et facile communication avec ceux qui étaient dans Pipet. C'est ce qui appuie ce que nous avons remarqué sur l'origine du nom de Romestang, car par ces canaux l'eau y était portée en abondance pour les divertissemens et pour les naumachies. Mais ce qui a encore rendu ce nom plus propre à ce lieu, et si célèbre que tant de siècles ne l'ont ni effacé ni corrompu, est une des plus grandes révolutions que Vienne ait endurées. Par ici entrèrent les troupes de Clovis qui la tenait assiégée. Quelques-uns de ces aqueducs, qui avaient leur issue hors de la ville, leur furent un chemin par lequel elles y pénétrèrent sans être découvertes ; elles gagnèrent ainsi la victoire, que peut-être des années entières ne leur auraient pas donnée.

Cet ancien palais que l'on croit être l'ouvrage du roi Conrad, a encore quelques témoignages de sa première beauté dans celle de ses murailles; mais avant que nous l'abordions de plus près, arrêtons-nous un moment à lire ces vers qui se présentent à son entrée gravés sur du marbre (1) :

VRBS ANTIQVA POTENS ARMIS CLARISSIMA GENTIS
ALLOBROGVM ASCATADIS TEMPORE STRVCTA FVIT
A DECIMO SEXTO QVI CELTAS REXIT AD AMNEM
CONDIDIT HANC RHODANVM FERTILIORE SOLO
ET QVIA FRONDOSA TENTORIA FIXIT IN VLMO
POSTERITAS VLMI SIGNA DECORA TVLIT.
PVNICA NAVE FVGIT CVM TECTA VENERIVS VRBEM
HANC TANDEM VOLVIT NOMEN HABERE SVVM
ÆDIBUS INSIGNIS PEREGRINO MARMORE TEMPLVM
EREXIT CENTVM LVDIFICATA DIIS
AVCTA FVIT DVCIBUS ROMANIS CÆSARE VIVO
ARCIBVS ERECTIS NOMINE QVINQVE SVO

---

(1) Le marbre sur lequel sont gravés les vers suivans, a été transporté au nouvel hôtel-de-ville, et placé au-dessus du premier repos du grand escalier.

PAVLVS ET HANC DOCVIT CHRISTVM
 CRESCENTE RELICTO
SANGVINE SACRAVIT MVNERE ZACHA-
 RIAS
NAM MANTILE FVIT QVO MENSA ORNA-
 TA SACRATO
CVM FIDEI XPS MAXIMA SACRA DEDIT
SANCTA VIENNA TENET SACRIS DECORA-
 TA TRIVMPHIS
SANCTORVM QVORUM SANGVINE TOTA
 MADET
HVIVS ET VRBIS HONOS THEBEE DVX
 LEGIONIS
MAVRICIVS SACRO VERTICE ADAVGET
 OPES.

Ils furent composés l'an 1518, par Lavinius, religieux de l'ordre des frères prêcheurs, et jugés alors assez bons pour mériter l'honneur qu'ils ont reçu, qui surpasse celui qu'ils pouvaient procurer à cette ville à la louange de laquelle ils ont été faits. Ce qu'il dit d'Ascalade, d'Allobrox et de Venerius est fabuleux ; mais passons outre.

Une tour carrée, d'une hauteur digne de merveille, se présente sur la main gauche à l'entrée de ce palais. Elle est appelée la *Tour d'Orange*, parce que Louis de Châlons, prince d'Orange, qui était dans les intérêts des Anglais et des Bourguignons contre le roi Charles VII, ayant été fait prisonnier (1) y fut envoyé et gardé assez long-temps. Les derniers rois de Bourgogne la firent bâtir sur ce qui restait alors d'un ancien arc de triomphe érigé sous les Romains. La porte de la ville appelée, à cause de lui, triomphale, était auprès, et comme on en voit au milieu même de la ville de Rome, celui-ci fut dressé en ce lieu. Il était ouvert de tous côtés, et soutenu en dehors par des jambages travaillés à la ionique, et en dedans par des colonnes de même façon. Il en reste encore trois accompagnées de leurs chapiteaux, de leurs frises, de leurs architraves, et de leurs corniches de même ordre. Et il est vrai, quoiqu'il en reste si peu, que ce peu suffit pour faire concevoir quelle a été la beauté et la magnificence de cet ouvrage. Il est assez visible que cet arc était couvert de plaques de marbre ou d'airain, dont la brutalité des barbares ou l'ignorance superstitieuse des premiers chrétiens l'ont dépouillé. Il n'était pas sans inscriptions, mais elles sont péries avec le reste; et la même violence qui lui a ôté ses ornemens, nous a ôté en même temps des connaissances qu'on ne pourra jamais recouvrer.

Au-dessus de la porte voisine de cette tour, qui donne l'entrée dans cette royale maison, paraissent deux fragmens de statues qui ont été employées avec plus d'art autrefois à quelque bâti-

---

(1) Au moment où il allait joindre le connétable de Bourbon en Provence en 1524.

ment illustre, qu'elles ne le sont en celui-ci. La muraille qui l'enferme de ce côté, du couchant au levant, et du levant au midi, forme un demi-ovale, venant se rejoindre à celle de la ville vers le midi. Elle est d'une épaisseur qui la rendait capable de résister à toute violence quand elle fut bâtie; et elle l'est avec un ordre et une symétrie si peu différente de celle que les Romains observaient dans leurs plus célèbres ouvrages, qu'elle ne méritait pas l'injure qu'on lui a faite. On a permis à qui l'a voulu de bâtir aux environs, et même d'y attacher de nouveaux édifices. Ses fossés ont été ainsi comblés, ses jardins occupés; et cet espace libre et ouvert de tout côté, qui ajoutait infiniment à la grâce de ce palais, et était une marque de sa dignité, a été rempli de diverses maisons. Enfin il ne paraît plus, quoiqu'il le puisse encore avec honneur. On souffrit premièrement, par l'appât de quelque profit apparent, que l'on fît de petites maisons autour; et toutefois on eut alors assez de retenue pour ne permettre point qu'on leur donnât plus de quinze pieds de hauteur vers le septentrion, et de dix vers le midi, c'est-à-dire du côté qu'elles regardaient ce palais : de manière qu'étant beaucoup plus élevé, il ne laissait pas de paraître et de dominer dessus avantageusement. Depuis on consentit, l'an 1542, que ceux qui étaient les propriétaires de ces maisons les rehaussassent jusqu'à vingt-quatre pieds du côté du nord, et à dix-huit de celui du midi. On leur abandonna même le jardin et les fossés ; et peu après on en est venu à ce point, que ce palais n'a pas reçu moins d'outrage que s'il en eût mérité, au lieu de la vénération qui lui était due. Néanmoins ses murailles ont été conservées, et huit cents ans ne leur ont pas apporté du changement, comme ils ont fait à ce qu'elles environnaient. Ces bâtimens, dignes de loger les rois, n'ont pu résister au temps, et ceux qui leur ont succédé, et que nous y voyons aujourd'hui, n'ont rien qui leur puisse être comparé. Du moins sont-ils encore considérables par une salle où est une entrée secrète à plusieurs grottes fort profondes. Elle est fort spacieuse, et cède à peu d'autres en beauté. Avant qu'elle eût été réparée en l'état où elle est présentement, on voyait à son entrée une pierre taillée en bas relief, qui est maintenant négligée. Ce qui y est représenté, est un homme assis sous un arbre, les bras nus, la tête couverte d'un bonnet et les mains jointes, qui regarde le ciel ; un certain animal est devant lui qui semble lui donner de la peur par sa figure étrange, et être la cause de ce qu'il lève les yeux et les mains au ciel. Une pareille image, qui était attachée à une des maisons du cloître de Saint-Maurice, plut si fort à François Ier, à ce père des lettres que sa faveur a rappelées en France, qu'elle fut portée par son ordre à Fontainebleau l'an 1536. Si ce n'est le prophète Jonas que le sculpteur a eu la pensée de représenter, j'avoue que je ne puis conjecturer qui ce peut être.

Ces deux inscriptions, dont la première fut trouvée dans quelques masures, et l'autre dans le

Rhône même, d'où elle fut tirée l'an 1542, étaient avec cette figure dans ce lieu, et il n'y a pas cinquante ans que le célestin Dubois y en vit la première; mais ni l'une ni l'autre n'y paraissent plus aujourd'hui.

1.

D.   M.
GRAECIO DEF.
ANNOR. XXII
DONNIA MO
DESTA
ALVMNO

Donnia est un nom gaulois et non romain, et Donnius fut un roi des Alpes, duquel Vestalis, pour qui Ovide a fait une élégie, tirait son origine. Mais Græcius en est un barbare, celui de Græcinus ayant été seul en usage parmi les Romains. Quoi qu'il en soit Donnia, nourrice ou bienfaitrice de Græcius, eut le soin de son tombeau après qu'il fut mort, comme elle en avait eu de sa personne pendant qu'il vécut.

2.

DECIDIVS
GRATVS
VIVOS
SIBI

Ce Décidius Gratus, qui se dressa et se prépara lui-même son tombeau, était de la race des Décidies, famille considérable dans Vienne, et divisée en trois branches, comme nous l'avons remarqué.

Vers la muraille de la ville, la nature a formé du tuf; et cet ouvrage, si extraordinaire en un lieu comme celui-ci, est digne d'admiration. Il y composait comme un tertre élevé, qui, étant percé en bas par un conduit assez large, a fait croire qu'il y passait de l'eau, qui a été la cause de cet effet si peu commun. Depuis on a arraché tout ce qui s'opposait au dessein que l'on eut, il y a quelques années, d'y faire une cave plus commode qu'elle n'y était auparavant. Mais, comme on y travaillait alors, on fut surpris d'y rencontrer au plus haut un casque à la romaine engagé dans le tuf qui le couvrait de tout côté. La place qu'il remplissait est maintenant vide, et on l'a conservée pour en garder la mémoire. Ce casque est d'airain, et enrichi d'une dorure que le temps n'a presque point ternie. Il n'est sorti des archives publiques que depuis quelques années seulement, et on aurait à souhaiter qu'il y rentrât, et qu'il y fût gardé plus fidèlement à l'avenir. Plusieurs endroits d'Homère nous apprennent que les premières armes offensives et défensives ont été faites d'airain et non de fer. Il n'en donne point d'autres à ses héros que de ce métal; et Isidore, qui sans doute y a fait réflexion, remarque à cause de cela que l'usage de l'airain est plus ancien dans les emplois de la guerre, que celui du fer qui y était presque inconnu dans ces commencemens.

Une partie de la muraille qui ferme la ville, et le palais de ce côté, est bâtie de fort grandes pierres rangées et disposées avec tant d'art, qu'il est aisé de juger de la magnificence et de la beauté des édifices auxquels elle a servi autrefois. Mais il nous faut sortir de ce palais où rien ne peut nous arrêter davantage, pour visiter la halle, la place voisine et les rues qui lui sont opposées vers le nord (1).

---

(1) Ce mur, construit à l'extrémité du penchant de la montagne, avec des ressauts sur le plan et sur l'élévation, est en gros quartiers bien assemblés, et couronné d'une grosse moulure servant de corniche. M. Perrache crut reconnaître dans cette disposition le reste d'un escalier couvert qui dérobait à la vue les prêtres païens lorsqu'ils montaient au temple de Jupiter. On est généralement persuadé que le prétendu arc de triomphe servait d'entrée aux thermes; il se prolongeait du côté du nord; les vestiges de l'architrave et la naissance d'une seconde arcade l'indiquent suffisamment. Ce qui reste de ce monument en démontre la richesse et la beauté. C'est l'ordre corinthien dans toute sa splendeur.

L'emplacement qu'occupe le théâtre et la cour au-devant, le local de l'hôpital et de l'archevêché, recélaient une si grande quantité de colonnes, de chapiteaux, de fragmens de sculpture appartenant à des portiques, qu'on ne peut se défendre d'adopter l'idée de M. Rey, qu'à des thermes étaient encore joints des bâtimens destinés aux jeux gymniques, et que tout cela se liait par des constructions en harmonie à des temples, au théâtre et à l'amphithéâtre.

A l'époque de la construction de l'hôpital, on découvrit

CHAPITRE XI.

Place publique, lieu destiné aux supplices. Reste d'inscription romaine. Mesures publiques. La halle, sa ruine et sa réparation. Droit de leyde. Place neuve. Rues jusqu'à l'Esperon. Rue de la Pérollerie. Maison des Chevriers. Ancienne Maison-de-Ville. Aqueduc. Rue de la Chévrerie, origine de ce nom. Divers lieux destinés à la vente des choses nécessaires.

La place, quoique aujourd'hui peu spacieuse, qui est entre le palais des canaux et la halle, est destinée depuis deux cents ans aux supplices des criminels qui ont mérité la mort ou une infamie

---

vingt-deux colonnes d'ordre corinthien d'environ sept mètres, dont une partie était en marbre de Paros. Elles étaient renversées sur un magnifique pavé de marbre, couvert de cendres et de charbons. L'on en a aussi trouvé plusieurs dans les déblais de l'archevêché, d'une grande proportion et du plus beau marbre; on peut en juger par les morceaux qui sont déposés au Musée.

Mais ce qui ne laisse aucun doute sur la magnificence des édifices qui décoraient cette partie de Vienne, ce sont les débris précieux que les fouilles de l'archevêché ont mis en évidence, et qui attestent le degré de perfection auquel les arts avaient atteint; je ferai connaître quelques-uns de ces fragmens aujourd'hui déposés au Musée, dans la description que je donnerai des objets qui constituent ce recueil précieux.

publique (1). Il fut arrêté, par le concordat fait entre le dauphin Louis, fils de Charles VII, et l'archevêque Jean de Poitiers, l'an 950, que le pilori demeurerait à l'avenir au lieu où il était planté alors, ou qu'il serait porté auprès de la halle, et c'est ce qui fut fait peu de temps après, et depuis la plupart des exécutions y ont été faites comme elles le sont encore présentement. En l'abordant du côté de ce palais, un autel à moitié rompu se présente ; il a été autrefois dressé sur une sépulture, et ces deux mots qui y restent en sont le témoignage.

FILIO
PIISSIMO

A quelque pas de là sont trois mesures de pierre un peu élevées de terre, à l'entrée d'une maison particulière assujétie à cette servitude. La plus grande est du bichet, la seconde de la bichette, et la moindre de la coupe. Le bichet est parmi nous la plus grande mesure du blé, qui ne pèse néanmoins qu'environ cinquante livres ; la bichette en est la moitié, et la coupe le quart : Βίχος était une mesure chez les Grecs, dont parlent Hesychius et saint Jérôme, et le nom de celle-ci en tire son

---

(1) La place du Pilori depuis long-temps ne servait plus à l'exécution des criminels ; la place Neuve lui avait été substituée.

origine. Le blé qu'on achetait sous la halle s'y mesurait autrefois par un homme qui en avait la charge. Il était appelé le Garde de la pierre, *custos petræ*, et son paiement était une certaine quantité du même blé qu'il avait mesuré. Aujourd'hui elles sont inutiles, et ne servent plus à rien (1). Ainsi on a donné insensiblement à la mauvaise foi toute la licence qu'elle pouvait désirer.

La halle qui leur est voisine est une des plus grandes commodités du commerce public. Notre langue a emprunté ce mot de celle des Grecs, aussi bien que beaucoup d'autres. Ils appellent une aire et une place αλώς, et Henri Estienne a déjà fait cette remarque. Elle fut brûlée, avec cinq maisons voisines qui appartenaient à l'archevêché, environ l'an 1338, par les troupes que le dauphin Humbert avait fait entrer dans Vienne contre l'archevêque Bertrand de la Chapelle. Depuis il fut condamné à la réparer par les bulles de Benoît XII et de Clément VI son successeur, de l'an 1340 et de l'an 1342. De sorte qu'elle fut rebâtie en la forme où elle est présentement (2). Le droit de leyde qui s'y

---

(1) Elles ne subsistent plus.
(2) L'on se propose d'en démolir une partie pour aligner la place, et l'on a remplacé ce marché du blé par une halle nouvelle, établie à l'entrée de Romestang, qui servira aussi pour la vente du vin. Cet édifice fait honneur à ceux qui en ont conçu le dessin. On admire surtout le choix des matériaux, la beauté de l'escalier, la lanterne qui l'éclaire et les voûtes des cares. On pourra y entreposer jusqu'à

exige pour les archevêques, fait croire qu'elle en est l'ouvrage; aussi sont-ils obligés de la conserver, et d'y faire toutes les réparations dont elle a besoin. Toutefois il est vrai que la dignité de comte de Vienne ayant été divisée en trois parties, dont chacune en garda le nom, il demeura attaché à celle dont l'une des branches de la maison de Vienne jouit jusqu'à Hugues de Pagny, duquel les archevêques de Vienne l'acquirent, et avec elle ce droit qui n'en avait point été séparé. L'archevêque Jean de Poitiers se le réserva et à ses successeurs, sans

---

quatre mille hectolitres de vin, et la vente des grains sera faite à couvert. On a gravé sur une pierre de choin polie, placée au bas de l'escalier de la cave, l'inscription suivante :

SOUS LE RÈGNE DE LOUIS-LE-DÉSIRÉ,
APRÈS LES VICTOIRES DU DUC D'ANGOULÊME EN ESPAGNE,
ET LA DÉLIVRANCE DE FERDINAND VII.

La première pierre de la nouvelle halle au blé a été posée par M. le baron d'Haussez, préfet de l'Isère, le 19 novembre 1823, en présence de M. Anglès, sous-préfet, et du chevalier Teyssières de Miremont, maire; du corps municipal et d'un nombreux concours d'habitans.

Sur une seconde pierre sont inscrits les noms des adjoints et membres du conseil municipal; au bas : Létocard, ingénieur des ponts et chaussées, directeur; Bonnevay et Geoffroy, entrepreneurs. Le nom de M. Létocard doit être signalé à la postérité. On lui doit des améliorations importantes à la route de Lyon, et divers embellissemens dans la ville, entre autres, les projets, dessins et devis d'un pont en chaînes de fer pour la traversée du Rhône.

le rendre commun au dauphin Louis comme il avait fait le reste de sa temporalité. L'article XXIX des statuts de cette ville, confirmés l'an 1416 par l'empereur Sigismond, et depuis par nos rois, veut que si quelqu'un fraude la leyde avec malice, quel que moyen qu'il ait concerté pour ne la point payer, il ne soit néanmoins sujet à d'autre peine qu'à la perte de sa marchandise, et qu'on n'en puisse encourir aucune, si l'on a commis cette faute par ignorance et sans dessein. L'étranger et l'habitant la doivent : celui-là, de tous les grains qu'il vend, et celui-ci seulement de ceux qu'il n'a pas recueillis dans ses fonds, ou qu'il a achetés pour les revendre. C'est ce qui fut jugé par arrêt du parlement de cette province, du 6 du mois de février de l'an 1597, et ce qui a été depuis observé fidèlement. Mais nous serons peut-être obligés de parler ailleurs de ce droit, et d'en donner plus d'éclaircissement.

De cette halle on passe à une place découverte qui est d'assez d'étendue ; elle a le nom de la place de la Treille, parce qu'avant que les maisons qui l'occupaient eussent été ruinées, il y avait un logis de ce nom ; et maintenant place Neuve, à cause qu'on la doit aux soins qu'eurent, le siècle passé, ceux de la religion réformée de se fortifier dans cette ville, après qu'ils l'eurent surprise sous la conduite du baron des Adrets. Ils firent des places d'armes en divers lieux, et celle-ci a été depuis jugée la plus nécessaire, de même qu'elle est la plus commode et la plus agréable. Le chapitre de Saint-Maurice, qui y prétendait le droit de directe seigneurie, s'en départit par une transaction du 23 du mois d'avril de l'an 1566, et consentit qu'elle demeurât à l'avenir exempte de toute redevance, franche et allodiale. En effet, il n'y a point eu depuis de controverse là-dessus (1).

Avant que nous continuions la description que nous avons commencée, de ce qui est remarquable depuis la porte du pont du Rhône jusqu'à celle de Pipet, nous ne pouvons différer celle de l'espace qui est entre la maison des canaux et cet endroit de la ville appelé l'Esperon. La rue qui conduit ici est une des mieux peuplées; elle en a six autres qui s'y embouchent, quatre d'un côté et deux d'un autre. Mais de celles-là qui tendent du couchant au levant, deux n'ont point de passage libre. Les Grecs les nomment στωπίτοι, et les Latins Angiportus.

---

(1) Sur la place Neuve se tient un marché tous les samedis, et quatre foires chaque année, à Romestang, aux Casernes et au Champ-de-Mars.

Autrefois les foires de Vienne duraient quinze jours, et commençaient le lendemain de la saint Martin: ensuite l'empereur Sigismond, par ses lettres datées de Lyon le 4 février 1416, octroya à la ville de Vienne deux foires franches, de huit jours chacune, l'une commençant le lendemain de l'Ascension, et la seconde le jour de saint André. Charles VIII, par autres lettres du 5 avril 1486, en accorda encore deux de dix jours chacune; la première commençant le 15 mars, la seconde le 15 octobre. Maintenant les foires sont extrêmement bornées et tombent chaque jour.

Celle de la Pérollerie est ainsi appelée à cause que la famille des Pérolliers, autrefois l'une des plus considérables de Vienne, y habitait. Elle se présente la première, au couchant, à ceux qui descendent vers l'Esperons (1). La maison de la famille des Chevriers, de laquelle nous avons parlé ailleurs, y était aussi, et depuis elle a passé à celle de Maugiron, et par elle à celle de Suse. Mais le principal ornement de cette rue était la maison consulaire qui avait le nom de la maison de la Chaîne, déjà l'an 1404, quoiqu'elle n'appartînt pas alors en propriété à cette ville. La plupart des assemblées commencèrent à s'y faire dès ce temps-là, et enfin elle fut achetée de noble Jean Portier, le 5 du mois d'avril de l'an 1451. Mais quelques salpêtriers qui y faisaient de la poudre y ayant mis le feu environ cent ans après, cet accident obligea les consuls de traiter avec le même chapitre de Saint-Maurice pour la maison des Canaux, et de vendre celle-ci. Elle est donc depuis ce temps-là devenue une maison particulière, où il ne reste d'autres marques de ce qu'elle a été que les armes de cette ville peintes au-dessus du grand portail, où elles paraissent encore, mais à moitié effacées (2).

---

(1) Elle tend de la rue Marchande à la rue des Clercs, en longeant la place Neuve. L'hôtel-de-ville, connu sous le nom de maison de la Chaîne, faisait l'angle sud de la rue Pérollerie et de celle de Notre-Dame-de-la-Vie.

(2) L'inscription *Urbs antiqua*, rapportée pag. 381, fut transférée de cette maison au palais des Canaux en 1583.

La tour qu'on y a bâtie depuis environ quarante ans est fondée sur une voûte si forte, qu'elle est capable de la soutenir, et si profonde qu'elle ne fut trouvée que plus de vingt-quatre pieds dans la terre qui la couvrait. On y entra par une ouverture que l'on y fit en un endroit par où elle ne pouvait être affaiblie, et on y rencontra plusieurs témoignages d'un grand incendie, et entre autres des pierres brûlées, du fer et du plomb. Mais, ce n'est pas seulement ici où Vienne a donné des preuves des misérables conjonctures pendant lesquelles elle a été si souvent désolée.

La rue de la Chévrerie, qui tend du couchant au levant, tire ce nom de ce que le marché aux chèvres y avait été établi autrefois avant que l'on eût pour cet animal l'aversion qu'on en a conçue. La chair des boucs et des chèvres n'a pas toujours été en l'horreur où elle est, elle a été en un usage plus fréquent et plus ordinaire que celle des autres animaux; si cela n'était, par quelle raison aurait-on appliqué le nom de bouchers à ceux qui font un art dans les villes, de ce qui aurait été un crime dans les écoles de Pythagore. Le marché aux pourceaux était en la place de Saint-Blaise, peu éloignée d'ici, et celui des poissons et du fromage en celle des Jacobins. Le règlement qui fut fait en 1577, touchant le devoir de la voierie de cette ville, office qui est maintenant uni au consulat, confirma l'ancienne coutume, et défendit aux marchands de s'assembler ailleurs pour la vente et l'achat de ces choses.

CHAPITRE XII.

Mesures d'anciens bâtimens. Pierres de marbre, colonne, etc. Boucherie, règlement là-dessus. Édifice remarquable brûlé. Augustins dans Vienne.

Entre la rue de la Pérollerie et la boucherie, et du même côté, on a découvert de nos jours des masures si remarquables, qu'il n'y a pas à douter qu'en ce lieu, qui est presque tout ce que Vienne a de plus égal et de plus uni, il n'y ait eu des bâtimens d'une extrême magnificence. On en a arraché des frises, des chapiteaux, des bases, des colonnes, et quantité de pierres travaillées avec beaucoup d'art. Mais on en a laissé incomparablement plus qu'on n'en a tiré dans la juste appréhension que l'on a eue, que si on creusait jusqu'à la profondeur qu'il fallait pour les suivre, la terre ne vînt à s'abattre, étant pressée du poids des maisons voisines, et qu'elle ne les entraînât avec elles en s'éboulant. Du moins, on a appris de là que Vienne n'est bâtie que sur ses propres ruines, et que Vienne ensevelie était incomparablement plus belle et plus riche que Vienne vivante.

La boucherie est à deux cents pas plus bas et presque au milieu de la ville. Ç'a été un judicieux règlement de ne permettre point aux bouchers d'habiter séparément, comme ils en ont la liberté en d'autres villes. Mais il faut avouer qu'on aurait procédé plus judicieusement pour la décoration publique si on les eût plus éloignés. Laurens de Maugiron, lieutenant-général en cette province, proposa, l'an 1562, qu'on les logeât ailleurs, et témoigna de le désirer. Si alors cette ville n'eût été accablée des misères qu'elle avait souffertes, et de celles qui tombaient sur ses habitans tous les jours, on n'aurait pas refusé aux désirs d'un homme si autorisé et si aimé ce que peut-être les intérêts des uns et la stupidité des autres auraient été capables de ne donner pas à la bienséance et à l'utilité publique. On a depuis souvent résolu un changement si nécessaire, et toutefois on ne l'a pu effectuer par des raisons qui font bien voir que le bien public ne fait pas de fortes impressions sur toutes sortes d'esprits (1).

---

(1) Des conventions intervenues le 14 mai 1551, entre les consuls et les bouchers, portent que ceux-ci s'obligent à maintenir huit bancs de boucherie à Vienne, savoir : deux à Saint-Martin, deux à Fuissin, et quatre dans la rue de la Boucherie. Ils se soumirent de n'en faire l'abattage que dans la rue Ecorcheboeuf, près de la Gère. Le 9 juillet 1566, le nombre des bouchers arrivait à vingt, et dans le mois d'avril 1599, la taxe de la viande était arrêtée aux prix suivans : le veau et le mouton, à deux sous six deniers la livre, le boeuf à deux sous et la vache à 1 sou six deniers.

Le ruisseau de Saint-Marcel avait creusé une profonde ravine, entre le jardin de la Charité et Beaumur; on a jetté une voûte sur ce ruisseau, et établi un abattoir public au-dessus; un chemin passe maintenant dans cette gorge, et lie la partie haute de la ville avec la nouvelle halle. Les fouilles que ces changemens ont occasionées, ont mis au

C'est une merveille que dans la plupart des anciennes villes il reste des édifices dont on ne reconnaît plus le premier usage, et que d'autres soient tellement ruinés qu'on ne sait plus où ils ont été, desquels toutefois on sait bien à quel effet ils avaient été élevés. Ces dernières années le feu en réduisit un en poussière qui avait la forme d'une église. Il était lambrissé et percé de fenêtres qui semblaient assez prouver qu'il en avait été une autrefois, quoiqu'il fût dans un lieu qui est aujourd'hui presque hors de toute fréquentation. J'avoue que je n'en ai pu rien apprendre de particulier, si ce n'est que l'on croit que l'ordre des ermites de St. Augustin s'étant établi dans Vienne et en ce lieu, ceci fut leur église. Quoi qu'il en soit, il faut que, si cela est, ce soit une chose arrivée depuis bien long-temps, puisqu'on n'en a plus de témoignage certain, et que ce lieu, de sacré qu'il avait été, était devenu si profane que je n'oserais dire à quel point allaient ces profanations. Ce qui pourrait fortifier cette opinion, est que les jardins de la maison voisine occupent une terrasse si exhaussée, si spacieuse, et d'une structure si belle et si forte, qu'il paraît assez que ce n'est pas sé-

---

jour d'anciennes constructions, entre autres un rang de loges qui peut-être ont servi à contenir des animaux féroces pour les jeux de l'amphithéâtre, un vaste souterrain dans la direction du midi au nord, et un pavé en larges dalles de granit, sur lesquelles on aperçoit encore la trace des roues qui y avaient passé.

lement pour des jardins ni pour un lieu de plaisir qu'elle a été faite. Aussi on veut, et on le fait passer pour une tradition, que le monastère de ces religieux ait rempli une place si commode à leur profession, puisqu'elle les éloignait du bruit et du commerce des hommes, et si agréable à cause de son aspect. Retournons maintenant d'où nous sommes partis, et entrons dans la maison qui joint le palais des Canaux du côté du levant; elle n'est pas moins digne de notre curiosité.

CHAPITRE XIII.

Le vieux Collége. Bains. Restes d'antiquité. Statues. Voûte digne de remarque. Tour ruinée. Inscriptions. Usage des bains.

Les bonnes lettres y étaient enseignées avant l'établissement des pères de la Compagnie de Jésus dans Vienne; et de là elle a gardé long-temps le nom du vieux Collége, qu'elle n'a perdu que depuis qu'elle a été vendue, et que par cette vente elle est devenue le bien d'une personne privée (1). On y a trouvé de quoi juger et parler d'elle très-

---

(1) C'est aujourd'hui la maison de charité; elle remplace celle que cette institution avait d'abord eue dans l'enclos de l'hôpital.

avantageusement, et il est peu de lieu qui ait tant fourni de marques si nobles d'une magnificence royale. C'est pourquoi quelques-uns se sont persuadés qu'elle a été une partie du palais des premiers rois de Bourgogne, qui fut ruiné avec eux par Clovis et par ses enfans.

Les bains ont été une des plus grandes voluptés des Romains, et les autres peuples en ont conservé l'usage long-temps après eux. Ils n'employaient ni plus de soin ni plus d'art à nuls autres édifices. Les masures qu'on en voit encore dans Rome et en divers autres lieux, le témoignent assez, mais celles qu'on en a trouvées ici le montrent évidemment. Auprès d'une terrasse et d'une voûte forte élevée qui joignent les murailles de la ville vers le midi, quelques masures obligèrent le nouveau maître de cette maison de les arracher entièrement, parce qu'elles s'opposaient à un dessein qu'il avait. Il rencontra, sous une montagne de pierres et de terre, le reste d'un bain. Sa figure était ronde, et autour était en confusion la frise de marbre blanc qui l'avait autrefois bordé, et qui avait régné de tout côté le long des arcs jetés sur des colonnes de même pierre, dont quelques corniches et quelques pilastres restaient encore parmi ces pierres à moitié brisées. Trois degrés par où on y descendait furent trouvés entiers, et le plus bas était d'une pièce de marbre extrêmement blanc et uni. Le fond était pavé de grandes plaques de marbre vert, de l'épaisseur de quatre doigts, et environné de siéges composés aussi d'un marbre dont la blancheur était digne d'admiration. C'est une chose remarquable que tout ce qui s'est trouvé ici de marbre, est de celui que les anciens ont appelé parien.

Deux statues et la base d'une troisième furent trouvées auprès, et à un esprit curieux cette découverte n'aurait été guère moins chère qu'à un esprit avare celle de beaucoup d'or. De ces deux statues, l'une était un colosse qui représentait un jeune homme nu, comme les anciens peignaient leurs athlètes et leurs pancratiastes. Cette nudité ne permet pas que l'on doute qu'elle ne fût l'ouvrage d'un statuaire grec, *græca res est nihil velare*, dit Pline là où il traite de la différence des statues grecques d'avec les romaines. Et peut-être en est-ce un de ce fameux Zénodore qui, ayant employé dix ans au colosse de Mercure qu'il fit pour la ville de Clermont en Auvergne, s'acquit la réputation d'être le plus excellent ouvrier en ce genre de statues monstrueuses qui fût alors dans l'empire romain. Néron l'appela depuis à Rome, et il n'y a pas apparence qu'un si long séjour qu'il fit dans les Gaules ne le vit occupé qu'à un seul ouvrage. Il est vrai que ce colosse s'étant brisé par sa chûte, et la plupart de ses principales parties s'étant perdues, on n'en trouva d'entières que la tête et le tronc du corps. La tête a été portée à Paris au sieur de la Verrerie, maître des requêtes de l'hôtel du Roi, et le reste nous est demeuré (1). Pour

---

(1) Si l'on eut été soigneux de recueillir à Vienne les

l'autre statue, le temps et la rage des hommes ne l'ont pas mieux conservée : c'est une déesse vêtue à la romaine, et qui porte une corne d'abondance; de sorte qu'il y a lieu de croire que c'est la Félicité publique; du moins elle est représentée sous la même figure dans les médailles de quelques anciens empereurs.

Celle dont la base de marbre blanc fut découverte en même temps, était un ouvrage de Myron qui a eu une grande réputation, premièrement parmi les Grecs, et après parmi les Romains; son nom y est gravé, et il n'y a d'autre inscription que ce mot :

ΜΥΡΟΝΩΣ.

On trouva auprès la moitié de deux pieds d'airain joints ensemble; comme c'est une chose que

---

choses précieuses que l'on y a découvertes à diverses époques, le Musée archéologique serait aujourd'hui l'un des plus riches de la France. Les délibérations du corps municipal nous apprennent qu'en 1560 la reine Catherine de Médicis se fit envoyer de Vienne une statue de Silène couché sur la dépouille d'un bouc, et un groupe représentant Diane au bain. François Ier en avait déjà tiré en 1536 un bas-relief destiné à décorer Fontainebleau. Chaque jour des morceaux curieux sont détournés de leur véritable destination, et vont grossir les collections de quelques savans ou le musée du roi; ils perdent dans ce déplacement l'intérêt de localité qui y ajoute tant de prix, en même temps qu'ils détruisent toute espèce d'émulation.

ceux qui ont seulement les premières teintures de l'antiquité ne peuvent ignorer que Myron n'a travaillé qu'en ce métal, et qu'il est un de ceux que Pline estime le plus en ce genre; on fut d'abord persuadé que ce fragment était une partie de la statue d'airain faite par Myron, que cette base avait portée. Toutefois le reste, quelque recherche qu'on en ait faite, n'a pu être recouvert; peut-être qu'il le sera un jour, et il importe, si cela arrive, que la postérité, rapportant ce qu'elle aura trouvé à ce qui l'a déjà été de nos jours, reçoive de nous un éclaircissement que nous aurions sujet de souhaiter en plusieurs occasions, que l'âge de nos pères eût eu le soin de nous envoyer (1).

Divers fragmens d'autres statues de marbre ont été tirés des mêmes ruines, et tous témoignent d'être sortis de la main d'excellens ouvriers. J'y ai considéré entre autres, avec beaucoup de satisfaction, une main qui tient une corne d'abondance; quoique le pouce lui manque, on y remarque une si vive représentation du naturel, que l'art n'a peut-être jamais réussi plus heureusement. Un pied qui, si je ne me trompe, a été à la même statue de laquelle cette main était une partie, n'y est pas une matière de moins d'estime, encore que le talon et la moitié des doigts lui manquent, tant on y voit d'art et de naïveté tout ensemble.

---

(1) M. Girardon, à Lyon, possède le buste d'un philosophe en marbre, trouvé près de Vienne. On lit sur le socle le nom de *Philetas* en grec.

Ces choses, parmi lesquelles il n'y en a pas une qui porte quelque marque du christianisme, semblent d'abord ne permettre pas que l'on doute que ces bains ne soient un ouvrage romain, et d'un siècle où la religion chrétienne n'avait point encore vaincu l'orgueil de tous les esprits. Mais quand je considère qu'ils occupaient une place qui n'était point libre lorsque les superbes édifices, dont quelques restes sont auprès, étaient debout, je ne puis tomber dans ce sentiment. Je parle d'une voûte de la largeur de plus de huit pas, et d'une hauteur qui étonne ceux qui la contemplent : elle avait beaucoup plus d'étendue qu'elle n'en a maintenant vers le levant et vers le couchant ; et ceux qui croient qu'elle a servi de porche pour aller à l'amphithéâtre qui n'était pas fort éloigné d'ici, lui en donnent bien davantage. De moindres sont à ses côtés, et par celles-ci était conduite une partie de l'eau qui s'est fait depuis un canal à travers les ruines de tant de bâtimens renversés. Elle regarde d'autres murailles qui sont au delà de ce ruisseau, hors de celles de la ville, et pour peu de réflexion que l'on fasse, on juge assez de la magnificence et de la grandeur des bâtimens qu'elles composaient. Mais cette superbe voûte (car l'excellence de son architecture, et les pierres d'une grosseur épouvantable qui y sont mises en œuvre, peuvent lui acquérir cette qualité avec justice) mérite une particulière admiration. Vers le couchant, où elle finit, on lui a opposé une terrasse moins ancienne qu'elle de quelques siècles, et qui néanmoins ne peut passer, eu égard au nôtre, que pour l'être beaucoup. Elle est le chemin par où on monte au plus haut de cette voûte qui fait une plateforme si agréable, à cause de sa hauteur, et si forte par la solidité de sa structure, qu'il n'y en a que bien peu du temps des Romains, et point du nôtre, qui lui puissent être comparées. En effet, l'amphithéâtre, le temple de Mars, et tout ce qu'il y avait de bâtimens publics aux environs ayant été renversés, une partie des plus grosses pierres fut employée à la construction d'une tour élevée par les premiers rois de Bourgogne sur cette plateforme. Ce ne fut pas une médiocre fortification à leur palais, qui opposant d'un côté la tour carrée que nous avons décrite à toutes les entreprises des habitans, et celle-ci d'un autre aux desseins qui pouvaient être formés au dehors, était certainement en ce temps-là une forteresse importante. Enfin, cette tour fut démolie l'an 1619, la même raison qui en une autre conjoncture aurait porté tous les esprits à la conserver, leur ayant alors inspiré la pensée de la détruire. Le dessein du nouveau collége ayant été formé, fit naître celui-ci, et l'on s'imagina que la postérité ne regretterait pas la perte de cette tour, quand elle en considérerait la cause. Cette montagne de pierre d'une grosseur et d'une grandeur prodigieuse, en a fourni aux fondemens de ce nouveau collége; et ce qui avait paru durant tant de siècles avec tant de gloire, est enseveli pour appuyer et pour assurer celle de ce nouvel ouvrage.

Au reste, cette plate-forme qui en est restée, n'est pas tellement devenue une chose particulière, qu'elle ne soit sujette à servir de corps-de-garde en temps de guerre. Le nouveau propriétaire de cette maison s'étant même obligé, par la vente qui lui en fut passée l'an 1623, à fournir les deniers qui seraient nécessaires pour faire un escalier qui y conduisit commodément du côté de la maison des Canaux. Davantage, il fut convenu qu'il laisserait un passage de la largeur du moins de six pieds vers le levant, afin que par là on eût la liberté d'aller en ronde auprès des murailles de la ville, jusqu'à un jardin presque contigü, qui est maintenant possédé par les religieuses Célestes. En cet endroit où il devait être, une muraille qui regarde le midi présente aux curieux ce reste d'inscription dans un fragment de marbre où elle est écrite de fort grands caractères.

La première ligne est ce qui y reste de Marcelli ou de Marcellini, mais la seconde L est rongée, de sorte qu'à moins que de la considérer attentivement on la prend pour un I. Ceux qui veulent que cette inscription ait servi à un monument érigé à l'honneur de Gratien, croient que les deux premières lettres AR sont la dernière syllabe du mot de *Cæsar*, mais trois raisons combattent et détruisent leur sentiment. L'une est que Gratien n'a jamais porté le nom de César, l'empereur Valentinien son père lui ayant d'abord donné celui d'Auguste, comme il l'avait déjà donné à Valens, et ayant en cela fait une chose qui aurait été sans exemple si l'empereur Marc Antonin n'eût eu, quelques siècles auparavant, la même bonté pour Ælius Verus, *in hoc tamen negotio Valentinianus*, dit Ammien Marcellin, *morem institutum antiquitus supergressus non Cæsares, sed Augustos Germanum nuncupavit et filium benivolè satis. Nec enim quisquam ante hæc adscivit sibi pari potestate collegam, præter principem Marcum qui verum adoptivum fratrem absque diminutione aliqua majestatis imperatoriæ socium fecit.* L'autre est que cet empereur n'a point eu de nom qui ait commencé par ce Cell. ou Celi qui suit ; et la dernière, que dans les inscriptions de la qualité de celle-ci, que la beauté de ces caractères montre assez avoir été exposée en quelque lieu célèbre, les noms propres n'ont jamais été abrégés, non pas même ceux des particuliers, bien loin que cette injure ait été faite à ceux des souverains. Néanmoins on ne lit point ici Gratiani mais Grati seulement, et Gratus était sans doute le nom de quelque homme de considération, et cette inscription son épitaphe.

Quand nous avons dit que ces bains ne semblent pas être un ouvrage des premiers Romains, ni d'un siècle si reculé, et que peut-être, comme il y en a eu qui l'ont cru, ils ont été si superbement bâtis par les premiers rois de Bourgogne, nous n'avons rien avancé qui choque la vraisemblance. Quoique l'usage du linge fût devenu plus fréquent quelques siècles après la ruine de l'empire romain; celui des bains ne finit néanmoins sitôt. Il n'était guère moins ordinaire sous Charlemagne et ses successeurs, que sous les premiers rois des Français. Pour ceux-ci, Aymoin le témoigne en ce passage : *Dagobertus filius Clotarii Cabillonis balneum matutinus ingrediens præcipit Amalgario et Ameberto ducibus, Vuilleboldo quoque patricio, ut Brunulphum Ariberti fratris sui avunculum propter infidelitatem suspectum interficerent.* Et pour ceux-là, le Moine de saint Gal et Nithard le montrent en ces deux endroits de leurs ouvrages. Le premier, qui a fait l'histoire de Charlemagne, en ces mots : *Quidam diaconus, juxta consuetudinem Cisalpinorum, contra naturam pugnare solitus, balneas intrans, etc. lineas et Camisiam candidissimam induit.* Et Nithard, qui a écrit sous Louis-le-Débonnaire, en ceux-ci : *Cumque de balneo quidam egrederetur, et eadem vestimenta quæ exuerat induere pararet, repente ab Aquitania missi,* etc. Les hommes les plus saints ne se privaient pas même de ce plaisir si innocent, et que cet âge jugeait plus absolument nécessaire à la santé qu'au divertissement. L'auteur de la vie de saint Aimé, un des plus grands saints de son siècle, et un riche ornement de Grenoble où il reçut la naissance, met au nombre de ses merveilles qu'il n'entrait dans le bain que deux fois l'année seulement, la veille de Noël et celle de Pâques. Le linge néanmoins n'était plus alors une chose inconnue, non plus que les chemises; puisque le nom en était vulgaire, il est certain que l'usage ne l'était guère moins. Outre la preuve que nous en fournit le moine de saint Gal que nous avons allégué, nous en avons une autre dans les anciennes annales de l'abbaye de Bretigny, où l'on lit sous l'an 1362: *Vestitum lineum, quod Camisium vulgo vocatur, levigare incipiens, ut illud dominus suus ad missam procedens, paratum portare quivisset.* Mais ces recherches m'éloignent de mon sujet.

CHAPITRE XIV.

Couvent des pères Carmes (1), leur établissement dans Vienne. Leur fondateur. Son épitaphe. Celle de Magdelaine de Loras.

La porte de cette maison est opposée à celle des pères Carmes, qu'elle regarde vers le Septentrion, n'en étant séparée que par la rue qui est entre

---

(1) Ce monastère a été vendu de même que l'église. Un atelier de draperie en occupe les bâtimens.

deux. Ces religieux, qui donnent à leur institut la gloire d'être l'ouvrage du prophète Élie, et d'avoir peuplé les grottes du Mont-Carmel, plusieurs siècles avant que le christianisme peuplât la terre, furent premièrement reçus dans cette ville l'an 1394. Leur couvent fut fondé, le troisième d'octobre de la même année, par Pierre de Rivail, seigneur de Lieu-Dieu; aussi est-il enterré au milieu du chœur de cette église, sous une pierre élevée; l'inscription qu'on y lit apprend comme c'est par son bienfait que cet ordre religieux est établi dans Vienne, et par celui de Guillaume de Rivail, seigneur du même lieu, de Blanieu, de la Saône et d'Argenson, et gentilhomme ordinaire de la chambre du roi, que ce monument ayant été ruiné durant les guerres civiles, a été réparé.

HIC IACET NOBILIS ET POTENS PETRVS RIVALII DOMINVS LOCI DEI QVI FVNDAVIT HVNC CONVENTVM DIE III OCTOBRIS ANNO MCCCXCIIII.

GENEROSVS ET ADMODVM COLENDVS VIR GVILLELMVS RIVALII SVPRA DICTI PIAE MEMORIAE PETRI RIVALII SVCCESSOR DOMINVS LOCI DEI BLANIACI SONÆ ET ARGENTINÆ GALLIAE REGIS NOBILIS CVBICVLARIVS QVOTIDIANVS HVNC TVMVLVM BELLORVM CIVILIVM TVMVLTV FVNDITVS EVERSVM PECVLIARIBVS IMPENSIS INSTAVRAVIT ATQVE IN PRISTINVM STATVM ERIGI CVRAVIT HOC ANNO MDLXXXVIII.

Pierre de la Porte, seigneur de Ternay, et Janin de la Porte son frère, se rendirent aussi considérables par leur charité et leur libéralité envers ce couvent. Celui-ci fut enterré dans les cloîtres, et Jean-le-Lièvre le confond avec Pierre de Rivail. Son épitaphe nous apprend qu'il mourut le neuvième de juillet 1482, et n'a pas plus de politesse et d'esprit que l'autre. Mais celle-ci qui est au côté droit du grand autel, sur la sépulture de Magdelaine de Loras, dame qui en nos jours a égalé par la noblesse de ses vertus celle de sa naissance, la surpasse infiniment ; aussi est-elle partie des mains d'un excellent ouvrier. Et j'aurai tout dit à son avantage, quand j'aurai dit que Pierre de Boissac, seigneur de Licieu et d'Avernais, en est l'auteur.

HIC IACET NOBILISSIMA MAGDALENA DE LORAS NOBILISSIMI NERII DE CHAPPONAY PROPRÆTORIS QVONDAM VIENNENSIS VIDVA FORMA INDOLE INGENIO PRÆPOLLENS HEROINA ET MAGNVM APVD ALLOBROGES TVM PVDICITIÆ TVM PIETATIS MIRACVLVM MORITVR ANNO DOMINI 1639 II AVGVST

QVIDNI DIVA ROSIS MOLLIQVE TEGERE SEPVLCHRO
NEC LONGVM TERRÆ NEC GRAVE PONDVS ERAS

CHAPITRE XV.

Couvent des religieuses Célestes. Institution de cet ordre. Son établissement dans Vienne.

Le jardin du couvent des religieuses de l'Annonciade est presque contigü au vieux collége. Le froc bleu qu'elles portent sur leur habit blanc les fait appeler en quelques lieux les Sœurs bleues, et en d'autres les Célestes. Et certes ce nom ayant de la conformité avec la couleur de ce froc, n'a pas moins de rapport avec la pureté de leur vie et la sainteté de leur institut. L'Italie a donné la naissance à la bienheureuse Marie-Victoire Strata, fondatrice de cet ordre. Gênes a produit au bonheur de la chrétienté cette héroïne, qui ayant vaincu les monstres dès son enfance, a appris si heureusement à son sexe l'art d'en triompher. Il faut avouer que la fécondité de cette sainte institutrice a été une chose merveilleuse. Les enfans qu'elle eut d'Ange Strata, pendant un mariage de peu d'années, firent d'eux-mêmes un agréable sacrifice aux yeux des anges, qui a fini avec eux; et ceux que depuis elle a engendrés en Jésus-Christ, sont un holocauste qui n'aura jamais de fin. Les enfans de son zèle et de sa piété porteront son nom et sa gloire jusque dans le sein de l'éternité. Cet ordre, s'étant répandu hors d'Italie, a été reçu en France et dans les provinces voisines, avec une approbation universelle, et l'Alsace et la Franche-Comté ont également contribué au présent que Dieu nous en a fait. L'Alsace ayant été exposée à toutes les violences de la guerre entre les Français, les Suédois et les Lorrains, les sœurs Célestes de Haguenau furent contraintes d'abandonner leur ville pour éviter les insolences des soldats, et les malheurs dont elles étaient menacées. Elles vinrent en France, et leur bonheur les conduisit à Chavannay, paroisse du Lyonnais, au delà du Rhône, à trois lieues de cette ville, qui dans les vieux titres a le nom de *Caranna*. Le duc de Veymar étant entré dans la Franche-Comté, les religieuses du même ordre, qui étaient établies dans la petite ville de St-Claude, furent aussi obligées de pourvoir à leur sureté. Leur supérieure, Marie Prospère de Précy, les dispersa en diverses villes; et sa conduite fut accompagnée de tant de bonheur, que quelques-unes de celles de Haguenau qui étaient à Chavannay, la préférèrent à la leur propre pour le choix de leur établissement : ce furent Marie Anastase, Marie Agnès, Marie Augustine et Marie Chérubine, desquelles les deux dernières n'étaient que sœurs converses. Leurs compagnes résolurent, après que les troubles de l'Alsace eurent été apaisés, de retourner en leur pays; celles-ci résistèrent à ce dessein, et déclarèrent qu'elles n'auraient à l'avenir, après tant de maux soufferts et de dangers courus, d'autre patrie que celle que la mère Prospère leur donnerait. Ainsi elles restèrent seules, et recoururent en même temps à cette servante de Dieu, qui, ne se contentant pas de les avoir consolées par ses lettres, les suivit incontinent après, et vint être elle-même la plus charmante consolation qu'elles pussent jamais recevoir. Elle était une fille de beaucoup d'esprit, et d'une très-sublime vertu; et par l'un et par l'autre elle vainquit peu à peu les obstacles qui s'opposèrent d'abord au dessein que l'intérêt de son ordre lui fit concevoir de l'établir dans cette ville. Après quelques difficultés heureusement surmontées, ses désirs et ses soins ont eu l'avantage que la justice de leur cause ne permettait point qu'on leur refusât; et l'an 1646 leur établissement dans la maison où elles habitent fut agréé généralement de chacun, et affermi par cet agrément universel. La mère Marie Prospère y est morte depuis, dans la réputation d'une grande sainteté; le genre de vie qu'elle a observé depuis sa plus tendre jeunesse jusqu'à sa mort, est le garant de la vérité du sentiment que l'on a eu d'elle, et de l'estime qu'elle s'est acquise.

LIVRE CINQUIÈME.

CHAPITRE PREMIER.

Place du Cire. Restes de l'amphithéâtre.

A mesure que nous nous approchons de la porte de Pipet, nous abordons plusieurs illustres monumens de l'ancienne magnificence de Vienne. La rue qui conduit à la porte de Saint-Marcel est élargie, où elle finit, par une place que le peuple appelle Cirou dans son langage barbare. Au-dessus sont des voûtes qui restent de l'amphithéâtre bâti par les Romains en ce lieu pour le divertissement public. Quelques-uns ont conjecturé de là que le nom de Cirou ou de Cire procède du mot de Cirque, que le peuple ignorant, comme c'est son ordinaire, a corrompu de cette façon. Toutefois d'autres croient qu'il ne vient point de cette origine, mais de ce que, au temps de nos pères, ceux qui habitaient aux environs de cette place avaient accoutumé d'y allumer deux cierges pendant les Rogations, comme les processions y passaient. Or, ce que le pur français appelle cierge, le vulgaire le nomme cirou, du latin *cereus*; et en effet, on lit cero dans les vieux titres au lieu de cirou, ce qui est un peu plus approchant du mot latin. De sorte que ce fondement que ceux-là ont de croire que cet espace a été occupé autrefois par un cirque, étant si peu assuré, je ne vois pas que leur opinion puisse passer pour bien solide. Le premier qui l'a publiée, et qui par l'estime qu'il s'était acquise d'un homme de beaucoup de lettres, lui a donné l'autorité d'une chose véritable, est Melchior de Fillion, procureur-général au parlement de Grenoble (1). Un jardin qu'il possédait, est à la tête de cet amphithéâtre ruiné; et les masures entre lesquelles on voit diverses voûtes toutes dignes d'être regardées avec admiration, conservent encore dans leur rondeur de quoi faire concevoir une idée, quoique confuse, de la largeur et de la longueur de cet amphithéâtre. Vers le nord, une voûte assez spacieuse et élevée, témoigne d'avoir été comme une salle d'escrime où les gladiateurs s'exerçaient avant que d'être présentés au peuple. Et le jugement que l'on peut faire de quelques autres qui lui sont contiguës, et qu'en font en effet les savans qui les ont vues, est que les bêtes féroces comme les ours, les tigres et les lions, qui étaient destinés aux plaisirs du peuple, y étaient enfermés,

---

(1) La maison et le jardin de M. de Fillion ont, dans la suite, formé le monastère des Sœurs de la congrégation de St-Joseph, établies à Vienne en 1608.

et que d'ici ils étaient lâchés contre les malheureux qui les attendaient pour en être la proie sur l'arène de l'amphithéâtre Lipse prouve dans son excellent ouvrage de l'Amphithéâtre, que ces grottes étaient appelées *caveu*, c'est-à-dire en notre langue les cages ou les caves. Sur la porte de ce jardin est cette inscription gravée en une table de marbre blanc.

IN VETEREM VIENNENSEM AGONEM

HIC VBI CIRCVS ERAM PHOEBO SACER ÆMVLA CIRCE
   INSEVIT PATRIO CVLTA VIRETA SOLO
QVIQVE PRIVS FVERAM PENTATHLI CLARVS ARENIS
   NVNC ME PRÆCIPITEM GYMNICVS EGIT AGON
HAVD PASSA EREPTVM CIRCE GENITORIS HONOREM
   VVLT CIRCVM HIC HORTOS ESSE THEATRA NEMVS
SICQVÆ PRIMA DEDIT CIRCOS PHOEBO EDITA CIRCE
   PRO CIRCO XISTVM REDDIT ALVMNA PATRI
VIR CLARISS. D. MELCH. DE FILLION FECIT ET PONI CVRAVIT.

Le cirque et l'amphithéâtre ne différaient guère; la figure de tous deux était ovale plutôt que ronde; ils étaient environnés de degrés pour la commodité de la multitude qui accourait de tous côtés à ces spectacles. Les chefs de famille y venaient avec leurs femmes et leurs enfans, et étaient attachés à ces voluptés; *per ludos,* dit Vitruve, *cum conjugibus et liberis persedentes detinentur.* Enfin leur structure était semblable, excepté que le milieu de l'amphithéâtre où combattaient les gladiateurs, où l'on chassait aux bêtes sauvages, et que l'on remplissait d'eau quelquefois pour les Naumachies, était libre entièrement à la réserve de ce qu'en occupait un autel consacré ou à Jupiter ou à Pluton, ou à Diane, ou à Saturne, et qu'au contraire la plaine du Cirque était coupée d'un rang continuel de plusieurs colonnes, autour desquelles couraient sept fois de suite, pour emporter la victoire, les chariots attelés de deux et souvent de six chevaux, d'une vitesse digne d'autant de merveille qu'elle était toujours accompagnée de danger. Sans doute, c'est par cette raison que l'auteur de ces vers n'a pas refusé le nom de Cirque à cet amphithéâtre, qui ne peut avoir été qu'un ouvrage merveilleux, si l'on juge de ce qu'il a été par ce que Vienne était. Il fut bâti, non tant pour amuser son oisive populace, que pour être le monument de sa grandeur, de sa dignité et de ses richesses. Aussi, les pierres dont avait été construite cette tour si immense, que l'on a autrefois admirée dans Pipet, et celle qui semblait ne lui céder pas beaucoup sur cette voûte du vieux collége, que nous avons décrite, en avaient été tirées, de même que tant d'autres que nous voyons éparses en divers lieux, et employées en des édifices si différens. De notre temps on a même arraché, de plusieurs masures découvertes, des colonnes d'une grosseur peu commune, des pilastres, des frises, des chapiteaux et des pierres de marbre qui semblent parler hautement de la magnificence de ce superbe ouvrage. Enfin, les massifs d'une étendue et d'une solidité nompareille, que l'on rencontre tous les jours dans les fondemens des maisons, à mesure qu'on les creuse, sont encore des marques qui publient la même chose. De manière que quand on aura fait toutes les réflexions qu'il faut, on avouera sans peine que Lipse a eu raison de croire et d'écrire que l'amphithéâtre de Nîmes, quelque étonnement qu'il donne à ceux qui le voient, n'était au prix de celui-ci que ce que Nîmes était au prix de Vienne, c'est-à-dire presque rien. *Noti hoc nominis et celebris*, dit-il, où il parle de cet amphithéâtre, *non per Galliam solum, sed per Europam, et credunt multi eximium etiam olim opus fuisse : non ego, qui scio majora multò et operosa magis habuisse Lugdunum et Viennam, et nobiles illas Galliæ urbes, præquibus quid Nemausus?* Et en effet Eusèbe fait mention, comme l'a déjà fait observer le même auteur, de l'amphithéâtre de ces deux villes, auxquelles il donne la louange d'être les deux premières villes des Gaules, et celles à qui toutes les autres cédaient infiniment dans l'estime de tous les peuples. Il vivait sous l'empire de Constantin-le-Grand.

CHAPITRE II.

Porte de Saint-Marcel. Monastère de Saint-Marcel. Grotte de Saint-Marcel. Ergastule ancien. Eumedium, Quiriacum, Crappum. Description de Pipet qui est Eumedium. Origine de ce nom. Révolutions arrivées à ce château.

La porte de Saint-Marcel qui répond à ces masures, tire l'origine de ce nom d'un monastère ancien qui n'était pas éloigné d'ici. Il était peuplé de trente moines, et ce saint lui avait été donné pour son patron. Quel honneur ne lui a-t-il pas été d'avoir eu saint Clair pour son abbé, ce grand prélat qui fut élevé à cette dignité par l'archevêque Cadéolde, et qui la mérita par les preuves continuelles de la sainteté et de la pureté de sa vie.

Une grotte est auprès, où le peuple ignorant s'est imaginé que saint Marcel a passé une partie de sa vie, soit pour éviter la cruauté des païens, en se tenant ainsi couvert, soit pour converser plus particulièrement avec Dieu, en fuyant la compagnie des hommes. De là on y a même dressé un autel, et souvent on y porte ses prières et ses offrandes pour obtenir de Dieu, par son intercession, la guérison de certaines maladies particulières aux enfans qui sont encore à la mamelle. Je ne veux pas condamner cette dévotion. Mais il est vrai que saint Marcel, que Siméon Métaphraste appelle l'Archimandrite, n'a jamais passé la mer pour venir dans les Gaules. Il naquit dans la ville d'Apamie, et fut le disciple de l'abbé Alexandre qui l'eut pour son successeur. Depuis il bâtit dans la Bithinie un célèbre monastère qui fut nommé ἀκοιμητῶν, c'est-à-dire des non-dormans, à cause que la nuit aussi bien que le jour Dieu y était glorifié d'une continuelle psalmodie. Cet exemple passa en d'autres lieux, et ce divin genre de vie ne manqua pas d'imitateurs. Il en eut entre autres dans cette ville, et ce monastère en fut un célèbre témoignage. Mais, soit que les ennemis de Jésus-Christ l'eussent détruit sous Charles Martel, lorsque la France fut inondée de Mahométans, soit que les chrétiens mêmes l'eussent laissé détruire insensiblement par leur négligence, il n'était déjà plus environ l'an 1000, sous l'archevêque Léger. Il en est fait une expresse mention dans l'acte de l'institution de l'aumône générale, de laquelle nous avons déjà parlé. Avant qu'il fut ruiné son église était une paroisse, à laquelle la dîme appartenait sur les territoires voisins, comme le dit le même acte. Depuis, l'église de Saint-Martin de Gemens usurpa le droit sur ceux qui lui étaient les plus commodes, et le reste demeura au monastère de Saint-Pierre qui la prétendait entièrement. C'est pourquoi il se plaignit de cette usurpation à l'archevêque Léger, qui régla ce différent de la manière que nous avons racontée. Ce monastère n'était guère plus reculé de la ville qu'en est la grotte qui porte son nom, et occupait le même rivage du petit ruisseau de Fuissin, qui coule dans le lit qu'il s'est creusé lui-même au-dessous depuis plus de huit cents ans. Du moins il est porté dans le même acte de cette institution de l'aumône générale de Vienne, qu'il était situé sous le château de Pipet vers le midi, et dans un autre par lequel la reine Ermengarde donne quelques terres qui y ont pour limites le château de Pipet, qui était au côté gauche du grand autel de cette église, qu'elle était sur l'autre rive de ce même ruisseau, qui ne peut être par conséquent que la méridionale. Sa situation est encore plus expressément marquée dans un bail en emphythéose que fait Adalelme, abbé de Saint-Pierre, qui vivait sous le règne de Conrad, environ l'an 1460, à Jean, prêtre, et à Bérenger, diacre, de quelques fonds qui étaient auprès de l'église de Saint-Marcel et aux environs. Ce contrat y est appelé *præstaria*, et les confins de ces fonds y sont, *in uno latere castrum Eumedium ; in alio latere castrum Quiriaco et terræ sanctæ Blandinæ, in alio latere castrum Crappo, in quarta parte via publica quæ dicitur ad muro bello*. *Eumedium*, est Pipet ; *Quiriacum*, le mont de Sainte-Blandine ; *Crappum*, celui de Saint-Just ; et le chemin *ad muro Bello*, est celui qui tend à Beaumur. Nous avons à passer au-devant de tous ces lieux, et même à les visiter dans le progrès de cette description ; de sorte que nous ne saurions éviter de redire plusieurs fois la même chose, si nous renvoyons à en parler jusqu'à ce que nous les verrons de plus près. Pipet est septentrional. Le mont de Saint-Just lui est méridional, et celui de Sainte-Blandine oriental.

Le premier est environné, non-seulement de ces

forts que nous venons de nommer, mais encore de ceux de Mont-Salomon et de Mont-Arnaud. Nous avons déjà montré que le premier nom de Mont-Salomon a été celui de Sospolis que les Grecs lui avaient imposé. Leur langue fournit de même à Pipet celui d'Eumedium; étant flanqué et couvert de tous côtés par les autres, desquels il était comme le donjon, il avait par sa situation l'avantage de commander mieux qu'ils ne faisaient sur toute la ville qu'il regardait au-dessous de lui. C'est ce que signifie Eumedium qui tire son origine d'εὖ et de Μηδεῖν, εὖ est en cette langue ce qu'est en la nôtre bien et heureusement, et Μηδεῖν signifie commander. Le nom des Mèdes en est venu, parce qu'ils sont les premiers qui ont régné sur les autres hommes. Il eut depuis celui de Pompeïacum que les Romains lui donnèrent, à cause de Pompée-le-Grand qui y fit faire de nouvelles fortifications en son voyage d'Espagne contre Sertorius. Pompeïacum fut depuis corrompu en Pompet, et Pompet en Poupet et en Pipet. Enfin, Pompeïacum, Eumedium et Pupetum sont des mots usurpés depuis plus de six cents ans indifféremment et sans choix. Ce château a été aussi appelé Pompetium, du moins il est ainsi nommé dans un échange fait l'an Ier du règne de Charles-le-Jeune, fils de Lothaire, entre l'archevêque Aglimar et Mallenus qui a la qualité de *vir nobilis* dans l'acte. Mais il n'y a pas moyen de douter qu'Eumedium, et Pompeïacum ne signifient la même forteresse; la plupart de ces actes qui placent le monastère, et l'église de Saint-Marcel au-dessous ne le permettent pas.

Depuis que l'empereur Frédéric Ier eut commis la garde de cette ville à l'archevêque de l'Eglise de Vienne, ce château, qui fut compris et nommé dans les lettres impériales de l'an 1153, est demeuré au pouvoir de cette église jusqu'à l'an 1564, le baron des Adrets s'en étant alors rendu le maître. Le sieur de Bernins, de la race de l'illustre chevalier Bayard, à qui il en avait donné le gouvernement, en fut chassé par Laurent de Maugiron, lieutenant-général au gouvernement de cette province. Ce prétexte fut jugé assez légitime pour conserver au roi ce que ses armes avaient conquis ; et il y eut d'autant moins de sujet de douter du droit que le roi s'y était ainsi acquis, qu'il l'avait arraché des mains d'un ennemi déclaré de l'Eglise, et si puissant que ce chapitre n'aurait pu se porter contre lui qu'à des desseins et à des efforts inutiles. Mais il doit sa dernière ruine aux mêmes mains qui le délivrèrent alors de la servitude. Quelques raisons d'état ayant obligé le roi de commander que les châteaux et les forts de cette province fussent démolis, celui-ci le fut avec la bâtie; une tour carrée, fort haute et fort spacieuse, était au milieu, et portait de loin une idée avantageuse de la force et de la dignité de cette place dans l'esprit de ceux qui abordaient Vienne. Les murailles en étaient très-épaisses, et ce qui les rendait plus fortes c'est qu'elles étaient revêtues de pierres de taille d'une grandeur et d'une grosseur du tout extraordinaire.

Elle n'était pas néanmoins un ouvrage des Romains, quoiqu'elle fût d'une structure digne d'eux. Plusieurs l'ont cru toutefois, et je l'aurais cru aussi si une inscription qui était en œuvre au plus haut des degrés ne m'eût désabusé. Ses caractères étaient de ceux que l'on appelle gothiques, qui ne sont connus dans les provinces de l'ancien empire romain que depuis qu'elles sont devenues la proie des nations du nord. Pour le reste de ce château, il est évident que c'est un travail romain. On a raison de l'appeler le mont artificiel, car il l'est en effet. Ce n'est qu'un massif épouvantable ; des côtés qui regardent le couchant et le nord, et vers le levant et le midi l'inégalité du terrain est réparée par des voûtes continuelles, comme des casemates qui ont seulement été découvertes depuis le temps que ses fortifications furent rasées. Ces grottes souterraines ont même servi à être leur tombeau, plusieurs d'elles ayant été remplies de la terre de ses remparts et de ses boulevarts. Ses murailles ont été conservées parce que Vienne n'en a pas d'autres de ce côté, et je me persuade facilement que sous les Romains elles étaient revêtues de pierres de taille, du moins la pensée en vient d'elle-même à qui les considère. Sa figure est presque ronde ; et il est certain que les Romains l'ont aimée en leurs fortifications plutôt que nulle autre. Enfin un excellent puits et une citerne où l'eau résistait merveilleusement à toute sorte d'altération, y témoignaient encore que ses auteurs ne pouvaient avoir été que de grands princes ou un grand état. Mais c'est un effet de l'inconstance des choses qu'il faille que celles qui semblent éternelles par leur fermeté, périssent par la légéreté des hommes et par l'inconstance de leurs conseils.

CHAPITRE III.

Mont de Sainte-Blandine, qui est Quiriacum. Mort de Saint-Theudère. Monastère de Sainte-Blandine. Tombeau de Saint-Clair. Epitaphe.

Le mont de Sainte-Blandine conserve beaucoup de marques de sa grandeur passée. Il n'est séparé de Pipet que par un vallon; et des murailles d'une extrême épaisseur qui l'environnaient en plusieurs endroits, montrent que les Romains ne l'avaient non plus négligé. *Quirinalis* et *Quiriacum* est le titre qu'il a dans Adon et dans les vieux documens. C'est en ce lieu où saint Theudère finit les derniers jours de sa vie, s'y étant déjà enseveli lui-même quelques années auparavant dans une profonde solitude. L'archevêque Philippe, qui vivait sous le règne de Gontran, l'avait appelé en cette ville. Ce n'a pas été peu d'honneur à ce mont d'avoir logé un si grand homme, dont le mérite seul était capable de lui en donner un infini. Mais un monastère de vingt-cinq veuves religieuses, consacré à l'honneur de Sainte-Blandine, cette héroïne viennoise, lui a aussi été un merveilleux ornement. Il y avait tant de vertus parmi ces saintes veuves, que saint Clair voulut être enterré dans leur église, comme il le fut au-devant du grand-autel. Ses sacrées reliques furent tirées de leur tombeau quelques siècles après, et depuis elles ont été révérées dans celle de saint Pierre jusqu'à nos jours. Des moines succédèrent, par des raisons qui sont aujourd'hui ignorées, à ces religieuses en la possession de ce monastère, comme je le recueille de l'épitaphe de Dodon que nous représenterons. Et enfin, n'y étant resté, dans les désordres et les désolations que cette province a souffertes si souvent, qu'une église à moitié découverte, elle fut entièrement rasée l'an 1562, de peur qu'elle ne favorisât les desseins que les ennemis de l'état pourraient former sur Pipet. Voici l'épitaphe de Dodon qui, étant mort à l'âge de quatre-vingts ans, fut enterré dans cette église.

✠ DODONI PECCATORIS DVS MISERERE SEPVLTI QVI HVIC LOCO FIDELIS EXTITIT QVIQVE ETIĀ DE SVO PREDIO AD ALENDA LIBAMINA ET FRATRV̄ ADIVTORIO DEDIT VINEAS IN TAVSIAGO UBI POSSVNT COLLIGI PLVS MINVSVE MODII OBIIT OCTVAGENARIVS IIII KL. IVLI.

Il ne lui est donné d'autre qualité que celle de pêcheur, et cette confession si publique nous oblige à un aveu public de sa probité. Il donna, pour l'entretien du sacrifice divin et des frères, c'est-à-dire des moines qui étaient établis ici, des vignes qu'il avait dans un territoire nommé Tausieu, *in Tausiaco*. Il était vraisemblablement peu éloigné, mais il a changé de nom, et il n'est plus connaissable par celui-là (1).

Ce mont, plus élevé que Pipet qu'il voit d'assez près, a eu aussi le nom du Molar de Sainte-Blandine; et lorsque le chapitre de Vienne remit la garde de cette ville au dauphin Humbert l'an 1338, il se le réserva de peur que ce prince n'y bâtit un jour, et ne le fortifiât pour incommoder Pipet, comme il aurait fait infailliblement.

CHAPITRE IV.

Mont de Saint-Just, qui est *Crappum*. Origine de ce nom. Monastère de St-Nisier, évêque de Vienne. Epitaphe.

SAINT-JUST est méridional à Pipet et à Sainte-Blandine, mais il est un peu plus éloigné de Sainte-Blandine que de Pipet qui lui en ôte la vue. Le

---

(1) Ce lieu de Toisi, *Tausiaco*, est déjà rappelé dans une donation du dixième siècle, faite par Berilon et sa femme, à l'église de Vienne, comme étant dans le territoire de Cheissieu, *in agro Cassiacensi*.

nom de Crappum lui est commun avec plusieurs autres lieux, qui même n'en ont point aujourd'hui d'autres aux environs de Vienne. Ce mot est assurément corrompu du Grec κραπιδον, qui signifie le bord d'une montagne ou d'un territoire élevé. En effet Saint-Just, du côté qu'il est opposé à Pipet, a cette situation. On y a trouvé, en divers temps, des marques infaillibles d'une grande antiquité. Je crois que c'est ici où fut dressé, à l'honneur de saint Nisier, archevêque de Vienne, sous les empereurs Gratien et Théodose, l'un de ces célèbres monastères qui acquirent à cette ville, sous le pontificat de Cadéolde, une si haute réputation de sainteté. Quarante moines y étaient entretenus; et comme il fut ruiné de la même façon que les autres, ce qui avait été une abbaye devint un prieuré. C'est la qualité qui lui est donnée par la bulle du pape Clément VI, fulminée contre le dauphin Humbert. Ce prince, ayant acquis quelque espèce de souveraineté dans cette ville, par le traité qu'il avait fait avec le chapitre de Saint-Maurice, y fit bâtir une forteresse qui fut démolie quelques années après en exécution de cette bulle, et de celle du pape Benoît XII, successeur de Clément. Par ces changemens si fréquens, il ne resta qu'un ermitage où avait été premièrement une abbaye si renommée, et ensuite un prieuré de quelque nom. Frère Jean, ermite de Saint-Just, était le directeur de la fabrique du pont du Rhône l'an 1420, et eut pour son successeur en cet emploi frère Brunet de la Recluserie, *de Recluseria*. L'église qui en était encore debout, après avoir été relevée sur les ruines d'une autre assurément plus magnifique et plus superbe, fut renversée l'an 1562 par les mêmes raisons qui causèrent la ruine de celle de Sainte-Blandine. Cette épitaphe, qui s'est perdue depuis, y était gravée dans une table de marbre.

P IN HOC TOMVM REQSCIT IN PACE BONE MEMORIAE EPAEFANIVS MOREBVS OPTIMVS NATALBS SVIS MANSVETVS FEDE PRECEPVA CIVEBVS CARVS PAVPEREBVS PIVS ORAVIT SEMPER QD OBTENERE MERVIT QVI VICXIT ANNIS PLVS MENVS XCV OBIIT IN XPO KLENDAS IVLIAS V. EID. POST. CONS.∴∴∴∴∴ VR CC IND. VNDECIMA

La même pierre ayant eu assez d'espace vide, l'épitaphe d'un certain Vuillelmus y avait aussi été gravée, mais la différence des caractères y marquait assez la différence des temps.

⳨ ∴∴∴⋯ IDVS FEB.
OBIIT VILLS

La première prouve assez combien elle est ancienne par ces mots: *Epæfanius, morebus, præce-*

pua, pauperebus et obtenere. Nous avons dit quelque chose ailleurs de cette manière de parler, qui, ayant été commune au premier et au dernier âge de la langue latine, nous apprend que les langues finissent presque toujours par où elles ont commencé.

CHAPITRE V.

Vienne combien forte autrefois. Vers d'un ancien poète à ce sujet. Esclaves publics. Leur emploi; leurs ouvrages dans Vienne. Ergastule.

Tant de forteresses autour de Vienne la rendaient extrêmement considérable, et il n'y a pas à douter qu'elle ne fût, avant que le temps et les hommes les eussent ensevelies dans leurs ruines, l'une des plus fortes et des plus importantes villes de l'Europe. Ce n'est pas une merveille qu'elle ait été capable de résister si long-temps au bonheur de Clovis et à la fureur de ses enfans, qu'ils ne l'aient prise que par la trahison de l'un de ses habitans, qu'elle ait brisé la première impétuosité des Arabes et des Maures sous Charles Martel, que Louis et Carloman fils de Louis-le-Bègue, l'ayant tenue assiégée durant près de trois années, et que Charles-le-Chauve ne l'ait emportée sur Girard de Rossillon qu'après un un long siége, et par composition seulement. Aussi l'auteur du roman de ce prince, composé il y a plus de cinq cents ans, en parle toujours comme d'une ville aussi forte qu'illustre. Les curieux auront sans doute quelque satisfaction de voir la preuve de cette vérité en quelques-uns des passages de cet ancien poète, puisque j'en ai eu moi-même à les recueillir.

    Apres manger s'en vont esbanoiant
    Voient Vianne la fort cité vaillant
    Les murs de maubre qui sont moult haut et grand

    Et par Girard que i'ayme forment cher
    Li don Vianna et le nos à bailler
    Haut sont li murs et li Palais plenier
    La cité riche qui moult fait à priser
    Asses aura à boiure et à menger
    Ses enemis pourra bien guerroier

    Or ot Vianne la fort cité loée
    Li dux Girard à la chere membrée
    Li Roys li ot ottroyée et donée

    Or fut Girars à Vianne el donjon

    Vn Tor estoit Girars en son donjon
    Fu al fenestres de moult riche façon
    Et regarda le chemin vers Lion

    Neis dans Girars de Vianne la grand

Vn ior estoit Girars en son donjon
Si tot torné son chef deuers Lion
Il en appelle Ay..... le Baron

Bien a passé sept ans que nos cuidon
Qu'il te dona Vianne le donjon
Puis n'en rendis vaillant vn esperon

Au matinet, quant laube est esclaircie
Hors de Vianne la fort cité garnie
Issit dehors la grant cheualerie

De soz Vianne l'amirable Cité

Bien a sept ans et complis et passez
Que à seistes cette bonne Cité,
C'il est la sus comme Moine réglé

Droit Emperere dit Naime li barbez
Cuidez vous prendre par force la Cité
Et les hauts murs qui si sont crenellez
Et les forts tors qui sout d'antiquité
Que Payen fierent par lor grant poësté (*puissance*)
Ce ne m'est mie por tot vostre barné.

   Ces éloges montrent en quelle estime était cette ville; et cet auteur, qui n'était pas un des moindres esprits de son siècle, aurait passé pour ridicule s'il se fût porté à lui donner des louanges que l'opinion publique n'eut approuvées, et que des restes de son ancienne gloire n'eussent appuyées.

Un nombre infini d'esclaves avait été employé à ces grands ouvrages qui embrassaient des montagnes entières, et la demeure de ces hommes malheureux par leur naissance ou par le droit de la guerre, était la grotte de Saint-Marcel. Elle était certainement un ergastule (1). Le château de Pipet n'a pas été le palais des premiers rois des Allobroges, comme s'est imaginé Barlet, mais un fort peut-être bâti à l'entrée de cet ergastule pour contenir ces misérables dans leur devoir, et pour leur empêcher de rien entreprendre contre le repos public, comme ils avaient fait en Italie et en Espagne, sous les Spartaques et sous les Viriats. Son entrée regarde le nord, et n'est capable de recevoir qu'un seul homme de front, étant ainsi une espèce de défense à cette prison, par la difficulté de son abord. On entre après dans une voûte qui s'étend de l'orient au couchant; elle est fermée d'une forte muraille d'un côté, et de l'autre s'étant abattue, on n'a plus le moyen d'aller jusqu'où elle finissait. D'autres cryptes (les savans me donneront la liberté d'user de ce mot grec) et il m'est indifférent que les autres me la refusent, sont comme des bras que celle-ci, qui en est la principale, pousse des deux côtés vers le nord et vers le midi. Toutefois la plus remar-

---

(1) Ce souterrain était certainement un égoût, mais Chorier voyait partout des ergastules.

quable de toutes semble répondre à celle qui ouvre
cette prison. On n'y peut entrer que fort incom-
modément, mais au fond on rencontre un cabinet
assez haut et large ; et ce qui est remarquable, il
est taillé en partie dans le roc. On y voit entr'autres
un espace propre à recevoir commodément un
homme étendu, et à lui servir de lit. Aussi le peuple s'est figuré que c'est ici où saint Marcel trouva
un asile assuré durant les persécutions des païens.
Je ne doute nullement que plusieurs illustres martyrs de la primitive Eglise de Vienne n'aient commencé ou n'aient achevé ici leur triomphe. Et sans
doute c'est ce qui a donné lieu à cette créance qui,
étant fausse pour saint Marcel, est infaillible pour
plusieurs autres héros du christianisme. C'est ce
qui me persuade qu'après que notre religion eût
surmonté tous ses ennemis, cet ergastule devint
un lieu de piété parmi les chrétiens, comme il
l'avait été de cruauté et de sacrilége parmi les
païens, lorsqu'elle n'était encore considérée que
par les supplices de ceux qui la professaient. Ce
motif fut celui qu'eurent ces saints prélats qui érigèrent auprès le monastère dont nous avons déjà
parlé ; et certes il ne faut que voir ce lieu pour
avouer qu'ils n'en ont pu concevoir d'autre. D'ailleurs, les moins savans dans l'Histoire sacrée
n'ignorent pas que c'est un des plus glorieux avantages de ceux qui ont répandu leur sang pour la
cause de Jésus-Christ, que leurs prisons aient été
honorées de célèbres bâtimens pour leur servir de
sacrés mausolées.

CHAPITRE VI.

Masures diverses. Maladreries pour les lépreux.

On voit de tous côtés, hors de la porte de Pipet et de celle de Saint-Marcel, des masures épouvantables. On les peut nommer ainsi, et sans ajouter à la vérité et sans hyperbole. Elles coupent confusément en divers endroits les grands chemins qu'ouvrent ces deux portes ; et jetant ainsi les esprits dans une profonde ignorance de l'ancienne figure de cette ville, elles les portent à une parfaite connaissance des révolutions qui l'ont désolée. Celles d'une ancienne maladrerie en sont éloignées d'environ un quart de lieue seulement. Soit que la lèpre ne diffère point de cette maladie à laquelle les médecins ont donné le nom d'éléphantiase, soit qu'elle ait été autrefois la même qui a fait tant de désordre dans l'Europe depuis environ cent quarante ans, sous le nom de mal de Naples, soit enfin qu'elle en ait été un particulier qui n'ait participé de la nature d'aucun autre ; il est certain qu'elle a donné d'étranges matières de plaintes aux siècles passés. Le peuple juif y a été plus sujet que nul autre, et il semble que la peine particulière de la corruption de ses mœurs a été cette effroyable corruption de son sang dans ses veines. Elle le suivait opiniâtrément en tous lieux ; et les peuples chrétiens n'eurent pas de la peine à se persuader, quand ils s'en virent affligés, que la colère de Dieu ne se pouvait lasser de persécuter ce peuple ennemi. Ils se figurèrent d'abord que le commerce qu'ils avaient avec lui était la seule cause du mal qu'ils souffraient; et les rois tirèrent d'ici un puissant motif pour les chasser de leurs états. Cependant ceux qui se trouvaient alors atteints de cette cruelle maladie, étaient traités comme le prescrit la loi de Moïse dans le Lévitique. On les séparait des autres hommes; et comme si l'horreur de ce mal eût fait une juste violence à la nature, on les arrachait des bras de leurs femmes, de leurs pères et de leurs enfans. Des hôpitaux leur étaient préparés hors des villes et sur les grands chemins, et l'usage des cliquettes leur devint particulier, afin qu'ils pussent être discernés plus facilement d'avec les autres malades. La lèpre était un objet de tant d'abomination qu'on n'osait même la nommer, et ce nom général de maladie lui devint propre dans la commune façon de parler des hommes, et celui de maladrerie à ces hôpitaux.

Il y en avait trois aux environs de Vienne l'an 1290 et l'an 1302. L'une était auprès de Seissuel, le long du Rhône; l'autre sur le Mont-Rosier, et la troisième était celle-ci. Mariette Gardapère, qui fit son testament que nous avons déjà employé ailleurs, l'an 1290, légua trois deniers à chacun des lépreux de ces trois maladreries; mais Martin du Mas, qui fit le sien l'an 1302, leur fut plus libéral, leur en ayant légué douze.

Celle-ci a donné son nom au territoire qui lui

est contigü; et la chapelle voûtée qui en restait ayant été souillée de mille profanations dont il était presque impossible de la garantir, on a jugé enfin plus à propos de la démolir, que de souffrir qu'elle fût plus long-temps la retraite du vice et le jouet du libertinage.

Il y a beaucoup d'apparence que ces hôpitaux ont été l'ouvrage de la charité des anciens archevêques de cette ville, ou certes de leurs persuasions. Les lépreux ne méritaient pas moins leur protection, que tant de misérables qui ne vivaient que par leurs soins, et ce serait faire un outrage à leur sainteté si reconnue, de croire qu'ils la leur aient mieux refusée. En effet, les bons prélats n'ont pas même voulu que leur abord leur fût défendu, souvent ils n'ont pas fui ces malheureux qu'ils contraignaient les autres hommes de fuir, charitables également en l'un et en l'autre. Nicolas, moine de Soissons, qui a écrit la vie de saint Geoffroy, évêque d'Angers, remarque aussi combien facilement ils s'assemblaient au-devant du palais de ce bon prélat, pour obtenir eux-mêmes ce qu'ils avaient à lui demander. Ce seul passage, où il fait mention des cliquettes qu'ils étaient obligés de porter, suffira. *Post horas tres aut quatuor*, dit-il, *veniunt ad fores Episcopi et miré crepitaculis suis perstrepunt.*

CHAPITRE VII.

Aqueducs de Gotheline et de Bois-Royal.

Derrière Sainte-Blandine, vers le levant, sont les territoires de Gotheline et de Bois-Royal, tous deux remarquables par les anciens aqueducs qui les entrecoupent de tous côtés (1). Non-seulement

---

(1) On compte sur certains points jusqu'à cinq branches d'aqueducs au-dessus de la Gère, qui puisaient sans doute chacune à une source différente, ou avaient une destination particulière, puisqu'on ne les trouve pas partout en même nombre. L'une de ces voies souterraines servait de rechange lorsqu'il s'agissait de réparer les autres. Les canaux ont plus d'un mètre d'élévation sur soixante-six centimètres de large; un seul a le double de ces dimensions : c'est sans doute celui par lequel les troupes de Clovis s'introduisirent dans Vienne que ce prince tenait assiégée. Les parois intérieurs de ces conduits, ainsi que l'aire, sont enduits d'un ciment rougeâtre presque aussi dur que la pierre, et les angles rez-terre arrondis en forme de bourlet pour prévenir les affouillemens. Il paraît que la voûte n'a été faite qu'après s'être assuré qu'aucun obstacle ne pouvait s'opposer à l'écoulement des eaux, car elle n'est point cimentée comme le reste.

Ces aqueducs n'avaient depuis bien des siècles aucune destination. Il y a quelques années que la découverte, dans les prairies de Gemens, à une lieue sud-est de Vienne, d'une source considérable s'échappant de l'ouverture pratiquée dans l'un de ces canaux souterrains, fit naître à M. de Mireles eaux de la Ger étaient conduites par ces aqueducs, mais aussi divers ruisseaux qu'ils re-

---

mont, maire de Vienne, l'heureuse idée de restaurer une branche de ces aqueducs. Le conseil municipal l'adopta. Un traité fut signé avec le propriétaire de la source, et aussitôt des ouvriers furent mis en œuvre pour réparer les parties dégradées, rétablir celles qui étaient en ruine, et purger ces voies inactives des terres et des immondices qui les obstruaient. Dans l'espace d'une année et demie, et avec une dépense moindre de cent mille francs, on a vu les eaux de la source arriver sur le point culminant de la ville, se distribuer dans tous les quartiers avec économie, alimenter une foule de fontaines, servir au nettoiement des principales rues, répandre la fraîcheur et la joie dans tous les lieux qu'elles parcourent, et fournir encore dans les cas d'incendie une ressource inappréciable, par la facilité d'en conduire un grand volume dans l'endroit même où le danger se développerait. Cette entreprise, lorsqu'elle sera entièrement achevée, offrira les plus grands avantages. Aucune ville de France ne pourra se glorifier de posséder, comme Vienne, un monument aussi utile, aussi précieux, et d'autant plus étonnant que c'est après une interruption de plus de quinze siècles que ces eaux et le canal qui les reçoit sont rendus à leur destination primitive.

La conservation et le maintien des aqueducs de Vienne étaient considérés comme un objet si important par les Romains, qu'ils avaient établi un édile pour y veiller. Nous en avons la preuve dans les quatre inscriptions que nous allons rapporter :

1.

censor   VIIII VIR
               OR AEDILIS

cevaient de plusieurs endroits. En effet, quelques-
uns de ces merveilleux conduits ont leur naissance

                         I AQVARVM
Viennensium   NSIVM DONA
tuendos in perpetu NDOS IN PER
                    N L TESTAMENTO

2.

... II VIR L SVLICIVS D F
... ERA AQVARVM PER
RVNT TITVLOS P...
PENSILLA HS NL TEST.
IVSSIT

3.

           OLT CENSOR AEDILIS
             VOS FVNDOS
             TITVLOS
pensilla   NSILLA
jussit   IT

4.

FIL. VOLT. CAPELLA IIII VIR
AQVANOVAS ITINERA
IS VIENNENSIVM DONA
TVENDOS IN PERPETV. V
N L. TESTAMENT.

La première est indiquée par Spon (*Miscellanea eruditæ antiquitatis*, page 35), comme étant à Vienne, au pouvoir de M. de Foissin; la seconde a été tirée des fondations de l'église de Saint-Sévère, et les deux autres d'une cave de la maison Augier sur le quai Pajot. Chacune des

vers le midi, comme la plupart l'ont vers le levant. Ils ne sont pas appuyés sur des arcs en ce lieu, qui, étant assez élevé de soi-même, n'a pas eu besoin de cet aide; mais il est certain que d'autres l'étaient en des endroits plus bas et moins favorables; et c'est d'où ce territoire, qui est appelé la plaine des Arcs, au-dessus du Pont-Evêque, a tiré son nom. Il est vrai qu'il n'en reste plus de marque; mais ceux-ci, qui ont résisté au temps, nous

---

deux dernières pierres avait sept pieds dix pouces de hauteur; elles se liaient ensemble par des rainures et des tenons. L'une a été retaillée pour servir d'évier, ce qui a fait disparaître une partie des lettres, mais elles s'expliquent les unes par les autres : on voit qu'il s'agit de legs faits par testament pour la restauration des aqueducs.

L'apparition de ces deux inscriptions à l'endroit même du port des Molcs, la certitude acquise par la continuité des rainures et des tenons, que d'autres pierres se réunissaient à celles-ci, tout annonce donc que l'une des principales décharges des aqueducs occupait cet emplacement, et que des trophées de reconnaissance y avaient été élevés à la gloire des hommes généreux auxquels on devait d'avoir appliqué une partie de leur fortune à la fondation et à l'entretien de ce magnifique ouvrage. La dernière nous fait connaître que l'on venait d'ajouter à la masse des eaux destinées aux besoins des habitans, de nouvelles sources, et ce fut pour leur conservation à perpétuité que Capella (surnom de la famille Mœvia), donna par son testament cinquante sesterces. Honneur aux citoyens qui disposent ainsi de leur fortune à l'entretien des monumens publics; ils inscrivent leurs noms sur les tablettes de l'immortalité.

apprennent assez ce qu'ont pu être les autres qui lui ont cédé. Ils sont bâtis avec tant d'art, et liés d'un ciment si fort, qu'il est impossible d'en rien détacher sans une extrême violence. Les uns sont plus larges et plus spacieux que les autres ; et quoiqu'ils viennent de divers endroits, il est évident qu'ils tendaient tous à une même fin. Ils portaient ces eaux dans Vienne, où ils les distribuaient de la manière que nous avons déjà observée. C'est une chose digne d'être admirée, qu'il y en a de si hauts et de si larges, que plusieurs peuvent s'y promener facilement de front ; et certes on en a accommodé à cet usage auprès de Pipet, dans des vignes, où ils tiennent lieu de tout autre bâtiment. Mais c'est une plus grande merveille, qu'il y en avait qui pénétraient du côté du nord ce solide massif, sur lequel est assis le château de Pipet, quoiqu'il soit si haut et d'une telle largeur qu'il a mérité d'être appelé le Mont-Artificiel. Ils perçaient de l'autre côté vers le midi, bien que le lieu de leur issue soit entièrement inconnu. Je me figure qu'ils portaient de ce côté l'eau nécessaire à l'amphithéâtre qui était au-dessous, au temple de Mars, aux bains et aux naumachies. Mais des plus grands et des plus considérables, les uns passaient au travers de la ville, et avaient leur embouchure dans le Rhône un peu au-dessous du pont où elle est encore visible, et les autres fléchissaient vers le septentrion, pour l'usage du palais impérial qui occupait cette éminence, qui l'est aujourd'hui par la maison des pères de la compagnie de Jésus, et par le couvent des pères capucins. On en voit un très-entier dans le bas jardin de ceux-ci ; il passe au-dessous de l'église, et de là il descend en bas où il rendait les eaux qui lui restaient à des bains dont les masures méritent d'être vues, dans une maison contiguë au pont de Saint-Martin. Ils étaient divisés en tant de rameaux, soit pour arroser Vienne, soit pour la nettoyer, qu'elle ne mérite pas moins que Rome le nom de ville suspendue, que Jules Frontin a donné à cette reine du monde. Néanmoins je ne saurais me persuader qu'il soit vrai, comme le veut un sentiment mal appuyé que l'on fait passer pour une tradition, qu'une certaine voûte souterraine ne descend pas seulement du château de Pipet jusqu'au Rhône, mais qu'elle passe aussi jusqu'à l'autre rivage, sous les montagnes de ses eaux. Qui pourra se l'imaginer, si l'on fait tant soit peu de réflexion à l'impétuosité de cette rivière et à la profondeur de son canal, outre qu'il n'en paraît plus de laquelle on puisse présumer rien de pareil ; et quel moyen de croire que l'on eût négligé le souvenir d'une chose si digne de la mémoire de tous les siècles.

CHAPTRE VIII.

Chapelle de Saint-Michel. Place et fontaine de Jovenet. Origine de ce nom.

L'ARCHANGE saint Michel s'étant fait voir sur le mont Gargan, dans la Pouille, cette apparition a été si célèbre parmi les chrétiens, qu'il y a peu de ville illustre qui n'ait érigé quelque monument pour en conserver la mémoire, et exciter la dévotion de ses habitans envers cet invincible protecteur du christianisme, et du royaume de France qui en est la gloire et la force. Celle-ci que nous décrivons, porte ses vœux et ses prières, une fois chaque année, sur cette éminence, qui est à son entrée de ce côté, et à main gauche, où est une ancienne chapelle dédiée à saint Michel par cette même considération. Elle n'est pas fort spacieuse, mais elle est voûtée et d'une structure où il n'y a rien à reprendre (1).

---

(1) Cette petite chapelle, située au-dessus de l'emplacement du temple élevé à Mars et à la Victoire, n'aurait-elle point remplacé le culte de Mercure? Les chrétiens attribuaient les fonctions de celui-ci à l'archange Michel, l'un et l'autre étaient chargés de conduire les âmes dans le séjour des morts. Les païens, en construisant un *sacellum* à l'honneur de Mercure, immédiatement au-dessus d'un temple à Mars et à la Victoire, n'auraient-ils point eu la pensée de représenter, sous le voile de l'allégorie, le résultat des victoires!... qu'elles coûtent la vie à un grand nombre de braves?

Une statue de saint Michel était placée sur la façade de l'église de Saint-Maurice, entre la porte du nord et celle du milieu. Elle a été brisée, mais on voit encore au bas de l'endroit qu'elle occupait, la queue du dragon et les bassins d'une balance contenant des têtes d'enfans, symbole des âmes. C'était aussi pour les chrétiens une allégorie frappante.... que l'on ne parvient au séjour des bienheureux que par de bonnes actions, et qu'elles sont pesées dans la balance de l'équité.

La place de Jovenet ou de Juvenet, car ces deux noms lui sont également communs, est plus avancée dans la ville à la main gauche de la grande rue qui descend vers la halle. Comme ce lieu est élevé, et que la difficulté d'y creuser des puits ne pouvait qu'être suivie de beaucoup d'incommodité pour le public, ou de dépense pour les particuliers, il fut résolu, l'an 1622, que l'on y ferait une fontaine, et cette publique délibération fut mise à effet en même temps. Cette fontaine sert aux nécessités publiques, et contribue aussi à la publique décoration. Ce lieu a été autrefois célèbre par quelque bâtiment plus noble et plus remarquable. Les Romains qui avaient déifié presque toutes choses, consacrèrent aussi la Jeunesse sous le nom de *Juventus*, ou comme le veulent Louis Vives et Charles Sigonius, de *Juventas*. Servius Tullius lui érigea un autel dans le Capitole; l'idole qui la représentait demeura ferme et immobile sur son autel, de même que celle du dieu Terme, lorsque Tarquin leur voulut faire changer de place en faveur de Jupiter. La résistance de l'un et de l'autre fut prise pour un heureux augure dont les Romains, qui n'aspiraient qu'à la gloire et à la fermeté de leur empire, flattèrent alors leur ambition. Leurs superstitions firent autant de progrès que leurs armes, de manière que les dieux qu'ils adoraient eurent aussi des autels et des temples dans les provinces de leurs conquêtes. La jeunesse en eut dans Vienne, et ce fut en ce lieu où elle reçut cet honneur; mais il n'y en reste d'autre témoignage que le nom que tant de siècles écoulés depuis ce temps-là n'ont pu encore lui ravir. Il se peut faire aussi que l'amphithéâtre s'étendait jusqu'ici, et que les jeux Juvenaux que Néron institua quand il se fit faire la barbe la première fois, se célébraient en cette partie qui occupait cette place, ayant passé des divertissemens privés du prince à une solennité publique. Les peuples s'y portèrent (pour l'obliger) avec tant d'empressement, ou pour mieux dire, avec tant de fureur, que ni l'âge ni la qualité n'étant une légitime excuse à personne pour se dispenser d'y paraître, on y vit même danser publiquement Ælia Catula, dame d'une des plus illustres maisons de Rome, et ce qui est encore plus étrange, âgée de quatre-vingts ans. Il est donc à croire qu'ayant acquis tant d'autorité dans Rome, ils ne furent pas négligés dans les provinces, ni par conséquent dans celle-ci qui était alors une des plus redoutables de l'empire par ses richesses et par ses peuples, et la plus célèbre de toutes par sa dignité.

CHAPITRE IX.

Monastère des religieuses de Saint-André-le-Haut. Son institution. Epitaphe de Julienne de Savoie. Inscriptions romaines. Couvent des religieuses de Sainte-Ursule.

Le monastère de Saint-André-le-Haut, dont nous avons déjà dit qu'Adon fait mention, est au nord de cette place; il reconnaît saint Léonien, qui vivait sous l'archevêque Avitus environ l'an 510, pour son fondateur, et ce lui est beaucoup de gloire d'être redevable de son origine à un si grand homme (1). Remilia Eugenia, fille d'Ancemond, y reçut long-temps après les premières teintures

---

(1) C'est à tort que Chorier place, page 362, le temple de Mars et de la Victoire au midi de Vienne, tandis qu'il n'y a aucun doute qu'il ne fût situé au nord de cette ville, et dans l'emplacement du cimetière actuel, à Saint-André-le-Haut. La charte par laquelle le duc Ancemont et sa femme donnent à leur fille Remile-Eugénie un fonds pour bâtir le monastère des religieuses de Saint-André, marque précisément que ce fonds était près du lieu appelé *Mars, damus cortilum hereditatis nostræ non longè à loco qui dicitur Martis.* A cette preuve on peut en ajouter une autre non moins puissante. En 1755 les religieuses faisant réparer un mur qui séparait leur jardin de la vigne, on trouva en creusant les fondations, une pierre sur laquelle était gravée l'inscription suivante :

MARTI EXCONTESSIVS
VSERV..... AEDIL

A Mars, Excontessius Verus Edile.

La chronique d'Adon dit positivement que ce temple était à l'orient de Vienne, au pied du mont Quirinal; on a tiré en 1817 de ce local plusieurs buses de colonnes en marbre blanc d'une très-grande dimension, et dernièrement encore on y a recueilli nombre de fragmens en marbre de colonnes, de chapiteaux, etc. Nous rapporterons ci-après une inscription relative à Drusus, fils de Tibère, trouvée dans ce même endroit.

de la vertu qui la rendit depuis si fameuse. C'est où elle fut élevée à la piété, et reçue à la profession religieuse et à la vie monastique sous la règle de saint Benoît. Il est certain que la noblesse ne cédait point en elle à la piété, et qu'elle était un excellent ouvrage de la nature et de la grâce. Mais ce monastère en a enfermé plusieurs depuis, qui lui ont été de temps en temps de nouveaux astres qui ont porté bien loin sa gloire que tant de révolutions si funestes n'ont pu éteindre. La royale maison de Savoie y a même contribué. Julienne, princesse de cette maison, y mourut l'an 1194, l'ayant gouverné long-temps en qualité d'abbesse. Son tombeau y fut trouvé, il y a quelques années, au milieu de quelques masures avec cette épitaphe.

✠ PRIDIE KAL. AVGVSTI OBIIT DOMINA IVLIANA ABBATISSA SANCTI ANDREE QVE HABEBAT DE PROPRIO FRATRIS SVI HVMBERTI COMITIS SABAVDIE ET DE PROPRIO AGNETIS SORORIS SVE GEBENNENSIS COMITISSE EQVINA ANIMALIA VIGINTI TRIA QVE DEDIT CONVENTVI HVIVS ECCLESIE VT IN DIE OBITVS SVI HABEAT CONVENTVS SINGVLIS ANNIS VIGINTI SOLIDOS AD REFECTIONEM MONACHARVM A. M. CENTESIMO LXXXXIV.

Les os de cette illustre abbesse ont été déposés

en une chapelle dédiée à saint Joseph, dans le couvent même, ayant été tirés de leur premier tombeau composé d'une pierre creusée. Du moins on ne les a pas séparés de cette inscription qui apprend quel honneur leur est dû, quoiqu'il leur soit refusé par la rigueur de la clôture. Elle était fille d'Amé II, qui mourut l'an 1153, et sœur de Humbert II, qui mourut l'an 1202, et d'Agnès, comtesse de Genève. Toutefois nul des historiens ne parle ni d'elle ni d'Agnès, si ce n'est que Paradin, par une erreur que cette épitaphe laisse sans excuse, donne à Humbert pour fille Agnès qui était sa sœur. Samuel Guichenon, mieux éclairé et plus fidèle que tous ceux qui ont écrit avant lui l'histoire et la généalogie de cette royale famille, n'a pas manqué de s'en servir à propos, car je la lui ai communiquée. Elle n'est devenue publique que par le soin que j'ai eu de la tirer des ténèbres où l'on peut dire qu'elle est présentement.

Ce monastère, qui peut passer pour un des plus illustres de France, comme l'on ne peut mettre en difficulté qu'il ne soit l'un des plus anciens, est d'une étendue qui cède à peu d'autres (1). Avant que par la loi de la clôture d'autant de personnes libres on eût fait autant de prisonnières, néanmoins

---

(1) Marguerite de Savoie, fille de Louis, baron de Vaud, et de Jeanne de Montfort, contracta un second mariage dans cette abbaye, l'an 1309, avec Simon de Sarrebruche, seigneur de Commercy.

plus dignes d'admiration que de pitié, ces religieuses assistaient à toutes les processions générales; et je ne sais pas si l'exemple de leur modestie, visible et accessible à tout le monde, ne faisait plus d'impression sur les esprits, à l'avantage de la religion, que leur vertu, quoique forte et solide, n'en peut faire dans l'obscurité et dans la solitude. Il a souvent été ruiné, et le feu n'a pas épargné cette maison sacrée, non plus que les autres les plus profanes de cette ville, dans plusieurs embrasemens publics qui l'ont réduite en cendre tant de fois. Il est vrai que peu à peu il s'est relevé de ces ruines. Son église, digne d'être vue, témoigne assez par la beauté de sa construction, la dignité de ce monastère et la grandeur de ses fondateurs. Elle est entièrement voûtée; et rien de ce qui pouvait lui donner de la grâce pour plaire aux yeux, et de la force pour résister au temps, n'y a été négligé. Il n'y paraît pourtant aucune marque de beaucoup d'antiquité, n'y ayant ni tombeau ni inscription qui puisse attacher sur soi les yeux des savans et des curieux; et l'on voit seulement à son entrée un tombeau d'une pierre solide, et au-dessus une niche où est l'épitaphe de Guillaume du Palais, de sa femme et de son fils, que je n'ai pas jugé digne de paraître ici (1).

---

(1) L'église, le monastère et l'enclos, tout a été vendu en détail pendant la révolution; une partie du jardin et de la vigne seulement ont été converties, il y a quelques an-

La terre ayant été ouverte en divers temps dans l'enceinte de ce monastère, dans le jardin et dans les cloîtres, on y a trouvé plusieurs témoignages de beaucoup d'antiquité. Ils ont été méprisés; et ces deux inscriptions, que quelques-uns des plus curieux du dernier siècle ont eu le soin de nous conserver, sont seulement venues jusqu'à nous.

1.

SIG. GENII
NVMERIVS

---

nées, en un cimetière public. L'on pourrait l'agrandir encore jusqu'au-dessous de Pipet, et lui donner une forme plus régulière. On doit établir sur la rampe du jardin un chemin qui conduira du faubourg Saint-Martin à la porte de Saint-Marcel. Ce percé, qui procurerait une communication importante, sera sans doute accueilli avec empressement.

Je ne puis me dispenser de répéter ce que j'ai dit ailleurs sur l'état d'abandon dans lequel les habitans de Vienne délaissent les cendres de leurs pères. Cette négligence contraste avec leurs mœurs et leur esprit. Rappeler souvent la mémoire de ceux qui ne sont plus, décorer leurs tombes de fleurs, d'arbustes et de tous les symboles de l'amitié, s'entretenir de leurs bonnes actions, chanter leurs louanges, fréquenter leur dernier asile; ce sont là autant d'actes qui révèlent des cœurs sensibles, reconnaissans et pleins d'affection. C'est dans son respect pour les morts qu'un peuple donne la juste mesure de son caractère et de ses inclinations.

EVPREPES
MAGIST
ASTIFEROR
D   D

2.

VENONIAE IVRILLAE
D   M. SERGIVS OCTAVIVS   M
MATRI SANCTISSIMAE

 La première est gravée sur une colonne ronde, qui s'est depuis égarée. L'opinion que nous sommes accompagnés dès notre entrée à la vie, de deux intelligences différentes, dont l'une nous porte au bien, et l'autre nous en éloigne, est si ancienne que tous les siècles l'ont publiée, et si vraisemblable que toutes les religions l'ont persuadée. Les Romains les appelaient les Génies, parce que ces esprits s'attachent à nous suivre dès le moment que nous sommes engendrés; et il n'est pas nécessaire de parler ici de l'entretien de Brutus avec son mauvais Génie, avant la bataille où il fut défait. Ils attribuaient presque toutes leurs actions à leur Génie, c'est-à-dire aux fortes pensées qu'il leur inspirait; et ce que nous appelons suivre son Génie, est encore une preuve de cette ancienne créance, dans une nouvelle et plus pure religion.

C'est pourquoi ils rendaient des honneurs divins à ces Génies, ils leur dressaient des autels, et leur consacraient des statues qu'ils exposaient sur des colonnes à la vénération publique. Ainsi Numerius en avait planté une au sien sur cette colonne, et peut-être pour avoir évité quelque danger à la guerre, car la qualité qui lui est donnée de *Magister Astiferorum*, ne nous permet pas de douter qu'il n'y eût de l'emploi. Comme Socrate donnait à l'esprit, qu'il disait lui être familier, la gloire de tous les biens qu'il se procurait lui-même par sa sagesse, et de tous les maux qu'il évitait par sa conduite, la plupart des autres hommes s'en croyaient aussi redevables à leurs Génies. Ceux qui étaient armés d'épieux et de javelines, avaient le titre d'*Hastati* dans l'ancienne milice romaine, et avant le temps de Végèce, qui vivait sous l'empire de Valentinien III, à qui il dédia son ouvrage de l'Art militaire. Ce sont les mêmes qui sont nommés *Lanciarii* en divers endroits de la notice de l'empire romain, et *Astiferi* en cette inscription. Leur chef y a le nom de maître, et personne n'ignore qu'il ne fût propre à plusieurs des commandans parmi les Romains, comme il est présentement parmi nous.

Les religieuses de Sainte-Ursule sont voisines de celles de Saint-André. Leurs maisons ne sont séparées que par une rue, et toutes également sont dignes d'un particulier respect. Pouvaient-elles choisir de meilleurs ni de plus fidèles guides, pour s'élever au plus haut faîte de la vertu, que de marcher sur les pas de Jésus-Christ : celles-là sous la conduite de saint Augustin, et celles-ci sous celle du grand saint Benoît.

Celles de Sainte-Ursule furent appelées dans Vienne par les désirs de Huguette de Malemort, accompagnés de ses libéralités, et suivis quelques années après de tous les vœux de ce peuple. Elles les méritèrent d'abord par les exercices de leur piété, leur institut les attachant particulièrement à former les mœurs des jeunes filles, et à leur enseigner, par leurs paroles et par leurs exemples, la probité si nécessaire à ce sexe pour l'instruction et pour le bonheur du nôtre. Cette dame leur acheta premièrement une maison l'an 1615, dans la rue des Peaux-Belles ou de la Pelléterie, car ces deux noms lui sont communs. Ayant ajouté depuis à ce bienfait, elle leur facilita le moyen de se loger plus commodément; et la ville, en corps, après avoir reconnu combien leur établissement lui était avantageux, en rendit le témoignage public, l'ayant approuvé et confirmé l'an 1622, dans une assemblée générale, avec une satisfaction qui ne le fut pas moins (1).

---

(1) Jerôme de Villars autorisa cet établissement, utile pour l'éducation des jeunes filles, par son ordonnance du 5 juin 1619. Deux sœurs venues de Grenoble le commencèrent. L'acte de clôture est du 29 juin 1636. Le monastère, l'église, tout a été vendu pendant la révolution.

CHAPITRE X.

Collége des pères de la Compagnie de Jésus. Tombeau de l'archevêque Pierre de Villars, et son épitaphe. Statue ancienne. Fioles antiques dignes de remarques. Pierre de marbre. Paroisse de Saint-Blaise. Les bonnes lettres enseignées dans Vienne auparavant. Eloge d'Antoine Poursan, principal du collége de Vienne. Maison des Epies pour les pestiférés.

Le collége des pères de la Compagnie de Jésus est au nord de ce couvent, et la rue de la Chévrerie les sépare. Il est composé de trois grands corps, suivant le plan dressé par Martelange l'an 1607, et mis en œuvre les années suivantes. Certainement cet ordre a agi si puissamment dans cette ville pour les intérêts de la piété et de la science, que dans les sentimens des justes estimateurs une dépense de quatre cent mille livres que lui coûte cet édifice, ne saurait la bien acquitter de ce qu'elle lui doit. Il n'est pas achevé, et les fondemens de son église, qui ne peut répondre au dessin que j'en ai vu sans être parfaitement belle, ne sont pas même jetés (1). Elle sera opposée au couvent des

---

(1) L'église sert maintenant de succursale. On voit sur l'autel un tableau représentant l'adoration des rois qui est estimé. On assure qu'il a été donné par un des Villars, archevêque de Vienne, à l'abbaye de St-André-le-Haut, pour la dot d'une de ses sœurs qui y fit profession. Chaque dot était alors de trois mille livres.

religieuses de Sainte-Ursule, au jour duquel elle nuira autant par son élévation qu'elle donnera de lumière à ce collége par l'achèvement de ce grand ouvrage. Une chapelle voûtée, qui sera jointe à plusieurs autres, y est cependant une arrhe de la promesse publique pour la construction du reste. Elle est le mausolée de Pierre de Villars, prédécesseur de Jérôme en l'archevêché de Vienne, et le monument qui couvre ses cendres y en est un de son amour envers cet ordre si utile aux sciences et si nécessaire à la religion. Cette inscription y est gravée pour apprendre à la postérité les respects qu'elle doit à la mémoire de ce grand prélat. Il parle lui-même dans les sentimens d'humilité et de piété qu'il a toujours eus pendant sa vie, et qui l'ont si fort élevé au-dessus de lui-même en l'abaissant si profondément.

HIC PETRVS IACEO EX NOBILI ET ANTIQVA VILLARIORVM GENTE CIVIS LVGDVNENSIS THEOLOGVS PARISIENSIS EPISCOPVS MIRAPICENSIS PRIMVM DEMVM ARCHIEPISCOPVS VIENNENSIS NATVS V. NON. MART. MDXLV OBII XV CAL. SEXTIL. MDCXIII DIXI SCRIPSI EGI PERPAVCA AD DEI GLORIAM AT PLVRA HEV NIMIS DELIQVI SISTE ERGO VIATOR ALIQVANTISPER PIISQVE TVMVLVM NOSTRVM PREMENS GENIBVS NVMEN TVI MEIQVE

CAVSA VENERATOR IDEM PIETATIS BE-
NEFICIVM VITA FVNCTVS A POSTERIS
RECEPTVRVS VIVE INTERIM VALE AGE
FELICITER.

HIERONIMVS DE VILLARS ARCHIEPISCO-
PVS ET COMES VIENNENSIS FRATER MOE-
RENS FRATRI AMANTISSIMO AMORIS MO-
NVMENTVM. P.

Ce prélat a été un des plus grands personnages de son siècle ; son savoir et sa probité l'ont fait estimer durant sa vie, et révérer après sa mort. Il a donné au public des ouvrages excellens, qui sont des témoignages de l'un et de l'autre. Il passa ses jours dans l'étude des bonnes lettres, et dans des exercices continuels de piété, et ne voulut jamais avoir de commerce qui le divertît ni qui le détachât de celui qu'il avait contracté avec les vertus et avec les sciences. Il disait aussi qu'il fallait qu'un vrai prélat fût chaque jour à l'autel, souvent dans la chaire, et jamais dans les assemblées de divertissement pour indifférent qu'il fût. Enfin nous ne saurions le mieux dépeindre que par l'éloge que nous lui avons donné ailleurs. *Si mores consideres spectesve diligentius ex Angelo credas hominem factum aut utrumque simul coalescens hominis Angelique genus sub tertia quadam specie Petri vocabulo esse vocatum. Ea quippe castitatis gloria fulsit, ut purus naturâ videretur magis quàm studio, felix qui studio ita profecit, ut studio non videatur indiguisse.*

Le jardin de cette maison avait, il n'y a guère plus de vingt ans, en une statue de marbre blanc, plantée sur une fontaine qui lui tenait lieu de base et de piéd'estal, un ornement qui n'en était pas un médiocre à cette ville. Elle est travaillée avec tant d'art qu'il est impossible de la voir sans l'admirer. Elle représente un jeune homme nu assis sur un tronc d'arbre, et qui semble se tirer une épine du pied droit qu'il appuye sur le genou de l'autre jambe : elle fut trouvée dans les ruines de l'ancien palais des empereurs, dont le jardin s'étendait jusqu'ici ; et ceux qui avaient alors le gouvernement de cette ville, crurent qu'ils ne pourraient jamais lui assurer plus fidèlement ce précieux gage, qu'en le laissant comme en dépôt dans ce lieu. Mais leur pensée a été trompée par celle qu'eut, il y a quelques années, un recteur de ce collége d'obliger le maréchal d'Effiat, alors surintendant des finances, qui l'ayant vue témoigna de l'estimer. On lui en fit un présent qu'il reçut avec joie, comme il l'avait souhaité avec passion, et en même temps il l'envoya à Chilly pour y être un nouvel enrichissement à sa superbe maison. Quand on travaillait à la construction de ce collége, plusieurs autres monumens dignes de remarque furent tirés du sein de la terre et du milieu de prodigieuses masures qui les tenaient ensevelis. On a gardé jusqu'à nos jours quelques restes de frises, de corniches et d'architectures de marbre blanc travaillées avec tout l'art dont la sculpture est capable ; mais diverses fioles qui furent trouvées en certaines loges voûtées faites exprès, ont été dissipées, quoiqu'elles fussent dignes de plus de soin, de même que de plus d'estime. Avant que la religion chrétienne eût condamné et aboli la coutume de brûler les corps des morts, comme ils étaient sur le bûcher leurs, plus proches tâchaient de rendre visible au peuple assemblé leur tristesse et leur douleur. Outre les Nénies qui étaient chantées aux environs par des personnes destinées à cela, et payées pour le faire du ton le plus lamentable qu'elles pouvaient, ils ne négligeaient rien pour se provoquer eux-mêmes à verser des larmes. Mais ç'aurait été les trop profaner de les répandre sur la terre, et de les exposer à la honte d'être foulées aux pieds de la multitude accourue à ce spectacle. On les enfermait dans de petites fioles de verre, dont l'ouverture était après cela si bien bouchée, qu'il n'était plus possible de remarquer par où elles étaient passées. Elles étaient de différentes figures, et leur nom fut celui de Favilles, à cause que comme la cendre du bûcher consommé par le feu, qui a le même nom chez les Latins, couvrait des charbons allumés et du feu ardent, de même elles contenaient ces larmes comme des restes sensibles d'une ardente amitié envers la personne dont le corps avait été dévoré par les flammes. Ce ne fut pas une merveille peu surprenante de voir du feu et de l'eau en l'une de celles qui furent trouvées en ce lieu, sans que dans cette contrainte un art qui nous est présentement inconnu, leur permit d'exercer l'inimitié naturelle qui les porte si irréconciliablement à leur ruine réciproque. Ce que l'on a publié de la lampe incombustible de Maximus Olibius, n'a rien qui lui puisse acquérir le droit d'une juste comparaison avec ce miracle. Cette faville ayant été à peine bien considérée, le petit nombre des savans fut contraint de céder à celui des autres qui était le plus autorisé, quoiqu'il fût le moins éclairé ; et la négligence de ceux-ci donna la liberté aux principaux intéressés dans cet ouvrage, d'envoyer ces rares curiosités jusqu'en Espagne et en Italie. Le cabinet du duc de Lerme, et ceux de quelques cardinaux furent enrichis de ce trésor qui méritait que nous ne consentissions pas si facilement à sa perte.

Ce collége, qui ne cède en beauté à nul autre qu'aient en France les pères de la Compagnie de Jésus, compose une île presque carrée : elle était autrefois remplie de plusieurs maisons ; mais il faut avouer que celle-ci contribue plus toute seule à la beauté et au bonheur de cette ville, qu'elles ne pouvaient contribuer ensemble à sa force et à la commodité de ses habitans. Le corps de la ville les ayant achetées, elles furent démolies ensuite des conventions faites le 7 juin 1605, entre le père Louis Richeome et les consuls de cette année, pour l'établissement de cette sainte et savante Compagnie dans Vienne. Les honnêtes gens, à qui l'intérêt de leur patrie était cher, avaient souhaité cet avantage long-temps auparavant ; mais il ne fut accordé à leurs désirs que l'an 1604, Henri-le-Grand l'ayant permis par ses patentes du 28 du mois de février de cette même année. Elles furent vérifiées le mois d'avril suivant, au parlement et en la chambre des comptes de Grenoble; et ce grand dessein fut enfin achevé par le contrat authentique qui fut fait entre les intéressés le même jour de ces conventions. Il fut traité alors pour sept classes, et le titre qui fut donné à collége établi dans la principale et la plus noble ville du Dauphiné, ne fut aussi que celui du collége du Dauphin. Le père Claude Aquaviva, général de cet ordre, confirma ce contrat par son approbation du 15 du mois d'août de la même année. Néanmoins l'institution de la jeunesse avait déjà été commise à ces excellens ouvriers des bonnes mœurs dès l'année précédente, qu'ils ouvrirent cinq classes le 29 du mois d'octobre sous la direction du père Michel Coissard, estimé en ce temps-là à cause de sa probité et de ses poésies chrétiennes. Il fut le premier recteur de ce nouveau collége, le père Richeome l'ayant jugé aussi capable que digne de cet emploi. La philosophie ne commença à y être enseignée, quoi qu'il fût fondé pour sept classes, que l'an 1617; et pour l'obtenir, il fallut ajouter six cents livres, par un nouveau traité du 26 de septembre de cette année, à la pension annuelle de quatre mille livres promise par le premier contrat. Il est vrai que cette pension est présentement éteinte, parce que l'on a procuré l'union à ce collége de deux bénéfices importans, qui sont le prieuré de Salèze et celui de Notre-Dame-de-l'Ile. Outre que les consuls de cette ville ayant acquis un domaine assez spacieux l'an 1606, ils le lui avaient déjà remis en déduction d'une partie de cette pension qu'ils lui devaient dès l'année 1612. C'est un lieu de divertissement qui n'est connu que sous le nom de Saint-Ignace, à un quart de lieue hors de Vienne, et en un endroit solitaire, et par conséquent ami des muses et de ceux qui les aiment (1).

Ce n'est pas qu'auparavant les bonnes lettres fussent négligées dans Vienne; elle n'a jamais produit des esprits assez barbares pour souffrir qu'elles y fussent sans culte et sans honneur. Elles fleurissaient depuis plusieurs siècles dans le vieux collége qui est devenu une maison particulière, de laquelle nous avons déjà parlé. De savans hommes y étaient appelés de toutes parts; et toute considération cédant à celle de l'instruction de la jeunesse, des sommes notables étaient destinées chaque année pour les gages des professeurs. Le nombre n'y en a jamais presque été moindre de six ou de sept payés par le public, la prébende perceptoriale de l'église cathédrale de Saint-Maurice y étant aussi employée. Ainsi, tous les membres qui forment le corps de cette ville unissaient en cela leurs soins et leurs intentions, n'ignorant pas qu'il est d'autant plus nécessaire que la jeunesse soit portée aux bonnes lettres, que sans cette aide elle ne l'est pas si facilement aux bonnes mœurs. Le chef de ce

---

(1) Le père Claude Menestrier, historien de Lyon, a professé dans ce collége la rhétorique.

collége avait alors le nom de Principal, comme il a aujourd'hui celui de Recteur. Antoine Porsan, chanoine et théologal de Saint-Maurice, en eut la direction en cette qualité l'an 1601 et les deux années suivantes. Il s'est rendu célèbre par ses doctes écrits; et ce n'est pas un médiocre honneur à ce collége de pouvoir mettre au nombre de ses professeurs un homme qui a paru en celui des plus savans de son âge. Jean Fonton et Pierre Girard Mazenod lui succédèrent, et de leurs mains il passa en celles des pères Jésuites la même année qu'il leur avait été donné. Ce changement fut suivi d'une merveilleuse approbation, et l'utilité publique ayant vaincu la brutalité de quelques faibles esprits, cette satisfaction s'est rendue générale.

Le lieu destiné autrefois à loger ceux qui étaient frappés de la peste joint cette île; il a le nom des Epies, et ce n'est maintenant qu'un jardin. Il lui fut donné à cause de quelques échauguettes, ou, comme l'on parle présentement, de quelques vedettes qui regardaient au delà de la Jère vers le septentrion et vers l'orient. Une maison spacieuse et commode y commença à servir à cet usage l'an 1495 qu'elle fut achetée des deniers publics; mais l'an 1510 elle fut accrue de nouvelles chambres, et louée avec une vigne qui lui était contiguë, l'année suivante, sous le titre de l'Hôpital des pauvres infects. Enfin, ayant été réduite en cendres par un embrasement dont la cause fut ignorée, quelque temps après cette cruelle peste qui traita si mal cette ville, de même que le reste de la

France, l'an 1586, elle a changé de maître et a cessé en même temps de servir à un si triste et si funeste usage.

CHAPITRE XI.

Couvent des pères Capucins.

Le couvent des pères Capucins est au couchant de ce jardin, et rend vénérable, par les merveilles d'une humilité et d'une pauvreté détachée de toutes les pensées de la terre, le même lieu qui a été redoutable sous les derniers empereurs romains, à toutes les nations de l'univers, par l'orgueil des richesses et par la majesté de ce grand empire. Le palais impérial était élevé sur cette agréable éminence (1) ; en effet, ce lieu a gardé le nom de palais jusqu'à nos jours, et les archevêques de Vienne l'ont possédé jusqu'à ce que Jérôme de Villars en fit un présent aux pères Capucins qui lui sont redevables de leur établissement dans cette ville. L'archevêque Jean de Burnins, qui mourut l'an 1266, l'acquit, avec une partie du comté de Vienne, de Hugues de Vienne, seigneur de Pagny, et le

---

(1) Le palais des empereurs, après avoir été habité par les Capucins, est devenu la demeure des fabricans de draps.

laissa à ses successeurs qui en furent dès-lors les absolus propriétaires. C'est en cette qualité que celui que nous avons nommé y établit ces dévots religieux qui lui sont obligés d'une si noble libéralité. Il était encore alors environné de fortes murailles, car elles étaient épaisses de plus de cinq pieds là où elles l'étaient le moins. Elles formaient un pentagone; et le côté qui regardait le couchant était fortifié, en chacun de ses coins, d'une tour solide de quinze pieds de diamètre. Leur architecture n'était point différente de celle de ces anciennes tours qui paraissent encore au-dessous de Pipet, si bien qu'elles étaient l'ouvrage d'un même siècle. Mais elles avaient été démolies, et il ne leur restait pas la moitié de leur ancienne hauteur. C'est tout ce qui restait à ce lieu de sa première magnificence; les bâtimens que les premiers rois de Bourgogne avaient autrefois enfermés dans ces murailles, avaient cédé depuis plusieurs siècles à la violence des hommes, de même que sous le grand prélat saint Mamert, ceux que les Romains y avaient élevés n'avaient pu résister à celle du feu. Et ces murailles mêmes, que tant de siècles avaient épargnées pour laisser en elles à cette ville une marque de ce qu'elle avait eu de grandeur et de dignité, ont été renversées seulement parce qu'elles avaient peu de rapport avec cette profonde humilité que saint François recommande à ses disciples, lorsqu'il leur défend de loger dans des maisons qui soient accompagnées de rien de magnifique ni de superbe. Les masures qu'on a trouvées en divers temps dans leur enceinte, les colonnes de marbre, les chapiteaux, les frises et les corniches, et tant d'autres restes des bâtimens qu'elles embrassaient, apprennent assez quelle était leur beauté et quelle était leur magnificence. On y voit encore un aqueduc souterrain qui, venant du côté de Pipet, descend vers le pont de Saint-Martin, où paraît son embouchure dans la maison qui joint ce même pont, du côté du levant. Il est remarquable par sa hauteur et par sa largeur, mais encore plus particulièrement par une bordure qui le ceint des deux côtés à la hauteur d'environ cinq pieds. Elle est de pierres fort unies qui s'avancent hors d'œuvre ; et il serait bien mal aisé de juger si elle a été ajoutée à cette sorte d'ouvrage, où l'on n'en voit pas ailleurs, pour y tenir lieu d'ornement, ou pour y servir à autre chose qu'à la simple grâce de la structure.

Des neuf couvens qu'a cet ordre dans le Dauphiné, celui-ci est le plus ancien. L'établissement de ces bons religieux, accordé à cette ville dès l'année 1600, fut commencé le 11 du mois de juin de l'année suivante, par une cérémonie qui donna lieu à ce grand archevêque, qui les avait désirés, de faire paraître son amour envers eux, et son zèle envers Dieu. C'était le lendemain de la fête de Pentecôte : il bénit dans l'église de Saint-Maurice une croix de bois qui devait être plantée au-devant du lieu qui leur était destiné, et s'aida lui-même à l'y porter. Deux jours après les fondemens de l'église furent ouverts, les noms de saint Jérôme et de saint François ayant été gravés en la première pierre qui y fut posée. Cet ouvrage de sa piété et de celle que son exemple avait allumée dans les cœurs du peuple Viennois, ne fut néanmoins achevé que l'an 1606. Frère Eustache de Grolée, qui, marchant sur les pas de ses ancêtres, avait suivi la profession des armes avec tant d'honneur qu'il s'était rendu redoutable, par son courage, aux plus déterminés, et par sa conduite aux plus vaillans, ayant renoncé aux vanités et à la gloire, s'était jeté dans cet ordre quelques années auparavant, pour entrer plus parfaitement dans l'abnégation de soi-même, et pour s'abîmer avec plus de force dans son néant. Il fut un de ceux qui travaillèrent le plus utilement à cette œuvre, et par les soins et les mains duquel il est vrai qu'elle fut portée bien plutôt à sa perfection, qu'elle ne l'aurait été. Donc, le jour de la fête de saint Jérôme, Jérôme de Villars consacra et bénit cette église et ce couvent sous le titre de saint Jérôme et de saint François. Tant qu'il a vécu les pères Capucins ont eu en lui un bienfaiteur qui ne s'est jamais lassé de leur faire du bien, non plus que de bien faire. Aussi leur reconnaissance n'est pas morte avec lui; ils respectent sa mémoire, et celle de ses bienfaits, toujours présente à leur esprit, est un exemple aux bons, et fait un reproche aux autres. Le cœur de ce prélat et celui de Pierre de Villars son prédécesseur, rare oncle d'un si rare neveu, furent déposés au-devant du grand-autel dans le cœur de l'église. Ils sont couverts d'un marbre blanc où cette inscription est gravée. S'étant donnés comme ils ont fait à cet ordre, ils sont eux-mêmes la parole qui, à défaut de toute autre, explique, après leur mort, assez avantageusement leurs pensées en faveur de ce qu'ils ont tant estimé durant leur vie.

FRATRVM. PETRI. ET. HIER. DE. VILLARS. ARCHIEP̄. VIENN. CORDA. HIC. SEPVLTA IACENT.

CHAPITRE XII.

Prieuré de Saint-Blaise. Rue du Bordel public.

Ainsi, cette agréable éminence est consacrée aujourd'hui au culte divin par tant de maisons religieuses, comme autrefois elle semblait l'être à la vénération des puissances de la terre avant que Vienne déchût de sa gloire. Jetons les yeux devant que d'en descendre, sur des masures maintenant peu visibles du prieuré de Saint-Blaise, et sur une rue voisine qui a le nom bizarre de la rue du Bordel. Le prieuré de Saint-Blaise dépendait de celui de Saint-Martin, et par conséquent de l'ordre de saint Ruf. L'église n'en était pas encore entièrement ruinée l'an 1566, mais elle l'est présentement à ce point qu'on ne saurait marquer assurément où elle était. Du moins nous sommes certains qu'elle n'était pas éloignée du lieu qu'occupe celle des pères Capucins. Elle était aussi une des paroisses de cette ville, le titre lui en est donné par divers documens que j'ai vus, et ils ne souffrent point que je doute que les fonctions n'y en aient été exercées durant quelques siècles. Toute cette éminence était même, à cause de cela, nommée Saint-Blaise de la Rochette, et particulièrement ce que la maison des pères de la Compagnie de Jésus en occupe. Dans Rome les choses nécessaires à l'entretien de la vie étaient exposées en vente en des places différentes : les Latins les appellent *Fora*, et nous marchés. Il y en avait entr'autres dans la septième région, ou, comme nous parlons maintenant, dans le septième quartier de cette royale ville, une destinée à la vente des pourceaux, que les anciens nomment *Forum suarium*. Dans Vienne le lieu où se faisait ce commerce était une place voisine de ce prieuré, et il était défendu, à peine de cent sous, d'en embarrasser d'autre endroit. Le voyeur, avant que cet office fût uni au consulat, était particulièrement chargé par des règlemens du 1er de janvier 1577, de prendre garde que cette ancienne coutume fut exactement observée.

Je ne sais par quelle rencontre la vente publique des boucs et des chèvres se faisait si près de la rue où ces malheureuses, nommées par les anciens *scorta, prostibula et lupæ*, vendaient publiquement l'usage de leurs corps. La rue du Bordel (1) répond

---

(1) On l'appelle aujourd'hui rue des Dames de la Misé-

à celle de la Chèvrerie, et presque au même lieu où le paysan vendait ses chèvres, la louve se vendait elle-même. Avant que les bonnes mœurs et les ordonnances de quelques-uns de nos princes eussent défendu si étroitement cette publique prostitution, les villes bien policées avaient presque toutes des lieux écartés dans l'enceinte de leurs murailles où ces femmes débauchées étaient comme reléguées, sans qu'il leur fût permis d'exercer ailleurs cette honteuse profession. Je dis profession, parce qu'il est vrai qu'elles étaient obligées chez les Romains, et depuis chez les peuples qui ont suivi leurs lois et leurs coutumes, de déclarer qu'elles se dévouaient à cet infame genre de vie, de consentir que leurs noms fussent écrits dans les registres publics au nombre des femmes publiques, et enfin de changer d'habits et d'habitation. D'abord elles étaient chassées de la conversation des honnêtes femmes, il ne leur était plus permis de paraître que dans ces lieux publics, que Tertullien appelle si ingénieusement *consistoriu libidinum publicarum*. Cette rue était infectée par les ordures de

---

ricorde, à cause d'une société de filles pieuses qui s'y était établie en 1679, pour quêter et distribuer aux pauvres honteux les aumônes qu'elle recevait: les demoiselles Thevenin et de Sauvignes en furent les fondatrices; elles donnèrent, dans cet objet, une maison dont l'entrée est sur la place des Capucins, et obtinrent, le mois de juillet 1680, des lettres-patentes qui autorisèrent cette institution de bienfaisance. A la révolution les bâtimens ont été vendus.

ce libertinage, et le nom de Bordel qui la déshonore en est une marque infaillible. Ce n'est pas que le Bordel n'ait été parmi les Romains une chose si peu blâmable, que souvent les plus honnêtes gens, comme les nomme le jurisconsulte Ulpien, en établissaient dans leurs fonds propres. Ils les peuplaient de femmes et de filles nées dans la servitude, et il leur en venait un double profit. Ce qu'elles gagnaient, et si elles devenaient grosses, les enfans dont elles accouchaient appartenaient à leurs maîtres qui disposaient avec liberté de l'un et de l'autre; et cela étant, cette sorte de négociation, pour parler comme les jurisconsultes, n'était que fort avantageuse. Mais notre politique a aujourd'hui beaucoup plus de pureté, quoique nos mœurs en aient moins. Elle ne souffre rien de pareil, et si la chasteté a autant d'ennemis secrets qu'elle en eût jamais, du moins il n'en est point qui ose se déclarer contre elle, ni lui faire la guerre ouvertement. L'ordonnance de saint Louis, qui veut que l'on chasse des villes ces misérables, qu'elle appelle *Ribaudes*, est soigneusement observée parmi nous, et il est peu de ville dans la chrétienté où les vices aient moins d'amis ou de protecteurs, ni où ils trouvent sitôt leur récompense dans leur infamie et dans la haine publique.

CHAPITRE XIII.

Rue de Cuvières. Religieuses de Saint-Bernard. Poids public. Pierre du Baccon, origine de ce mot. Inscriptions romaines.

Descendons de cette éminence vers la rue de Cuvières et le pont Saint-Martin. Le nom de Cuvières n'est pas nouveau, et il était connu dès l'an 1193 comme on apprend d'une inscription de ce temps-là, que l'on lit encore dans l'un des cloîtres de Saint-Maurice. On croit que les cuves des tanneurs, disposées le long de la Jère pour la commodité de leur art, en sont l'origine. Toutefois il n'y a qu'environ cent ans qu'il était particulier à cette petite ruelle qui mène à des moulins qui appartiennent au chapitre de Saint-Maurice ; quoi qu'il en soit, il est aujourd'hui commun à celle qui du pont de Saint-Sévère tend à celui de Saint-Martin.

Le couvent des religieuses de Saint-Bernard en est le principal honneur. Elles vivent dans l'observance d'une règle si sainte, et la gardent si saintement, que ce n'est pas un médiocre bonheur à Vienne que le nombre de ces dévotes filles ait augmenté celui de ses habitans. Il lui fut procuré par les soins de quelques-uns d'eux, l'an 1631 ; et Louise-Marie de Pasquier, fille de tout le mérite dont sa profession et son sexe sont capables, en fit l'établissement (1). C'est parmi elles que règne la solide vertu, que la pureté est sur son trône, et que la grâce est visiblement le prix et la couronne des bonnes œuvres. La sainteté sévère y résiste aux dangereuses complaisances, et le voile qui cache les beautés de leurs visages porte insensiblement les plus profanes à l'admiration des grâces de leurs âmes et à l'amour de leurs vertus. Elles sont inaccessibles aux pensées les plus libres, et l'on est contraint de révérer ce qu'il n'est pas permis d'aimer. *Vera et tota et pura virginitas nihil magis timet quàm semetipsam*, dit Tertullien, *etiam fœminarum oculos pati non vult, alios ipsa oculos habet : confugit ad velamen capitis quasi ad galeam, quasi ad clypeum qui bonum suum protegat adversus ictus tentationum, adversus jacula scandalorum, adversus suspiciones et susurros et æmulationem, ipsum quoque livorem. Ipsa concupiscentia non latendi*, ajoute ce grand homme, *non est pudica, patitur aliquid quod virginis non sit, studium placendi utique et viris. Quantùm velis bona mente conetur. Necesse est publicatione sui periclitetur dùm percutitur oculis incertis et multis, dum digitis demonstrantium titillatur, dum nimium amatur, dum inter amplexus et oscula assidua concalescit.*

---

(1) Elles quittèrent un peu avant la révolution ce local pour aller s'établir sur le quai du Rhône, dans les bâtimens de St-Antoine.

Le poids public est établi dans cette même rue, et cet établissement y est sans doute plus commode qu'il ne pourrait l'être en nulle autre. Il n'a été premièrement institué dans cette ville que pour remédier aux désordres et aux abus qui se commettaient impunément dans les moulins ; et ainsi il n'a regardé dans sa naissance que les blés et les farines. Mais depuis il a commencé à servir généralement à toutes sortes de marchandises qui se débitent aux poids. Ce règlement est un des plus utiles dont nous soyons redevables à la prudence des siècles passés ; et je m'étonne des empêchemens qu'on lui a opposés durant plus de cent ans, avec une résistance aussi obstinée qu'injuste. Ce n'est pas une invention nouvelle ; et Gruterus nous apprend, par une inscription qu'il rapporte entre celles qu'il a recueillies, que le blé était pesé dans les villes de l'état romain, avant qu'il fût porté au moulin, et qu'il l'était encore au retour après avoir été moulu et réduit en farine. Si je n'avais pas dessein de faire un traité particulier du gouvernement politique de cette ville, je marquerais plus exactement le temps de cette institution, les motifs que l'on eut pour la désirer, et ceux qu'eut au contraire le clergé pour l'empêcher. Ce sera ailleurs que je parlerai plus à propos des lettres patentes de François Ier et de Henri II son successeur, des poursuites faites pour ce sujet au parlement de Grenoble, après que le conseil du roi lui en eût renvoyé la connaissance ; et enfin, que je dirai quelles furent les raisons qui obligèrent ceux qui n'agréaient pas cet établissement d'y consentir et de l'approuver, faisant céder leur intérêt particulier à l'intérêt public qui le désirait, comme autant nécessaire qu'utile.

ΠΑΧΟΣ signifie chez les Grecs une chose grasse, grosse et matérielle; et Παχυς, gros et gras. Baccon, qui est un mot fréquent dans la bouche du bas peuple pour dire un pourceau, peut tirer de là son origine, de tous les animaux domestiques celui-ci étant le plus lourd et le plus gras. On voit dans cette rue une pierre asssez large et longue, que le peuple nomme la pierre baccon, parce que c'est là où autrefois on avait coutume d'égorger ces animaux, n'étant permis à ceux qui en vendaient en détail d'en tuer ailleurs. Aussi y a-t-on imposé un certain droit qui appartient maintenant à la maison de Maugiron, qui l'a recueilli de celle de Moutléans, à laquelle elle a succédé.

Il n'y a plus rien de remarquable dans cette rue, ni qui puisse m'obliger à m'y arrêter plus longtemps, car ces deux inscriptions qu'on y voyait n'y paraissent plus.

I.

**IVL. EPICARPIA
DIS MANIBVS
IVLIÆ
THEAGENIDI
FIL**

2.

∴ PRONIVSA
∴ STVS FLAM

La première est l'épitaphe de Julia Theagenis, fille de Julia Epicarpia. J'ai déjà observé que Vienne a été peuplée de plusieurs familles grecques; cette inscription sert à la preuve de cette vérité. Les noms d'Epicarpia et de Theagenis sont grecs; l'un signifie féconde et abondante, Aristote s'en étant servi en divers lieux de ses ouvrages; et l'autre, qui est trop flatteur, veut dire engendré de Dieu, ou certes ce qui est d'une divine origine. Le Theagène d'Héliodore a du rapport à cette Theagenis, et l'un et l'autre au Διογενης d'Homère, et au *Disgeniti* de Virgile. Ce que je conjecture de la seconde, est qu'elle a été gravée à l'honneur d'Apronius, l'un des flamines consacrés dans Vienne à l'honneur d'Auguste. Je crois que c'est le même dont j'ai déjà parlé ailleurs, et qui fut consul dans Rome sous l'empire de Marc-Antonin. Si le temps eût été plus favorable à cette inscription, elle nous en aurait donné plus d'éclaircissement.

CHAPITRE XIV.

Le pont de Saint-Martin. Tour sur ce pont. Armes de Savoie et de Villars. Anciennes murailles de Vienne.

Le pont de St-Martin, sur la Jère, se présente à l'issue de cette rue. Il était fermé d'une tour carrée d'excellente structure; mais elle fut démolie entièrement l'an 1648, pour la commodité des deux maisons qu'elle appuyait vers l'orient et vers le couchant. On avait seulement accordé à la prière qui en avait été faite, qu'elle serait rasée à moitié, parce qu'elle offensait par sa hauteur le jour de ces maisons; et on s'apercevra un jour de la faute que l'on a faite en cette complaisance. Avant que le faubourg de Saint-Martin eût été renfermé dans les murailles de la ville, l'an 1390, la porte de Vienne, de ce côté, était celle de la Rochette, contiguë à ce pont; mais après qu'il eût été bâti, elle ne fut laissée ouverte que pour quelques usages particuliers des maisons voisines, et la porte publique fut élevée sur ce pont, et accompagnée de cette tour pour sa défense. Elle n'y était pas si inutile que l'on s'imagina d'abord sans en étudier l'importance. Les armes de l'ancienne maison de Thoire de Villars, si puissante autrefois dans la Bresse, étaient gravées dans une pierre au-dessus de la porte, et sur l'écu de Savoie d'où elle est issue. Les émaux y manquaient, mais il n'était pas difficile de les reconnaître au nombre des bandes et à la faveur de l'écu de Savoie. Villars portait bandé d'or, et de gueules de six pièces, et les armes pures de Savoie sont de gueules à la croix d'argent.

Vienne ne s'étendait point au delà de la Jère, ses murailles en suivaient le canal jusqu'au Rhône. Elles furent réparées et relevées de leur ruine l'an 1388; et depuis elles ont été négligées à ce point qu'il a été permis d'y appuyer à quiconque a voulu bâtir. Tellement qu'elles n'ont plus de marque de leur première dignité. L'état où elles sont présentement reproche aux siècles qui ont précédé le nôtre, et qui ont consenti si inconsidérément à cette publique honte, leur stupidité ou leur malignité.

Au reste ce pont, qui n'est composé que d'un seul arc, n'était que de bois l'an 1381, ayant été renversé par une crue d'eau de cette rivière quelques années auparavant. Guillaume Alby ou le Blanc, car cette famille a pris depuis ce nom, fit un legs, l'an 1387, d'une somme de deniers qu'il voulut être employés aux réparations qui y étaient nécessaires; et l'an 1395, Aimeric de Verfay, bailli et courrier de Vienne, et François de Costaing, l'un des consuls, agirent si puissamment, qu'ils portèrent le Corps de la ville, par leurs persuasions, à résoudre qu'il serait rebâti de pierres, comme il l'était avant sa chûte. Ce qui fut commencé le 15 de juillet de la même année, les pierres du premier pont, qui furent tirées du milieu de cette rivière, n'ayant pas médiocrement servi à ce nouvel ouvrage. Il ne fut achevé que l'an 1402, car cette année la croix de pierre qui y est encore debout, y fut érigée, et il y a apparence qu'elle a couronné cette œuvre si utile et si louable.

CHAPITRE XV.

Prieuré de Saint-Martin, de l'ordre de saint Ruf. Saint Nisier, évêque de Vienne; son tombeau. Tombeau de Silvanus. Inscription romaine. Ancienne étendue de Vienne de ce côté. Inscription touchant le concile de Vienne.

La première chose que l'on rencontre à la descente de ce pont, est l'église du prieuré de Saint-Martin. Saint Nisier, évêque de Vienne, la fit premièrement bâtir pour servir de mausolée à saint Martin, l'un de ses prédécesseurs. Il la lui consacra, et non à saint Martin, évêque de Tours, comme on le croit communément; il voulut y être lui-même enseveli, et y recevoir les derniers devoirs de la sépulture, tellement qu'elle est le sacré mausolée de l'un et de l'autre. Mais les désolations qu'elle a depuis souffertes, ayant ruiné le tombeau de ce grand prélat, ne se sont pas arrêtées-là, elles nous ont dérobé jusqu'à la connaissance du lieu où il lui avait été dressé. Ses successeurs ajoutèrent un monastère à cette église; et sous Cadeolde, dont le siècle a été le siècle d'or de l'Église de

Vienne, cent cinquante moines y vivaient dans une sainteté digne de leur temps, digne de leur bienfaiteur, et pour tout dire digne du Ciel. Les malheurs qui accablèrent depuis cette ville ayant répandu leur cruauté sur ce monastère, de même que sur les autres, il demeura enseveli dans ses ruines jusqu'à ce que l'ordre de Saint-Ruf l'en retira. Il est aujourd'hui un prieuré qui en dépend, et sans doute un des plus anciens de cet ordre. Du moins il est fait mention d'Isard, prieur de Saint-Martin, dans une charte de l'an 1152, par laquelle Guillaume, abbé de Saint-Pierre, donne à l'hôpital dont nous avons déjà parlé ailleurs, le territoire de la Chévrerie, *de Caprasia,* au delà du château de Pipet; et je ne sais pas si c'est le même Isard dont il est encore fait mention dans une autre charte de l'an 1180, en laquelle Isard, prieur de Saint-Martin, et Jean de Bevenay, qui y est qualifié son chanoine, sont nommés comme présens. Quoi qu'il en soit, cela suffit pour faire voir l'antiquité de ce prieuré, dont l'institution a suivi de si près celle de l'ordre qui le reconnaît pour son chef. Il est situé avantageusement; et quoiqu'il ne soit point d'une grande étendue, il ne laisse pas d'être parfaitement agréable. Six chanoines y sont entretenus par le prieur, qui est chargé de leur nourriture, étant au reste le maître et le directeur absolu des revenus de ce bénéfice sous cette condition (1). Il n'y a guère plus de quatre-vingts ans

---

(1) Depuis long-temps il n'y a plus de chanoines, c'est

qu'un tombeau élevé paraissait à l'entrée de l'église, et soutenait une colonne de pierre, à la cime de laquelle était une lanterne pareille à celle de saint Sévère et de saint Pierre, que nous avons décrite. On en trouva un autre, au commencement de ce siècle, dans l'église même, à la main droite du chœur, et c'est celui qui est maintenant à Sainte-Colombe, dans le jardin de Sainte-Claire, où Melchior de Fillion, procureur-général du roi au parlement de Grenoble, le fit porter quelque temps après. Il était couvert d'une pierre qui, ayant été levée, manifesta aux yeux du peuple accouru un spectacle merveilleux. Le corps de Silvanus Fortunatus y parut d'abord comme s'il eût été entier, ayant été facile d'en discerner chaque membre distinctement. Mais sitôt qu'on y eut porté la main, il tomba en poussière, et cette poussière ne fut presque plus perceptible, ce qui causa un second étonnement plus grand que le premier, ou certes plus fructueux, puisque l'on eut en cela une preuve que l'homme sortant du néant quand il entre dans la vie, semble rentrer dans le néant quand il sort de la vie. Nous avons rapporté l'épitaphe de ce Fortunatus dans la description de Sainte-Colombe, et elle nous apprend qu'auprès

---

simplement une paroisse desservie par un curé et un vicaire. L'église est moderne; à côté de cet édifice religieux est la maison Charvet, où ont été fabriquées les premières ratines de Vienne.

du lieu que ce tombeau occupait, on avait coutume de célébrer des jeux publics; et en effet la place qui était aux environs étant unie et égale comme elle est, n'était pas mal propre à ces exercices et à ces divertissemens avant qu'elle fût remplie de maisons et qu'elle fût habitée. Ajoutons que ce cercueil contient deux lits différens; Cassia Lais l'avait fait tailler de cette façon pour n'être pas séparée de son mari ; ayant été unie avec lui dans le lit de l'amour, ce fut une des pensées de sa passion, de le vouloir être encore à jamais dans le lit de la mort. Mais nous ne savons pas si l'effet répondit à ses désirs, nul témoignage n'en étant resté pour nous l'apprendre.

Celui dont nous avons parlé, qui était à l'entrée de l'église, ne différait pas de l'autre ; il avait été destiné pour deux personnes. Catia Bubaté, qui avait renfermé le corps de Titia Catia sa fille, ayant déclaré par cette inscription que l'on y lisait, qu'elle désirait que le sien fût mis auprès d'elle après sa mort.

TITIÆ CATIÆ DEFVNCT
ANNORVM VIII. M. V. D. VIII.
D. CATIA BVBATE FIL PISSIMÆ   M.
ET SIBI VIVÆ POSVIT
HOC SAX. SVB ASCIA DED EST.

Il est certain que la politique ni la superstition

romaine ne permettaient point que l'on dressât des tombeaux dans les villes. C'était parmi eux une coutume inviolablement observée de les ranger le long des grands chemins, et à peine se porta-t-on à la rompre premièrement pour Sylla, et après lui pour Auguste et pour les empereurs. Il faut donc avouer que Vienne ne s'étendait point alors jusqu'ici ; et par une seconde réflexion, que le grand chemin, ou comme parlent les anciens, le chemin militaire pour l'Allemagne et pour l'Italie, commençait en ce lieu. Je ne doute pas néanmoins qu'il n'y ait eu quelque bâtiment superbe et magnifique. Les pièces de marbre qu'on y a trouvées en divers temps, et surtout un chapiteau de colonne, taillé d'un artifice merveilleux, qui y fut découvert à la fin du siècle passé, et arraché du milieu de plusieurs masures, en sont un témoignage assez convaincant. Et certes c'en est encore une forte preuve que des jeux publics s'y célébrassent ; il est assez visible que ce ne pouvait être commodément sans un édifice qui y fût propre.

L'église de ce prieuré n'est pas d'une structure qui semble fort ancienne ; ayant été ruinée plusieurs fois, elle a été rebâtie comme elle est depuis seulement que l'ordre de Saint-Ruf l'a acquise. Aussi n'y voit-on rien qui marque d'être l'ouvrage d'un temps éloigné du nôtre de plus de quatre ou cinq cents ans. Le siècle passé y a vu cette inscription en une de ses murailles ; mais ceux qui ont eu le soin de les faire recrépir et reblanchir depuis n'ont pas eu celui de commander aux ouvriers de la conserver. Ils sont excusables si leur motif a été, en souffrant qu'elle disparût, de faire que rien n'attachât à soi à l'avenir les yeux de ceux qui entrent dans cette église que les autels du Dieu vivant, ni leurs esprits que l'adoration qui lui est due.

CONCILIVM VIEN A CLEMENTE QVINTO CONVOCATVM INCOEPIT ANNO DNI MILLESIMO TERCENTESIMO VNDECIMO DIE KLENDAS OCTOBRIS ET FINITVM FVIT ANNO SEQVENTI SEXTA DIE APRILIS ET SIC p SEX MENSES ET VLTRA DVRAVIT IN QVO LIBER CLEMENTINARVM EDITVS EST. SENTENTIA LATA CONTRA TEMPLARIOS.

Le concile de Vienne est si illustre entre les autres œcuméniques, que les moindres circonstances de son histoire ne doivent pas être recueillies avec moins de soin ni de respect que le proverbe ancien dit que le devaient être *etiam analecta ex mensis Deorum*. Donc cette remarque méritait plus de vénération qu'on n'en a eue pour elle, puisque nous en serions privés maintenant sans la faveur de quelques mémoires manuscrits à qui nous en sommes redevables. Le pape même présida à ce concile; le roi de France, le roi d'Angleterre et celui d'Arragon y furent présens; les patriarches d'Alexandrie et d'Antioche y assistèrent; et le nombre des autres prélats assemblés fut de plus de trois cents. C'est ce que nous dit l'histoire écrite; mais pour le jour qu'il commença et qu'il fut terminé, et pour le temps de sa durée, c'est ce que disait publiquement cette inscription, et ce qu'elle m'a appris dans les mémoires que j'en ai eus.

CHAPITRE XVI.

Place du Charnevol. Liberté pour le sable. Abbaye de Sainte-Claire. Porte de la Fusterie. Tour. Hôpital. Ruisseau de Fuissinet.

La place qui est au midi de ce prieuré, le long du rivage de la Jère, a le nom de Charnevol dans nos registres les plus anciens (1). Elle ne peut être considérée que comme un rivage qui ne peut avoir de maître particulier, puisque cette rivière l'inonde

---

(1) Parce que le marché des bestiaux s'y tenait. On a rendu depuis peu une partie de cette place le long de la rivière pour bâtir, mais on a nui en cela à l'embellissement du quartier, rien n'étant plus agréable et plus commode que de laisser libres les bords des rivières et de n'y fonder que des quais.

fort souvent, et que parmi les jurisconsultes, *littus est quatenus hybernus fluctus maximus excurrit.* C'est pourquoi personne n'en a jamais prétendu la propriété légitimement, et par une possession d'autant plus forte, qu'étant immémoriée, elle est fondée de droit. Il est permis à quiconque a besoin de sable pour bâtir ou pour d'autres usages, d'y en envoyer prendre sans en demander la licence à personne. Aussi n'y a-t-on jamais reçu de trouble que par les anciens possesseurs des moulins voisins qui sont sur cette même rivière. Mais ils y ont si peu heureusement réussi, que leurs successeurs n'ont pas osé les imiter depuis plus de cent cinquante ans. Marcel de Clavel, seigneur de Montfort, qui était, l'an 1492, le propriétaire et le possesseur de ces moulins, blessa à coups d'épée le cheval de Thomas de Faye qui prenait du sable en ce lieu, parce qu'il ne voulut pas se retirer comme il le lui eût commandé. Le Corps de la ville, représenté par les consuls, jugea que c'était une atteinte que ce gentilhomme voulait donner à une possession si juste pour en tirer de l'avantage si personne ne s'en plaignait. C'est pourquoi on se pourvut contre lui en réintégrande et en restitution de trouble du chef du chapitre du Statut delphinal, *si quis per litteras.* De manière qu'après quelque contestation il fut condamné suivant les conclusions prises contre lui, avec dépens, dommages et intérêts. Etienne de Poisieux, seigneur de Septème, lui ayant succédé en la possession de ces mêmes moulins, et en la passion de s'approprier cette place, fut détourné de ce dessein après qu'il eût appris que l'on avait conclu dans une assemblée générale du 10 de janvier 1495, qu'on ne le souffrirait de lui non plus qu'on ne l'avait souffert de son prédécesseur.

L'abbaye de Notre-Dame des Colonnes ayant retranché de l'étendue de cette place, a ajouté à son honneur. Elle a été transférée en ce lieu de celui où elle était auparavant à Sainte-Colombe, dans le territoire de Sainte-Claire. Nous en avons déjà parlé, et nous n'userons pas de redite (1).

Revenons maintenant sur nos pas, et repassant devant le prieuré de Saint-Martin, approchons-nous de la porte de la Fusterie. C'est le nom qu'a, dans nos plus anciens mémoires, la porte de Vienne de ce côté qui regarde le nord. La petite tour dont elle est flanquée du côté de la Jère, fut bâtie l'an 1418, pour la rendre plus capable de résistance en cas de nécessité, encore que le château de Pipet étant alors debout la mît assez à couvert de toute sorte de violence (2).

Un hôpital joignait autrefois cette porte, et les chanoines réguliers de Saint-Ruf du prieuré de Saint-Martin, en avaient la direction. Il a été uni

---

(1) Les bâtimens et l'église de ce monastère composent aujourd'hui plusieurs maisons particulières.

(2) La porte et la tour sont ruinés depuis long-temps, et une petite place triangulaire, appelée de la Futerie, facilite l'entrée de la ville de ce côté. Ce nom de Futerie lui vient de ce que l'on y travaillait les bois destinés aux usines.

à celui de Saint-Paul au même temps que le furent aussi les autres dont nous avons déjà fait mention. Ainsi Vienne qui en avait établi en tous ses abords, n'ouvrait pas plutôt ses portes que les bras de sa charité aux malheureux.

Le ruisseau qui arrose ici les murailles de la ville se jette dans la Jère après avoir mouillé plutôt que rempli ses fossés. Il a le nom de Fuissinet, et un pont de pierres quelques pas au delà de la porte de Serpèze. Ce pont fut rétabli l'an 1399, des degrés de pierre y ayant été joints pour donner aux habitans des maisons voisines une plus facile descente jusqu'à ce ruisseau.

CHAPITRE XVII.

Faubourg de Saint-Martin. Porte de Serpèze; antiquité de ce nom. Faubourg de Montsalomon. Règlemens. Inscription romaine. Pont-Evêque; son auteur. Vertu des eaux de la Jère. Forges, etc.

Tout ce qui est hors de cette porte et enfermé de deux autres, est appelé le faubourg Saint-Martin. On a eu le soin de le clore, depuis quelques siècles, vers le septentrion et vers l'orient. La porte de Serpèze regarde le septentrion, et celle d'Orose l'orient. Celle-là conduit au lieu dont elle porte le nom : il est connu depuis plusieurs siècles. Jean de *Sarpesia* était official de Vienne, et en gouvernaît le siége archiépiscopal vacant, au nom du chapitre de Saint-Maurice, l'an 1282.

L'autre porte, qui regarde l'orient, est celle d'Orose, nom que nous avons déjà remarqué dans l'épitaphe de Pierre Clément; elle sépare ce faubourg de celui de Montsalomon qui lui est contigu, et qui s'étend jusqu'au Pont-Évêque, et une tour ronde fut bâtie l'an 1431.

Ces deux faubourgs sont d'une telle étendue qu'il en est peu en France qui leur puissent être comparés (1). Ils sont comme serrés entre deux montagnes qui les couvrent et du vent et de la bise. La Jère lave les pieds de l'une, le flanc de laquelle est encore aujourd'hui revêtu, jusqu'auprès de Vienne, de murailles d'une structure digne d'admiration. Les restes des anciens aqueducs qui portaient une partie des eaux de cette rivière, et de quelques ruisseaux aux usages de la haute ville, y paraissent de même le long de cette colline; et l'on ne saurait jeter les yeux de ce côté sans concevoir d'abord, pour peu de réflexion que l'on fasse, une haute idée de l'ancienne magnificence de Vienne, et de la puissance romaine.

---

(1) Ils n'ont rien perdu de ce qu'ils étaient du temps de Chorier; tout ce qui constitue le commerce de Vienne y est établi : les usines alimentées par la Jère sont presque toutes destinées au cardage, au filage et au droussage de la laine; à l'apprêt, au tondage et au foulonnage des draps; à la teinturerie, etc. C'est la partie industrielle de Vienne, par conséquent la plus intéressante et la plus riche.

Quoique les habitans de Montsalomon composent une communauté particulière et différente de celle de Vienne, ils sont obligés néanmoins aux mêmes charges, et ne sont exempts que de celles qui ont pour cause les réparations de la ville, si ce n'est qu'ils y possèdent quelque fonds, car en ce cas ils y sont encore sujets. Ils ont leur juge et leurs officiers particuliers, et ne reconnaissent en premier ressort, et hors des cas royaux et privilégiés, que la juridiction du chapitre de Saint-Maurice qui en est le seigneur.

Cette seule inscription est restée à ces faubourgs, où je ne doute pas qu'il n'y en ait eu plusieurs autres. Le grand chemin qui passait ici du temps des Romains, comme il fait aujourd'hui (1), fait naître et confirme cette conjecture.

```
        D M
      T. POLLINI
     SATVRNINAE
        IVLIAE
     SECVNELIAE
      POLLINIVS
       RIVALVS
```

---

(1) Ce chemin bifurque à Pont-l'Evêque; la route en face conduit à Grenoble, et celle à gauche se dirige vers

C'est une épitaphe qui n'a pas besoin de nos recherches, et elle est seulement remarquable par les noms de Pollini et de Rival qui ne sont pas encore éteints en Dauphiné, où des familles considérées les ont portés avec honneur.

L'archevêque Jean de Burnins, qui s'est plus signalé par des réparations et des ouvrages publics qu'aucun de ses prédécesseurs, ne me permet pas de chercher au Pont-Évêque d'autre auteur ni d'autre bienfaiteur que ce grand prélat. Il eut particulièrement le soin de faire travailler aux réparations des ponts de cette ville; et parce qu'il fit rebâtir à neuf celui-ci, le nom de Pont-Évêque lui fut imposé pour l'amour de lui. C'est le même pont qui est appelé *Pons Lausoniæ* dans l'obituaire de Saint-Maurice, le nom de l'Ausogne ayant été effacé par celui de Pont-Évêque, qui, cessant d'être particulier à ce pont, est devenu commun à tout le territoire des environs.

La vertu qu'ont les eaux de la Jère pour la trempe du fer et de l'acier, ne donne pas moins de réputation à ces faubourgs, que des eaux de même qualité en ont donné autrefois à la ville de Calataiud en Espagne, et à celles de Côme et de Sulmone en Italie. Les lieux où l'on travaille à la fabrique des lames d'épée sont disposés le long de

---

Bourgoin, en passant par Septême, Oitiers et Diemoz; les noms de ces villages rappellent la situation des pierres milliaires placées sur la voie romaine, la 7e, la 8e et la 10e.

son canal. Ils sont appelés simplement artifices, à cause de l'artifice merveilleux dont ils sont composés; de même que Martinets du nom de leur inventeur, ou certes parce qu'ils sont bâtis dans les limites de Saint-Martin (1). Les épées qui s'y font sont estimées par toute l'Europe; et nous avons déjà fait voir dans la description de cette rivière, que cette estime n'est pas un avantage dont elle soit obligée seulement à notre siècle. Outre que la trempe qui leur est donnée dans cette eau contribue beaucoup par sa vertu à leur faire mériter cette louange, les excellens ouvriers qui y sont appelés de tous côtés, n'ajoutent pas peu, par l'excellence de leur art, à cette grâce de la nature. A peine est-il rien dans le reste de la France qui mérite d'être vu avec plus de merveille. Des forges pour la fonte de l'acier, du fer et de l'airain, occupent aussi plusieurs habitans de ces faubourgs; et la même rivière qui est employée à cet ouvrage, l'est encore à celui du papier et de la poudre depuis quelques années avec assez de bonheur (2).

---

(1) Voyez l'Histoire de Dauphiné, liv. 1er.
(2) Une maison à Pont-l'Evêque porte encore le nom de la Poudrière, quoique la manipulation de la poudre y ait cessé depuis long-temps. La fabrication des épées n'y a plus lieu aussi, c'était cependant une branche d'industrie considérable. On voulut la relever au commencement de la révolution; les lames de sabres qui en sortirent attirèrent l'attention du gouvernement; malheureusement cette usine n'a pu se soutenir. M. de Blumensteing a élevé dans son île

CHAPITRE XVIII.

Inscriptions romaines. Patrons. Eternas. Abascantius, nom célèbre dans Vienne et dans Rome. Du mot Titulus Servilicus. Famille viennoise. Le poète Claudien, viennois. Reims, cité alliée de celle de Vienne.

Voilà l'état présent de cette ville bien différent de celui où elle a paru avec tant de gloire sous

---

une superbe manufacture de papier qui, sous la direction de M. Berjon, a acquis une certaine réputation ; elle rivalise les papeteries d'Annonay. Mais une manufacture bien autrement importante est celle de M. Frèrejean l'aîné, située à Pont-l'Evêque; on y fond le cuivre et on le lamine ; plus de cent vingt ouvriers y sont continuellement occupés. Les planches destinées au doublage des vaisseaux en sortent principalement. Le haut-fourneau pour la fonte du fer et la fabrication de l'acier, établi dans l'île de Blumensteing, a annoncé dans son origine une nouvelle source de prospérité pour la ville de Vienne, mais diverses causes en ralentissent l'essor. L'extraction de la mine de plomb sur les bords de la Jère, emploie aussi beaucoup d'ouvriers. En général Vienne renferme le germe de diverses espèces d'industrie, qui peuvent dans la suite devenir très-actives, multiplier les débouchés, perfectionner et simplifier les procédés dont on fait usage, encourager les bons fabricans, soigner l'école de dessin, fonder des cours de chimie appliqués à la teinture, des cours de mécanique, exciter l'émulation, etc. Voilà les véritables moyens d'obtenir des succès, et de développer sur ce sol favorisé par une heureuse situation, tout ce qui peut le rendre prospère et y fixer le bonheur.

l'empire romain, et qui néanmoins ne laisse pas de conserver, au milieu de ses ruines, des témoignages de cette gloire et de cette majesté qu'elle n'a plus. Ces rares monumens, ces nobles restes d'antiquité parlent avantageusement de sa grandeur et de sa magnificence passée. Comme dans la peinture on ne laisse pas de juger de la beauté d'une maison à travers les ombres d'un éloignement et les tromperies de la perspective, on ne laisse non plus de juger de ce qu'a été Vienne, quoiqu'elle ne se montre à nos yeux qu'au travers d'un éloignement de seize siècles, et des ombres de ses misères et de ses désolations. Les inscriptions romaines que nous avons représentées nous aident à nous former cette idée ; et celles-ci, à qui nous ne saurions assigner de lieu particulier comme nous avons fait aux autres, ne seront pas inutiles à la même pensée.

1.

D   M
MERCATORI
SENILIS
FILIO
CIVI BELLOVA.
CALLISTVS
POMPEIA
PATRONO

Celle-ci fut tirée de quelques masures le 11 du mois de mai de l'année 1656, et montre la reconnaissance de Calliste et de Pompée envers Mercator, fils de Seuilis, citoyen de Beauvais, qui les avait affranchis. La suivante est un effet de la même gratitude.

2.

IR........... INI
.... MERITI
.... ATTI........
BELLINVS ET
NINVS LIBERTI
PATRONO
OPTIMO

La liberté est la chose la plus précieuse de toutes, et par conséquent la servitude en est la plus basse et la plus infame. Ceux que le malheur y faisait tomber ou y faisait naître, n'étaient guère plus considérés que les animaux privés de raison. Aussi passaient-ils dans la cruauté du droit des gens pour des êtres retranchés du nombre des hommes, et qui dès le moment qu'ils avaient perdu la liberté, avaient perdu la tête par une fiction du droit plus monstrueuse qu'elle ne pouvait les rendre monstrueux. Quoi qu'il en soit, ils étaient exposés à tous les outrages imaginables ; et jusqu'au règne d'Antonin, la justice, si souveraine pour les autres hommes, n'eut pas la liberté de les protéger ni d'écouter leurs cris. De manière que le plus grand bien qui peut arriver au serf était de devenir libre, comme s'il eût reçu une seconde naissance en entrant dans les droits de la vie civile : celui qui avait été son maître commençait à partager avec le père naturel le nom de père en celui de patron, et en acquérait tous les droits par les priviléges qui lui étaient attribués.

3.

D. O. M.
ET QVIETI
ETERNAE
.·.·.·...·.·...·.·..·.···..·.

Toute cette inscription n'est plus lisible, et toutefois elle est remarquable en ce que la plupart des épitaphes des païens, étant adressées aux dieux Manes, celle-ci l'est à Dieu très-bon et très-grand. Alde Manuce, l'un des plus savans hommes de son siècle, a observé que souvent les anciens ont écrit le mot d'*Æternus* par un E simple et non toujours par un Æ, comme l'enseigne le vulgaire des grammairiens, et ce fragment est une preuve de ce sentiment.

4.

D.   M
TERENTIAE
    HEDONE
T. TERENTIVS
ABASCANTIVS
COLLIBERTAE
ET CONIVGI
CARISSIMAE

5.

D.   M
D TREBONI
ABASCANTI
TREBONIA
ZOTICE FIL
PIISSIMO

Terentius Abascantius, mari de Terentia Hedone, avait été affranchi avec elle. Comme les mariages n'étaient pas défendus entre les esclaves, peut-être qu'il l'avait épousée avant que d'être mis en liberté. Hedone, qui vient du grec ἡδονή, signifie charmante, douce et voluptueuse. Les serfs affranchis avaient coutume de prendre le nom de leurs maîtres, de manière que rien ne m'empêche de croire que Trebonius Abascantius que Zotice nomme son fils très-pieux, n'ait été leur maître, et que leur ayant donné la liberté, il n'ait laissé à Terence celle de s'honorer de son nom d'Abascantius. Rien non plus ne dissuade de croire que ce Trebonius Abascantius n'ait été de la race de cet Abascantius à qui le poète Stace a dédié le V° livre de ses Sylves. Il fut puissant dans la cour et dans l'esprit de l'empereur Domitien; et ayant perdu Priscille sa femme, ce poète se servit de cette occasion pour le louer de sa piété envers elle, et en même temps de l'affection de cet empereur envers lui. Ce nom et celui de Zotice sont grecs. Αβασκαντον est ce qui résiste aux maléfices et aux sortilèges; de sorte que ce mot étant tiré de son propre sens a été appliqué, comme on l'apprend d'Hesychius, au choses innocentes et sans malice. Le nom d'Abascantius n'a pas d'autre origine, mais ζωτικη, qui signifie vive, forte et vigoureuse, est celle de Zotice. Ces observations ne sont pas inutiles, quand même elles ne serviraient qu'à prouver ce que nous avons si souvent proposé, que Vienne a été peuplée de plusieurs familles grecques, et d'un peuple qui a toujours eu de l'estime et de l'amour pour cette belle langue.

6.

D. M
SEX VALERI
SABINI

DVRONIA IANVARIA
CONIVGI OPTIMO
ITEM VALERI
BELLINVS ET
BELLICVS
PATRONO OPTIMO

Le célestin Dubois ne représente que les trois dernières lignes de cette épitaphe dans son recueil. C'est une merveille que Duronia Januaria, rendant les derniers devoirs à Sextus Valerius Sapinus son mari, n'ait pas refusé à Valerius Bellinus, ses affranchis, de leur partager l'honneur de s'en être dignement acquittée. Au reste l'I capital de ValerI tient lieu de deux II en ce mot, comme en plusieurs autres sur lesquels nous n'avons pas néanmoins fait cette réflexion. Lipse qui a recherché avec soin les divers usages de cette lettre n'a pas omis celle-ci.

7.

C. VIBIO C. F. VOL
TITVLO
FRATRI

Ce n'est qu'un fragment où rien n'est à remarquer que le surnom de Titulus donné à C. Vibius, fils de Caius, de la race ou de la tribu des Voltiniens. Les livres du droit sont distingués par titres ; et les jurisconsultes qui écrivent que Justinien s'est avisé le premier de donner ce nom aux inscriptions des chapitres de chaque livre, se sont imaginés que ce mot n'a point été en usage avant lui communément parmi les Latins, et que son origine est grecque. Ils se trompent en l'un et en l'autre, car Ovide s'en est servi, et il vivait en un temps où la langue latine a eu sa dernière politesse.

> Viderat hujus amor titulum noménque libelli
> Bella mihi video, bella parantur ait :

Dit-il au commencement de son livre des remèdes de l'amour. Dans Tibulle, qui est un de ceux dont la latinité est la plus pure, il signifie une inscription par laquelle on exposait quelque chose en vente.

> Ite sub imperium, sub titulúmque lares.

Ulpien, Hermogenien, Papinien, et les anciens jurisconsultes dont Laurent Valle estime tant la latinité, l'usurpent en même sens, et en plusieurs autres qui n'en sont pas éloignés. Le savant Barnabé Brisson les a presque tous recueillis. Pour son origine, bien loin que nul grammairien ni critique la jugent grecque, qu'au contraire ils la tirent du verbe *tutor*, qui signifie je protége et je défends, parce que le titre et l'inscription d'un ouvrage défend le nom de son auteur, et le protége contre les plagiaires. C'est pourquoi il faut avouer que le τυτλος des Grecs vient plutôt du titulus des Latins, que celui-ci de l'autre.

8.

```
     D    M.
   SERVILIOR
   IVNINI ET
    IVLIANI
   T SERVILIVS
   BELLINVS ꓭ
     DOGNIA
  IV∴ INA VXOR
```

Les Serviliens ont été une famille patricienne dans Rome, y ayant été transportée par Tullus Hostilius de la ville d'Albe, où elle était des plus illustres. Il y a apparence qu'une branche de cette grande race, ayant été portée au-deçà des Alpes, s'arrêta dans Vienne, et y produisit Junin et Julien, à l'honneur desquels cette épitaphe fut dressée par T. Servilius Bellinus et Dognia Julina sa femme.

9.

```
     D.    M
  ET MEMORIAE
    COMINIAE
```

MARCELLINAE
CL. CLAVDIANVS
FIL. MATRI
PIENTISSIMAE

Il est parlé de Cominia Severina dans une autre inscription, et peut-être que Cominia Marcellina dont parle celle-ci, était de même famille. Ceux qui écrivent que le poète Claudien, de qui nous avons les ouvrages, que le savant critique Jules César Scaliger loue si hautement, était d'Alexandrie, n'établissent leur opinion que sur celle de l'auteur de l'Anthropologie, et sur ce que parlant du Nil, il semble le nommer sien :

 Et nostro cognito Nilo.

Ils tirent de là cette conséquence, qu'il était né en quelque ville voisine de cette rivière. Mais Pétrarque et Politien, qui ont voulu que Florence fût sa patrie, n'en rapportent d'autre preuve, sinon qu'il a dédié le onzième livre du ravissement de Proserpine, *ad Florentinum*. Que l'on juge, mais sans passion, si ces raisons suffisent, et s'il y a rien là sur quoi on puisse établir un solide raisonnement pour le rendre citoyen d'Alexandrie ou de Florence. Je suis bien éloigné de ces opinions si mal établies, et je crois avec plus de vraisemblance, qu'il est né dans Vienne, d'une race heureuse à produire des hommes d'un excellent mérite. Son nom et son surnom de Claudin Claudianus se lisent dans cette inscription funèbre, gravée sur ce tombeau ; et Cominia Marcellina fut sa mère. Il était païen, aussi est-elle adressée aux dieux Manes. La famille des Claudiens a été illustre dans cette ville, et féconde en beaux esprits. Claudius Claudianus Mamertus, frère de saint Mamert, en fut une nouvelle lumière dans le christianisme, comme Claudien en avait été la gloire quelques années avant que le jour de notre religion l'éclairât. Enfin, parlant des mules que la Gaule produit, il témoigne assez par la description qu'il en fait, qu'il avait vu souvent lui-même dans la Gaule, et sur les rivages du Rhône, tout ce qu'il en dit. Et certes de quoi se serait avisé un si bel esprit, de parler des mules gauloises, si l'objet et les lieux où il vivait ne lui en eussent présenté la matière, et fait venir ainsi la pensée ? Ne doutons point que Claudien qui a le soin que le nom de sa mère ne meure pas sitôt, qu'elle ne soit le même que le poète de qui le nom ne mourra jamais.

10.

D. M.
FABIAE SEMNES
A. IVL.ꜰ PITYNCHAN
CONIVGI..

11.

D.   M
CAVNIAE
HEORTES
P. LICINIVS
FRORIDVS
CONIVGI
KARISSIMAE

Semne, Pitynchanus, Heorte, sont des noms grecs, et par conséquent de nouvelles preuves de la vérité que j'ai proposée, que Vienne a été peuplée sous les Romains d'un grand nombre de familles grecques. Σεμνη signifie pure, dévote et religieuse, et Εορτη un jour de fête, ce nom ayant du rapport avec le festus des Latins, qui en ont fait des surnoms communs entre eux.

12.

D. IVL. D. FIL.
CAPITONI
FLAMI. VIEN. III VIR
.·.·. PVBLIC. PER
.·.·. IVIR AERA .·.·.
PRAEF. FABRV.·... TRIB.

MILI. L. .·.·.·.·.·..
GEM.··.·...·..·.·..·.·.·.
REMI FOEDERATA.·.·..
D. D. D.

C'est la base d'une statue érigée à Decius Julius Capito, fils de Decius, par la cité de Reims alliée à celle de Vienne. Il fut honoré de diverses charges et de grands emplois. Vienne le choisit pour son flamine, il y fut l'un des intendans des bâtimens publics et des finances, et n'exerça pas seulement ces dignités avec honneur, mais il fut aussi appelé à des emplois militaires. Une légion qui avait le nom Gemina, fut donnée à sa conduite, ce qui est une preuve qu'il n'était pas moins estimé par son courage à la guerre, que par sa prudence et sa bonté durant la paix. Si cette inscription n'avait été si cruellement outragée par le temps, qu'elle n'est presque pas lisible, voici ce que l'on y lirait dans les six dernières lignes :

LOC. PVBLIC. PER
II VIR AERAR.
PRAEE. FABR. TRIB.
MIL. LEG. VII
GEMIN. CIVIT.
REMI FOEDERATA
D. D. D.

La septième légion a eu le nom de Gemina, de même que la treizième et la quatorzième, et ce qui me persuade que c'est d'elle qu'il est parlé dans cette inscription et non des autres, c'est que nous la verrons établie en garnison dans Vienne par les ordres de Néron. De manière que son mestre de camp y pût facilement recevoir ces honneurs, et de la cité de Vienne et de celle de Reims, c'est-à-dire de ces deux communautés amies, auxquelles il avait sans doute rendu également des services qui lui en gagnèrent l'amour et l'estime. Fontejus Capito, proconsul de l'Asie sous Tibère, et un autre de même nom, de si grand mérite, qu'ayant été soupçonné d'avoir eu des pensées pour l'empire contre Galba, il fut assassiné par Cornelius Aquinus et Fabius Valens, avaient déjà rendu ce nom illustre, et pour mieux dire cette famille. Il n'y a pas moyen de douter qu'ils n'en fussent issus, puisqu'il n'y en a pas qu'elle ne fût une des plus nobles et des plus puissantes de la province viennoise.

13
PLACIDO CONSVLE

14
IVSTINVS DONA...VN

Ces deux fragmens méritaient à peine d'avoir

ici place, et le respect que l'on doit à l'antiquité est la seule cause que je ne la leur ai point refusée. Placidus eut seul le consulat romain l'an de N. S. 316, et de la ville de Rome 1234. Cette dignité étant alors plus considérable, parce qu'elle avait été, que parce qu'elle était.

15.

APOLONI AVG
M. COMINIVS
GRATVS

Cette inscription est adressée à Apollon, quoique les lois de la grammaire latine n'y soient pas observées, soit par l'ignorance du graveur, soit par le caprice de Cominius. En effet il fallait *Apollini* et non *Apolloni*; mais il paraît que c'est une affectation du Grec, le datif d'Απολλων qui est Απωλλωνω ayant été exprimé en caractères latins, sans autre changement que de la seule terminaison propre à cette langue. T. Cominius Gratus qui peut-être était le frère de ce M. Cominius, est nommé dans une autre inscription aussi consacrée à Apollon, auprès du fameux lac de Notre-Dame de la Balme.

APOLINI AVG.
T. COMINIVS GRATVS
M. CENSA MATER.

CHAPITRE XIX.

Pierres et inscriptions trouvées dans des urnes.

Il y a quelques années que des urnes furent découvertes auprès de Vienne. Mais ceux aux pics desquels elles se présentèrent les brisèrent inconsiderément. On y trouva des cailloux plats et ronds parmi des cendres, et des charbons; et ces inscriptions non gravées, mais exprimées en relief, y sont encore fort lisibles.

1.

HAC IN VRNA CLAVSVM
PANDITVR SECRETVM TOTVM
ERGO NON VILIPENDAS
ARCANVM FAMILIARE

2.

HAEC TEGMENTA TOLLE ET
LENITER GVSTA
VNVM IN VNO CONIVNCTIM
ET DISIVNCTIM SIC ELEMENTA

3.

SI ABSIT
CINIS HAC
IN VRNA TN
SPIRITV CERNE
IN CVIVS
SALVTEZ
NIHIL TEME
RE DICTVZ
EST

Ceux qui ont écrit des funérailles des anciens et des étranges superstitions qu'ils y observaient ne rapportent rien de pareil, ni qui soit si digne de remarque. Je ne doute point que ces pierres ne fussent accompagnées de quelque autre chose, mais quelque soin que j'en aie eu, je n'en ai pu avoir d'éclaircissement. Et certes que pouvons-nous juger de ce secret, dont parle la première, qui étant enclos dans cette urne, est néanmoins mis entièrement à découvert ? Que pouvons-nous entendre par cet *arcanum familiare?* Quelles sont ces enveloppes que la seconde ordonne de lever? que veut-elle que l'on goûte doucement ? quel est cet un conjoint séparé en un? Que veut dire ce *sic elementa?* Qu'exige de nous la troisième, que nous contemplions l'esprit où la cendre n'est point? Enfin quel est celui contre le salut duquel rien n'a jamais été dit témérairement? Si nous nous arrêtons au sens purement littéral et physique, j'avoue que je ne vois là que des ténèbres : mais il y a apparence de croire que l'on a pensé à l'instruction des vivans, et que ce ne sont que des documens conçus en des termes et des façons de parler obscures, et conformes au lieu d'où ils ont été tirés. Nous pouvons dire que dans la première urne tout le secret de l'humaine condition était renfermé et manifesté dans cette cendre; que ce triste et funeste objet apprenait à l'homme à se modérer lui-même, et à régler ses passions par la connaissance de son néant; que de toutes les sciences il n'y en a point qui doive être moins négligée que celle de soi même. C'est ce que l'on peut appeler *arcanum familiare*, puisque n'y ayant rien de si familier que cette connaissance le doit être si l'on regarde la nature, il semble qu'il n'y a rien qui le soit moins, si l'on considère nos mœurs.

La seconde tend encore à la même fin; elle nous ordonne de déprendre notre imagination des opinions vulgaires, pour faire un parfait jugement de notre vie. Otons-lui les enveloppes qui nous défendent de la voir telle qu'elle est, et commandons à nos passions de donner à notre raison le loisir de la goûter sans emportement et sans fureur; nous verrons que comme les élémens ne sont point si purs, qu'ils ne soient presque sensiblement mêlés les uns aux autres, la vie participe de la mort qui souvent est préférable à la vie même, et qu'ainsi il semble que conjointement et séparément la vie et la mort se rencontrent dans un même point.

Mais la troisième n'est qu'un éloge de la personne dont les cendres étaient encloses dans l'urne où elle fut retrouvée. C'est une merveille qu'il ne paraît quoi que ce soit dans la plupart des tombeaux anciens, ni même dans les urnes, lorsqu'on les tire du sein de la terre où elles étaient ensevelies. L'homme est composé d'une matière si pure, qu'elle s'exhale et se dissipe insensiblement, de manière qu'après quelques siècles, il n'en reste rien de perceptible. Donc le sens de cette inscription, est que l'on voie l'esprit de celui de qui l'on ne verra plus la cendre dans cette urne, et que l'on juge de son mérite, par l'approbation générale qui lui obtint de son siècle, qu'il n'y eut pour lui ni injustice ni médisance.

Si je voulois suivre les matières qui s'offrent à moi, je ne mettrais pas sitôt fin à la description de cette ville, mais elle a déjà passé les limites que je m'étais proposé de lui donner; et quand je refuserais d'écouter toute autre considération, je ne pourrais qu'obéir à ma propre lassitude. Je ne dirai pas donc qu'il n'est peut-être de ville en Europe, qui ait fourni un si grand nombre de raretés aux curieux comme celle-ci. Tant de médailles de toutes sortes de métaux dont son territoire semble être fécond jusques à n'en pouvoir jamais être épuisé ; tant de statues, tant de marbres divinement élaborés ; tant d'inscriptions sont d'immortelles marques de son ancienne dignité, et des preuves dont la négligence de ses peuples semble avoir entrepris de la priver insensiblement. C'est une étrange merveille que dans une ville, où ce n'est qu'une chose commune de naître avec des lumières non communes, on ait eu si peu de soin de ses avantages dont les Goths, les Vandales, et tant de nations barbares n'avaient pu la dépouiller. Notre indifférence ou notre mépris nous en a causé la perte, et plus barbares que les barbares, nous n'avons pas daigné nous conserver ces précieux restes des âges passés. On a même arraché les fondemens de ces bâtimens superbes qui ont été autrefois la gloire de cette ville si célèbre. Nous n'avons presque plus de témoignages bien évidens de tant d'illustres marques qui ont obligé Martial et Ausone à la louer de sa beauté et de son opulence. Elle n'est pas seulement périe, ses ruines sont péries aussi. Enfin le soin que j'ai eu de la représenter en cet ouvrage ne lui sera peut-être pas avantageux. Possédant si peu de son ancienne splendeur, lui restant si peu de ses premières beautés, n'aura-t-elle pas raison de haïr, comme cette fameuse Corinthienne, le miroir où elle ne saurait se voir telle qu'elle a été et où elle aura regret de se contempler telle qu'elle est. Elle ne laisse pas néanmoins d'être l'honneur du Dauphiné par la gloire qu'elle a dans l'histoire sainte, et dans la profane. Elle lui a fait part de son nom presque en tous les siècles sous les Romains, et sous les Français, en celui de province Viennoise, comme présentement en celui de Dauphiné de Viennois. Nous n'y admirons plus néanmoins ces illustres marques de sa gloire qui lui ont fait mériter autrefois le nom de Belle et d'Opulente, et ce n'est pas toutes fois sans admiration et sans étonnement que nous y contemplons les funestes marques et les tristes effets de la barbarie des hommes et de l'injustice du temps. Elle est une éloquente preuve de l'inconstance des choses humaines, et elle apprend par son exemple aux villes le plus superbes que leurs prospérités sont mortelles, et qu'un jour elles s'ignoreront elles-mêmes dans leurs ruines, et se chercheront inutilement dans leur poussière et dans leurs masures.

ADDITIONS.

CHAPITRE XX.

MUSÉE.

Un étranger, M. Schneyder, né à Hérigen en Thuringe vers l'année 1752, montre dans son jeune âge quelques dispositions pour la peinture ; il entreprend le voyage de l'Italie pour perfectionner ses talens : passant à Lyon, le hasard le conduit à Vienne ; la vue des ruines d'antiques monumens dont cette ville est peuplée, enflamme son imagination, et l'amour des arts le fixe dans cette capitale de l'Allobrogie ; il y est demeuré jusqu'à sa mort arrivée en l'année 1813. C'est à lui qu'on est redevable de la fondation du Musée de Vienne dont il avait rassemblé à ses frais la plus grande partie des morceaux qui le composent et dont nous allons donner une sommaire description. Déjà on avait créé pour lui dans cette ville une école gratuite de dessin.

Les inscriptions et les morceaux de sculpture et d'architecture que mettaient chaque jour en évidence les fouilles de cette terre classique, furent d'abord disposés au collége, ensuite dans l'église de S. Pierre ; enfin on les a placés depuis quelques années dans l'église de N.-D. de la Vie, ancien temple romain. On ne pouvait choisir un local plus en harmonie avec cette destination. Un édifice qui rappelle d'aussi beaux souvenirs, pouvait seul servir de dépôt aux documens autographes qui composent les archives des premiers âges de notre histoire. Cette collection déjà riche d'un grand nombre d'articles précieux invite, par son importance, les étrangers à la visiter, et offre aux artistes, des modèles qu'ils chercheraient vainement ailleurs. M. Rey a dessiné tous les objets qui y étaient déposés pendant qu'il était professeur de dessin à Vienne, et M. Vietty les a décrits avec une précision et une exactitude dignes d'éloges ; aussi l'ouvrage publié par ces deux savans, jouit de la plus haute faveur et orne la plupart des grandes bibliothèques. J'ai donc cru à propos, pour compléter les recherches de Chorier, 1° de rappeller les inscriptions qui sont *au Musée*, indépendantes de celles que nous avons déjà signalées dans le cours de cet ouvrage ; 2° de désigner les autres monumens lapidaires qui se voient au même endroit ; 3° de faire connaître les inscriptions concernant Vienne qui existent hors de cette ville, et celles découvertes depuis la publication de l'ouvrage de Chorier, que l'on ne retrouve plus ; 4° enfin d'indiquer les choses rares et curieuses qui, à diverses époques, ont été restituées à la lumière. Ce recueil offrira un ensemble qui donnera la plus haute idée de la puissance de Vienne sous les Césars.

§. I. INSCRIPTIONS QUI SONT AU MUSÉE.

Junon, reine Auguste, reçut les adorations des Viennois ; un petit autel apporté depuis peu de Seyssuel (1) contient l'inscription suivante.

I.

IVNON. REG. AVG.
SACRVM
T. CASSIVS EROS
ET CASSI
PRISCVS
PVPPIEMVS
SECVNDVS
FILI.

---

(1) *Saxeolum*, petit rocher, terre au nord de Vienne, qui appartenait aux archevêques.

Casius Eros et ses deux fils consacrent ce symbole de leur reconnaissance à Junon. Le surnom d'*Eros* donné à Cassius fait conjecturer que ce citoyen était d'origine grecque : car *Eros* signifie dans la langue de ce peuple *amour*.

Un autre cippe trouvé dans le milieu du dernier siècle, porte sur sa face principale l'épitaphe suivante, gravée en beaux caractères.

2.

SCAENICI
ASIATICIA
NI ET
QVI IN EO
DEM COR
PORE SVNT
VIVI SIBI FE
CERVNT.

M. Bimard-la-Bâtie en donna connoissance à l'académie royale des inscriptions. Dans l'explication qu'il publia, il prétendit qu'il s'était formé dans l'Asie au temps d'Alexandre des troupes de comédiens, et que lorsque cette contrée eut passé sous la domination romaine, ces troupes avaient envoyé des colonies dans l'Occident. C'était donc suivant lui à une de ces troupes que ce monument était dédié. M. Millin a pensé avec plus de raison que le mot asiatique se disait en latin *asiaticus* et non pas *asiaticianus*, de manière qu'il fallait entendre par cette dernière expression, la troupe *d'asiaticianus* comme on dit aujourd'hui la troupe de Nicolet, de la Montansier, etc., et qu'elle avait consacré ce tombeau à ceux qui faisaient partie, ou qui dépendaient de ce même corps. Cicéron et Plaute ont pris l'adjectif *scenicus* pour désigner un acteur.

Sur une colonne on lit cette inscription.

5.

IMP CAES

FL VAL
CONSTANTINO
P F
AVG
DIVI
CONSTANTI
AVG.
PII FILIO.

C'est un monument élevé à la gloire de l'empereur Flavius Valerius Constantin, pieux, heureux fils du divin Constance, pieux Auguste.

La suivante, mise au jour dans les démolitions de l'archevêché, est aussi gravée en beaux caractères; une seconde pierre sur laquelle était la même inscription, se trouvait auprès; elle n'offrait d'autre différence que d'avoir sept lignes au lieu de six, et le mot *nepotes* tout au long, au lieu de la simple initiale. Elles ont été recueillies l'une et l'autre au Musée.

4.

C. CAESARI
GERMANICI F
TI AVGVSTI N   *Nepotes*
DIVI AVG PRON
GERMANICO
PONTIFICI Q.

C'est un hommage rendu à Caïus-César, plus connu sous le nom de Caligula, fils de Germanicus, petit-fils de Tibère Auguste, arrière petit-fils du divin Auguste, Pontife.

Une pierre un peu dégradée provenant des fouilles de l'Archevêché, contient une inscription remarquable; la voici :

5.

```
∴ TRIB MIL. LEG. II
ADIVTRICIS CENSORI
CIVITATIS REMOR. FOEDᵍR.
PROC. IMP. NERVAE TRAIAN
CAES. AVG. GERM. DACICI
OPTIMI PROVINC. ASTVR.
ET CALLAEC
CONVENTVS ASTVRVM
L. D. D. D.
```

Locus datus decreto decurionum.

L'assemblée des Asturiens érige cet autel à la mémoire de ...... tribun militaire de la seconde légion surnommée *Adjutricis*, censeur de la cité confédérée de Rheims, procurator de l'empereur Nerva Trajan, César Auguste, le Germain, le Dacique le très-bon, dans les provinces des Asturies et de la Gallice. Il est à regretter que le nom de ce personnage, revêtu de hautes fonctions, ait été détruit ; il eût peut-être signalé quelque nom historique.

En voici une autre non moins digne de remarque que la précédente, surtout par rapport à la beauté des caractères. Elle n'est pas non plus entière ; il paraît qu'elle couvrait le tombeau élevé par une femme à son mari décoré d'un titre militaire dans la légion victorieuse qui était la 5ᵉ ; la qualité de patron de la colonie de Vienne qui lui est donné, annonce de quelle considération il jouissait ; il appartenait à la tribu Voltinia. Fabius Sanga était patron des Allobroges sous le consulat de Cicéron.

6.

```
    VOLTINIA C RE
  L VICTRICIS PATRONVS COLONIA
E       VIENNAE           VX
```

Celle dont nous allons parler a été tirée du petit Charavel près de Vienne, et offerte au Musée par M. Teste du Bailler.

7.

C. PASSERIO P. F.
VOL AFRO
TRIB MILIT. LEG. XXII
IIII VIRO FLAM
DIVI AVG. D. D.
FLAM. GERM. CAES
PRAEF. FABR. III
M. VALERIVS RVFVS
P. TINCIVS PACATVS (1)
L TINCIVS TERTIVS
LAETARIVS RVFVS
SEX VALERI VENATOR
I . VALERIVS CRISPINVS
SEX CALVISIVS CALLISTVS.
AMICI.

A Caius Passerius surnommé Afro, fils de Publius, de la tribu Voltinia, tribun militaire de la 22e légion (2), quartumvir flamine du divin Auguste et de sa maison divine, flamine de Germanicus César, préfet des ouvriers pour la 3e fois, Marcus-Valerius-Rufus, Publius Tincius Pacatus, Lucius Tintius tertius, Lœtarius Rufus, sextus Valerius venator, Julius Valerius Crispinus et sextus Calvisius Callistus ses amis, lui ont dédié ce témoignage de souvenir.

Cette inscription que nous avons déjà publiée (arch.

---

(1) Guichenon rapporte, dans son Histoire de Savoie, une inscription au pied d'un rocher près le pont de St-Clair, sur la rivière de Fier, ainsi conçue : L. TINCIVS PACVLVS PER VIVM FECIT; c'était sans doute un parent de notre P. TINCIVS PACATVS.

(2) Les tribuns créés par Romulus étaient à la tête des légions comme les colonels à la tête des régiments.

hist. et statist. du dépt. du Rhône, t. 3. p. 309), est d'une conservation parfaite. Passerius appartenait à la tribu Voltinia, la 10e de Rome. Elle comprenoit un grand nombre de citoyens des Gaules, notamment de Vienne et de Lyon. La 22e légion qu'il commandait comme tribun a long-tems séjourné sur les rives du Rhône ; on la retrouve fréquemment indiquée dans nos cippes tumulaires.

Il existe à Vaison un monument funèbre dédié à la mémoire de Quintus Passerius Tertius, sextumvir augustal, par Quintus Passerius Valentinus, et par Quintus Passerius Fortunatus ses affranchis ; tout porte à croire qu'il étoit de la même famille que le tribun.

Voici un fragment d'inscription tiré du cimetière de S. André-le-haut,

8.

D IVL D FIL V
CAPITON
AM IVENT III
C PERSEQ. IA
GVRI PRAEF FA

Elle a quelque rapport à celle relatée p. 506. Cett famille Capito étoit très-répandue dans les Gaules ; on trouve à Lyon, à Genève, à Vienne, divers cippes tumulaire sur lesquels son nom est gravé.

9.

A LVCILIVS
CANTABER
VIVVS SIBI

Lucilius le Cantabre, ou du pays des Cantabres (1), élevé son tombeau de son vivant.

---

(1) Les Cantabres habitaient la Biscaye en Espagne.

10.

```
LINARI            A Appolinaris enfant
ARISSIMO          très-cher âgé de trois
NOR. III          ans.
```

11.

```
D. M.
CORNELIAE
MAPILLAE
```

Aux mânes de Cornelia Mapilla.

12.

```
AVGVS
TALIS
SACER ET
BENIGNA
```

Aux dieux Mânes. Augustalis sacer et benigna ont fait graver ce cippe qui doit couvrir leur dépouille mortelle.

Les caractères de ces deux inscriptions, de la dernière surtout, annoncent la décadence des arts.

13.

```
           < M.
         PAETENI
  te     RTI FIL
  defu   NCT. ANN XVII
  Pa     ETENIVS TERTIVS
         R. FIL. PIENTISSM
  car    ISSIMO OPTIMO
         ET SIBI
```

Ce cippe élevé à la mémoire des Pœtenius Tertius, mort à l'âge de 17 ans, l'a été par Pœtenius Tertius à son fils très-pieux et très-cher, et aussi pour lui-même. On y remarque l'ascia.

14.

CLODIAE
S SEX S FIL. S
GRATINAE
L. CAECILIVS
AEQVALIS
VXORI
ET SIBI.

Derrière cette épitaphe on en voit gravée une autre chrétienne.

A Clodia Gratina fille de Sextus, Lucius Cœcilius Æqualis a placé cette pierre pour son épouse et pour lui.

15.

SEX DONNI
EVTYCIAN
SEX DONNVS
EVTYCHVS
PATER FIL
CARISSIMO
ANNOR. V

Aux mânes de Sextus Donnius Eutycianus, Sextus Donnius Eutychus à un fils chéri qui a vécu cinq ans. On remarque au-dessus du cippe le cercle où l'on brûlait l'encens et où l'on versait les libations.

16.

Δ   M
ΚΡΑΤΗC. ΤΑΛ
ΛΙΑΝΟCΤΟ
ΜΝΗΜΑΕ
ΠΟΙΗCΕΝ

ΕΥΤΧΙΑ
ΤΗΙΔΙΑπΕ
ΝΕΥΘΕΡΝ
ΤΥΧΙΑΧΡΗΟ
ΧΑΙΡΟ

Aux dieux mânes Cratés de Tralles a fait ce monument à Euthychia, sa propre affranchie. Eutychia excellente. Adieu.

17.

CIAMMA
FABRORVMM
SVI. ID EST. ATT
SATVRNINO. E
CASSI §[]TIAN
QVO. III FVNC
TVS. EST. EO QVOD
FRAVDEM EIVS DE
FVNERIS. FEC
T ARAM PONE I
DECREVEI

Cet autel extrêmement mutilé, est relatif à un intendant des ouvriers : il paraît avoir été inauguré par Atticus Saturninus et Catius .... Tianus leurs parens.

18

D. M.
LVCRETIAE
SATVRNINAE
IVLIA TETRICILLA
MATER ET
L. TITIVS TITIANVS
CONIVGI

19

D. ...
P. IVL. CARA
ANI DEFVN
ANNOR....
VAL. CAR ...
NA MATER
PIENTIS.

Ces deux inscriptions ont été découvertes les années der-

33

nières, l'une dans les ruines de l'Eglise de S. Sévère, et l'autre à Romestang dans une vigne de la veuve Serpollier. La Ire pierre était divisée en trois tablettes séparées les unes des autres par des moulures, une seule renferme l'épitaphe que nous venons de transcrire; les deux autres tablettes mutilées, ne sont distinguées que par les lignes qui les indiquent. Il paraît que Julia Tretricilla, en élevant ce tombeau à sa fille de concert avec Lucius Titius Titianus son gendre, désira qu'il leur fût commun. Des circonstances particulières n'ont sans doute pas permis de réaliser ce vœu, puisque deux des tablettes sont restées vides.

La seconde pierre, décorée de l'ascia, a été consacrée à Publius Julius Caranianus par sa mère Valeria Cariana. Le Musée de Lyon possède un petit cippe érigé par Carania Secundina à son frère.

20

M. IVLIO CI
VOL ATTICO
PROC. PROVINC
DVARVM.

Ce petit autel tiré de l'archevêché rapelle la mémoire de Marcus Julius Attico, de la tribu Voltinia, procurator des deux provinces.

21

SEX MARIO NAVOE
D MARIO MARTINO
D. MARTINVS T

Cette inscription en belles lettres onciales a été aussi découverte dans les fouilles de l'archevêché; elle ne rappelle que des noms, et a fait sans doute partie d'un monument plus considérable.

22.

En voici une autre chrétienne que l'on trouve à l'angle

sud-est de la maison de M. Devausserre, au plan de l'Aiguille; elle conserve la mémoire d'un homme très-religieux nommé Romain, qui décéda le 14e jour des calendes d'octobre, étant consul Venantius Décius, c'est-à-dire l'an 507 de l'ère de J. C.

HIC REQVIESCIT B
ONE MEMORIAE RO
MANVS VIR RELI
GIOSVS QVI VI   *vixt.*
SET ANNVS OCTO.....   *octoginta*
NTA TRANSSIIT IN EVC
SVB DIE XIIII K OCTOB
SPCC VENANTI VIR
CLARISSIMI CC

23.

HIC REQVIECIT IN
PACE MERCASTO QVI
FLORENTE MAEVVM
FECIT PER ANNOS
IVCVNDAM VI
TAM HAEC PER TEM
PORA DVXIT.

Celle-ci tirée du voyage littéraire de deux Bénédictins, consacre le souvenir de Mercastus dont elle couvrait les restes.

24.

D. M.
CAPPIAE
C. ∴ ECINAE
I. ∴   CAPPIVS
DE ∴. MINVS
CONJVGI
KARISSIMAE.

Trouvée au cimetière en 1828. Actuellement au musée.

Aux dieux manes Cappius Deciminus à Cappia Decimina sa femme très-chère.

25.

```
      D   M
    AVXANONTI
   ANN ET M III
    CRESCENTIO
    ET GEMINA
     PARENTES
```

Cette inscription vient d'être découverte dans le pré de Macabrey.

§. II. MONUMENS LAPIDAIRES QUI DÉCORENT LE MUSÉE DE VIENNE.

Indépendamment de la tête de Jupiter, du bas-relief représentant Apollon sortant du sein des eaux, et de quelques autres morceaux dont nous avons déjà parlé, on rencontre encore dans cette collection.

I.

Un groupe de deux enfans en marbre de Carrare, se disputant une colombe, haut de 20 pouces neuf lignes, trouvé en 1800 dans la partie de terrain appartenant à la veuve Serpollier, près de la nouvelle halle. M. Gibelin, dans un rapport à l'Institut fait en 1802, pense que ce groupe est emblématique. L'enfant qui a un toupet de cheveux liés avec une bandelette, est le génie du bien. L'enfant qui tient le bras de son jeune camarade et y applique la bouche, est le génie du mal. Le lezard qui saisit le papillon (symbole de l'ame) sur la cuisse du mauvais génie; la colombe (emblême de l'innocence) que tient l'autre enfant; le serpent qui est auprès de ce dernier, tout concourt à rendre l'opinion de M. Gibelin vraisemblable. M. Millin n'a vu dans ce groupe qu'une dispute d'enfans. Pourquoi imaginer, ajoute-t-il, que dans tout ce que les anciens ont produit, il y a des symboles, des allégories ? Leur imagination n'a-t-elle jamais pu se reposer ? N'ont-ils pas pu comme nous représenter des scènes de la vie commune, sans y cacher un sens ?

Un autre savant donne une explication différente. Les deux enfans étaient occupés à dénicher des oiseaux ; l'un d'eux a rencontré une vipère qui l'a mordu au bras ; son jeune ami s'empresse de sucer la plaie, et le lezard qui est auprès de cet enfant secourable, lui apporte le dictame.

M. Vietty (1) reconnaît dans cette composition, comme M. Gibelin, la lutte éternelle du bien et du mal ; mais il lui assigne une origine qui me paraît douteuse : il croit que ce travail est dû aux chrétiens du temps voisin des Gordiens, qui souvent, dit-il, empruntaient dans leurs ouvrages les emblèmes des idolâtres. Cependant la pose de ces figures, la manière savante dont le sujet a été traité, semblent déceler une époque plus reculée, et toucher de près à celle où les arts étaient encore en grande réputation.

2.

Levrette caressant son petit, en marbre de Paros, trouvée à une lieue sud de Vienne, près de la Grange-Marat (2). M. Guillermin, maire, l'acheta pour le Musée. L'exécution est d'un bon style. La tête et le museau manquaient ; en passant la terre au crible, on se les procura ; mais le cou a été mal rajusté : le petit chien a été enlevé par quelque coup violent ; il n'en reste que la place sur le ventre de la mère ; les oreilles et le bout des pattes sont perdus. Ce morceau précieux, désiré par M. Denon et dont il offrit mille écus, a été moulé.

---

(1) Nous le citerons souvent, car en parlant des arts, il convient de s'appuyer du témoignage de ceux qui les cultivent avec succès.

(2) On y a aussi découvert des corniches, des soubassemens, qui annoncent les ruines d'une superbe construction.

3.

Torse d'une statue colossale de femme assise, en marbre de Paros; la tête et les cuisses manquent, les mains sont mutilées. Ce morceau capital provient des fouilles de l'archevêché. On distingue la chemisette, la tunique et la chlamide attaché sur l'épaule avec des agraffes; le vêtement est si léger, qu'il dessine les formes; le sein est très-prononcé, les draperies sont d'une souplesse extrême; l'absence des attributs ne permet pas de décider si c'est Cybèle ou Cérès que l'on a voulu représenter. M. Vietty juge cette statue grecque, et il croit que la tête en avait été détachée pour y substituer une tête d'impératrice, car le cou est creusé à la pointe comme pour y encastrer une nouvelle tête.

4.

Autre torse en marbre d'un jeune homme de grandeur naturelle, découvert en 1810 au Miroir sur St-Romain en Galle. M. Vietty assure que c'est une bonne sculpture de style grec, d'une belle forme et d'une exécution soignée : son fini précieux rappelle Antinoüs.

5.

Torse de jeune homme aussi en marbre. On y reconnaît, dit M. Vietty, le modèle méplat et pâteux de l'Achille avec plus de correction.

6.

Un petit autel en marbre dont trois faces sont sculptées, la 4ᵉ est restée en saillie. Le tore supérieur est une couronne de petites fleurs. Sur la première face, Mercure est assis auprès d'un temple rustique et de la chèvre Amalthée. Sur la seconde, est une oblation de Génies au maître des dieux; l'un amène un agneau, l'autre verse des libations, etc. La troisième représente les amours de Léda : ce groupe est rendu avec une énergie remarquable.

Un petit autel en pierre calcaire tendre; sur la face antérieure l'on voit trois figures de femmes, dont l'une est assise (celle du milieu.) Ce sont sans doute les mères Augustes. Il a beaucoup de ressemblance avec le bas-relief incrusté au-dessus de la porte d'entrée de l'église d'Ainay.

7.

Bas-relief en marbre d'Italie, d'une proportion plus que naturelle et d'une saillie de médaille. Cette figure de femme à demi drapée, n'est pas sans incorrections dans le nu ; mais la draperie, très-bien ajustée, annonce un travail des bons siècles, d'un faire large et facile : il ne reste aucun attribut qui puisse faire reconnaître le sujet que l'artiste a voulu représenter.

8.

Autre bas-relief, extrêmement mutilé, mais qui montre encore dans son état de dégradation une sculpture d'un style remarquable. Une bordure en rais de cœur encadrait le tableau. On y peut apercevoir Mercure assis sous un figuier ; un oiseau perché sur l'arbre en mange le fruit. On entrevoit l'aigle qui enleva Ganymède, et la tête de la chèvre, nourrice de Jupiter.

9.

Lare en Bacchus couronné de lierre et de pampre, et qui semble entouré d'un linceul. Cette tête extraordinaire est en pierre de grès. Les Romains se plaisaient à orner leurs tombeaux de ces sortes de simulacres : les Génies dont ils faisaient l'office, étaient censés commis à la garde de la cendre des morts.

10.

Deux larves colossales, aussi en grès, d'une touche monumentale ; elles occupaient sans doute autrefois l'angle d'un tombeau.

11.

Petite frise sur laquelle sont sculptés deux petits enfans chargés d'une guirlande de fruits ; l'intervalle que laisse la courbure de la guirlande est rempli par une tête de taureau décharnée, ornée de bandelettes. Les Grecs nommaient ces sortes de décorations carpuscules. Duchoul, *de la religion des Romains*, p. 137, donne la figure d'une semblable frise, qui se voyait de son temps sur la grande porte du cloître de St-Just à Lyon : la seule différence est que, dans cette dernière, les têtes de taureau occupent la place des enfans, et qu'un disque remplace la tête décharnée. Ce morceau est d'un goût exquis, et démontre la bonne école. Sa proportion indique qu'il devait être placé intérieurement : l'on voit aussi un chapiteau composé de guirlandes et de têtes de victimes, que l'on conjecture avoir supporté l'entablement de la porte de quelque temple. Il semble que ce genre d'ornemens était symbolique, et servait de preuve de l'importance que les païens attachaient aux sacrifices qu'ils faisaient à leurs dieux.

12.

Grande pierre de choin carrée, destinée aux sacrifices. Elle a été trouvée à St-André-le-haut, sur l'emplacement du temple de Mars. On distingue l'endroit sur lequel reposait l'autel ; le reste est creusé pour recevoir le sang des victimes, qui s'écoulait ensuite par une rigole : le Musée renferme aussi un *cyathos*, cuvette en terre cuite à bec, qui, selon les apparences, était destiné à recueillir le sang qui s'échappait de la pierre victimaire. On lit sur ce vase le nom du potier *Sabinius Gatisius*.

13.

Terme de femme en marbre ; la draperie en est légère et d'une savante exécution. Il a été dégradé par des ouvriers qui l'avaient employé comme pilastre à une cheminée.

14.

Un trépied brisé d'Apollon. Sur une face, le flambeau du jour est divisé par trois fleurs d'élianthe : sur l'autre, le laurier entouré de la bandelette sacrée, s'élève en gracieux ornement. Le milieu du trépied est un ordre corinthien en bas-relief. M. Vietty ajoute que la sculpture médaille de ce fragment est excellente. Il est aussi un autre fragment de trépied, où l'on voit deux oiseaux qui boivent, rendus, comme l'annonce M. Vietty, avec cette expression juste et vive de la nature prise sur le fait.

15.

Partie d'un autel ou de la frise d'un monument également consacré à Apollon; on y trouve le laurier et le corbeau qui trahit Coronis, l'Epichésis des libations; et dans la couronne dont il reste des traces, on voyait sans doute le trépied et la cithare. Ce joli morceau est incrusté dans le mur d'une maison près du collége, ainsi que d'autres parties de sculpture.

16.

Cuisse ayant appartenu à une figure de grandeur naturelle en bas relief. M. Vietty juge que cette figure était celle d'un fleuve, assis sur un rocher baigné par les eaux. Il ajoute que ce fragment, grossement modelé, est entouré d'une partie de son encadrement en moulures taillées.

17.

Pierre sur laquelle sont gravées en creux ces trois lettres DAT, dans la proportion d'un pied de hauteur. Cette partie d'inscription enseigne la méthode que suivaient les anciens, pour sceller les lettres de métal. L'on distingue encore le plomb qui remplissait les trous dans lesquels les tenons étaient accrochés. On a trouvé à l'archevêché un fragment de marbre sur lequel on lit VR gravé en creux, aussi avec la marque des tenons.

18.

Partie d'un bras colossal en marbre de Carrare, trouvé sur l'emplacement de l'ancien temple de Mars; il paraît avoir appartenu à une statue de ce dieu, de près de vingt pieds de haut. Ce bras n'est qu'avancé au ciseau et seulement dégrossi à la pointe dans sa partie postérieure où se montrent plusieurs points saillans; il était emboîté avec la main par une queue d'aronde. Le Musée renferme encore une main colossale de femme qui a un anneau et tient une corne d'abondance; un pied d'une énorme grandeur; une partie du tailloir d'un chapiteau en grès, d'environ dix pieds de haut. Une semblable dimension, selon M. Vietty, donne l'idée d'une énorme colonnade qui formait peut-être le péristyle du temple de Mars, où tout était colossal. On y voit de même une grande rosace de larmier en grès, qui paraît avoir servi à l'entablement de ce même temple, divers fragmens d'une grande frise où sont sculptés des fruits, une branche de laurier, etc. M. Vietty la considère comme étant du plus large et du plus ferme travail des ornemens Romains.

19.

On a recueilli à diverses époques, et placé au Musée plusieurs têtes de statues à mesure qu'on les découvrait : voici les plus remarquables.

Une tête surmontée d'une masse de draperie, on croit reconnaître un Jupiter ou un Bacchus indien. Elle est, selon M. Vietty, de ce style que Winckelmann appelle le plus ancien de l'art des Grecs.

Une tête de Mercure; il est représenté dans l'âge brillant de la jeunesse, avec des ailes et de longs cheveux bouclés d'une manière gracieuse. M. Vietty pense que ce pourrait bien être le Mercure gaulois. Elle est du plus beau style, d'une composition parfaite, et semble avoir fait partie d'un bas-relief très-saillant.

Tête de Janus enfant, mutilée.

Tête d'une jeune femme coiffée d'un casque; ce doit être Pallas.

Tête d'une jeune fille coiffée d'un pétase. Il est étrange que le bonnet de Mercure se trouve sur la tête d'une femme.

Autre tête de femme couronnée de fleurs, ayant fait partie d'un bas-relief saillant.

Autre tête de femme très-dégradée ; le bandeau qui orne sa coiffure, et les yeux incrustés qui occupaient le vide qui reste, indiquent qu'elle appartenait à la statue d'un personnage distingué.

Tête qu'on a cru être celle de Jupiter, mais que M. Vietty attribue avec plus de raison à un Fleuve.

Tête couronnée de fleurs. C'est le portrait d'un empereur romain. M. Vietty pense que c'est celui d'Auguste. Le style, dit-il, est bon, mais l'exécution en est sèche et timide.

Deux têtes un peu défigurées, que M. Vietty juge être l'une celle d'un jeune romain, et l'autre celle d'une jeune grecque. Elles sont, dit-il, de cette sculpture naïve, grasse et compacte qu'on admire dans les beaux portraits grecs.

Un pied chaussé du *Malleus*, couvert d'ornemens d'un travail recherché, a été trouvé dans le même lieu que la tête présumée d'Auguste, est du même marbre et du même style, et paraît avoir appartenu à la même figure.

Bas-relief d'un homme barbu, vêtu de la tunique et du pallium. Le caractère de cette figure, selon M. Vietty, la coupe et le jet de ses vêtemens semblent indiquer un Gaulois.

20.

Un disque en marbre représentant d'un côté la muse tragique, un masque à la main ; c'était peut-être le prix destiné à un acteur célèbre.

Une tête en bronze d'Adrien très-belle. Les ouvriers qui la trouvèrent entière, l'ont presque détruite en la mettant au feu.

Dieu pénate en bronze trouvé près du chemin de Saint-Marcel, sur l'emplacement d'une maison incendiée. C'est un génie avec les attributs de Mercure, c'est-à-dire avec des ailes à la tête et une bourse à la main. Sa hauteur est de deux pouces et demi.

Un petit bas-relief représentant un naufrage. Un vieillard et un jeune homme disputent d'efforts pour atteindre la rive.

21.

Grande base corinthienne en marbre blanc, ayant porté des colonnes d'un grand volume.

Plusieurs tambours de colonnes en marbre de diverses dimensions, deux surtout ont plus d'un mètre de diamètre.

Des colonnes cannelées, des socles, des chapiteaux, plinthes, soffites, etc.

Portion de corniches en marbre d'une décoration somptueuse. Elle occupait la partie inclinée d'un fronton. « S'il » était besoin, dit M. Vietty, de prouver le génie des an» ciens pour l'architecture, ce morceau pourrait suffire. » On y voit un savant parti pris : ils avaient senti que les » ornemens des côtés d'un fronton, fait d'équerre, ont un » aspect froid et désagréable, et que, pour produire le » même effet qu'ils font horizontalement, il faut balancer » leurs directions. Nous n'oserions pas mettre en exécution » un pareil système. Les Romains le faisaient hardiment, » et sans nuire à la régularité de l'ensemble, ils animaient » toutes les parties de l'édifice. Ce travail, ajoute-t-il, se » distingue par une exécution monumentale et pittores» que. » Il le considère comme le morceau d'architecture le plus remarquable, laissant une haute idée du monument auquel il appartenait.

Entablement complet en trois assises, trouvé le 1er juillet 1818, dans la rue au-dessus des *Bleus célestes*, provenant sans doute de l'amphithéâtre. C'est, d'après M. Vietty, un échantillon d'une riche ordonnance. Cette décoration est très-soignée, tout est travaillé jusqu'à la face du larmier. C'est encore, ajoute-t-il, un ouvrage du bon temps; la frise surtout est d'un beau dessin. Cependant cette sculpture n'a pas le ressort de quelques autres qui se voient au Musée, elle se rapproche plus de l'exactitude géométrique de celles de nos jours. C'est, continue-t-il, la plus régulière, la plus terminée, mais aussi la plus froide de toute la collection.

Des fragmens de rinceaux. M. Vietty les estime classiques dans leur genre. Cette exécution vivante inspirée par la nature de la feuille devrait, suivant lui, dessiller les yeux de nos ornemanistes.

Un chapiteau ionique d'un fouillé très-délicat, trouvé près de la place du Cirque. Le tailloir est d'une hauteur démesurée. Les volutes sont couvertes d'acanthe.

Architrave avec soffite. Les ornemens sont d'une grande richesse. On y voit les thirses de Bacchus attachés avec un ruban.

22.

Un chapiteau d'ordre composite. Il est des meilleurs de la collection. Le travail des feuilles et le lisse du vase forment une opposition agréable.

Un autre chapiteau composé, mais tellement dégradé qu'on n'en peut reconnaître l'ensemble. Il a été grossièrement façonné par le haut pour en faire un bénitier. Une partie des oves a été taillée dans les volutes qui n'existent plus. Le bas seul est conservé, il est orné de feuilles de persil d'une faible saillie, avec des caulicoles qui finissent en rosettes.

Un morceau de corniche en grès. Sa forme circulaire rappelle les temples de Cibèle et de Pallas.

Des cimaises de bon goût.

L'assise d'une ante ou pied droit d'intérieur. Les ornemens sont d'une composition extrêmement agréable.

Un morceau de frise d'où s'élance un oiseau, d'une douce et suave exécution.

Il paraît que les environs de l'amphithéâtre étaient occupés par de magnifiques édifices. Déjà en 1771, l'abbé Rivoire signalait à l'académie de Lyon des découvertes nombreuses faites près des *Bleus célestes*. En creusant le canal pour la conduite des eaux à la fontaine de la place neuve, on avait trouvé entre autres un tronçon de colonne d'un volume considérable, la base et le chapiteau. L'emtablement avait sept pieds de haut. La grosseur des blocs, la beauté du marbre, la richesse de la sculpture, tout cela indique que ces objets appartenaient à un monument somptueux ; c'est dans le même endroit que fut retiré une partie de l'aile et de la queue d'un aigle qui se voit au Musée, elle était d'une proportion vraiment colossale, puisque la partie dont nous parlons est de deux pieds de long. Mais les fouilles de l'archevêché ont mis en évidence un bien plus grand nombre de morceaux d'architecture et de sculpture, et il est bien à regretter que l'on se soit autant borné dans le choix de ceux que l'on a conservés.

Tous les morceaux qui suivent, ainsi que le n° 3 précédemment écrit, en sont sortis.

23.

Chapiteau de colonne en marbre blanc d'une grande dimension et d'un travail extrêmement soigné. Quoique dégradé dans certaines parties, l'on voit cependant qu'il porte un caractère d'ornemens peu commun. A la place des rosaces contre le tailloir, il y a d'un côté un buste de Cibèle, surmonté de la couronne murale, de l'autre une tête de Saturne ; le troisième ne conserve qu'une main tenant la queue d'un serpent, le quatrième est totalement oblitéré. Ce chapiteau appartenait sans contredit à un monument du premier ordre.

24.

Une assise en pierre calcaire coquillière destinée à occuper le tympan d'un édifice entre les ornemens d'un archivolte. Sur la face principale est sculpté très en relief le buste d'un jeune homme, coiffé du bonnet phrygien, et paraissant dans un état de méditation, la main droite élevée sous le menton, l'index plié et le bras gauche pendant. Cette figure, bien qu'elle n'ait pas le fini que comportent les ouvrages de ce genre, n'annonce pas moins qu'elle est due à un ciseau exercé. Il eut été difficile de lui donner une expression plus vraie, une attitude plus naturelle, des formes plus régulières. On pense généralement que l'artiste a voulu représenter Pâris au moment où il va décerner la pomme à la plus belle.

On remarque encore plusieurs blocs ou assises de pierre, paraissant sortis du même édifice; sur l'un est sculpté le buste d'un guerrier soutenant son bouclier, et ayant auprès de lui sa hache d'armes; sur un autre deux têtes également coiffées du bonnet phrygien, séparées par une partie de colonne cannelée surmontée de son chapiteau. Sur d'autres des pilastres se liant par des guirlandes de fleurs à des ornemens de différens genres. Plusieurs assises offrent des draperies qui correspondaient sans doute aux parties que nous avons signalées, où sont sculptées des figures de guerriers.

25.

Trois blocs énormes en pierre calcaire coquillière, chacun d'environ quatre pieds de longueur sur deux de large, sculptés sur les quatre faces, ce qui annonce qu'ils ont servi d'imposte à des piliers, et qu'ils supportaient la voussure d'arceaux. L'une des faces d'un de ces blocs offre un chien tenant sous ses pattes un rameau de vigne auquel est encore attachée une grappe de raisin; un coq cherché à la becqueter; mais le chien montre les dents et est dans une attitude à défendre sa proie. Des pampres de vigne où paraissent des raisins entourent le lieu de la scène et lui donnent un ton pittoresque. Sur le quatrième est un grand aigle, les ailes étendues, l'œil ardent, et paraissant disposé à combattre un serpent dont il presse la queue avec ses serres. Le reptile, la tête haute, semble par ses mouvemens vouloir enlacer l'oiseau de Jupiter dans ses replis tortueux.

Sur l'une des faces du second parpaing, on remarque un lion; il vient d'atteindre un jeune poulain et lui a porté ses griffes sur la croupe. L'animal attaqué tourne la tête du côté de son adversaire et cherche en s'élançant à lui échapper. Le côté opposé représente un ours au moment où il ravage un verger; déjà il dévore une pomme. Un homme placé sur un plan plus élevé, tient dans ses mains un caillou qu'il se dispose à lancer contre l'animal pour l'obliger à la retraite.

Les tableaux de la deuxième imposte ne sont pas moins curieux; sur l'un on voit deux sphinx à tête de femme, séparés par un trépied surmonté de trois boules des jeux; sur l'autre est un aigle, les ailes déployées, qui enlève Ganimède; son chien est près de lui. L'entourage de ces diverses scènes est gracieux.

Un fragment d'un autre parpaing comporte la figure d'un sphinx, et peut-être appartenait au même monument que ceux qui précèdent.

Ces blocs servaient sans contredit d'ornemens à une galerie très-magnifique, peut-être celle d'un gymnase; quoi qu'il en soit, il n'était point de forme quarrée, car les impostes démontrent une légère courbure.

26.

Un bloc de la même pierre contenant frise et architrave; il était surmonté d'une corniche. Sur la frise on remarque le sphinx descendant du mont Phicée, devant lui sont les ossemens d'une victime humaine récemment immolée. Un peu plus loin on distingue Œdipe auquel le monstre propose son énigme. Il faut convenir que si les anciens ont porté aussi loin l'art de l'architecture et de la sculpture, ils le durent principalement à cette variété de scènes et de décorations dont ils embellissaient leurs ouvrages; une imagination féconde leur fournissait sans cesse de nouveaux sujets, un goût délicat présidait à l'art d'en tirer un parti avantageux, et l'imitation de tout ce que la nature offrait d'agréable et de gracieux, ajoutait à la richesse de leurs compositions.

27.

Deux fragmens de bas-reliefs, l'un représentant la partie supérieure d'un préféricule ou vase de sacrifices, et l'autre une tête de Jupiter. Deux supports ou accoudoirs de chaise curulle, dont les pieds sont terminés en griffes. Ils sont d'un bon travail, et annoncent avoir appartenu à des siéges différens.

Un fragment de colonne en marbre blanc d'environ quinze pouces de diamètre, sur lequel règnent tout autour des bandelettes en spirale où sont sculptés des pampres de vigne et des amours courant après des oiseaux.

Nous ne finirions pas si nous voulions indiquer tous les fragmens précieux que recèle le Musée, et ceux qui sont encore répandus dans la ville; nous parlerions d'abord de deux bas-reliefs qui dépendaient du même tombeau, incrustés dans le mur de la maison Clément, sur la place Neuve; l'un est composé de quatre figures; la première, vêtue d'une longue robe, la seconde tient un panier de la main droite et un *pedum* de la gauche; la troisième est armée d'un bouclier, la quatrième élève la main droite comme pour haranguer les trois autres; auprès d'elles est un arbre; l'autre est en forme de fronton. Au milieu du timpan on voit une brebis entre deux colombes.

A l'angle d'une maison, sur la place de Notre-Dame-de-la-Vie, est un chapiteau de colonne en marbre, et une partie de corniche ornée d'un lézard et d'une chouette. Ces deux figures ont peut-être été employées comme rébus pour désigner les noms des deux sculpteurs employés à ce travail. *Saurus* signifie lézard, et *Glaucus*, chouette, du mot grec *glaux*.

Sur la place Modène, des rinceaux du plus bel effet, et dans la cour de M. Clémaron, sur l'emplacement de l'archevêché, des fragmens d'un triton colossal, et divers morceaux d'architecture.

Il suffit de dire que le Musée de Vienne, unique dans son

genre, offre aux architectes et aux sculpteurs des motifs d'études que l'on trouverait difficilement ailleurs; aussi avons-nous déjà la satisfaction de voir des artistes passer des mois entiers dans notre ville, occupés à dessiner les morceaux les plus saillans de la collection que l'on y a rassemblée; il faut espérer que les administrateurs, les citoyens même, s'empresseront d'enrichir ce magnifique dépôt, de toutes les découvertes que le hasard procurera. Ce sont des titres de gloire qu'il importe de conserver avec soin, car nos jouissances les plus vives sont principalement dans nos souvenirs.

Je ne peux me dispenser, en terminant ce paragraphe, de rappeler quelques observations faites sur l'église de Saint-Maurice. Le linteau de la porte latérale du côté du nord, que j'ai indiqué page 211, est, d'après M. Vietty, le plus parfait modèle d'ornement qui soit à Vienne. C'est une frise et une architrave d'intérieur, d'un travail achevé sans sécheresse. La frise est ornée de griffons, et le soffite d'architrave d'un rinceau de lierre d'une grâce de composition et d'exécution extraordinaire. L'on sait que les Grecs avaient consacré le griffon à Apollon; ce dieu avait peut-être un temple à Vienne, d'où ce fragment aurait été tiré. Du moins, nous avons établi dans le cours de l'ouvrage que son culte y était très-répandu.

Une partie du mur de l'église du côté du nord, près de la façade, est bâti en pierre à joints latéraux inclinés. Ce genre d'appareil se trouve employé dans la construction des grandes enceintes de beaucoup de villes antiques de la Grèce, dont la citadelle est en construction cyclopéenne. Cependant ce mur ne date que du commencement du seizième siècle.

Au-dessus de la porte latérale, du côté du nord, existe intérieurement une voûte soutenue par deux jolies colonnes de marbre cannelées en spirale, provenant de quelque ancien édifice. On remarque au même endroit une frise sur laquelle sont sculptés les signes du zodiaque, tels qu'on les rouve dans la plupart des églises gothiques. Les deux frises qui règnent autour du chœur sont singulières. Les ornemens dans le goût arabe ont été sculptés en creux, et la sculpture incrustée avec du ciment rouge.

§. III. INSCRIPTIONS RELATIVES A VIENNE, QUI EXISTENT HORS DE CETTE VILLE, OU QUI ONT ÉTÉ ÉGARÉES.

1.

EXATTIVS
SEX FIL. VOLT
...ETICVS VIENN
OMNIB. HONORIB.
IN PATRIA SVA FVNC
FLAM. PROV. NARB.

Celle-ci était à Rome. Spon la rapporte, pag. 205 de son *Miscellanea*. C'est une pierre tumulaire érigée à la mémoire d'Exattius Æticus de Vienne, fils de Sextus de la tribu Voltinia, qui était parvenu dans sa patrie à tous les honneurs, et qui était encore flamine de la province Narbonnaise.

2.

VIENNAE
ORDINE MIN
CVRVLI P. F.

Celle-ci, rapportée par Guichenon, *Histoire de Savoie*, se trouvait au village de Vivier, entre Chambéry et Aix.

5.

V. M. F. VOLVETINO M ALLONI
ROMANO OMNIBVS HONORIB. VIENN.
ALLECT..... ISSIMI ORDIN. SENAT

Titre. M. ALLONI ANIVO

Autre. OVCHANIO   *Autre.*   TINIA
AN.   FVNCTO
                                 NI
                                 M
                                 V. L. 8.

Ce tombeau, divisé en plusieurs pierres, avait servi de sépulture à Marcus Allonus Anivus, citoyen romain, élevé à tous les honneurs de la ville de Vienne par le saint ordre des sénateurs, à Ouchanius son frère, et à sa femme Attinia. Guichenon en parle comme existante dans la vallée de la Fin, près d'Aix en Savoie, où ce personnage important avait eu sa maison de campagne. Ce monument sert de preuve que Vienne avait un corps de sénateurs, des duumvirs, des décurions, etc., de manière que son gouvernement était modelé sur celui de Rome.

4.

D.   M.
C. COELI
LVCINI
DECVR. VIENN.
SEXTIA THREPTA
COIVGI
KARISSIMO
ET COHEREDES

Cette inscription a été mise au jour en 1811, en démolissant une des tours de l'évêché de Grenoble; elle constate la tendresse de Sextia Threpta pour son mari Caius Cœlius Lucinius, décurion de Vienne, à qui elle érige, de concert avec ses cohéritiers, ce modeste témoignage de leur souvenir.

5.

D.   M.
P. HELVIVS MASSO
DECVR. VIENN
VIVOS SIBI

6.

D.   M.
APRONIAE SABINAE
FIL. CASSATAE

P. HELVIVS MASSO
CONI CARISSIMAE

Ces deux cippes ont été trouvés à Grenoble. Le premier indique que Publius Helvius Masso, décurion de Vienne, a, de son vivant, inauguré la pierre sous laquelle il doit reposer; et le second, que ce même Publius Helvius Masso s'est occupé du soin de perpétuer la mémoire d'Apronina Cassata, fille de Sabinus, son épouse très-chère, en lui rendant ce faible hommage.

7.

Q. VAL. C. FIL VOLT
MACEDONI
FLAMI. VIENN. Q
IIVIR. AERA. AVGVRI
III VIR. PP
COS. HADRIANVS

Chorier la rapporte dans son *Histoire générale du Dauphiné*, tome 1er, page 242; on la voyait auprès de Tain.

A Quintus Valérius Macédo, fils de Caius, de la tribu Voltinia, flamine quinquennal de Vienne, duumvir du trésor, augure, triumvir, etc., étant consul Adrien, ce qui se rapporte à l'an 118 ou 119 de l'ère chrétienne.

8.

V. F. T. PARRIDIVS PARRIONIS F
QVIRINVS GRATVS QVAESTOR
IIVIR MVNIC BRIGANTIEN....
SIBI ET PARRIONI PATRI VIENNAE
MATRI SOLAE SORORI

Parridius Quirinus Gratus, fils de Parrio, questeur, duumvir, municipe de Briançon, a élevé ce monument funèbre pour lui, pour son père, de Vienne, pour sa mère et pour sa sœur. Elle est à Grenoble.

9.

L. HELVIO L. FILIO
VOLTIN FRVGI
CVRATORI NAV
TARVM BIS. IIVIR
VIENNENSIVM
PATRONO RHO
DANIC ET ARAR
....
N RHOD. ET ARAR.
HOD

A Lucius Helvius, surnommé Frugi, curateur des nautes, duumvir pour la seconde fois de Vienne. Les mariniers des deux rivières ont élevé ce monument à leur patron du Rhône et de la Saône.

M. Chifflet avait pensé que le mot *bis*, à la cinquième ligne, était l'abrégé de *Bisuntium*, Besançon; mais cela n'est pas probable, puisque ce sont les nautes du Rhône et de la Saône qui consacrent ce témoignage de gratitude à leur patron. J'ai donc pensé, ainsi que M. Artaud, qu'il valait mieux interpréter ce *bis*, comme s'appliquant à la dignité de duumvir de Vienne qu'Helvius aurait obtenue pour la deuxième fois, plutôt que de supposer qu'on eût voulu désigner un naute de Besançon; d'ailleurs les anciens, en parlant des nautes, auraient indiqué la rivière sur laquelle ils naviguaient, et non pas la ville où coulait la rivière. L'inscription même le prouve : ce ne sont pas les nautes de Lyon qui rendent cet hommage à leur patron, mais ceux du Rhône et de la Saône.

Cette inscription est gravée sur les deux faces, de manière à être placée isolément; elle orne le Musée de Lyon auquel je l'ai cédée. Je l'avais acquise des entrepreneurs chargés de la démolition de l'église de Saint-Étienne, dans les murs de laquelle elle était placée.

10.

Sur une pierre divisée en trois tablettes, l'une est vide, les deux autres contiennent les inscriptions suivantes:

DIS MANIB	MNEMOSY
Q. GRATTIO	NE
PROCLON	ITEM GRAT
MARITO OPTIMO	TIAE PROCL
CAPRILIA	FIL.

Aux dieux mânes, à Grattius Proclionius, Caprilia à son mari excellent.

A Mnemosyna (1). Pareillement à Gratia, fille de Proclionius.

Elle est dans le cabinet de M. Artaud, directeur du Musée de Lyon. Elle lui a été donnée par M. Boissat, médecin à Vienne, aux soins duquel on est redevable de la conservation d'une infinité d'objets antiques.

11.

DRVSO CAESAR
TIB. AVG. F DIVI AVG
NEPOTI DIVI IVL
PRO NEPOTI TRIB
POTEST II COS. II.

A Drusus César, fils de Tibère, petit-fils du divin Auguste, arrière-petit-fils du divin Jules, tribun et consul pour la seconde fois.

Cet autel, découvert dans l'enclos des religieuses de Saint-André-le-Haut, était sans doute placé près du temple de Mars. Il fut érigé en l'honneur de Drusus, lors de son

---

(1) M. Mermet interprétait le mot de Mnemosyne, de la seconde inscription, par ceux-ci : A la mémoire aussi; mais M. Artaud croit que c'est un nom, et je penche assez à adopter son opinion.

passage à Vienne pour aller en Allemagne apaiser la sédition des armées, ce qui se rapporte positivement à son second consulat, lequel remonte à l'an 21 de l'ère chrétienne.

Spon, *Antiq. de Lyon*, et les auteurs du *Voyage des deux Bénédictins*, signalent cette pierre votive. Elle a disparu.

12.

M. TITIO T. F
MACRINO
IVCVNDAE
EX T F C.

Ex testamento fieri curavit.

Ce petit autel, qui se voyait il y a quelques années dans la rue des Serruriers, ne paraît plus maintenant ; il avait été tiré du fort Pipet.

Jucunda a élevé ce cippe à la mémoire de son mari Marcus Titius, fils de Titius, pour exécuter les dispositions de son testament. Les mots *uxor* et *contubernales* sont sous-entendus.

13.

D.   M.
LABENIAE NEME
SIAE OPTIMAE
PIISSIMAE LIB
ET CONIVGI
P. LABENIVS TRO
PHIMVS MERI
TIS EIVS SIBI
KAR

Cette pierre était incrustée dans le mur d'une maison de la rue Pêcherie, à Vienne ; elle en a été détachée depuis quelques années et réunie au Musée de Lyon.

Aux dieux mânes, à Labenia Nemesia, excellente et fidèle. P. Labenius à son affranchie et à son épouse, qui lui fut chère par ses vertus.

14.

D.   M.

ET MEMORIAE AETERN
C. LIBERTI DECIMANI
CIVI VIENNENS. NAVT.
ARARICO HONORATO
VTRICLARIO LVGVDINI
CONSISTENTI
MATRONA MARCIA
NI CONIVGI CARISSIMO
QVI CVM EA VIXIT AN. XV
MENSIBVS III DIEBVS
XV SINE VLLA ANIMI
LAESIONE PONENDVM CVRAVIT
ET SVB ASCIA DEDICAVIT

Cette inscription, rapportée par Paradin, Spon, Menestrier, Siméoni, etc., comme ayant été découverte à Saint-Irenée, ne paraît plus aujourd'hui; elle a subi le sort de tant d'autres monumens semblables qui ont été détruits. Celui-ci avait été élevé à la mémoire de Caïus Libertus Decimanus, citoyen de Vienne, naute de la Saône, honorable utriculaire, demeurant à Lyon, par Marcia son épouse très-chère.

Les corps des nautes et des utriculaires étaient très-nombreux; ils avaient l'entreprise des voitures d'eau qui approvisionnaient la ville, ou fournissaient à son commerce d'entrepôt; il paraît que ce genre d'industrie était lucratif, puisque des hommes distingués faisaient partie de ces corps.

M. Calvet, dans une dissertation très-savante, a démontré que les utriculaires étaient comme les nautes des bateliers, mais avec cette différence que les radeaux dont ils se servaient étaient supportés par des outres.

15.

IN HOC TVMVLO CONDITVR BONAE

MEMORIAE SEVERIANVS QVI RELIGIONEM
DEVOTA MENTE SVSCEPIT SIC QVEM
ANIMA AD AVTHOREM D M
REMEANTE TERRENA MEMBRA
TERRIS RELIQVIT EXACTIS VITAE
ANNIS XXXII OBIIT PRIDIE IDVS
AVGVSTAS RESVRGIT IN XPO DMO
NOSTRO POST CONSVLATO LONGINI
BIS ET FAVSTI

Cette épitaphe, découverte à Saint-André-le-Haut, rapportée par Spon et Maffei, remonte aux premiers temps de l'établissement du christianisme dans les Gaules, puisque Longinus, sous le consulat duquel elle a eu lieu, remplissait pour la seconde fois cette importante fonction, l'an 490 de J. C.; Sidonius Appolinaris fait l'éloge d'un orateur de son temps appelé *Severianus;* il est possible que ce soit le même personnage, du moins la chronologie ne s'y oppose pas.

§. IV. CHOSES RARES ET CURIEUSES TROUVÉES A VIENNE, ET QUI DÉCORENT LES COLLECTIONS D'UN GRAND NOMBRE D'AMATEURS.

Dans le cabinet de M. d'Hennery à Paris, on voyait un anneau d'or venu de Vienne, sur lequel était gravée une plotine.

Il fut découvert, en 1802, dans la propriété de M. Foula derrière Pipet, un coffret de fer, contenant une chaîne d'or, au bas de laquelle pendait un anneau du même métal, et un grand nombre de médailles aussi d'or, aux effigies de Faustine, de Trajan, d'Antonin, etc. M. Guillermin Maire en donna quelques-unes des plus rares au prince Talleyrand, lors de la consulta cisalpine tenue à Lyon. L'orfèvre Dupuy en acheta pour 8 à 900 francs qu'il fondit aussitôt. C'est de ce trésor que provenait l'amulette phallique en or et une cornaline sur laquelle était gravé un gouvernail en creux, achetés par M. Grivaud, et dont il parle dans ses Antiquités gauloises, t. 2, p. 14.

Le même auteur, p. 191 et 194, fait encore mention de deux anneaux d'argent trouvés dans la même ville : l'un destiné à servir de cachet, est orné du buste d'une femme africaine gravé en creux assez profond ; les cheveux sont relevés et noués au sommet de la tête ; des perles pendent à ses oreilles et parent son cou ; son vêtement est indiqué par une petite partie de tunique nouée sur la poitrine et retenue par une agrafe.

Le Musée de Lyon possède une tête romaine en marbre, couronnée de feuillage et détachée d'un bas-relief, presque ronde bosse. Un coin en bronze trouvé à Vienne au lieu appelé Charlemagne; il était renfermé avec cinq autres coins semblables dans une boîte de fer. Une partie de colonne cannelée en marbre brèche rose tirée du Miroir à St-Romain ; elle sert de support à une statue : un chapiteau de colonne en marbre, etc. : un instrument en fer trouvé dans le Rhône, et que M. Artaud croit être le gouvernail d'une barque; une tête de taureau servait de point d'appui au pilote. On sait que Vienne avait un corps de nautonniers gouvernés par un préfet.

La collection de M. Artaud, directeur du Musée de Lyon, renferme une foule de choses qu'il a achetées des héritiers de M. Schneider: entr'autres, 1° un camée sardonix représentant Constance fils de Constantin (1); il avait été détaché, au moment de la révolution, d'une croix processionnelle de la cathédrale dans laquelle il était enchâssé (2).

---

(1) Il est gravé dans l'iconologie romaine par M. Mongez.
(2) Il est assez extraordinaire de trouver sur des objets consacrés au culte catholique, et exposés à la vénération des fidèles, des ornemens qui rappellent les croyances du paganisme. La rose d'or dont Innocent IV fit présent au chapitre de Saint-Just, à Lyon, était enrichie d'une cornaline d'un grand prix, sur laquelle était gravée une tête d'Hercule. Le camée de la Sainte-Chapelle, à Paris, re-

2° Un talisman ou *sigillum* en pierre ollaire sur lequel sont gravées en creux et assez grossièrement sept têtes que l'on juge être celles des divinités qui présidaient aux jours de la semaine. Sérapis est la seule reconnaissable, à cause du boisseau qu'elle porte sur la tête. Sur la même ligne un vase et un phallus ont été aussi gravés ; le vase désigne l'eau, principe générateur de l'univers selon Thalès ; et le phallus, le principe conservateur par la reproduction perpétuelle.

3° Les oreilles d'un casque antique en bronze, portant l'emblème de la légion fulminante.

4° La statue de la déesse *Copia* assise, en marbre.

5° Une figure gauloise en terre cuite, assise dans une chaise tressée en osier.

6° Une main votive en corail.

7° Un camée en jaspe sanguin représentant St-Nicolas, avec son nom gravé en grec perpendiculairement. Ce morceau est un ouvrage du neuvième siècle, et paraît avoir été apporté en France du temps des croisades ; il ornait une croix de l'église de St-André-le-Bas.

8° Le bras de la statue d'une jeune personne, en bronze, d'un travail excellent, et les ornemens de la cuirasse d'une statue aussi de bronze.

9° Un cornet de plomb de fontaine portant le nom de *Fortunatus*, un autre celui de *Severinus* ; des briques rappelant le nom de *Viriorum*, des antefixes sur lesquels on lit celui de *Rufus*.

M. le docteur Boissat, M. Mermet, M. Chavernod, ont

---

présentant l'*apothéose d'Auguste*, était placé sur un cadre de vermeil, contenant des ossemens sacrés et les figures des douze apôtres et des quatre évangélistes. Ce grand camayeu ou reliquaire était porté dans les processions solennelles et placé sur l'autel, comme un objet de piété. N'a-t-on pas vu de nos jours le bâton d'un chantre remplir, au couronnement de Napoléon, les fonctions du sceptre de Charlemagne.

également recueilli divers objets antiques provenant des fouilles faites dans ces derniers temps. Le premier surtout a plusieurs pierres gravées d'un beau travail. M. de Rigaud possède aussi une superbe collection de médailles, formée par le président de Valbonnais.

Il se passe peu d'années où l'on ne trouve, en creusant la terre, une foule de médailles de tous les modules en or, en argent ou en bronze; des moules de médailles en terre cuite, des figurines, des amulettes, des tessères, des vases de différentes formes, des amphores, des urnes cinéraires, des fragmens précieux de sculpture et d'architecture, etc. Peu de villes recèlent dans leur sol autant de richesses. Mais à mesure que ces objets sont rendus à la lumière, l'ignorance les détruit, ou la cupidité les disperse, de manière qu'il en reste très-peu dans les cabinets de Vienne.

Enfin, j'ai la satisfaction, en finissant cet ouvrage, de pouvoir annoncer qu'un pont à double voie, suspendu par le moyen de chaînes ou de fil en fer, va être jeté sur le Rhône entre Vienne et Sainte-Colombe. L'adjudication en a été tranchée à la préfecture de l'Isère, le 8 avril 1828, en faveur de M. Mignot et Cie d'Annonay, sous la jouissance d'un droit de passage pendant quarante-huit ans. Un de mes vœux le plus ardent sera incessamment rempli. Ainsi une communication importante, interrompue depuis près de deux siècles, est sur le point d'être rouverte, et avec des améliorations infinies. Déjà on a élargi et réparé la partie de route qui subsiste entre Condrieu et Givors; tout porte à croire que de nouveaux travaux seront effectués pour la mettre dans le meilleur état possible. L'on projète aussi de rendre plus facile et plus commode le chemin de Sainte-Colombe à Rive-de-Gier par Trèves, peut-être établira-t-on un embranchement de la route de fer de Givors à Vienne. Toutes ces entreprises développeront sur ce point une industrie très-étendue, des relations plus actives et d'un haut intérêt. L'agriculture et le commerce en recueilleront des fruits précieux. Tout présage pour Vienne et Sainte-Colombe un avenir prospère.

Je crois devoir, à cette occasion, émettre une idée que j'ai conçue depuis long-temps, pour que les adjudicataires des grands travaux autorisés par le gouvernement, ne perpétuent pas à leur profit la jouissance des droits de passage qui leur ont été octroyés, au-delà du terme fixé par leur concession. Jusqu'à présent ils ont obtenu, sous les prétextes les plus frivoles, des prolongations successives, et souvent même le doublement des droits. Je pourrai citer les actionnaires du canal de Givors et ceux du pont de Saint-Vincent à Lyon, dont les contrats primitifs ont éprouvé des changemens notables onéreux au public. L'unique moyen de faire cesser un pareil abus serait de donner, par l'acte de concession, un successeur à l'adjudicataire, qui alors aurait intérêt de lui faire exécuter ses obligations. Si le gouvernement appelait les hospices les plus voisins à recueillir ce genre d'héritage, il ferait un grand pas vers la morale. Les asiles de toutes les misères humaines seraient insensiblement dotés, de manière à produire le plus grand bien. Une semblable disposition mérite d'être examinée. Tout ce qui tend à soulager l'infortune, à tarir des larmes, doit être l'objet des recherches et des méditations des hommes d'état et des philantropes.

FIN.

TABLE
DES MATIÈRES.

———

Pages

Avertissement.
Notice sur Nicolas Chorier.
Dissertations sur l'origine de la ville de Vienne. Première. j
Deuxième. xj
Troisième. xxj
Témoignages des anciens auteurs touchant la ville de Vienne. xliij

ANTIQUITÉS DE VIENNE.
LIVRE PREMIER.
CHAPITRE Ier.

Figure et grandeur ancienne et moderne de la ville de Vienne. Erreur de ceux qui croient qu'elle était située au-delà du Rhône. 1

CHAPITRE II.

Description plus particulière de la ville de Vienne. Ses dehors du côté de Lyon. Commanderie de Saint-Antoine. Hôpital et église. Inscriptions romaines. 10

CHAPITRE III.

Rivière et territoire d'Arpot. Eglise de Saint-Symphorien ruinée. Tressins. Bêche-Vienne. Macabrey. Recluserie ruinée. Inscriptions romaines. Reclus insignes dans Vienne. Autres recluseries. Mont-Rosier. Fourches. Puy Saint-Didier. Territoire de Saint-Maxime. Indulgences. Ergastule. 16

CHAPITRE IV.

Description du mont Salomon, fortifié par les Romains. Recherches curieuses sur l'origine de son nom. Mont Arnaud. Campemens des Romains durant les quartiers d'hiver. Château de la Bâtie ruiné. 25

CHAPITRE V.

Faubourg d'Arpot. Fragment d'inscription romaine. Porte de la Tuilerie. Porte de Mauconseil. Tour de Pilate. Vide entre cette tour et le pont de Jère. Port sur le Rhône. Port des Moles. Origine de son nom. 29

CHAPITRE VI.

Eglise de St-Sévère. Son ancienneté. Epitaphe de S. Sévère, archevêque, enterré en cette église. Inscriptions. Recherches curieuses. Familles grecques dans Vienne. 34

CHAPITRE VII.

Couvent des pères jacobins. Epitaphes anciennes. Etablissement des pères jacobins dans Vienne. 53

CHAPITRE VIII.

Pont sur la Jere, nommé de Saint-Sévère. Ses chûtes. Quai le long de cette rivière. Inscriptions romaines. 59

CHAPITRE IX.

Eglise de Saint-Pierre-entre-Juifs ruinée. Place du Plâtre. Marché public. Fontaine publique. Délibération pour la décoration de cette place. Fragment d'inscription. Coin de l'Eperon. Maisons des Juifs. Bourg des Hébreux. 65

CHAPITRE X.

Abbaye et monastère de Saint-André-le-Bas. Son église. Epitaphe du duc Aucemond, de Bernon, du roi Conrad, de MM. de Boissac. Nom de l'architecte de cette église. Epitaphes de l'abbé Guillaume de Mirabel, instituteur de la fête du S. Sacrement; de Richard. Chapelle de Saint-Sauveur. Tombeau de l'abbé François de Martel. Maison de l'abbé. Cimetière. 70

TABLE DES MATIÈRES.

CHAPITRE XI.

Le monastère de Saint-André était hors de la ville et dans une campagne libre. Le Val-des-Jardins depuis le pont de Jère jusqu'à Fuissin, et le ruisseau nommé Bayet. Territoire de Saint-André. Palais royal. 80

CHAPITRE XII.

Asile de la Table-Ronde. Place de l'Orme. Paroisse de l'Orme. Origine des armes modernes de Vienne. 84

CHAPITRE XIII.

Palais des rois de Bourgogne. Palais des préteurs romains. Eglise de Notre-Dame-de-la-Vie. Prétoire ancien Palais de justice. Eloge de Claude Mitallier, vice-bailli de Vienne. 87

CHAPITRE XIV.

Jeu de paume du Mouton. Etuves. Logis de la Coupe-d'Or. Maison de St-Julien. Voûtes souterraines. Eglise de Saint-Ferréol. Hôpital du pont du Rhône; son auteur. Chapelle des Vierges; son fondateur. 100

LIVRE SECOND.

CHAPITRE I*er*.

Sainte-Colombe, ancien faubourg de Vienne. Son union au Lyonnais. Lieux dans le Lyonnais dépendans du comté de Vienne. Pont du Rhône. Sa première chûte, l'an 1407, accompagnée de plusieurs merveilles. 107

CHAPITRE II.

Soins du peuple de Vienne pour la réparation du pont du Rhône après sa chûte. Quête générale et contribution volontaire à ce sujet. 115

CHAPITRE III.

Concessions de Sigismond et du roi Charles V, pour les réparations de ce pont. Dispenses et indulgences à cet effet. Chûtes et réparations de ce même pont en divers temps. 119

CHAPITRE IV.

Tour de Sainte-Colombe; par qui bâtie. 124

CHAPITRE V.

Couvent des pères Cordeliers à Ste-Colombe. Leur établissement dans Vienne. Leur fondateur dans Ste-Colombe. Tombeaux, inscriptions et épitaphes. 127

CHAPITRE VI.

Couvent des religieuses de Sainte-Colombe. Son antiquité. Monastères Griniacenses. Inscriptions romaines. 134

CHAPITRE VII.

Description d'un ergastule qui est dans le jardin de ce monastère. Prison des premiers chrétiens, et même de S. Ferréol, à l'honneur de qui une église est bâtie sur cet ergastule. 143

CHAPITRE VIII.

Couvent des religieuses de Sainte-Marie. Marques d'antiquité. Inscriptions romaines. 148

CHAPITRE IX.

Divers territoires remarquables aux environs de Ste-Colombe. Ampuis. Condrieu. Miracle de S. Eloi à Ampuis. Inscription romaine. Verenay. Cumelle. Vézérance. Aqueducs. 152

CHAPITRE X.

Eglise de St Jean ruinée. Masures et restes d'antiquités remarquables. Le Mircau ou le Miroir. Eglise dédiée à S. Ferréol par S. Mamert. 159

CHAPITRE XI.

Religieuses de Sainte-Claire à Sainte-Colombe. Carreaux avec le nom de *Clarianus*. Urnes. Inscription romaine. 166

CHAPITRE XII.

Commanderie de Saint-Romain-en-Galles. Reliques, Fête des Merveilles. Son origine. — 170

CHAPITRE XIII.

Eglise de St-Jean, auprès de celle de St-Romain. Inscriptions anciennes. — 174

CHAPITRE XIV.

Le puits des Fées. — 185

LIVRE TROISIÈME.

CHAPITRE Ier.

Origine des cloîtres. Cloîtres de St-Maurice, partie de la ville de Vienne. Inscription célèbre des Flamines et des Flaminiques. Os de baleine. Eglise de St-Laurent. — 185

CHAPITRE II.

Description de l'église cathédrale de St-Maurice. Épitaphes du cœur du Dauphin François et d'Isabeau de Harcourt. — 190

CHAPITRE III.

Chapelles hors du chœur de l'église de St-Maurice. Amédée de Saluces. Tombeau de Jean de Norry, archevêque. Tombeaux de l'archevêque Theobald ou Thibaud et de Jérôme de Villars, aussi archevêques. Eloge de ce prélat. Portrait de St-Marc, gouverneur de Vienne. — 198

CHAPITRE IV.

Suite des chapelles qui sont dans l'église de St-Maurice. Mausolée de la famille de Maugiron. Epitaphe de Guy de Maugiron et d'Ozanne l'Hermite sa femme. Tombeau et épitaphe de Humbert II et de Robert, archevêques de Vienne. Epitaphe du roi Boson. — 205

CHAPITRE V.

Nombre des chapelles de Saint-Maurice. Son pavé et sa voûte

TABLE DES MATIÈRES.

réparés et ornés. Inscriptions modernes. Geoffroi Vassali, archevêque de Vienne. Inscription moderne. Cimetière des pauvres. Fragment d'inscription romaine. 213

CHAPITRE VI.

Cloîtres de l'église de St-Maurice. Cloîtres du grand chapitre. Bibliothèque. Epitaphes. Servitude parmi les chrétiens. *Conventus.* 219

CHAPITRE VII.

Petits cloîtres de l'église de St-Maurice. Chapelle de Maguelonne. Tombeau d'une reine. Image d'Antoine de Louvier, évêque de Maguelonne, bienfaiteur de cette chapelle. Son tombeau et son épitaphe. 223

CHAPITRE VIII.

Chapelle des Fonts ou de St-Jean. Son premier auteur. Tombeau de la reine Ermengarde. 227

CHAPITRE IX.

Chapelle de Notre-Dame ou de Rossillon. Tombeau de la reine Matilde. Usage de la servitude personnelle. Tombeau de la bienheureuse Philippe de Champteliman; son éloge. Tombeaux de l'archevêque de Poisieu, chancelier de Dauphiné, et d'Etienne de Poisieu son frère. 229

CHAPITRE X.

Chapelles de Virieu et du Saint-Sépulcre. Eloge d'Antoine Poursan. Tombeaux de Guillaume et de Jean Palmier. 234

CHAPITRE XI.

Epitaphes d'Etienne de Montluel, de Pierre Lecourt, de Girard de Rossillon, de Berlion de Lay, d'Albert de Boccozel. 238

CHAPITRE XII.

Description du palais archiépiscopal. Ses réparations et ses bienfaiteurs. Salle des Clémentines où a été tenu le concile de Vienne. Chapelle de l'archevêché. Inscription. 241

TABLE DES MATIÈRES.

CHAPITRE XIII.

Changemens et révolutions de l'église de Saint-Maurice. Ses bienfaiteurs. Achevée par l'archevêque P. Palmier. Desseins du baron des Adrets pour la ruine de cette église. Fêtes des Noircis et des Merveilles. 245

CHAPITRE XIV.

Porte de *Reminiscere*. Statues anciennes. 251

CHAPITRE XV.

Faubourg de Fuissin. Champ de Mars. Description de l'abbaye de St-Pierre. Ses bienfaiteurs. Cimetière. Lions élevés au milieu. Inscription romaine. 254

CHAPITRE XVI.

Eglise de St-Pierre; combien sainte. Pourquoi on n'y enterre personne. Tombeau de Gisèle, femme de Hugues, empereur d'Italie. Epitaphe de Girard, comte de Vienne. Origine des ducs de Savoie. Chapelle de Sainte-Catherine. Tombeau de l'archevêque Léger. Inscriptions romaines. 263

CHAPITRE XVII.

Description de l'église de Saint-Pierre. Inscriptions romaines. Tombeau et épitaphe d'Aimar, abbé de St-Pierre, évêque de Maurienne et archevêque d'Embrun. 272

CHAPITRE XVIII.

Chapelle de Sainte-Magdeleine. Epitaphes de Pierre Clément, d'Ermengarde, de S. Burchard. Chapelles de St-André, du St-Sépulcre et de St-Sébastien. Tombeau et épitaphe de l'abbé S. Léonien. Chaire épiscopale derrière le grand autel. Que cette église a été autrefois la principale de Vienne. 281

CHAPITRE XIX.

Continuation de la description de l'église de Saint-Pierre. Epitaphe de S. Mamert. Peintures à la voûte du chœur.

Chapelle de Notre-Dame. Tombeau de l'archevêque Antoine de Poisieu. Épitaphes de Domnin, de Nasmat, et de Sobon, anciens évêques de Vienne. Sépulcre. 290

CHAPITRE XX.

Chapelle des saints Aaron et Marculphe. Corps saints relevés. Évêques de Vienne non compris dans le catalogue de ces prélats. Divers tombeaux ouverts. Inscription romaine. . . . 297

CHAPITRE XXI.

Cloîtres de St Pierre. Tombeaux, inscriptions de Robert et d'Yves, abbés de Saint-Pierre; de Humbert, archevêque de Vienne. Remarques curieuses sur l'épitaphe de Duran, chapelain de Saint-George, et de Guillaume Tivel, abbé de St-Pierre. 301

CHAPITRE XXII.

Chapelles des assemblées capitulaires. Épitaphes et tombeaux des abbés P. Arnaud et Louis de Grolée, Didier et Jacerand de Forez. Épitaphe de Jean Marquis; son éloge. Statue de saint Pierre. 306

CHAPITRE XXIII.

Réflexion sur la ruine des anciens tombeaux qui étaient dans l'église de St-Pierre. Épitaphes des évêques Avitus et Hesichius. 513

CHAPITRE XXIV.

Église de St-George, contiguë à celle de St-Pierre. Mausolée de trois évêques. Épitaphe de saint Pautagathe. Inscription romaine. Diverses inscriptions romaines et autres qui ne paraissent plus dans St-Pierre ni ici. Épitaphes de Proculus et d'Etienne, premier évêque de Vienne. Inscription romaine et autres. 516

CHAPITRE XXV.

Les pères Minimes. Inscriptions romaines. Restes d'antiquités. Tête cornue de Genucius Cippus. Fable réfutée. Chiffre du nom de J. C. Curieuses remarques. 529

TABLE DES MATIÈRES.

LIVRE QUATRIÈME.

CHAPITRE Ier.

Porte d'Avignon. Inscription à l'honneur de Louis XIII. Ancienne étendue de Vienne de ce côté. Ses dehors. Clos de St-Pierre. Hôpitaux. Eglises de St-Paul, de St-Jean et de St-Vincent, ruinées. 335

CHAPITRE II.

Massif sur lequel a été autrefois l'idole de Mars. D'où est venue l'origine du mot de Bier. Nom de ce territoire. 341

CHAPITRE III.

Pyramide cénotaphe de l'empereur Auguste. 343

CHAPITRE IV.

Eglise de St-Alban. Ancien monastère. Paroisse de St-Alban. Fontaine salutaire aux fiévreux. Navout. 348

CHAPITRE V.

Prieuré de Notre-Dame de l'Ile. Sa fondation. Difficultés qui s'y opposent, et autre cause de plusieurs différens. Eglise de ce prieuré. Inscription romaine. Cloître; sa beauté. Epitaphe. Familles nobles qui y sont nommées. 349

CHAPITRE VI.

Château de Rossillon. Aqueduc. Diverses tours; celle de Saint-Gervais. Antoine Guérin, consul de Vienne l'an 1390. Pont sur le ruisseau de Fuissin. Fontaine célèbre de St-Gervais. Monastère de St-Gervais et de St-Protais ruiné. Premier couvent des pères Cordeliers. *Muri Sarracenorum.* 355

CHAPITRE VII.

Territoire de Romestang. Origine de ce nom. Naumachie. Jeux de l'arc et de l'arbalète. Ruines du temple de Mars et de la Victoire. Inscriptions romaine et grecque. Vœux publics et particuliers chez les païens. Actions de grâce des médecins aux dieux. Beaumur ; origine de ce mot. 356

CHAPITRE VIII.

Tête d'un ancien colosse de Jupiter. Bobe ; origine de ce nom. Inscription romaine. 363

CHAPITRE IX.

Maison de la Charité. Sa fondatrice. Autel de Saint-Antoine. Genre de preuves par le serment sur les reliques des saints. Hôpital de St-Paul. Son église. Réparation de St-Thomas de Cantorbéry. Portail de cet Hôtel-Dieu. Son institution et ses révolutions. Caprasia, territoire. Anciens recteurs de cet hôpital. Ses bienfaiteurs. 366

CHAPITRE X.

Maison-de-Ville. Palais des rois de Bourgogne, nommé des Canaux. Aqueducs par lesquels Clovis surprend Vienne. Inscription. Tour d'Orange. Arc-de-triomphe. Porte Gratienne et triomphale. Fragment des statues. Etat présent de ce palais. Statue de relief. Inscriptions romaines. Tuf formé des eaux de la première. Casque d'airain. Muraille et reste de l'ancien palais. 378

CHAPITRE XI.

Place publique, lieu destiné aux supplices. Reste d'inscription romaine. Mesures publiques. La halle, sa ruine et sa réparation. Droit de leyde. Place Neuve. Rues jusqu'à l'Eperon. Rue de la Pérollerie. Maison des Chevriers. Ancienne maison-de-ville. Aqueduc. Rue de la Chèvrerie, origine de ce nom. Divers lieux destinés à la vente des choses nécessaires. 389

CHAPITRE XII.

Masures d'anciens bâtimens. Pierres de marbre, colonne, etc. Boucherie, règlement là-dessus. Edifice remarquable brûlé. Augustins dans Vienne. 397

TABLE DES MATIÈRES.

LIVRE QUATRIÈME.

CHAPITRE Ier.

Porte d'Avignon. Inscription à l'honneur de Louis XIII. Ancienne étendue de Vienne de ce côté. Ses dehors. Clos de St-Pierre. Hôpitaux. Eglises de St-Paul, de St-Jean et de St-Vincent, ruinées. 335

CHAPITRE II.

Massif sur lequel a été autrefois l'idole de Mars. D'où est venue l'origine du mot de Biar. Nom de ce territoire. 341

CHAPITRE III.

Pyramide cénotaphe de l'empereur Auguste. 343

CHAPITRE IV.

Eglise de St-Alban. Ancien monastère. Paroisse de St-Alban. Fontaine salutaire aux fiévreux. Navout. 348

CHAPITRE V.

Prieuré de Notre-Dame de l'Ile. Sa fondation. Difficultés qui s'y opposent, et autre cause de plusieurs différens. Eglise de ce prieuré. Inscription romaine. Cloître; sa beauté. Epitaphe. Familles nobles qui y sont nommées. 349

CHAPITRE VI.

Château de Rossillon. Aqueduc. Diverses tours; celle de Saint-Gervais. Antoine Guérin, consul de Vienne l'an 1390. Pont sur le ruisseau de Fuissin. Fontaine célèbre de St-Gervais. Monastère de St-Gervais et de St-Protais ruiné. Premier couvent des pères Cordeliers. *Muri Sarracenorum*. 355

CHAPITRE VII.

Territoire de Romestang. Origine de ce nom. Naumachie. Jeux de l'arc et de l'arbalète. Ruines du temple de Mars et de la Victoire. Inscriptions romaine et grecque. Vœux publics et particuliers chez les païens. Actions de grâce des médecins aux dieux. Beaumur ; origine de ce mot. 356

CHAPITRE VIII.

Tête d'un ancien colosse de Jupiter. Bobe ; origine de ce nom. Inscription romaine. 363

CHAPITRE IX.

Maison de la Charité. Sa fondatrice. Autel de Saint-Antoine. Genre de preuves par le serment sur les reliques des saints. Hôpital de St-Paul. Son église. Réparation de St-Thomas de Cantorbéry. Portail de cet Hôtel-Dieu. Son institution et ses révolutions. Caprasia, territoire. Anciens recteurs de cet hôpital. Ses bienfaiteurs. 366

CHAPITRE X.

Maison-de-Ville. Palais des rois de Bourgogne, nommé des Canaux. Aqueducs par lesquels Clovis surprend Vienne. Inscription. Tour d'Orange. Arc-de-triomphe. Porte Gratienne et triomphale. Fragment des statues. État présent de ce palais. Statue de relief. Inscriptions romaines. Tuf formé des eaux de la première. Casque d'airain. Muraille et reste de l'ancien palais. 378

CHAPITRE XI.

Place publique, lieu destiné aux supplices. Reste d'inscription romaine. Mesures publiques. La halle, sa ruine et sa réparation. Droit de leyde. Place Neuve. Rues jusqu'à l'Éperon. Rue de la Pérollerie. Maison des Chevriers. Ancienne maison-de-ville. Aqueduc. Rue de la Chèvrerie, origine de ce nom. Divers lieux destinés à la vente des choses nécessaires. 389

CHAPITRE XII.

Masures d'anciens bâtimens. Pierres de marbre, colonne, etc. Boucherie, règlement là-dessus. Édifice remarquable brûlé. Augustins dans Vienne. 397

TABLE DES MATIÈRES.

CHAPITRE XIII.

Le vieux collége. Bains. Restes d'antiquité. Statues. Voûte
digne de remarque. Tour ruinée. Inscriptions. Usage des
bains. 400

CHAPITRE XIV.

Couvent des pères Carmes, leur établissement dans Vienne.
Leur fondateur. Son épitaphe. Celle de Magdelaine de Loras. 410

CHAPITRE XV.

Couvent des religieuses Célestes. Institution de cet ordre. Son
établissement dans Vienne. 415

LIVRE CINQUIÈME.

CHAPITRE Ier.

Place du Circ. Restes de l'amphithéâtre. 416

CHAPITRE II.

Porte de St-Marcel. Monastère de St-Marcel. Grotte de St-
Marcel. Ergastule ancien. *Eumedium, Quiriacum, Crappum.*
Description de Pipet qui est *Eumedium.* Origine de ce nom.
Révolutions arrivées à ce château. 421

CHAPITRE III.

Mont de Ste-Blandine, qui est *Quiriacum.* Mort de St-Then-
dère. Monastère de Ste-Blandine. Tombeau de St-Cloir.
Épitaphe. 427

CHAPITRE IV.

Mont de St-Just, qui est *Crappum.* Origine de ce nom. Monastère de St-Nizier, évêque de Vienne. Épitaphe. 429

CHAPITRE V.

Vienne; combien forte autrefois. Vers d'un ancien poète à ce
sujet. Esclaves publics; leur emploi; leurs ouvrages dans
Vienne. Ergastule. 432

TABLE DES MATIÈRES.

CHAPITRE VI.
Mesures diverses. Maladreries pour les lépreux. — 437

CHAPITRE VII.
Aqueducs de Gotheline et de Bois-Royal. — 440

CHAPITRE VIII.
Chapelle de St-Michel. Place et fontaine de Jovenet. Origine de ce nom. — 445

CHAPITRE IX.
Monastère des religieuses de St-André-le-Haut. Son institution. Epitaphe de Julienne de Savoie. Inscriptions romaines. Couvent des religieuses de Ste-Ursule. — 448

CHAPITRE X.
Collége des pères de la Compagnie de Jésus. Tombeau de l'archevêque Pierre de Villars, et son épitaphe. Statue ancienne. Fioles antiques dignes de remarque. Pierre de marbre. Paroisse de Saint-Blaise. Les bonnes lettres enseignées dans Vienne auparavant. Eloge d'Antoine Poursan, principal du collége de Vienne. Maison des Epies pour les pestiférés. — 457

CHAPITRE XI.
Couvent des pères Capucins. — 466

CHAPITRE XII.
Prieuré de St-Blaise. Rue du Bordel public. — 470

CHAPITRE XIII.
Rue de Cuvière. Religieuses de St-Bernard. Poids public. Pierre du Bacon, origine de ce mot. Inscriptions romaines. — 474

CHAPITRE XIV.
Le pont de St-Martin. Tour sur ce pont. Armes de Savoie et de Villars. Anciennes murailles de Vienne. — 479

TABLE DES MATIÈRES.

CHAPITRE XV.

Prieuré de St-Martin, de l'ordre de St-Ruf. St-Nizier, évêque de Vienne; son tombeau. Tombeau de Silvanus. Inscription romaine. Ancienne étendue de Vienne de ce côté. Inscription touchant le concile de Vienne. — 481

CHAPITRE XVI.

Place du Charnevol. Liberté pour le sable. Abbaye de Sainte-Claire. Porte de la Futerie. Tour. Hôpital. Ruisseau de Fuissinot. — 487

CHAPITRE XVII.

Faubourg de St-Martin. Porte de Serpaize; antiquité de ce nom. Faubourg de Mont-Salomon. Règlemens. Inscription romaine. Pont Evêque, son auteur. Vertu des eaux de la Jère, forges, etc. — 490

CHAPITRE XVIII.

Inscriptions romaines. Patrons. *Eternas. Abascantius*, nom célèbre dans Vienne et dans Rome. Du mot *titulus*. Servilius, famille Viennoise. Le poète Claudien, viennois. Reims, cité alliée de celle de Vienne. — 495

CHAPITRE XIX.

Pierres et inscriptions trouvées dans des urnes. — 510

ADDITIONS.

CHAPITRE XX.

Musée. — 516
§. I. Inscriptions qui sont au Musée. — 517
§. II. Monumens lapidaires qui décorent le Musée de Vienne. — 528
§. III. Inscriptions concernant Vienne, qui existent hors de cette ville, ou qui ont été égarées. — 543
§. IV. Choses rares et curieuses trouvées à Vienne, et qui décorent les collections d'un grand nombre d'amateurs. — 550

FIN DE LA TABLE.

ERRATA.

Il s'est glissé plusieurs fautes que le lecteur peut suppléer. En voici quelques-unes que nous avons pensé devoir indiquer.

Page lij, 10e ligne, Papan, *lisez :* Papon.
— 47, 4e ligne de la note, imposition, *lisez :* disposition.
— 67, aux notes, 4e et 5e lignes, Givrat, *lisez :* Givrai.
— id., 6e ligne, M. de Trivis, *lisez :* de Trivio.
— 195, 1re ligne de la note, Montecuculi, *lisez :* Montecuculi.
— 330, 1re ligne, 1633, *lisez :* 1683.
— 348, 20e ligne, une qui y est vendue, *lisez :* une vigne qui y est vendue.
— 366, 5e ligne, cheveliers, *lisez :* chevaliers.
— id., 10e ligne, ararii, *lisez :* ærarii.
— 367, 5e ligne, Desimieu, *lisez :* Disimien.
— 370, 7e ligne, Sphacèle est Etiomène, *lisez :* Sphacèle et Etiomène.
— id., 12e ligne, et, *lisez :* est.
— id., 18e ligne, S. Audœn, *lisez :* S. Audoen.
— 390, 3e ligne, 950, *lisez :* 1450.
— 410, 12e ligne, 1362, *lisez :* 862.
— 423, 12e ligne, 1460, *lisez :* 960.
— 449, 2e ligne de l'inscription, VSERV, *lisez :* VERVS.
— 467, 15e ligne, sièle, *lisez :* siècle.
— 477, 12e ligne, Pierre Baccon, *lisez :* Pierre du Baccon.
— 506, 6e ligne, FRORIDVS, *lisez :* FLORIDVS.

www.ingramcontent.com/pod-product-compliance
Lightning Source LLC
Chambersburg PA
CBHW071201230426
43668CB00009B/1039